무역학원론

이제현 지음

KYOWOO CO. Publishing
教友社

머리말

1955년 한국전쟁으로 폐허가 된 우리나라가 눈부신 경제성장을 이룩할 수 있었던 원동력은 무역에서 찾을 수 있다. 우리나라는 수출주도형 경제성장 전략을 통해 성공한 대표적인 국가이다. 한강의 기적이라는 찬사를 받을 정도로 무역을 통해서 성공한 국가이다. 우리나라는 1960년대에 경제성장 제일주의로 경제정책의 방향을 잡고 무역이 성장할 수 있는 기반을 다졌으며 이로 인하여 2006년 현재 우리나라는 세계 12위의 무역강국으로 성장할 수 있게 되었다.

또한 무역성장을 뒷받침하기 위하여 1960년에 대학에 무역학과를 설치하여 유능한 무역인을 배출하였으며, 부족한 외화를 벌어들이기 위해서 선배 무역인들은 도전정신과 열정을 가지고 세계 곳곳의 무역시장을 개척하여 우리나라 상품을 수출함으로써 우리나라 경제가 급격히 성장할 수 있는 기틀을 닦았다.

오늘날 우리가 이룩한 경제성장에 대해서 외국에서는 한강의 기적이라는 찬사를 보내고 있다. 한국경제가 성공하는 데는 여러 가지 요인이 있지만 도전적이고 개척정신을 소유한 무역인의 커다란 역할도 있었다는 점을 결코 잊어서는 아니 될 것이다. 선배님들의 도전정신과 개척정신에 감사를 드린다.

오늘날 우리나라는 선진국의 문턱에서 선진국으로 진입할 것인가 아니면 추락할 것인가의 기로에 서있다. 선진국의 진입은 무역을 통해서만 가능하다. 세계 무역시장을 무대로 도전정신과 개척정신을 가지고 활약할 무역인력을 얼마나 배출하는가에 따라 달려 있다. 젊은 학도들이 꿈과 야망을 가지고 무역을 바라보길 희망하면서 본 저서를 집필하게 되었다. 막상 원고를 완성하고 보니 부족한 점이 너무 많아 어떻게 출판사에 원고를 넘길까 고민을 했었다.

본 저서는 크게 4부 14장으로 구성하였다. 무역학원론의 특색을 살려 제1부는 국제무역이론, 제2부는 국제무역환경, 제3부는 국제경영, 제4부는 무역실무로 나누었고 전체는 14장으로 편집하였다. 제1부에서는 국제무역의 이해, 무역이론, 보호무역과 관세로 구성하여 국제무역이론을 쉽게 이해할 수 있도록 하였다. 제2부에서는 한국경제와 무역, 국제무역환경변화의 이해, 무역관련 국제기구, 경제통합과 무역으로 구성하여 국제무역환경의 변화를 정확하게 숙지하도록 하였다.

제3부에서는 국제금융, 기업의 세계화와 해외시장진출전략, 다국적기업과 국제경영으로 구성하여 기업의 글로벌 경영을 이해할 수 있도록 하였다. 제4부에서는 무역거래와 전자무역, 해외시장조사와 무역계약, 국제운송과 해상보험, 무역결제와 클레임 및 상사중재로 구성하여 무역실무에 관련한 기초 지식을 습득시키는데 목적을 두고 구성하였다.

무역학원론은 경상대학 학생들이 수강한다는 점을 감안하여 주요 내용을 포괄적으로 구성하려고 하였다. 그러나 종합예술인 무역학을 한 권의 책으로 엮어 내겠다는 생각은 지나친 욕심이었다는 생각이 든다. 본 저서는 여러 가지로 부족한 점이 많다. 이러한 부족한 점을 끊임없이 개선하여 무역학의 입문서로서 젊은 학도들에게 사랑을 받을 수 있도록 노력할 것을 약속한다.

본 저서를 집필하는 과정에서 사랑하는 제자들의 헌신적인 노력이 있었다. 한남대학교 TI사업단 이휘세, 최일수, 박설범, 백성훈, 김동섭 군은 복잡한 무역통계자료를 찾아서 정리해 주었으며, 무역학과 최치복, 박제영, 김혁, 강민권 군은 처음부터 끝까지 모든 원고를 정리하여 주었다. 사랑하는 제자들에게 다시 한번 감사를 드린다. 그리고 항상 아들을 위해서 기도하고 계신 부모님, 묵묵히 내조해준 아내에게도 감사를 드리며, 아빠를 이해해준 수형이와 다영이에게도 고마움을 전하고 싶다.

끝으로 이 저서를 출판해 주신 교우사의 오판근 사장님과 까다로운 편집을 맡아주신 편집부 직원분께 감사를 드린다.

2006년 1월 24일
저자 씀

차례

제3부 국제경영

제4부 무역실무

제 1부

국제무역 이론

제1장 국제무역의 이해

제2장 무역 이론

제3장 보호무역과 관세

제 1 장

국제무역의 이해

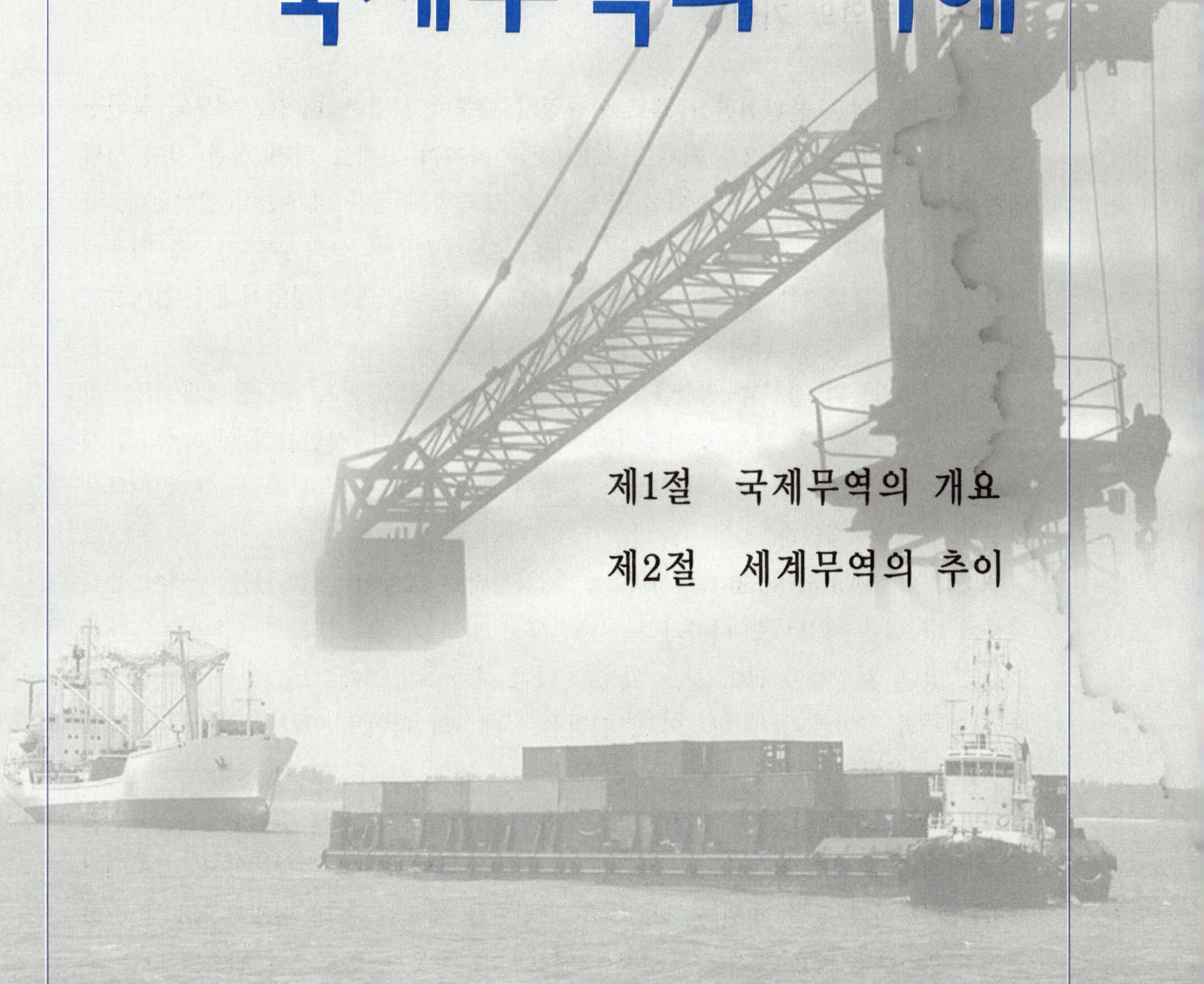

제1절 국제무역의 개요

제2절 세계무역의 추이

국제무역은 사람들의 정신과 생활을 크게 바꾸어 놓았다. 국제무역은 사람들에게 꿈과 희망을 심어주어 바다를 통한 해상무역을 가능하게 하였고 사람들의 삶을 풍요롭게 만들었다. 오늘날의 국제무역은 단순한 상품의 거래에서 벗어나 유형 및 무형의 다양한 상품을 거래하고 있다. 본 장에서는 국제무역의 중요성과 국제무역의 추이를 살펴본다.

제 1 절 ▸ 국제무역의 개요

1. 국제무역의 기원

하나님이 사람을 불완전한 존재로 만들었기 때문에 사람은 태어날 때부터 불완전한 존재로 태어났다. 자기가 가지고 있는 것과 자기가 가지고 있지 못한 것이 사람에게 있어서 사람은 늘 군집생활을 통해 서로 부족한 부분을 채우면서 살아왔다. 사람은 자기들이 갖고 있는 잉여 물품을 서로 교환함으로써 삶의 부가가치를 창출해 왔다. 사람의 물물교환은 수렵시대와 농업시대를 거쳐 공업과 상업시대에 접어들면서 새로운 무역제도로 발전하기 시작하였다.

무역은 사람들의 정신과 생활을 크게 바꾸어 놓기 시작했고, 사람들에게 꿈과 희망을 심어주어 바다를 통한 해상무역을 가능하게 하였으며, 사람들의 삶을 풍요롭게 만들었다. 사람들의 일상생활이 무역을 통하여 크게 바뀌어 졌고 사람들은 신대륙을 발견할 수 있게 되었다.

애덤 스미스(Adam Smith)는 사람들의 해상무역은 그들이 살고 있는 지역이 좁기 때문에 더 넓은 세상으로 나아가려는 욕망에서 발전했음을 그의 저서 「국부론」에서 밝히고 있다. 사람들이 많이 살고 있는 지역과 사람들이 적게 살고 있는 지역간에는 늘 구매력의 차이가 있게 마련이고, 이러한 구매력의 차이로 인하여 사람들은 새로운 시장을 찾아 이동했다.

사람들의 사회는 도전과 개척정신을 소유한 사람들에 의해서 발전했으며, 사람들이 이동하기가 편리한 큰 강과 바다를 중심으로 무역시장이 형성되었고, 그곳에서 사람들의 문화가 꽃을 피웠다. 나일강을 중심으로 발전한 고대 이집트문화, 티그라스와 유프라테스 강을 중심으로 성장한 메소포타미아문화, 인더스와 갠지스 강을 중심으로 형성된 인도문화, 황하유역의 중국문화 등은 모두 큰 강을 중심으로 하여 발전하였다. 사람들은 육지보다는 강과 바다를 이용하여 더 멀리 이동하였기 때문에 큰 강과 바다를 중심으로 무역이 번창하였다.

무역은 하나님이 사람을 창조한 시점에서부터 시작되었다고 볼 수 있지만 기록에 의하면 기원전 1000년 경에 중동에서 이집트와 레바논 간에 곡물과 파피루스

(papyrus), 목재 등의 무역이 활발하게 이루어진 것으로 나타났다. 역사적으로 보면 무역을 일찍 시작한 국가는 부국이 되었다. 따라서 무역은 국가간 거래를 통하여 이익을 창출하기 때문에 무역국가가 세계를 제패하게 된 것이다.

중국 남경시 박물관에 가면 전세계 국가가 중국에 사신을 보내 조공을 바치거나 예물을 교환한 사실이 기록되어 있다. 우리나라도 통일신라시대에 당나라에 사신을 보내 상품을 교환한 사실이 있는데 일본 사신과 우리나라 사신의 의상에서 그 당시 우리나라의 생활수준이 일본보다 매우 높았다는 것을 알 수 있다.

그림 1-1 ▸ 통일신라와 일본의 사신모습

통일신라 사신은 세련된 복장과 신발을 신고 있는데 일본 사신은 평범한 의복에다 신발이 없이 맨발로 있다. 통일신라 42대 흥덕왕 때 장보고가 청해진(지금의 완도)에 해상무역도시를 건설하여 중국과 일본 및 다른 국가를 상대로 무역을 중흥시켰다는 기록이 남아있다. 통일신라와 일본 사신의 모습은 무역을 통해서 통일신라가 얼마만큼 부를 축적했는지 입증하는 듯하며, 현대를 살아가는 우리에게 도전정신과 개척정신을 소유한 무역인력을 양성하는 것이 얼마나 중요한지 일깨워 주는 듯하다.

2. 국제무역의 정의

무역은 서로 다른 국가에 거주하는 상인들이 상품을 사고 파는 상거래를 말한다. 무역은 서로 다른 국가에 거주하는 상인들이 상품을 교환(exchange)하거나 매매하는 것을 의미하지 한 국가에 있는 상인들 간에 이루어지는 상품의 교환이나 매매에 대해서 무역이란 표현을 쓰지 않는다.

따라서 무역은 국내의 거래를 의미하는 것이 아니라 국가간의 거래를 의미하는 것이다. 무역거래의 대상이 되는 상품(goods)도 넓은 의미에서 보면 일반적인 상품 외에도 용역, 기술이전거래 및 자본거래, 권리사용료 등을 포함하는 유무형의 상품거래를 포함한다.

무역은 보는 시각에 따라 국제무역, 세계무역, 외국무역 또는 대외무역 등으로 구분된다. 국제무역(international trade)은 일정한 지역 내의 여러 국가들 간에 이루어지는 무역거래를 객관적으로 볼 경우에 사용되는 표현으로 무역을 매우 제한적으로 보고 있다. 반면에 세계무역(world trade)은 무역을 포괄적으로 보는 것으로 일정한 지역의 무역거래가 세계 전체로 확대될 때 사용되는 표현이다. 한편 외국무역(foreign trade) 또는 대외무역은 무역을 바라보는 사람들의 주관적인 판단에 따라 사용되는 표현으로 국가간의 무역에서 자국의 입장을 중심으로 무역을 판단하는 경우를 말한다. 예를 들어 특정국가와의 무역을 표시할 때에는 대일무역, 대미무역 등으로 표시한다.

3. 국제무역의 특징과 후생효과

1) 국제무역의 특징

(1) 국민 경제적 성격

부존자원이 부족한 국가는 무역을 촉진시켜 경제를 성장시키는 경제정책을 수립하여 추진하여 왔다. 우리나라, 대만, 홍콩, 싱가폴 등의 국가는 수출주도형 경제 성장 전략을 통해 성공한 대표적인 국가이다. 우리나라는 무역으로 경제번영을 이룩하여 한강의 기적이라는 찬사를 받고 있다. 이와 같이 무역은 일국의 국민경제에 중요한 영향을 미치고 있다.

(2) 무역관리

무역은 국가간의 상거래를 통해서 이익을 창출하는 경제활동이다. 역사적으로 볼 때 무역국가는 수출진흥정책을 수립하여 적극적으로 수출을 추진한 반면에 국내산업을 보호하기 위해서 가급적이면 수입을 억제하는 무역관리를 해왔다.

(3) 관세 · 비관세 장벽

모든 국가는 자국의 경제를 보호하기 위해 자국으로 수입되는 상품에 대해서 관세를 부과해 왔으며 이러한 관세의 부과는 수입을 억제시키는 역할을 했다. 각국 정부는 관세정책 이외에 외국상품의 수입수량제한, 외국수입 상품의 국내유통 단계에서의 차별, 수입상품의 내국세 과다 부과 등의 비관세 장벽을 동원하여 외국상품이 자국시장에 유입되는 것을 차단하려고 하였다.

(4) 상관습

무역은 서로 다른 국가의 상인들 간에 이루어지기 때문에 다양한 상관습이 형성되어 왔다. 지역별로 상관습이 다양하고 다르기 때문에 다양하게 형성된 상관습을 서로 이해하지 못하면 상인간의 의사소통이 원활히 이루어지지 않아 거래가 성사되기 어렵다. 따라서 무역인은 세계 여러 지역에서 형성된 상관습을 정확히 숙지해야 한다.

(5) 정치 · 행정의 무역장벽

무역은 일국의 정치와 행정제도에 의해서 많은 영향을 받는다. 일국에서 허용되는 거래가 타국에서는 정치와 행정제도의 차이로 인하여 이루어지지 못하는 경우도 있다. 정치적으로 폐쇄된 국가나 불안한 국가에서 정치와 행정의 무역장벽이 많이 발생하기 때문에 그러한 지역에서 무역을 하는 상인은 정치와 행정제도를 정확히 분석해야 한다.

(6) 각국의 통화제도

세계 각국은 자국 고유의 통화제도를 가지고 있다. 통화제도가 국가간에 다르기 때문에 무역거래에서 환차손과 환차이익을 발생시키는 환위험이 발생한다. 2005년

12월 16일 현재 환율은 1달러에 1,040원이다. 예를 들어 우리나라 수출상이 2005년 12월 16일에 수출계약을 체결하고 1,000원으로 수출상품을 생산하여 수출하였는데 수출상이 수입상으로부터 수출대금을 지급받을 당시에 환율이 1달러에 980원으로 하락하였다면 수출해서 1달러당 60원의 환차손을 본 결과가 된다. 반면에 환율이 1달러에 1,200원으로 상승하면 수출상은 추가로 1달러당 160원의 환차이익을 보게 된다.

(7) 국제무역 위험

국제무역은 국내거래와 달리 많은 위험에 노출되어 있다. 본래 수입상은 국제무역계약에서 명시된 상품을 약정된 기간에 입수하는 것이 가장 큰 관심사항이고, 반면에 수출상은 수출대금을 안전하게 회수하는 것이 주된 목적이다. 그러나 무역거래가 서로 다른 국가에 거주하는 상인간에 이루어지는 상품거래라는 점과, 국내 상거래에 비해 운송기간이 길고 무역거래 당사자간의 언어, 법률, 종교, 경제제도, 상관습 등이 서로 다르며, 재무상태 파악도 어려워 무역거래에 따르는 위험 발생소지가 많고, 그 성격 또한 훨씬 복잡하고 다양하다.

(8) 전자방식에 의한 무역업무 추진

정보통신기술이 빠르게 발전함에 따라 세계무역은 인터넷 기반의 전자무역시대로 접어들고 있으며, 인터넷 사용이 급격히 확산됨으로써 무역거래방식과 관행이 근본적으로 변화하고 있다. 무역거래에 인터넷이 사용됨에 따라 인터넷을 이용한 상거래가 급격히 증가하고 있으며, 해외시장조사, 거래선 발굴, 상품홍보 등과 같은 기존의 무역업무가 인터넷으로 대체되어 처리되고 있다.

(9) 국제무역법규

이 지구상의 어떤 국가도 무역을 하지 않고 완전히 자급자족을 할 수는 없다. 지구촌에 237개 국가가 있다. 이들 나라들이 237개의 언어를 사용하면서 매일 같이 상거래를 하다가 보면 거래조건을 둘러싼 해석상의 차이로 인해 예상치 못한 문제들이 발생하게 된다. 이와 같이 국가들의 법률, 관습 및 언어상의 차이로 야기되는 무역분쟁을 최소화시키기 위해서 국제무역인들의 모임인 국제상업회의소(International Chamber of commerce: I.C.C)가 1920년에 창립되었다. UN과 ICC 등 여러 국제기구들은 그동안 무역거래에서 보편적으로 형성된 상관습을 수용하여 국제무역법규를 제정하고 이를 무역거래 당사자들이 합의하여 사용하도록 권고하고있다. 따라서 오늘날의 무역거래는 국제무역법규에 따라 이행되고 있다.

2) 국제무역의 후생효과

(1) 소비의 다양성

국가마다 생산하는 상품과 가격이 다르다. 예를들어 우리나라에서는 바나나를 생산할 수 없고, 우리나라가 생산하는 사과와 배는 열대지방에서는 생산할 수가 없다. 따라서, 각국에서 생산하지 못하는 상품들은 무역을 통해서 얻을 수 있으며 우리나라 소비자들은 무역의 덕택으로 바나나를 국내에서 소비할 수 있고, 열대지방의 소비자들은 사과와 배를 소비할 수 있다. 또한 국가마다 생산비용의 차이가 존재하여 생산된 상품의 가격이 따르기 때문에 무역을 통해서 각국의 소비자들은 세계 여러 국가에서 생산된 상품을 국내 상품의 가격보다 저렴한 가격으로 소비할 수 있다.

(2) 생산비용의 인하

각 국가마다 가지고 있는 장점이 다르다. 국가가 가지고 있는 장점을 이용하여 상품을 글로벌하게 생산하는 경우에는 더 싸게, 더 좋은 상품을 생산할 수 있다. 많은 기업들이 중국에 진출하여 공장을 세워 상품을 생산하고 있다. 초기에 중국에 진출한 기업들은 중국의 저임금을 활용하여 상품을 생산할 목적으로 중국에다 공장을 건설하고 상품을 생산했다. 최근에는 중국의 내수시장이 큰 폭으로 성장함에 따라 중국의 내수시장을 겨냥하여 중국에 진출하는 기업들도 크게 늘어나고 있다. 세계 무역시장을 대상으로 상품을 생산한다면 판매량이 증가하여 대량생산이 가능하고 대량생산을 통하여 단위당 생산비용을 절감시킬 수 있다.

(3) 고용의 증대

무역은 여러 산업을 성장시키는 파급효과가 매우 크다. 무역은 보험, 금융, 해운, 무역전시산업을 발전시켜 각 산업에 새로운 고용을 창출한다. 무역전시산업이 발전함에 따라 호텔, 식음료, 전시, 관광산업이 더불어 발전할 수 있다.

중국의 무역이 급격히 증가함에 따라 중국은 무역전시산업을 발전시키기 위해서 막대한 투자를 하고 있다. 광저우에 있는 광저우국제회의전람중심은 아시아 1위, 세계 2위 규모인 28만 6000㎡ 면적으로 건설되었다. 이 전시장은 17만㎡에 이르는 광저우 출구상품 교역전시회 전람관과 함께 주요 국제전시회의를 독점하고 있다. 중국 전시회 개최 횟수는 매년 약 20%씩 증가하고 있으며 2004년에 공식 집계된 전시회는 2467회에 달한다. 2005년 현재 중국 전시장 면적은 여의도 면적에 육박하는 272만㎡(약 82만 평)에 이른다.

초기 중국상품을 수출하기 위한 전시회가 광저우에서 시작된 이래 현재 중국의 전시산업은 베이징, 상하이, 쑤저우, 텐진, 난징 등 전국의 모든 도시로 확산되고 있다. 이렇게 중국이 무역전시 산업에 막대한 투자를 하는 것은 고용유발효과와 산업 파급효과가 높기 때문이다.

그림 1-2 ▸ 광저우 국제회의 전람중심

(4) 기술의 이전

무역은 국가간에 기술을 이전시키는 역할을 한다. 최근에는 중국의 의류, 피혁 등의 품질이 한국상품의 품질과 견주어 볼 때 거의 뒤떨어지지 않는다. 중국상품의 품질은 굉장히 좋아지고 있다. 중국에서 열리고 있는 상품박람회에 참석하면 외국 바이어들로 가득차 있다. 왜 외국 바이어들은 중국 박람회에 참석할까? 중국상품의 품질이 좋고 가격이 저렴하기 때문에 중국에서 상품을 수입하여 돈을 벌기 위해서이다. 중국상품의 품질이 지난 10년 간 눈부시게 좋아진 이유는 여러 가지가 있지만 외국기업들이 중국 현지에 좋은 설비로 공장을 짓고, 상품을 생산하다보니 설비와 함께 기술이 이전되었기 때문으로 보인다.

4. 무역의 고려요인

무역은 항상 이익을 창출하지는 않는다. 무역이 이익을 창출하기 위해서는 여러 가지 전제 조건이 충족되어야만 가능하다. 무역상은 무역이 이익을 창출하는 전제조건이 어떻게 결정되는지 다음과 같은 사항을 고려하여야 한다.

첫째, 특정상품의 생산비용을 고려해야 한다. 국가간에 통화가 다르기 때문에 단위 노동생산성에 대한 화폐로 표시된 각국의 생산원가를 분석해야 한다.

둘째, 무역관리제도가 국가마다 다르기 때문에 각국의 무역관리제도를 파악해야한다. 9.11테러 이후에 미국은 새 해상화물 관리 방안을 도입했다. 미국 관세청은 2004년 8월 19일, 해상화물 관리 방안(sea cargo targeting initiative: SCTZ) 즉 미국항구로 입항하는 고위험 해상화물의 정확한 선별과 이같은 화물을 처리하기 위한 새로운 정책을 수립하는 자동화 시스템을 도입했다.

중국질량감독검역총국과 인증인가감독관리 위원회는 2003년 8월 1일부터 새로운 강제인증제도를 실시한다고 발표했다. 따라서 2003년 5월 1일 이후에는 새로운 마크인 CCC(China Compulsory Certification)를 부착하지 않으면 중국에 전자산업 관련 제품을 수출할 수 없다. 이와 같이 각국이 운영하고 있는 새로운 무역관리제도는 무역에 직접적인 영향을 미친다.

셋째, 무역계약과 기타 계약과의 상호관계를 파악해야 한다.

무역거래는 매매계약이 중심이고 가장 중요한 부분을 차지하지만 운송계약, 보험계약, 대리계약, 은행업자와 고객과의 계약 및 수출상이 수출상품을 구매하기 위한 매매계약 등 기타 많은 계약과의 상호관계를 알아두는 일은 실무상 매우 중요한 일로 되어 있다.

제 2 절 ▸ 세계무역의 추이

1. 무역규모의 확대

사람들은 해상무역에 만족하지 않고 육로를 통한 무역을 확대시키고자 노력했으며 이러한 사람들의 노력으로 실크로드가 탄생하게 되었다. 「실크로드란 무엇인가?」 태고 이래 아시아와 유럽, 그리고 아프리카를 잇는 동서교통로의 총칭이라고 말할 수 있다. 이 길은 3대륙을 연결하는 길이므로 세계무역을 확대시키는데 매우 중요한 역할을 했다.

현대에 접어들면서 사람들은 인터넷을 이용하여 언제 어디서나 누구와도 의사소통을 할 수 있게 되었다. 인터넷은 다른 국가에 거주하는 상인간의 거리를 가깝게 했고 상인간에 필요한 정보를 실시간으로 주고 받을 수 있도록 했다. 무역은 과거처럼 목숨을 건 모험이 아니라 안방에서 쇼핑을 즐기는 것처럼 누구나 손쉽게 할 수 있게 되었다. 오늘날 세계경제는 단일시장으로 통합되고 있기 때문에 세계무역은 계속해서 크게 성장할 것으로 전망된다. 세계무역은 1940년대 이후부터 현재까지 매년 큰 폭으로 성장하여 왔다.

표 1-1 ▸ 세계 수출입총괄 (단위 : 백만 불)

	수출	수입
50년대	771,043	826,974
60년대	1,592,147	1,697,475
70년대	7,580,042	8,033,626
80년대	21,169,850	22,132,420
90년대	45,562,560	46,625,810
2000	6,384,970	6,595,610
01	6,140,360	6,392,280
02	6,427,680	6,640,320
03	7,498,530	7,757,680
04	9,098,010	9,469,420
05	5,729,061	6,126,288

(05년도 1~7월 자료)

2. 무역상품의 다양화

그동안 무역거래 상품은 유형상품(visible goods)이 주류를 이루어 왔다. 손으로 만질 수 있고 눈으로 볼 수 있는 상품들이 국가간 상거래의 주요 대상이었다. 그러나 오늘날에는 유형상품 뿐만 아니라 서비스, 지적재산권, 특허권, 실용신안권과 같은 무형상품(Invisible goods)도 주요 무역거래 상품으로 등장하고 있다. 특히 서비스 산업은 통신, 운송, 건축 등의 전통적인 산업에서 금융, 회계, 법률, 컨설팅, 연구개발 등 기업관련 고부가가치 서비스 산업으로 급격히 발전하여 왔다. 따라서 대부분 국가에서는 서비스 무역을 활성화시키려는 노력을 기울여 왔다.

세계 서비스무역은 2003년 1조 7,626억불(수출액 기준)로서 상품무역보다 높은 증가세를 실현하였고 국가별로는 미국, 영국 등 선진국이 서비스 수출을 주도한 가운데 중국, 인도 등 개도국의 수출도 급증하는 추세를 보이고 있다.

표 1-2 ▸ 주요 국가의 2003년 서비스 수출현황 (단위 : 억 불)

주요 국가	금 액
미 국	2,825
영 국	1,295
독 일	1,117
일 본	702
중 국	445
인 도	223

부분별로는 1990년대 이후 정보통신, 문화, 비즈니스 서비스 등의 수출비중이 높아지는 추세를 보이고 있다. 경제의 서비스화, 선진국 기업의 아웃소싱 확대, WTO를 중심으로 한 서비스시장 개방 논의의 진전으로 서비스 무역은 앞으로도 지속적으로 늘어날 것으로 전망된다.

표 1-3 ▸ 주요 부분별 서비스수출 동향 (단위 : 억 불, %)

부 문 별	'98	'99	'00	'01	'02	'03
전체 서비스수출	255.6 (△2.8)	265.3 (3.8)	305.3 (15.1)	290.5 (△4.8)	283.9 (△2.3)	327.0 (15.2)
• 운수 서비스	102.0 (△7.3)	114.7 (12.4)	136.9 (19.4)	131.8 (△3.7)	132.2 (0.3)	170.0 (28.6)
• 여행 서비스	69.1 (46.0)	68.4 (△1.0)	68.3 (△0.1)	63.8 (△6.6)	59.4 (△7.0)	52.6 (△11.5)
• 기타 서비스	84.5 (△20.0)	82.2 (△2.7)	100.1 (21.8)	94.9 (△5.2)	92.4 (△2.7)	104.5 (13.1)
– 지재권사용료	2.6 (3.2)	4.6 (75.0)	6.9 (51.2)	9.2 (34.2)	8.4 (△9.6)	13.2 (58.6)
– 사업 서비스	65.8 (△23.8)	60.3 (△8.3)	72.0 (19.3)	63.9 (△11.3)	60.1 (△6.0)	66.7 (11.1)

정보통신기술의 발전으로 소프트웨어, 전자서적, 전자음반, 게임, 애니메이션, 캐릭터, 음향, 음성물, 데이터베이스 등의 전자적 형태의 무체물도 중요한 무역거래 대상품목으로 등장하였다. 전자적 형태의 무체물은 부가가치가 높기 때문에 각국은 전자적 형태의 무체물의 무역에 지대한 관심을 가지고 있다. 따라서 세계무역에서 전자적 형태의 무체물이 차지하는 비중은 점차 증가할 것으로 보인다.

세계 디지털컨텐츠 시장규모는 2002년 751억 달러에서 2005년에는 1,655억 달러 규모로 연 평균 28%의 높은 성장률을 보였다. 특히 2002년 기준으로 디지털 애니메이션 시장과 게임 시장이 전체 시장의 76%를 차지하고 있어 전세계 디지털컨텐츠 시장을 주도하고 있는 것으로 나타나고 있다. 그러나 이러한 추세는 앞으로 무선인터넷 서비스의 활발한 보급에 따라 이를 위한 무선인터넷 컨텐츠 시장과 상대적으로 시장규모는 작지만 매우 높은 성장률을 보일 것으로 예상되는 인터넷 영화, 디지털 출판 시장 등이 주도할 것으로 보인다. 특히, 무선인터넷 컨텐츠의 경우 2002년 42억 5천만 달러에서 2005년 317억 달러로 연 평균 90.6%의 높은 성장률을 기록하였다.

표 1-4 ▸ 세계 디지털컨텐츠 시장 규모 및 전망 (단위 : 억 달러)

구분	2001년	2002년	2003년	2004년	2005년	2002~2005 CAGR
디지털 에니메이션	290	320	360	402	448	11.5%
게임	212.8	250.8	308.6	363.5	436.5	19.7%
온라인게임	22.1	33.4	48.6	70.5	106.3	48.1%
PC게임	33.9	37.0	38.9	42.5	46.4	8.2%
비디오게임	156.8	180.4	221.1	250.5	283.8	16.0%
인터넷음악	20.7	32.1	39.4	42.8	57.5	29.1%
인터넷영화	0.02	0.08	0.16	1.26	2.52	235.0%
디지털출판	3.4	8.3	15.0	26.8	39.1	84.2%
무선컨텐츠	24.0	42.5	75.0	154.2	317.0	90.38%
교육컨텐츠	63.0	97.0	149.4	230.0	354.3	54.0%
합계	613.9	750.8	947.8	1,220.6	1,654.9	28.0%

세계 디지털컨텐츠 유통 시장은 웹기반의 온라인 뿐만 아니라 모바일 기반의 핸드폰, PDA, 디지털 위성방송 채널, DVD까지 디지털 유통채널로 급격히 활용되고 있는 추세이며, 2002년 24억 달러 규모에서 2005년에는 59억 5천만 달러로 연 평균 35.2%의 높은 성장세를 나타내었다.

표 1-5 ▸ 세계 디지털컨텐츠 온라인 유통시장 규모 및 전망 (단위 : 억 달러)

구분	2001년	2002년	2003년	2004년	2005년	2002~2005 (CAGR)
기술제공	6.5	9.3	13.8	20.5	31.0	41.8%
유통서비스	2.2	3.1	4.3	5.4	6.7	32.1%
컨텐츠서비스	5.3	6.7	8.4	10.2	12.0	22.7%
미디어플랫폼	3.8	4.9	6.4	8.1	9.8	26.7%
합계	17.8	24.0	32.9	44.2	59.5	32.2%

제 2 장

국제무역이론

국제무역이 어떻게 이루어지는지 국제무역이론을 중심으로 살펴보고자 한다. 국제무역이론은 애덤스미스(Adam Smith)의 절대우위론에서 출발하여 리카도의 비교우위론, 밀의 상호수요이론 등의 고전무역이론을 거쳐 현재의 새로운 이론에 이르렀다. 본 장에서는 고전적 무역이론과 새로운 무역이론에 대해서 살펴보기로 한다.

제 1 절 ▸ 고전적 무역이론

1. 고전적 무역이론의 의의

200년 이상 유럽대륙을 지배했던 중상주의 사상은 모든 국가들이 무역을 자발적으로 하게 되는가를 규명하지 못했고 애덤 스미스(Adam Smith)가 발표한 새로운 무역이론에 의해 그 설득력을 잃게 되었다. 애덤 스미스는 1776년에 발간된 『국부론, The Wealth of Nations』에서 이와 같은 중상주의 사상에 뒷받침된 보호무역보다는 자유무역이 국부를 증대시키는데 훨씬 능률적일 뿐만 아니라 무역상대국 모두에게 이익을 가져다 줄 수 있다고 주장하였다. 즉, 국제무역도 한 나라 안에서와 같이 분업 혹은 생산전문화를 통해서 각국은 생산의 효율성을 향상시킬 수 있을 뿐만 아니라 생산물의 교역을 통해서 각국은 더 많은 양의 생산물을 소비할 수 있다는 것이다. 또한 이러한 국제분업은 정부개입에 의한 보호무역 하에서 보다 자유로운 시장기능에 뒷받침된 자유무역 하에서 더 효과적으로 실현될 수 있다고 주장하였다.

2. 절대우위론(Theory of absolute advantage)

영국의 경제학자 애덤 스미스(A. Smith)는 먼저 국부는 귀금속의 축적에 있는 것이 아니라 재화의 소비에 있음을 전제하고, 국내시장이든 국외시장이든 가격이 가장 낮은 곳에서 상품을 구입하여 가격이 높은 곳에 수출함으로써 각국은 경제이익을 얻을 수 있다고 주장하였다. 이러한 주장은 이른바 무역의 절대우위론에 입각한 것이었다.

절대우위론을 구체적인 예를 들어 검토해 보자. 분석의 편의상 세계는 A국과 B국으로 구성되며, 재화도 X와 Y의 두 재화만이 생산되고 노동만이 유일한 생산요소라고 가정한다. <표 2-1>에서 보는 바와 같이 A국에서 X재화 1단위 생산하는 데는 노동 1단위가, Y재화 1단위를 생산하는 데는 노동 2단위가 필요하고, 한편 B국에서는 X재화 1단위를 생산하는 데 노동 2단위가, Y재화 1단위를 생산하는 데는 노동

1단위가 필요하다고 하자. 그러면 두 나라가 무역을 하지 않고 국내에서 두 재화를 1단위씩 생산하는 경우 3단위의 노동이 필요하다. 만일 A국과 B국에서 생산되는 X와 Y재화의 내용이 동일하다고 할 때 양국이 각각 절대우위가 있는 재화, 즉 A국은 X재화를 2단위 생산하고, B국은 Y재화를 2단위 생산한 다음 X재화와 Y재화를 동시에 가지면서 국내노동은 2단위만 각각 사용하면 된다. 그러므로 양국은 이렇게 절약되는 생산요소를 사용하여 더 많은 재화를 생산하여 교환할 수 있게 된다.

표 2-1 ▸ 절대우위설의 예 (단위 : 인/일)

구 분	X 재생산비	Y 재생산비
A 국	1	2
B 국	2	1

이와 같이 애덤 스미스는 절대우위설을 통하여 국가간 분업(각국이 절대우위를 갖는 상품에 각각 특화해서 생산된 제품을 서로 교역하는 것)에 의한 자유무역의 결과가 세계 전체의 생산량을 증대시킬 수 있을 뿐만 아니라 증대된 생산물이 무역당사국들에 배분됨으로써 세계 전체의 후생을 증대시킬 수 있다고 보았다.

3. 비교우위론(theory of comparative advantage : Ricardian Theory)

비교우위론은 현재까지도 무역패턴을 설명하는 유효한 이론으로 데이비드 리카도(David Ricardo)에 의해 1817년 그의 저서 『정치경제학 및 조세원리(The Principles Taxation)』를 통해 주장된 무역이론이다. 비교우위론은 "어느 나라든 비교노동생산성 우위(comparative labor productivity advantage)를 갖고 있는 상품을 수출할 수 있다"는 리카도의 정리(Ricardian Theorem)로 그 이론이 요약될 수 있다.

즉, 비교우위설에 의하면 무역의 발생원인을 두 국가간에 존재하는 생산비의 절대적 차이가 아니라 생산비의 상대적 차이에 있다는 것이다. 따라서 A국이 B국에 비해 X, Y재 모두에 대해 생산비가 절대적으로 높다 하더라도 X, Y재 생산비의 상대적 차이가 존재하는 한 A, B 양국의 무역은 두 나라 모두에게 유익하다는 것이다.

즉, 국제무역은 중상주의 사상가들이 보는 제로섬 게임(zero-sum game)이 아니라 포지티브섬 게임(positive-sum game)이라는 것이다.

1) 리카도의 모델

(1) 기본가정 및 이론구조

리카도의 비교우위론을 전개하는데 기본가정은 다음과 같다.

① 생산

생산요소는 1개(노동)로 가정하고 2개의 재화를 생산, 산출에 대한 투입생산요소 비중은 규모에 대해 일정(constant returns to scale)함을 가정하며, 일국의 생산량은 노동 총 공급량에 의해 제약을 받는다.

② 수요

재화의 수요함수에 대해서는 가정이 없으며 단지 일국의 소비는 수익을 초과할 수 없다.

③ 교역

수송비는 고려하지 않으며 2개국만의 교역과 2개 재화의 교역을 가정하고 생산요소의 국가간 이동은 불가능한 것으로 가정하며 완전경쟁을 가정한다. 리카도는 그의 비교우위론을 설명하는데 있어 극히 단순화된 일반형 모델 하에서 생산함수를 가정하였다.

<그림 2-1>에서 OA는 한 국가에서 노동력의 제한으로 X재의 최대 생산량을 나타내며, OB는 Y재의 최대 생산량을 표시한다. 비교우위론(theory of comparative advantage : Ricardian Theory) 그리고 직선 AB는 한 국가에서 X재 생산량이 주어졌을 때 생산할 수 있는 Y재의 최대생산량을 나타낸다. 즉, 노동/산출 비용이 생산규모에 따라 일정하기 때문에 AB는 직선이 되며, 한 재화의 생산량이 감소되지 않고는 다른 재화의 생산량이 증가될 수 없는 균형상태를 가정하고 있다. OAB 면적은 두 재화의 생산가능량의 조합을 의미한다.

예컨대 세계는 영국과 포르투갈의 두 나라로 이루어져 있고 포도주와 직물이라는 두 가지 재화만 생산된다고 가정한다. 재화의 생산에 있어 두 나라는 각각 다른 생산비를 갖고 있는데, 포르투갈에서는 포도주 1단위 생산하는데 1시간의 노동이 소요

되고, 직물 1단위를 생산하는데 2시간의 노동이 소요된다. 한편 영국에서는 포도주 1단위를 생산하는데 6시간의 노동이, 그리고 직물 1단위를 생산하는 데는 4시간의 노동이 필요하다. 즉, 포르투갈은 포도주를 생산하거나 직물을 생산할 시에 영국보다 적은 노동시간을 사용한다.

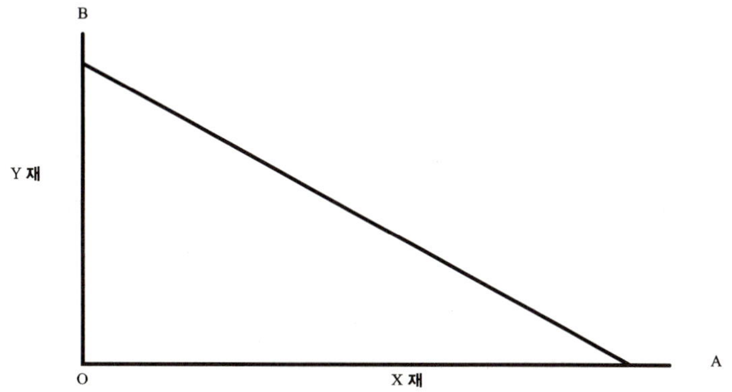

그림 2-1 ▸ 불변비용하의 생산가능곡선

이 경우 스미스의 절대우위론에 의하면 두 나라간의 생산 분업은 이루어지지 않는다. 그러나 리카도는 이런 경우라도 국제적 분업이 성립하는 것으로 설명하고 있으며, 그 이유는 영국이 포르투갈에 비해 직물생산에 비교우위를 갖고 있기 때문이라고 하였다. 포르투갈이 직물 1단위 생산하는 비용은 영국이 직물 1단위 생산하는 비용의 50%(2/4)에 해당하지만, 포르투갈이 포도주 1단위 생산하는 비용은 영국이 포도주 1단위 생산하는 비용의 17%(1/6) 밖에 안되기 때문에 포르투갈은 그 만큼 포도주 생산이 영국보다 유리하다고 할 수 있다.

표 2-3 ▸ 단위생산당 소요되는 노동시간 (단위 : 시간)

	포도주 1단위	직물 1단위
포르투갈	1	2
영 국	6	4

한편 영국의 입장에서 보면 포도주 1단위 생산한 비용은 포르투갈의 포도주 1단위 생산하는 비용의 600%(6/1)나 되지만, 영국이 직물 1단위 생산하는 비용은 포르투갈이 직물 1단위 생산하는 비용의 200%(2/1) 밖에 안되므로 영국은 직물생산에

비교우위가 있다고 할 수 있다.

(2) 무역에 따른 이익

양국간 균형무역조건이 포도주 1단위와 직물 1단위 비율로 이루어진다고 할 때 무역을 통해 얻는 양국의 이익을 살펴본다. <표 2-2>에서 포르투갈은 직물생산에서 포도주 생산으로 이동시킴으로써 1단위 직물생산을 감소시키는 대신 2단위의 포도주 생산을 증가시킬 수 있다. 2단위의 포도주로 포르투갈은 영국과의 교환에서 2단위의 직물을 수입할 수 있으므로 포르투갈은 이 무역을 통해 자국 내에서 직물 2단위를 생산할 경우 필요한 4시간의 노동력에서 포도주 2단위 생산에 필요한 2시간의 노동력을 뺀 2시간의 노동력 만큼 이익을 볼 수 있다.

한편, 영국은 포도주 생산에서 직물 생산으로 이동시킴으로써 1단위의 포도주 생산을 감소시키는 대신 1단위의 직물 생산을 증가시킬 수 있다. 이 경우 영국은 포르투갈과의 무역을 통해 2단위의 포도주를 수입할 수 있기 때문에 영국은 자국 내에서 포도주 2단위를 생산할 경우 필요한 12시간의 노동력에서 직물 2단위 생산에 필요한 8시간의 노동력을 뺀 4시간의 노동력만큼 이익을 볼 수 있다. 생산측면으로 보면 포르투갈은 1단위의 직물 생산 감소 대신 무역을 통해 2단위의 포도주를 얻을 수 있고 영국은 1단위의 포도주 생산 감소 대신 무역을 통해 1.5단위의 직물을 얻을 수 있기 때문에 0.5단위의 직물을 추가로 얻게 되는 결과를 가져온다.

표 3-3 ▸ 비교우위설에 의한 무역이익

	생산량의 변화		무역에 의한 순이익
	포도주	직 물	
포르투갈	+ 2	− 1	+ 1
영 국	− 1	+1.5	+0.5
합 계	+ 1	+0.5	+1.5

(3) 리카도의 비교우위론 평가

리카도의 비교우위론은 한 나라가 절대우위가 없는 재화라도 비교우위가 있으면

특화하고 무역을 함으로써 무역 당사국 모두 이익을 볼 수 있다는 사실을 설명할 수 있었다. 그러나 후세 학자들은 리카도의 비교우위론은 노동가치설에 입각하여 노동이라는 1개의 생산요소만 사용하였다는 점, 그리고 그 생산과정이 너무나 단순하다는 점 등을 들어 비판을 가하였다. 또한 현대의 무역은 생산과 판매의 국제화, 다국적 기업의 출현 등으로 생산요소의 국제간 이동이 어느 정도 이루어지고 있기 때문에 비교우위론의 가정은 현실을 반영하지 못하는 한계를 가지고 있다.

다만 국가간 노동생산성의 차이에 의해 무역이 발생된다는 비교우위론은 노동생산성에 기술수준의 차이를 포함시켜 고려할 경우 현재의 무역패턴을 설명하는데 아직도 유효한 이론으로 활용되고 있다.

4. 상호수요이론(Reciprocal Demand Theory)

리카도의 비교우위론을 통하여 국제무역의 발생원인과 무역유형의 결정과정을 살펴보았다. 그러나 리카도의 비교우위론에서는 무역의 균형조건(재화교환비율)이 어떻게 결정되는가를 설명하지 못했다. 미시경제학적으로 수요 · 공급 곡선의 교차점에서 균형가격과 균형교환량이 결정된다. 마찬가지로 국제무역의 균형을 이루게 하는 균형교역은 한 나라의 수출과 다른 나라의 수입이 일치될 때 결정된다고 할 수 있다. 즉, 국가간 수출입 수요가 일치될 때 자국이 외국으로부터 수입하는 상품에 대해 자국의 수출상품으로 기꺼이 교환하고자 하는 교환비율이 결정된다.

이때의 교환비율이 균형교역조건이며 이같은 국제무역의 균형이론을 상호수요이론이라 하며, 1848년 밀(J. S. Mill)에 의해 창안되었고, 후에 에지워스(F. Y. Edgeworth)와 마샬(A. Marshall)에 의해 오퍼곡선(offer curve) 이론으로 정립되었다.

리카도 비교우위이론이 공급측면(생산비의 차이)을 통하여 무역유형과 무역이익을 설명하고 있는데 대하여 밀은 수요측면(교역조건의 변동에 따른 수출 · 수입량의 변동)을 통하여 리카도 비교우위이론을 발전시켰다고 할 수 있다.

5. 요소부존이론(Factor Endowments Theory)

어떤 나라가 광물을 많이 수출하거나 노동집약적 제품을 많이 수출하고 있는 것은 그 나라가 다른 나라보다 상대적으로 부존 지하자원이나 노동력을 풍부하게 보유하고 있기 때문이라는 것이다. 이와 같이 각국의 자원부존의 특성이 무역패턴을 결정하는 기본요인이 된다는 것이다.

각국의 자원부존구조의 차이가 무역패턴을 결정한다는 요소부존이론은 스웨덴의 경제학자인 헥셔(Eli F. Heckscher)와 그의 제자 오린(Bertil G. Ohlin)에 의해 개발되었기 때문에 헥셔-오린의 이론(H-O Theory)이라고도 한다. 헥셔-오린 이론의 골자는 자본보다 노동을 비교적 풍부하게 갖고 있는 나라가 생산에 있어서도 노동을 집약적으로 사용하고 따라서 노동집약적인 상품을 수출하게 된다는 것이다.

제 2 절 ▸ 새로운 무역이론

1. 산업내 무역(Intraindustry) 이론

산업내 무역이론은 새로운 무역이론 중에서도 가장 오래된 것이라고 할 수 있다. 국가간 교역에서 동일산업에 속한 유사제품의 무역을 산업내 무역(intra-industry trade)이라고 한다.

요소부존이론에 의하면 국제무역은 상이한 요소부존에 따른 상이한 비용구조에 기반하며, 이 차이가 클수록, 무역을 통해 이익을 얻을 기회는 증가한다. 따라서 대부분의 교역은 산업국(자본풍부국)과 비산업국(노동풍부국)간에 공산품과 1차산품이 될 것으로 기대된다. 그러나 실제 국제무역통계는 세계수출량의 3/4은 산업국간에 이뤄지고 이러한 수출의 2/3는 산업국 내에서 이뤄지며 그것도 대부분 공산품의 수출입을 보여준다. 또한 이러한 공산품 무역의 반 이상이 산업내 무역의 특성을 띠고, 이 중 상당량이 다국적기업(MNC)과 해외자회사간의 기업내 무역이다. 산업국과 비산업국간의 교역이 세계무역에서 차지하는 비중은 1/3에 불과하여 이러한 국가간의 소득 격차가 점점 벌어지고 있다는 것이다.

산업내 무역이론은 이와 같이 선진국간의 동종산업에서 이뤄지는 대규모의 수출 및 수입에 대한 Grubel과 Lloyd(1975)의 귀납적인 연구에서부터 이뤄졌다. 산업내 무역이론은 1970년대 이후 린더의 대표적 수요이론의 개념에 산업조직이론의 모형을 도입하여 독점적 경쟁, 규모의 경제효과, 제품차별화, 기술격차 등을 통해 곧 이론적 기초를 갖추게 되었다.

2. 기술격차이론

전통적 이론에서 가정하는 것과는 달리 교역국가간 기술격차가 존재하는 경우, 기술이 우월한 국가는 그 분야에 대해 비교우위를 갖게 된다. 이러한 기술격차는 시간이 경과해도 간격이 좁혀지지 않는 경우도 있고, 시간이 경과함에 따라 기술이전이 활발하게 일어나 수출입구조가 변화하는 경우도 발생한다. 일반적으로 기술혁신이 새로운 격차를 발생시킨다면 기술확산은 이전의 기술격차를 좁히는 동적인 역할을 한다.

기술혁신이론은 특정국가가 신제품의 혁신자로서 특별한 우위를 갖고 있다고 가정한다. 일반적으로 R&D에 대한 집중적인 투자로 말미암는 지속적인 기술혁신은 기술격차를 유발하게 되고, 이는 기술혁신국의 불변의 부존자원으로 가능하게 된다. 따라서 기술혁신국의 장기적인 비교우위를 가져다준다. 또한 기술이 뒤처진 국가는 기술혁신국가가 생산하는 신제품을 즉각 모방할 수 없는 모방격차(imitation gap)에 직면하게 된다. 이 모방격차가 존재하는 동안 기술혁신국가는 신제품에 대해 독점적으로 수출할 수 있게 된다.

Posner는 모방 lag를 수요 lag와 반응 lag로 구분하였다. 수요 lag는 해외의 신제품이 국내 기존제품의 완전한 대체재로 간주되지 않으므로 발생한다. 반응 lag는 신제품 혁신국 내의 신제품 생산시점과 수입국 기업이 현지생산의 경쟁적 위협으로 간주되는 기간 사이의 시간이다. 일반적으로 수요 lag가 반응 lag보다 일반적으로 짧기 때문에 혁신국가는 수출상의 이점을 획득한다. 이때, 반응 lag의 길이는 규모의 경제가 있는 산업일수록, 관세 및 운송비용이 낮을수록, 수요의 소득탄력도가 작을수록, 현지국의 시장규모나 소득수준이 작을수록 길어져 현지생산을 지연시킴으로써 혁신국 기업의 지속적인 수출기회를 제공한다.

실례로 미국제조업의 기술적 선도업종이라고 할 수 있는 항공산업(aerospace), 전기기계(정보통신산업 포함), 운송장비, 화학(제약산업 포함), 비전자기기산업에서 미국기업들은 강한 경쟁력을 가지고 수출과 해외직접투자 등을 하고 있다. 미국은 연구 집약적인 첨단기술제품에 비교우위를 가지고 있는 것으로 나타났는데, 미국의 19개 산업 중 위의 5개 산업에서 연구개발노력(매출액 대비 R&D 지출액 및 총고용인력대비 R&D 종사 연구인력으로 측정)을 가장 많이 기울이는 것으로 나타났고, 1962년 통계로 제조업 미국 내 총매출액(국내 및 해외매출 합산)의 39.1%를 기록한 동 산업이 미국제조업 수출의 72%를 기록하는 것으로 나타났다.[1)] 이들 5대 첨단산업부문은 1991년 미국 기업출연 R&D의 88%를 기록하고 있다. 동년에 미국의 50대 수출기업 중 세 개의 농산물 및 임산물 수출업자를 제외한 나머지 기업이 모두 이 다섯 부문에 포함되었다.

기술격차이론은 왜 특정국가가 기술 선도적 위치에 있으며, 다른 국가는 기술 추종적인 위치에 있게 되는가는 설명하지 못한다. 또한 모방 lag에 대해서도 만족스러운 설명을 하지 못한다.

3. 제품수명주기이론

기술격차가 존재하더라도 시간의 경과에 따라 이 격차가 없어지면서 국제무역구조가 변화하는 현상을 국제제품수명주기이론(International Product Life Cycle Theory)이라고 한다. 원래 제품수명주기란 하나의 제품이 개발되어 처음 시장에 소개되고 판매되는 도입기를 거쳐 판매량이 급증하는 성장기, 제품에 대한 수요증가율이 둔화되는 성숙기를 지난 후 결국 사양품목이 되어 쇠퇴하는 쇠퇴기 등의 시간의 흐름에 따른 제품 판매량의 변화과정을 말한다.

신제품 개발국은 보통 일인당 소득수준이 높아 고급제품의 수요가 있으며, 시장의 규모도 커 신제품 도입기업의 위험도 감소한다. 최초 개발국에서 생산·소비되던 신제품이 다른 선진국에도 알려지면서 비슷한 소득수준을 가진 나라에 수출된다. 이때 신제품 개발국기업은 수출시장에서 독점적인 위치를 갖게 되며, 현지국에서의 경

1) W. H. Gruber, Dileep Mehta, and Raymond Vernon, "The R&D Factor in International Trade and International Investment of United States Industries", Journal of Political Economy, Feb. 1967, p.20~37

쟁은 없는 상태이다. 성장기 단계에서 기타 선진국이 디자인과 생산이 표준화된 제품을 생산하면서 기타 선진국과 점차 가격경쟁이 벌어지게 된다. 이때, 신제품 개발국의 기타 선진국에 대한 수출은 감소하게 된다. 제품이 성숙하여 표준화에 도달하게 되면 기술상의 우위는 사라지고 가격경쟁의 위협이 뚜렷하게 되며, 해외생산이 최초 개발국의 수출을 대체하게 된다. 이제 제품생산의 비교우위는 저임금의 개도국에게로 이전하게 된다. 이런 과정상에 수출, 저가의 생산요소국에의 해외직접투자 등의 동태적인 무역변환이 이뤄지게 된다.

제 3 장
보호무역과 관세

전세계가 자유무역을 하게 되면 무역을 통한 부가가치가 극대화되어 사람들의 삶의 질이 향상될 수 있다. 그러나 오늘날 모든 국가가 완전히 자국의 문호를 개방한 국가는 하나도 없다. 자국의 국내시장을 보호하기 위해서 관세 및 비관세 장벽을 두고 있다. 본 장에서는 보호무역주의의 이론과 관세 및 비관세장벽에 관하여 살펴보고자 한다.

제1절 ▸ 보호무역이론

1. 보호무역의 의의

앞에서 살펴본 바와 같이 이론상으로 가장 좋은 것은 자유무역을 하는 것이다. 자유무역이론에 따라 무역을 하면 무역의 부가가치를 극대화 시킬 수 있다. 그러나 현실적으로는 불가능하다. 모든 국가들이 자유무역의 이론에 따라 무역을 완전히 자유화시킨 나라는 한 나라도 없으며 크고 작든지 간에 관세나 비관세 장벽을 두어 자국의 국내시장을 보호하고 있다.

무역정책하면 늘 보호무역정책을 의미하고 있는데 보호무역의 시발점은 중상주의의 시대로 거슬러 올라간다. 16세기부터 18세기까지 영국 등 유럽을 지배한 중상주의 경제사상에 의하면 국부의 원천을 금이나 은 같은 귀금속의 절대보유량에 의해 발생된다고 보았다. 따라서 강력한 국가의 유지·보전을 위해서 금의 보유량을 증대시켜야 하고 그러기 위해서 국가는 수출을 장려하여 금의 유입을 증가시키고 수입을 억제하여 금의 유출을 억제해야 한다는 것이다.

이와 같이 중상주의에 있어서 국제무역은 한 나라의 부를 축적하는 유일한 수단으로 간주되었으며 따라서 국가의 번영을 달성하기 위해서 개인이 외국의 물자를 수입하면서 금을 유출시키는 것을 국가가 개입하여 관리·규제하였다. 이러한 중상주의 하에서는 한 나라의 부의 증대는 상대국의 손실을 통해서만 이루어지는 것으로 인식되었다. 1970년대 이후 보호무역주의가 강화되었는데 이는 국가가 무역에 개입하여 수출을 장려하고 수입을 억제하는 것으로 기본사상은 현대적 의미의 중상주의라 해석할 수도 있다.

제2차 세계대전 이후에 자유무역을 활발히 추진하고 있지만 완전한 자유무역이 실시된 국가나 시기는 없다. 1980년대에 접어들어서 미국의 무역수지와 재정수지의 적자가 큰 폭으로 증가함에 따라 신보호무역주의가 등장하여 관세 및 비관세로 자국의 시장을 보호하려는 움직임이 강하게 일어났다. 1995년 세계무역기구의 등장으로 세계무역은 다시 자유무역으로 방향을 바꾸어 현재까지 순항하고 있지만 무역이 일국의 경제에 미치는 영향이 크기 때문에 자국의 국내시장을 보호하려는 눈에 보이지 않는 손이 존재한다.

2. 보호무역의 근거

1) 유치산업보호론

독일의 경제학자 리스트(F. List)는 보호무역정책을 체계적이고 설득력 있게 제시하였다. 리스트는 경제발전 정도가 국가마다 다르기 때문에 경제발전이 뒤떨어진 국가가 선진국과 무역을 하는 경우에는 자유무역이론을 적용할 수 없다고 보고 후진국의 상품이 선진국의 상품과 대등한 조건에서 경쟁하기 위해서는 후진국 상품이 경쟁조건을 충족 시킬 때까지 일정기간 유치산업을 관세와 같은 정책수단으로 보호해야 한다는 유치산업보호론(Infant Industry Agrement)을 내세웠다.

유치산업보호론은 산업 초기 단계에 있는 국가들이 자국시장을 보호하는 명분으로 사용할 수 있어서 큰 호응을 얻었다. 이 이론이 경제적으로 타당하다는 평가를 받는 이유는 근본적으로 비교우위이론과 상충되지 않기 때문이다. 잠재력을 발휘할 때까지 보호함으로써 보호에 따르는 희생을 감수해야 되지만 잠재력이 발휘되면 비교우위가 현실화되어 후생의 증가를 발생시킨다는 것이다. 그러나 유치산업을 어떤 기준으로 결정할 것인가에 관한 해결해야할 과제를 안고 있다.

2) 국내생산과 고용증대

보호무역정책을 실시하면 수입 대체산업을 육성할 수 있고 수입 대체산업이 육성됨에 따라 국내 생산량이 증가하여 고용을 확대시킬 수 있다는 것이다.

규모의 경제(economies of scale)와 외부효과에서 수입 대체산업의 경제적 근거를 찾고 있다. 동일한 외국상품의 수입에 관세를 부과함으로써 국내산업을 보호하면 국내생산이 증가하여 규모의 경제가 달성되며 따라서 단위당 생산원가가 떨어진다는 것이다.

국내상품 가격이 하락하면 국제상품 시장에서 가격경쟁력이 생겨 자본이 축적되고, 기술이 발전하여 경제 각 부분에 파급효과를 미치게 되고, 생산비용이 떨어짐에 따라 연관 산업이 발전하여 고용이 증가한다고 보았다.

특정 국가가 우수하고 풍부한 값싼 인력과 기술, 자본을 소유하고 있다면 이 국가는 자국시장을 보호함으로써 산업을 발전시킬 수 있다. 그러나 이러한 시각으로 국제무역을 해석하는데 신중을 기해야 된다는 것을 중남미 사례는 보여주고 있다. 자국시장을 보호함으로써 성장할 수 있는 산업과 성장할 수 없는 산업이 있게 마련이다.

3) 기타의 근거

(1) 국방

모든 국가는 안보를 가장 중시한다. 외부로부터 국가를 안전하게 보호하기 위해서는 국방산업의 발전이 필요하며 국방산업의 발전에 중요한 핵심기술을 개발하여 보호하고 있어야 한다.

(2) 문화적·사회적 가치

국내시장 보호를 문화적, 사회적 가치를 내세워 정당화시키는 경우도 있다. 외국사람들은 우리나라의 가족제도에 관하여 높이 평가하고 있다. 이와 같은 문화적, 사회적 가치관은 한 국가를 지탱시키는 힘이 되며 문화적, 사회적 가치관의 파괴는 그 나라의 멸망을 의미한다. 중국 청나라시대의 아편전쟁에서 문화적, 사회적 가치관이 한 국가를 지탱시키는데 있어서 얼마나 중요한지를 알 수 있다. 이러한 문화적, 사회적 가치관을 보호하기 위해 수입을 규제하는 것은 당연하다고 본다.

제 2 절 ▸ 관세

1. 관세의 목적

모든 국가는 오래전부터 국내시장을 보호하기 위한 수단으로 관세를 활용하여 왔다. 관세(customs, customs duties, tariff)는 한 국가의 관세선(customs territory)을 통과하는 물품에 대해서 부과되는 조세를 말한다.

관세법 제 1조에서는 "관세의 부과・징수 및 수출입물품의 통관을 적정하게 하고 관세수입을 확보함으로써 국민경제발전에 이바지함을 목적으로 한다"는 조항을 만들어 관세법이 관세의 부과・징수를 위한 근거법이자 수출입물품의 적정한 통관을 위한 법률이라는 점을 분명히 하였다. 관세법의 목적을 세부적으로 분석해 보면 관세수입의 확보, 수출입물품의 적정한 통관을 도모하고, 국민경제의 발전과 국민의 재산권 보장 등의 목적이 담겨 있다.

2. 관세의 종류

1) 관세방법에 의한 분류

(1) 종가세

종가세(ad valorem duty)는 수입물품의 가격을 과세표준으로 부과하는 관세를 말한다. 종가세는 수입상품의 실제 가격에 따라 과세하므로 상품가격에 따른 관세부담의 공평성과 관세부담의 균형을 유지할 수 있어서 대부분의 국가에서는 종가세를 선택하고 있다. 그러나 과세가격의 산출이 어렵고 동일한 상품이지만 수출국과 수입시기에 따라 과세가격이 다르기 때문에 관세부담도 달라진다.

(2) 종량세

종량세(specific duty)는 상품의 수량을 과세표준으로 부과하는 관세를 말한다. 종량세는 과세가 간단 명료하고 수출국·수입시기에 관계없이 세액계산이 편리한 장점을 가지고 있지만 수량을 중심으로 과세표준이 결정되기 때문에 수입상품의 가격이 올라가면 관세부담이 적어지고 반면에 수입상품의 가격이 떨어지면 관세부담이 커져 관세납부에 영향을 미칠 수 있고, 상품의 가격에 관계없이 수량에 따라 과세표준이 결정되어 관세를 불평등하게 부담한다는 단점을 가지고 있다.

(3) 선택세

선택세(selective duties)는 한 품목에 대해서 종가세와 종량세를 동시에 적용하여 둘 중에서 높은 것을 과세표준으로 부과하는 관세를 말한다. 일반적으로 수입상품의 품질이 뛰어나거나 가격이 상승하면 종가세를 적용하고 저가품이나 가격이 하락하면 종량세를 적용한다.

2) 과세목적에 의한 분류

(1) 재정관세

현재 국세 중 25%를 관세가 차지하고 있어서 국가의 재정에 큰 기여를 하고 있다. 재정관세 또는 수입관세는 국가의 재정수입을 위하여 부과되는 관세를 말하는 것으로 국내에서 거의 생산되지 않는 물품의 수입과 수입을 제한할 필요가 있는 사치품에 부과하고 있다.

(2) 보호관세

자국의 특정 산업을 수입상품으로부터 보호할 목적으로 부과되는 관세를 말한다. 경제성장에 중요한 산업이나 경제적 파급효과가 큰 산업을 보호하기 위해서 동종 수입상품에 보호관세를 부과시킬 수 있다.

3) 상품의 이동방향에 의한 분류

(1) 수입세

수입세는 모든 수입물품에 부과되는 관세를 말하며 우리나라에서는 수입세만을 부과하고 있다.

(2) 수출세

수출세는 국내물품이 외국으로 수출될 때 부과되는 관세로서 대부분 국가에서는 수출세를 부과하지 않는다. 다만, 국가의 재정수입을 확보하기 위해서 세계 무역시장에서의 독점상품에 관해서 수출세를 부과하고 있다.

(3) 통과세

통과세는 상품이 국가를 통과할 때 부과되는 관세를 말하는데 오늘날 대부분의 국가에서는 상품의 환적을 유치하기 위해서 통과세를 부과하지 않고 있다.

4) 과세의 성격에 의한 분류

(1) 국정관세

한 국가가 자국의 관세법에 따라 자주적으로 부과하는 관세를 국정관세라고 한다. 외국으로부터 관세부과에 관하여 아무런 제약을 받지 않고 자국의 경제사정에 따라 부과하는 것을 국정관세라고 한다. 관세는 관세법에 따라 부과해야 되지만 무역환경의 급격한 변화에 신속히 대응하기 위해서 행정부가 임의로 관세를 부과할 수 있도록 하고 있다.

(2) 협정관세

외국과의 통상조약 또는 관세조약에 따라 부과하는 관세를 협정관세라고 한다. 국가간 무역량을 확대시키기 위해서 상호간에 국정세율을 적용하지 않고 국정세율보다 낮게 관세를 양허하기로 협정을 체결한 것을 말한다. 우리나라의 협정관세는 WTO협정 일반양허관세, WTO협정 개발도상국간 양허관세, 개발도상국가간 무역협정에 의한 양허관세, 한・칠레 자유무역협정, 한・싱가폴 자유무역협정에 적용되는 관세 등이 있다.

(3) 탄력관세

조세는 조세의 법률주의에 따라 법에 의하여 부과되고 있다. 법의 제정과 변경에는 일정한 절차가 수반되어야 하기 때문에 시간이 많이 걸린다.

반면에 무역환경이 시시각각으로 변화함에 따라 그에 대한 대응이 신속하게 이루어져야 한다. 따라서 국내 경제 상황의 변화와 국내 산업을 신속히 보호하기 위해서 일정한 범위 내에서 관세를 인상하거나 인하할 수 있는 권한을 행정부에게 주고 있는데 이를 편의상 탄력관세라고 한다.

탄력관세는 법률 적용의 경직성 때문에 국내 경제 사정에 신속히 대응할 수 있도록 입법부의 권한 일부를 정해진 법률에 따라 행정부에게 위임한 것이다. 따라서 행정부는 관세법에 따라 탄력관세를 부과하여 세율을 변경시킬 수 있다.

① 덤핑방지관세

국제 상품시장에서 형성된 정상가격 이하로 수입된 상품으로부터 국내 산업을 보호하기 위해서 부과되는 관세를 말하며, 덤핑방지관세(anti-dumping duties)는 정상가격과 수입상품의 가격의 차이 만큼 관세를 부과함으로써 수입국에서의 수입상품의 판매가격을 인상시켜 국내 산업을 보호하는 것을 의미한다.

② 상계관세

상계관세(countervailing duties)는 수출국 정부로부터 보조금을 받아 상품을 생산하여 수출하는 경우 상품의 수출가격은 정부의 보조금을 받았기 때문에 낮게 책정되어 있다. 따라서 인위적으로 수출가격을 낮게 책정함으로써 수입국의 동종 산업에 피해가 발생하게 된다. 상계관세는 정부가 지원한 금액만큼 관세를 부과하여 수입국에서의 수출상품의 판매가격을 인상시켜 수입국의 동종산업을 보호하는 것이다.

③ 보복관세

보복관세는 무역상대국이 우리나라의 수출상품에 관하여 관세 또는 무역에 관한 협정이나 양국이 체결한 협정에 규정된 우리나라의 권익을 인정하지 않거나 축소하는 조치를 취하여 우리나라의 무역이익이 중대한 침해를 받아 피해가 발생하면 우리나라로 수입된 물품에 관하여 피해액 만큼 관세를 부과하는 것을 말한다.

④ 긴급관세

긴급관세는 특정상품의 수입증가로 인하여 국내 산업에 심각한 피해가 있거나 피해 우려를 조사를 통해서 확인하고, 당해 국내산업을 보호할 필요가 있다고 인정되는 때에는 당해 상품의 심각한 피해를 방지하고 구조조정을 가속화시키기 위해서 필요한 범위 내에서 추가로 관세를 부과하는 것을 말한다.

⑤ 특별긴급관세

특별긴급관세는 UR농산물협정에 따라 국내의 가격차에 상당한 율(Tariff Equivalent: TE)로 관세를 부과하도록 양허한 농림축산물 중 수입량이 급증하거나 수입가격이 폭락하는 품목에 대하여 양허한 세율을 초과하여 관세를 부과하도록 함으로써 수입개방에 따른 피해를 줄이는 것을 말한다.

⑥ 조정관세

조정관세는 수입 자유화 정책에 따라 상품이 무분별하게 수입되는 것을 방지하기 위하여 양허세율을 초과하지 않는 범위 내에서 100%까지 부과하는 관세를 말한다.

세율 불균형을 시정하고, 국민보건, 환경보전, 소비자 보호 등을 위하여 필요한 경우 조정관세는 다음과 같은 경우에 부과할 수 있다.

첫째, 국내 개발 품목으로 일정기간 보호가 필요한 경우

둘째, 국제경쟁력이 취약한 물품의 수입증가로 국내시장이 교란되어 산업기반이 붕괴될 우려가 있는 경우

⑦ 할당관세

할당관세는 원활한 물자확보와 산업의 경쟁력을 강화시키기 위하여 특정물품의 수입을 용이하게 하거나 수입가격이 급등한 물품과 이를 원재료로 만든 상품의 국내가격을 안정시키기 위하여 또는 유사상품 간의 세율이 현저히 불균형하여 이것들을 시정할 필요가 있는 경우에 기본세율을 인하하여 관세를 부과하는 것을 말한다.

필요시에는 수량을 제한할 수 있으며 특정상품의 수입을 제한할 필요가 있는 경우에는 일정량을 초과한 수입량에 대해서는 기본세율에 일정 범위안의 세율을 가산하여 부과할 수 있다.

3. 관세의 효과

1) 관세의 긍정적 효과

(1) 생산효과

중국은 광활한 국토를 가지고 있다. 그 넓은 땅에서 생산된 농산물 가격은 낮은 생산비용 때문에 우리나라 농산물가격보다 매우 싸다. 동종 상품의 고추가격이 1근에 중국산은 1,500원이고 국산은 7,000원이라면 가격차이가 무려 5,500원이나 차이가 난다. 이와 같이 싼 중국산 농산물이 한국에 무관세로 수입된다면 한국의 농업은 심각한 타격을 받게 될 것이다. 따라서 정부는 수입상품에 대해서 관세를 부과하고 있다. 중국산 고추에 대해서 5,500원의 관세를 부과하면 우리나라에서 중국산과 국내산 고추가격이 같게 된다. 따라서 국내소비자들은 중국산보다는 국내산을 소비하여 국내산 고추의 소비량이 증가하고 그에 따라 증가한 소비량만큼 더 많이 국내산 고추를 생산할 수 있게 된다. 이것을 관세의 생산효과(production effect)라고 한다.

(2) 소비효과

수입상품에 관세를 부과하면 수입상품의 가격이 상승하여 국내소비가 감소하게 될 것이다. 이와 같이 수입상품에 관세를 부과하면 수입상품의 국내 판매가격이 상승하여 국내 소비자는 손해를 보게 된다. 따라서 수입상품에 대한 국내 소비자의 소비량이 감소하게 되는데 이것을 관세의 소비효과(consumption effect)라고 한다.

(3) 세입효과

관세는 국가의 재정수입을 확보하는데 큰 역할을 한다. 국가는 수입상품에 관세를 부과함으로써 재정수입을 얻게 되는데 이것을 관세의 세입효과(revenue effect)라고 한다.

(4) 소득 재분배 효과

수입상품에 관세를 부과하면 국내생산자와 소비자의 소득이 변화하게 된다. 이와 같이 생산자와 소비자의 실질소득을 변동시키는 것을 관세의 소득재분배효과(redistribution effect)라고 한다.

수입상품에 관세를 부과함으로써 소비자는 그만큼 비싸게 수입상품을 소비해야 되기 때문에 소비자의 실질소득은 감소한 반면에 수입상품의 소비량이 감소한 만큼 국내생산자는 소득을 증가시킬 수 있어서 소득재분배의 효과를 관세는 가지고 있다.

(5) 경쟁효과

관세가 수입상품에 부과됨에 따라 동종의 국내상품은 국내시장에서 외국상품의 치열한 가격경쟁을 피할 수 있게 된다. 이것을 관세의 경쟁효과(competition effect)라고 한다.

(6) 국제수지의 개선효과

관세는 수입상품의 국내소비를 감소시켜 국제수지를 개선시키는 역할을 한다. 수입상품에 높은 관세를 부과하면 수출국에서의 수입상품의 판매가격이 상승하고 그에 따라 수입상품에 대한 수요가 감소하여 국내산업을 보호하게 된다. 이런 이유로 모든 국가가 수입상품에 관세를 부과하고 있으며 자국의 경제를 발전시킬 수 있는 수단으로 관세를 이용하고 있다.

2) 관세의 부정적 효과

관세가 수입상품에 부과됨에 따라 항상 긍정적인 효과만 발생하는 것이 아니라 부정적인 효과도 발생하게 된다. 국내소비자들은 수입상품에 관세가 부과됨에 따라 더 비싼 가격에 수입상품을 소비하게 되어 소비자의 잉여가 감소하게 된다. 앞에서 예를 든 것처럼 국내소비자는 중국산 고추를 1,500원에 소비할 수 있는데 관세가 부과되어 5,500원을 더 주고 7,000원에 소비하여 5,500원 만큼의 소비자잉여가 감소하게 된다.

한 국가의 관세부과는 다른 국가의 희생을 유발시킨다. 따라서 수입관세의 부과는 국가간에 무역마찰을 일으킬 수 있다.

제 3 절 ▸ 비관세장벽

1. 비관세장벽의 개념

대부분의 국가들은 자국시장을 보호하기 위한 무기로 관세를 사용하였다. 각국의 지나친 관세장벽은 제2차 세계대전을 초래했고 제2차 세계대전은 사람이 이룩한 산업발전을 현저하게 파괴시켰다. 따라서 제2차 세계대전 이후에 관세를 인하하기 위한 수 차례의 협상이 진행되었고, 협상결과로 관세의 무역장벽으로서의 성격은 크게 줄어든 반면에 세계무역의 여러 가지 구조적인 문제로 말미암아 보호무역의 필요성이 높아져서 비관세조치들을 자국시장의 보호수단으로 강구하기 시작하였다. 1995년에 WTO가 출범함에 따라 모든 국가는 자국시장의 보호수단으로 관세를 사용할 수가 없게 되어 각국은 관세 이외의 다른 보호수단을 모색하게 되었다.

현재 비관세장벽이 주목받는 이유는 국가간 상품의 이동을 제한하는 여러 가지 눈에 보이지 않는 수단이 만들어져 사용되고 있으며 이러한 비관세무역장벽은 자유무역을 저해하는 근본적인 원인이 되고 있다는 점이다.

비관세장벽은 최근에 생겨난 것이 아니라 관세와 함께 무역세계에 동참하여 그 기원은 매우 오래되었고, 시대에 따라서 다양하게 사용되었기 때문에 정확하게 정의를 내리기가 퍽 어렵다. 그러나 학자들의 견해를 종합해 보면 비관세장벽은 국가간의 상품과 용역의 거래를 제한하거나 봉쇄함으로써 세계의 무역효과를 감소시키는 관세 이외의 여러 가지 인위적 수단을 의미하는 것으로 정의를 내릴 수 있다.

2. 비관세 장벽의 종류

1) 수량제한

(1) 수입쿼터

수입쿼터(quota)는 일정기간 동안 특정상품 대해 정해진 수량 또는 가격만큼만 수입할 수 있도록 하는 일종의 행정 명령이며, 쿼터의 초과량을 수입할 수 없다. 쿼터 하에서는 수입상들이 쿼터량이 소진되기 전에 수입을 서두르려고 하기 때문에 쿼터 대상품의 수입은 쿼터기간의 초기에 집중되는 경향이 있다. 또한 쿼터가 소진된 상품은 통관이 금지되므로 이러한 수출상의 위험부담을 완화시키기 위해서 대개의 경우 허가제가 실시된다. 수입상이 수입허가(import licence)를 신청하면 행정당국은 허가량이 쿼터량과 동일해질 때까지 허가를 발급해준다.

(2) 수출자율규제

수출자율규제(voluntary export restraint)는 수입국의 무역마찰과 수입할당의 적용을 방지하기 위해서 수출국이 수출물량을 자율적으로 조정하여 제한하는 제도이다. 수출자율규제는 수출국이 자율적으로 실시하는 것이 아니라 수입국의 요청에 의해서 이루어지기 때문에 비관세장벽에 속한다.

2) 통관절차

(1) 복잡한 통관절차

모든 수입상품은 수입통관절차를 이행하여야 한다. 수입상품에 대한 수입통관 절차를 까다롭게 하여 수입상품의 수입을 억제시키는 경우가 있다. 수입상품의 수입통관 절차가 수시로 바뀌면 수입통관 비용과 시간이 과다하게 발생한다. 따라서 수입업자는 상품의 수입을 포기 할 수 있다.

(2) 관세평가

수입상품에는 관세가 부과되며 관세의 과세표준은 수입상품의 가격 또는 수량으로 하도록 관세법 제15조에 규정되어있지만 수입상품의 관세를 정확하게 평가하기가 매우 어렵다. 수입상품은 복잡한 제조과정을 거쳐 생산되고 장시간 운송을 통해서 수입국에 도착하기 때문에 어느 시점에서 관세를 부과 하느냐에 따라 실제 관세액에는 많은 차이가 난다.

3) 정부관여

(1) 정부조달정책

정부나 지방자치단체가 필요로 하는 상품을 조달하는 과정에서 외국상품에 비해 국내상품에 특혜를 주고 있다. 모든 국가는 자국 상품을 우선적으로 구매하도록 여러 가지 정책을 실시하고 있어서 외국상품은 정부의 조달시장에서 차별을 받는 경우도 있다.

(2) 국영무역

국가기관이나 정부가 특정국가의 특정상품을 수입하도록 지정함으로써 지정을 받지 못한 국가의 상품은 차별대우를 받는다.

(3) 생산보조금

대부분의 국가는 국내산업을 보호하기 위하여 생산 장려금과 같은 여러 가지 수출지원제도를 실시하여 외국상품의 수입을 제한하고 있다. 우리나라도 무역금융, 중소기업자금, 어업자금 등과 같은 수출지원제도를 실시하여 수출을 장려하고 있다.

(4) 외환배정

많은 개발도상국에서는 외환을 철저하게 관리하고 있다. 중앙은행은 수입국가와 수입할 상품을 선정하고 그 상품에 외환을 배정함으로써 외환을 관리하고 있다. 따라서 수입상품에 선정되지 않는 국가의 상품을 수입할 수 없도록 하고 있다.

아시아의 개발도상국가는 수입외환 배정을 수출과 연계시켜서 수출한 액수에 비례해서 수입외환을 배정하고 있다.

4) 엄격한 기준의 적용

(1) 포장, 상표의 규정

상품이 외국에 수출되기 위해서는 수입국에서 요구하는 모든 법률적 요건을 충족시켜야 한다. 수입국의 안전규정과 수입국에서 유통되기 위한 포장, 상표에 관한 규정이 까다롭게 되어 있는 경우 수출상은 이러한 까다로운 규정을 이행하기 위해서 추가적인 비용을 지출해야 한다. 또한 이러한 법규가 엄격하게 적용되면 수출자체가 불가능할 수 있다.

(2) 원산지 규정

외국에 수출되는 모든 상품은 어디에서 생산되었는지 반드시 원산지를 표기하도록 되어있다. 원산지 표기방법을 까다롭게 요구하면 수출상은 이러한 요구조건을 충족시켜야 되며 그에 따라 추가비용이 발생하여 수출상품의 수출가격이 올라 수입국에서의 판매에 부정적인 영향을 미치게 된다.

(3) 위생 · 안전 · 공업표준 규정

모든 국가는 자국민의 건강과 보건을 보호하기 위한 법규와 제도를 운영하고 있다. 미국의 식품의약청(Food and Drug Adminstration, FDA)은 미국으로 수입되는 식료품과 의약품을 철저하게 검사하고 있다. 미국의 식품의약청이 제시한 기준을 충족시키기 못하는 식료품과 의약품은 미국으로 수입될 수 없다. 우리나라의 나주 배는 미국의 식품의약청이 제시한 재배방법, 농약함유량, 품질조건을 충족시켜 미국으로 수출되고 있으며 이러한 조건을 충족시키지 못하는 우리나라의 다른 지역에서 생산된 배는 수출되지 못하고 있다.

2005년에 기생충 김치파동으로 우리사회는 홍역을 치렀다. 어떻게 기생충에 감염된 중국산 김치가 국내로 수입될 수 있는지 우리나라의 식약청의 검사기준과 검사방법에 대해서 많은 비난을 하였다. 수입상품의 종류에 따라 안전규격, 품질규격 등 여러 가지 지켜야 할 제도들을 엄격하게 운영함으로써 상품의 수입을 제한시킬 수 있다.

제 2부

국제무역환경

제 4 장

한국경제와 무역

해방 후 무역을 시작한지 50여 년 동안 농경위주의 우리 경제가 활력 넘치는 신흥공업경제로 변신하는 과정에서 무역의 역할은 지대하였다. 그동안 우리나라는 수출을 통하여 부족자원과 식량도입에 필요한 외화를 획득할 수 있었으며 선진기술 도입을 촉진할 수 있었다. 또한 국내 시장이 적어서 내수만으로 성장한계에 직면한 산업에 활로를 제공하고 기업능률 향상과 국제 경쟁력을 제고하는 등 실로 우리나라 경제성장의 원동력이었다.

본 장에서는 한국의 경제성장과 무역의 변화추이를 년도 별로 살펴봄으로써 무역이 한국경제에서 차지하는 중요성을 규명한다.

제1절 ▸ 해방 후 초창기의 무역

1. 개관

해방 후 우리나라는 급격한 정치·경제적 변동으로 말미암아 대외무역이 일시 중단되었다가 1946년 5월 17일 군정법령 제82호로서 "대외무역규칙"이 공포되어 군정당국의 통제하에 대외무역이 재개되었고, 1947년 2월 1일에 과도정부가 수립되면서 과도정부당국이 직접 거래당사자로서 무역을 실시하였다. 따라서 민간무역은 군정 및 과도정부당국에 의한 소위 관영무역에 비하여 그 규모가 극히 적은 약 1/10에 불과하였다.

1948년 8월 15일, 정부가 수립되면서 그동안의 피동적인 무역을 지양하고 국민경제에 기여할 수 있는 방향으로 발전시키고자 노력을 기울여 우리나라 무역은 싹이 트고 활기를 띠기 시작하였다. 그 후 1950년 6·25 동란이 발발하여 1953년 7월 휴전이 될 때까지 전국 산업시설의 95%가 파괴되는 아픔을 겪었지만 이 기간동안의 수입은 원조수입의 혜택으로 1950년의 60,452천 달러에서 1953년에는 345,436천 달러로 급증하였으며, 수출은 치열한 전쟁의 와중에서도 1950년의 10,906천 달러에서 1953년에는 39,585천 달러로 증가하였다.

동란 후 1954년부터 1960년에 이르는 약 7년간의 한국경제의 특징은 계속적인 외국 원조에 의존하여 전재를 복구하고 경제를 재건하려는 시기였다고 말할 수 있다. 이 기간 중의 무역은 국내 경제구조의 허약성을 반영하여 생필품 수입의 증대와, 수출의 주종을 이루고 있는 1차산품 수출의 정체로 특징지워진다. 수입은 식료품, 위생·의료용품, 목재, 섬유원료 등 국민의 생존과 기본수요를 충족시키기 위한 소비재와 또 이들을 국내에서 생산하기 위한 기계 및 보조원료의 수입이 많았다.

수출은 1954년 24,246천 달러에서 1960년에는 32,827천 달러가 되었으며, 평균 2,000만 달러 선을 유지하는데 그쳤다. 수출품목은 주로 오징어, 활선어 및 해태 등이었고 중석과 흑연 등 광물도 상당부문 차지했다.

전체적으로 보면 1950년대의 한국무역은, 수출은 거의 1차산품을 위주로 하여 연평균 2~3천만 달러의 매우 낮은 수준이었고, 수입은 연평균 3억 달러의 수준으로서 수출의 약 15배가 되었으며, 이러한 수입은 거의 미국의 원조자금에 의한 소비재 수입으로서 국내 재화공급의 부족분을 보충하는데 사용되었다고 할 수 있다.

표 4-1 ▸ 해방 후 15년간의 수출입 추이 (단위 : 백만 달러)

년 도	수 출	수 입		
		총 액	일반수출입 구성비(%)	원조수입 구성비(%)
1946	4	61	3.0	97.0
1947	27	233	8.2	91.8
1948	22	208	5.5	94.5
1949	7	126	7.4	92.6
1950	11	60	2.9	97.1
1951	16	133	19.7	80.3
1952	27	214	24.7	75.3
1953	40	345	43.8	56.2
1954	24	243	36.8	63.2
1955	18	341	30.7	69.3
1956	25	386	15.4	84.6
1957	22	442	13.4	86.6
1958	16	378	15.0	85.5
1959	20	304	26.9	73.1
1960	33	344	28.5	71.5

자료 : 한국무역협회 「무역연감」, 1951-52년 판, 한국은행, 「경제통계연감」, 각 년도.

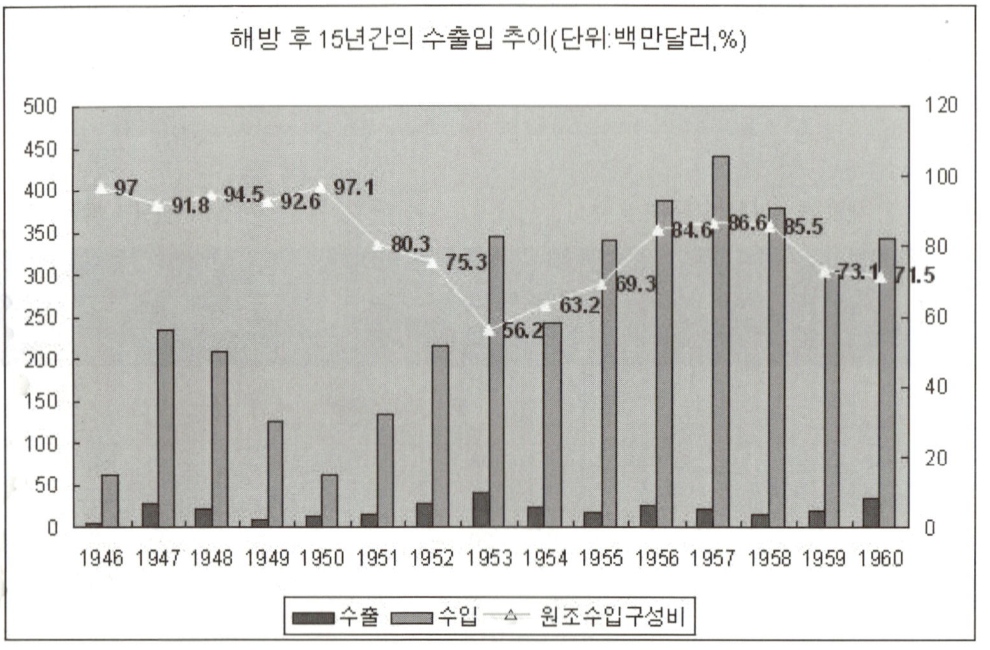

2. 무역정책기조

수출입관리제도, 외환 및 관세제도, 금융 및 조세제도, 무역규모의 변화 추이들을 고려할 때 우리나라의 무역정책은 1948~60년간의 혼란기, 1961~68년간의 기반조성기, 1969~77년간의 성장기, 1978년 이후의 국제화 지향기의 4단계 전개과정을 거쳐온 것으로 생각된다. 정부수립 후 1960년까지 혼란기에 있어서 우리나라 경제정책의 일차적인 목표는 국내생산시설의 미미, 국내생산물의 부족, 유통질서의 문란 등으로 인하여 물가안정을 비롯한 국내경제의 안정에 두었다. 따라서 무역정책은 수입정책이 큰 비중을 점하였을 뿐만 아니라 무역확대를 위한 종합적인 체계를 갖추지 못하였다.

초기의 수입정책은 주로 국제수입의 개선과 국내수급 불균형의 조정이라는 두 가지 측면에서 다루어졌다. 이에 따라 1949년에 이르러서는 수입허가 품목뿐만 아니라 양적인 허용량도 정부가 정하여 분기별 수입계획을 실시하였고, 이러한 정책은 1950년대를 통하여 큰 변화 없이 추진되었다.

1957년 7월 무역법이 제정된 이후에 비로소 현행 수출입관리제도의 기본 골격이 잡히기 시작했으나 이 시기의 무역정책도 수출산업의 미발달로 수입정책이 여전히 큰 비중을 점하고 있었다.

미국 원조가 날이 갈수록 감소됨에 따라 국내 주요 생활물자 수입을 위한 수출증대의 필요성은 더욱 절실하게 요구되었다. 그러나 한국의 수출능력은 극히 미약하여 소수의 1차산품에 국한되어 있었으며, 이러한 조건하에서 수출을 촉진하기 위해 출혈수출에 대하여 보상하고 상당한 수입을 보장해 주는 수출유인정책을 강구하지 않을 수 없었는데, 1950년대부터 1960년대 초기까지 수출장려보조금 지원과 같은 직접보조정책과 수출입실적링크제도, 구상무역제도 등과 같은 정책을 주로 시행하였다.

제 2 절 ▸ 1960년대의 무역

1. 개관

1960년대의 대외무역환경은 세계경제의 안정적 성장과 무역자유화의 확대 속에서 세계무역이 순조롭게 확대되어 가는 가운데 서서히 우리 무역이 성장해 갈 수 있는 토양이 배양되고 있었다. 이 시기에는 경제성장 제일주의로 우리나라 경제정책의 방향을 잡고, 1957년을 고비로 감소되기 시작한 미국원조를 보충할 외화획득원으로서의 수출산업육성에 큰 비중을 두었으며 동력 및 기초산업, 국토개발사업을 통한 기반확충에 박차를 가함으로써 국내적으로도 무역의 성장기반을 다져 나갔다. 이에 따라 수출의 성장도 꾸준히 이루어져 1964년 대망의 수출 1억 달러를 달성하게 되었으며, 1969년에는 6억 달러를 넘었다. 1960년대에 무역은 연평균 40%의 높은 성장을 하게 되었다.

수출이 급격히 증가하여 세계수출 중 우리나라 수출이 차지하는 비중은 1962년의 0.00%에서 1969년에는 0.25%로 높아졌으며, GNP 중 수출이 차지하는 비중 또한 1962년의 2.4%에서 1969년에는 9.4%에 이르게 되었다.

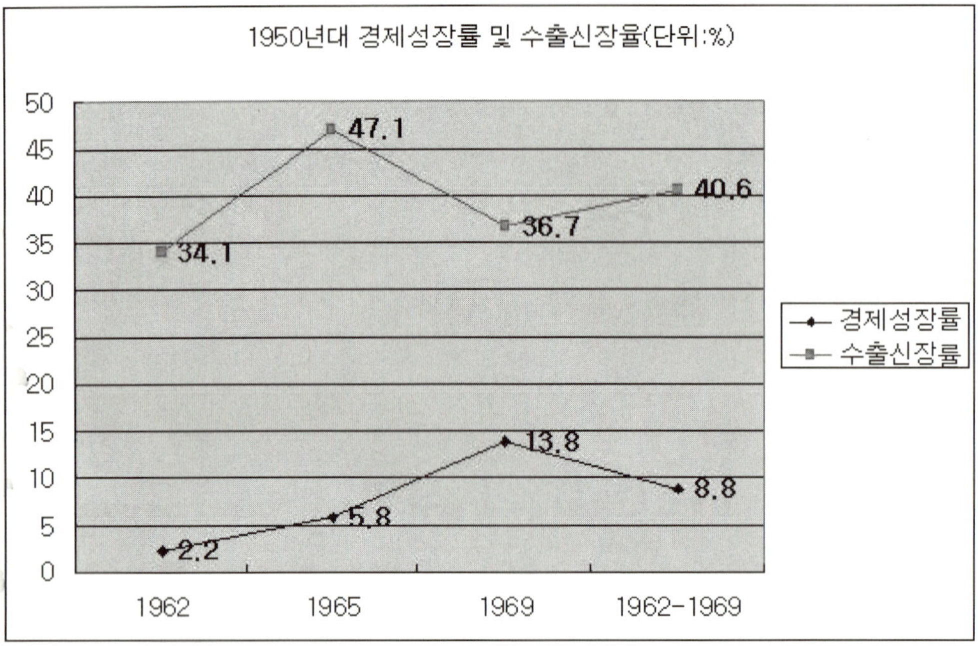

표 4-1 ▸ 1960년대 한국수출규모의 성장 (단위 : 백만 달러, %, 달러)

구 분	총 수 출	총수출/세계수출	총수출/GNP	1인당 수출
1962	54.8	0.00	2.4	1.21
1963	86.8	0.10	3.2	3.2
1964	119.1	0.10	4.1	4.3
1965	175.1	0.10	5.8	6.2
1966	250.3	0.13	6.8	8.6
1967	320.2	0.16	7.5	10.6
1968	455.4	0.21	8.7	14.7
1969	622.5	0.25	9.4	19.7

자료 : IMF, International Financial Statistics.
주 : GNP는 경상달러 기준임

표 4-2 ▸ 1950년대 경제성장률 및 수출신장률 (단위 : %)

구 분	1962	1965	1969	1962-1969
경제성장률	2.2	5.8	13.8	8.8
수출신장률	34.1	47.1	36.7	40.6

자료 : 경제기획원, 상공부

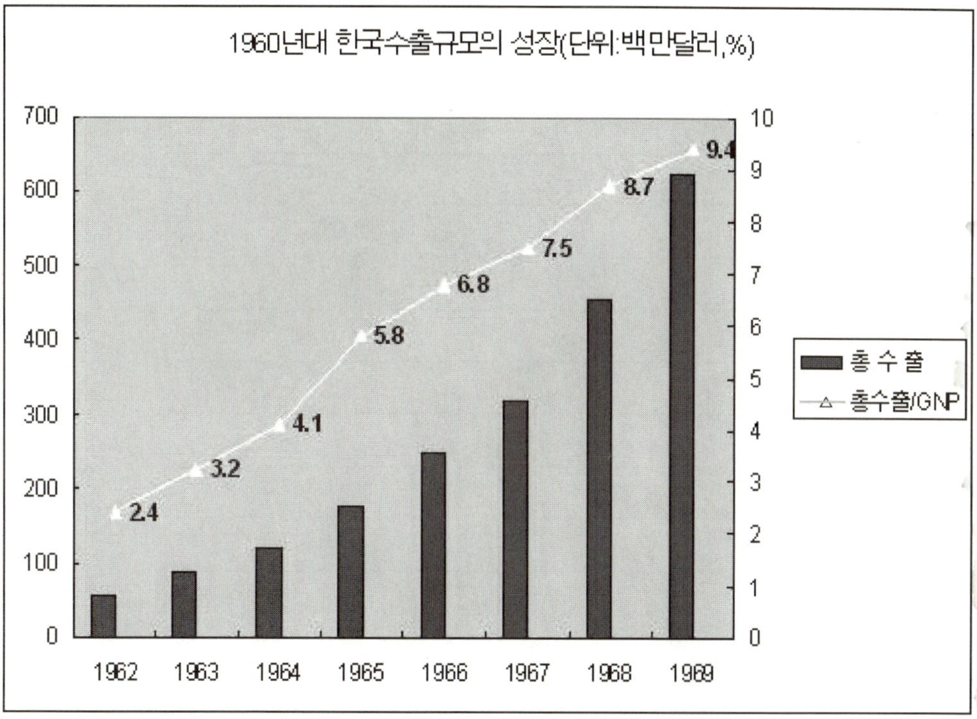

또한 수출상품에 있어서도 1차산품 중심에서 경공업제품 중심으로 수출구조가 급격히 바뀌어졌는데, 1차산품의 비중은 1962년의 73%에서 1969년에는 21%로 감소되었고, 공산품의 비중은 1962년의 27%에서 1969년의 79%로 높아지게 되었다.

표 4-4 ▸ 산업별 수출비중 추이 (단위 : %)

구 분	1962	1963	1964	1965	1966	1967	1968	1969
농산품	23.0	13.3	10.4	8.7	9.5	4.7	4.3	4.2
수산품	22.0	15.5	19.9	13.7	14.7	14.7	10.2	9.4
광산품	28.0	19.5	18.1	15.3	13.4	10.5	8.2	7.4
공산품	27.0	51.7	51.6	62.3	62.4	70.1	77.3	79.0
계	100.0	100.0	100.0	100.0	100.0	100.0	100.0	100.0

자료 : 상공부

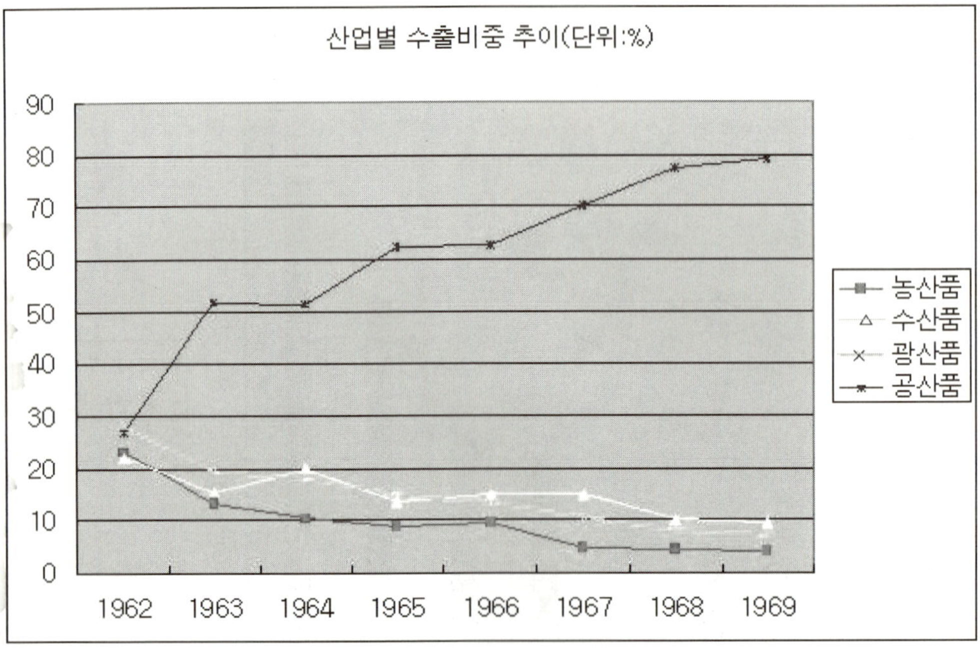

표 4-5 ▸ 1960년대 수출입 및 무역수지 추이(단위 : 백만 달러)

구 분	1962	1963	1964	1965	1966	1967	1968	1969
수출	55	87	119	175	250	320	455	623
수입	422	560	404	463	716	996	1,463	1,824
무역수지	−335	−410	−245	−240	−430	−574	−836	−992
경상수지	−56	−143	−26	−9	−103	−192	−440	−549
순차관도입	5	64	223	41	139	218	364	509

자료 : 상공부, 한국은행

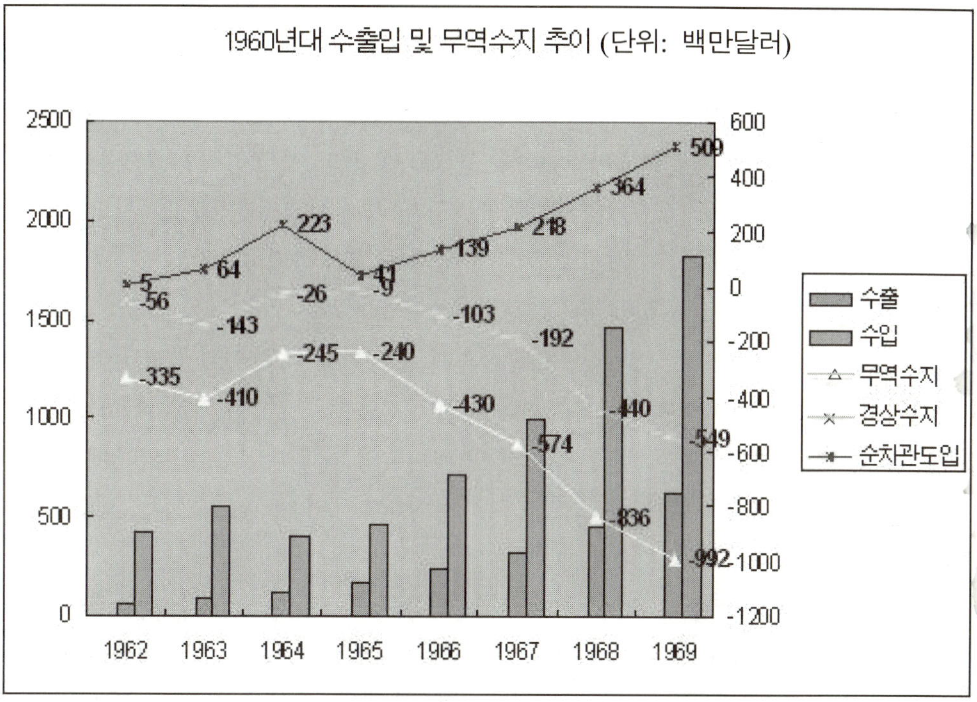

표 4-6 ▸ 1960년대 재화형태별 수입추이(단위 : %)

구 분	1962	1965	1969
자본재	16.5	12.9	32.4
수출용원자재	–	2.2	16.3
내수용원자재 및 기타	76.7	78.6	45.3
석유류	6.7	6.2	5.9

자료 : 경제기획원

한편, 수입도 시설투자와 수출증가에 따라 자본재와 원자재를 중심으로 급격히 증가하여 무역적자가 만성화되었으며, 이 적자는 순차관도입을 통해서 메워졌다.

이상에서 살펴본 바와 같이 1950년대에 비해서 1960년대는 수출의 급신장과 수출구조의 공산품 중심으로의 전환, 소비재 및 원자재 중심 수입에서 자본재 중심으로 수입구조가 전환되고, 미국의 원조를 포함한 순증여가 감소된 반면 차관도입의 증대로 특징지을 수 있다.

2. 무역정책 기조

1960년대에 들어와서는 경제개발 5개년 계획의 추진과 더불어 수출제일주의의 슬로건 아래 수출주도형 개발정책이 강력히 실시됨에 따라 무역정책의 기조는 수출확대를 위한 기반조성으로 전환되었다. 무상원조가 중단되고 경제개발계획의 추진에 필요한 자본재와 원자재의 도입에 소요되는 외화를 획득하기 위해서는 수출의 계속적인 증가가 무엇보다도 중요한 것이었다.

1961년 5월에 집권한 군사정부는 수출장려제도를 확대하고 양적 수입규제책을 자유화하거나 간소화하였다. 이 당시에 취해진 수출진흥책을 좀 더 구체적으로 살펴보면 수출장려보조금의 확대를 위한 제도적 메커니즘이 수립되었고, 1962년에는 수출금융우대제도와 수출장려금보조제도를 계속 실시하였으며 수출진흥법을 제정·공포하였다.

1960년대 중반에 들어 수출지원정책상에 큰 변화가 있었는데 그 대표적인 것이 1964년 5월 환율을 130대 1에서 255대 1로 인상한 것이다. 이러한 현실화된 환율은 수출에 대한 커다란 가격유인으로 작용하게 되었다. 이러한 관계로 정부는 1964년에 수출에 대한 직접보조를 축소시켰고 1965년에는 이 제도를 완전히 폐지하였다.

그러나 연간 수출목표를 달성하기 위하여 정부는 1964년 이후에도 금융·관세 등을 통한 여러 가지 간접적인 수출지원제도를 강화하였다. 이 당시에 확충된 간접지원제도로는 수출업자에 대하여 소득세와 영업세의 감면을 계속 유지하며, 이의 적용범위를 확대하였으며 또한 특별감가상각을 허용하였다. 수출지원금융에 있어서도 금리를 인하하고 융자한도를 넓힘으로써 금융지원범위를 커지게 하였다.

수출진흥체제 면에서는 1964년부터 수출진흥종합시책을 수립·운용하였으며, 이의 시행에 따라 매월 이의 추진결과를 파악하고 새로이 대두되는 문제를 해결하기 위하여 이전의 내각중심의 수출진흥위원회를 대통령이 직접 주재하는 수출진흥확대회의로 확대·개편함으로써 수출은 우리경제를 이끌어 가는 선도적 차원에서 집중적으로 지원되었다. 아울러 국내무역관련제도도 점차 정비되어 1967년 1월에는 무역법·수출진흥법 및 수출장려보조금 교부에 관한 특별법을 통합하여 무역거래법을 제정하였으며, 1968년 1월에는 관세법을 전면 개정하여 긴급관세, 관세할당제, 상계관세, 편익관세 등을 내용으로 하는 탄력관세제도를 도입하였다.

한편 우리나라는 1967년 4월 15일 GATT에 가입하고 "케네디 라운드"에의 참가를 통하여 국제경제 무대에 뛰어 들었고, 1965년 이후 무역자유화 폭을 계속 확대하여 오다가 1967년 7월 25일에는 종전의 "포지티브시스템"에서 "네거티브시스템"으로 전환하여 수출입기별공고를 공표함으로써 무역자유화의 기틀을 마련하게 되었다.

그밖에 이 기간 중에는 통상진흥활동면에 있어서도 상당한 진전이 있었는데, 그것은 무역협정의 체결, 무역회담의 개최, 국제무역박람회 및 전시회 개최 및 참가 등을 통하여 이루어졌다.

제 3 절 ▸ 1970년대의 무역

1. 개관

무역 자유화를 통해 지속적인 무역증가를 경험한 세계경제는 1970년대에 들어 미국의 금태환정지로 인한 국제금융체제의 불안과 1, 2차 석유파동을 위시한 자원내셔널리즘으로 크게 위축되는 시련기를 맞았다.

제2차 세계대전 후 세계경제의 지주 역할을 해 오던 미국은 패전국이던 일본, 독일 등이 생산한 값싼 상품의 유입으로 국내 일부산업이 경쟁력을 잃고 실업자가 양산되어 사회·정치적 문제로 확대되었고 월남전에 개입하여 11년간의 군비지출로 국제수지가 크게 악화되어 차츰 그 지도적 기능을 상실하게 되었다. 여기에 더해 자원내셔널리즘이 고조되면서 OPEC의 발언권이 강해졌고, 제3세계 국가의 서방선진공업국에 대한 단합된 대항 행동으로 미국의 세계에 대한 정치·경제적 영향력의 약화가 뚜렷하게 나타나기 시작하였다.

따라서 미국은 1971년 8월 15일 소위 "닉슨 쇼크"라고 일컬어지는 달러화의 금태환정지와 10%의 수입과징금부과를 그 주요 내용으로 하는 긴급대책을 발표하였는데, 이것이 동기가 되어 전후 세계무역 증대와 통화안정의 지주였던 "브레튼우즈" 체제는 무너지고 말았다.

또한 1973년 말에 있었던 OPEC의 일방적인 유가인상과 공급제한 정책은 세계무역을 더욱 침체시켰고, 각국은 걷잡을 수 없는 높은 인플레이션에 빠져들게 되었다. 이에 따라 선진 수입국은 이른바 민감상품(sensitive item)의 수입에 환보금을 적립하게 한다든지, 물량할당제를 적용하여 수입을 규제하기 시작하였다.

1970년대의 수출입 및 무역수지 추이 (단위: 백 만 달러,%)

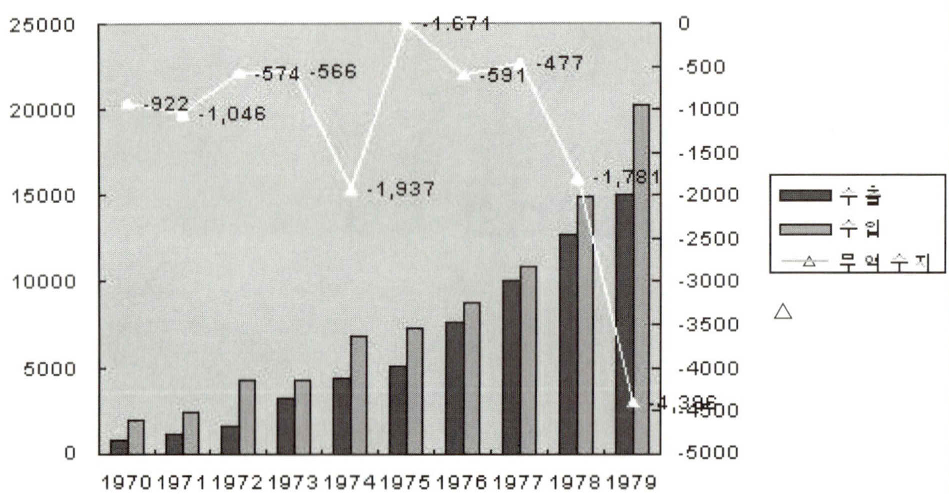

그러나 이러한 국제무역환경의 악화에도 불구하고 수출주도형 성장정책을 추구한 우리나라를 포함하여 개도국의 선두그룹은 세계무역에서 차지하는 비중을 점차 높여갔다. 따라서 NICS가 국제무대에 등장하였다.

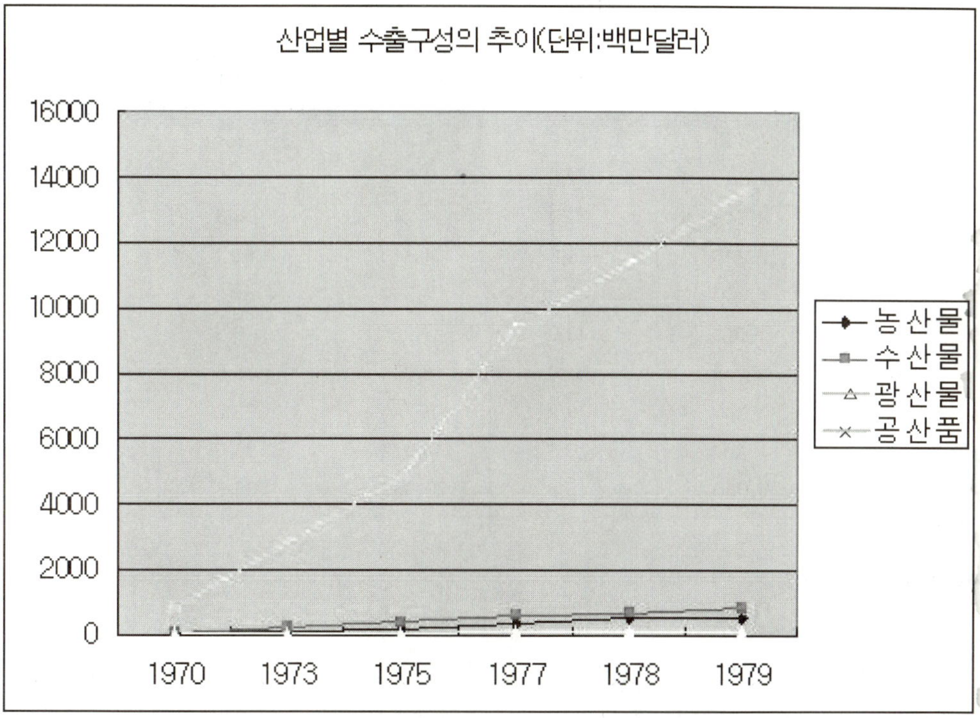

1970년대에 있어서 우리 무역은 2차에 걸친 경제개발 5개년 계획의 추진력을 그대로 유지, 수출주도형 경제성장을 지속적으로 강화함으로써 1971년 10억 달러 수출, 1977년에는 100억 달러 수출을 달성하였으며, 기간 중 연평균 37.9%의 수출신장률을 기록하였다.

표 4-7 ▸ 1970년대의 수출입 및 무역수지 추이 (단위 : 백만 달러, %)

구 분	수 출		수 입		무역수지
	금 액	증가율	금 액	증가율	
1970	835	4.2	1,984	8.8	-922
1971	1,068	27.8	2,394	20.7	-1,046
1972	1,642	52.1	4,243	5.3	-574
1973	3,225	98.6	4,240	68.1	-566
1974	4,460	38.3	6,852	61.6	-1,937
1975	5,081	13.9	7,274	6.2	-1,671
1976	7,715	51.8	8,774	20.6	-591
1977	10,046	30.2	10,811	23.2	-477
1978	12,711	26.5	14,972	38.5	-1,781
1979	15,055	18.4	20,339	35.8	-4,396
1970-79 평균	-	37.9	-	29.5	-

자료 : 관세청, 무역통계연보, 한국은행

수출상품 구성에 있어서도, 공산품 수출이 기간 중 16배의 증가를 기록하여 전체 수출에서의 비중도 1970년 83.6%에서 1979년 90.1%로 높아졌으며, 이중 중화학제품이 42.8%로 중화학제품 수출비중이 급격히 신장되었다.

표 4-8 ▸ 산업별 수출구성의 추이 (단위 : 백만 달러, %)

구분	총 액		농 산 물		수 산 물		광 산 물		공 산 품	
	금액	구성비	금액	구성비	금액	구성비	금액	구성비	금액	구성비
1970	1,003	100.0	30	3.0	82	8.2	52	5.2	839	83.6
1973	3,256	100.0	101	3.1	233	7.2	49	7.2	2,872	88.2
1975	5,427	100.0	176	3.2	388	7.2	71	7.2	4,791	88.3
1977	10,472	100.0	326	3.1	621	5.9	116	5.9	9,410	89.8
1978	12,170	100.0	506	4.0	690	5.4	93	5.4	11,420	89.9
1979	15,055	100.0	520	4.0	855	5.7	110	5.7	13,568	90.1
년도별 증가율	35.1		37.3		29.7		8.7		36.2	

자료 : 상공부
주 : 1977년까지는 입금기준, 1978년 이후는 통관기준

표 4-9 ▸ 1970년대 상품별 수출추이 (단위 : 백만 달러)

구 분	1970	1975	1979
1차 산품	146	893	1,540
경공업제품	582	2,918	7,733
직물	54	322	1,001
의류	214	1,148	2,851
신발류	17	191	738
중화학제품	107	1,270	5,783
화학제품	11	75	504
철강, 금속	31	364	1,758
기계, 운반장비	62	702	3,233
총수출	835	5,081	15,056

자료 : 한국무역협회, 수출통계

한편 지역별 수출을 보면, 수출대상국은 1970년대 이미 100여개국을 초과하였고, 1979년에는 158개국으로 확대되어 공산권 일부를 제외한 전세계를 망라하게 되었으며, 국가별 수출에서는 미국, 일본 등 10대 수출시장의 비중이 1970년 91.6%에서 1979년 79.2%로 감소된 반면, 중동지역 수출비중은 이들 나라의 원유수출금액의 급증에 따른 수입수요증가에 힘입어 1% 미만에서 10% 수준으로 크게 증대되었다.

표 4-10 ▸ 1970년대 지역별 수출추이 (단위 : 백만 달러)

구 분	1970	1975	1979
미국	395	1,536	4,777
일본	236	1,293	3,353
EC	51	754	2,333
홍콩	28	182	531
사우디	–	91	704
총수출	835	5,081	15,056

자료 : 한국무역협회, 수출통계

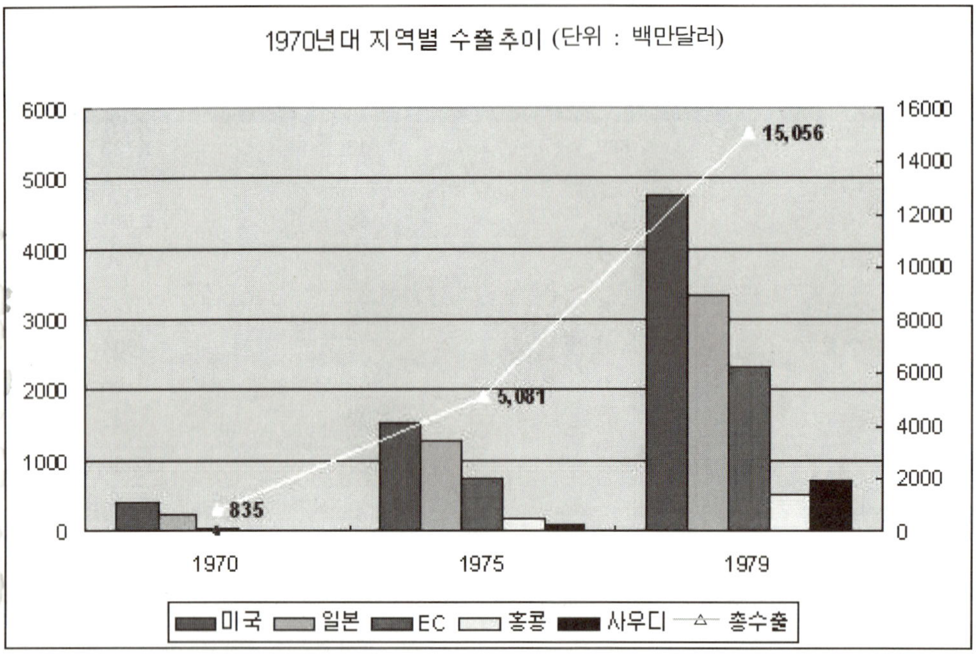

수입은 공업용원료, 자본재 등 필수 불가결한 품목을 제외하고는 수입억제정책을 수행하였다. 그 결과 연평균 수입증가율은 높은 수출증가율과 대조적으로 27.3%에 불과하여 수출증가율을 크게 밑돌았다. 그러나 수입규모가 당초부터 컸을 뿐만 아니라 1967년 GATT 가입 후의 수입자유화를 꾸준히 추진하였고, 또한 해외 원자재의 안정확보와 수출진흥기반을 위한 자본재 수입증대라는 기본입장 때문에 수출의 고성장율에도 불구하고 10~20억 달러의 무역적자가 지속되었다. 1970년대 후반 일련의 수입자유화 조치를 단행한 이후 1979년에는 53억 달러의 큰 무역적자를 나타냈다.

표 4-11 ▸ 재화형태별 수입구성의 추이 (단위 : %)

구분	1970	1975	1979
자본재	29.7	26.2	31.0
수출용원자재	19.5	30.0	19.3
내수용원자재 및 기타	44.1	26.3	34.4
석유류	6.7	17.5	15.3

자료 : 상공부

2. 무역정책기조

1960년대 기반조성기에 대체적으로 확립된 무역제도의 정비·개선과 수출지원체제를 바탕으로 1970년대에는 한국의 무역이 본격적인 성장기에 들어서게 되었다. 이 기간의 전반을 통한 무역정책의 특색은 수출제일주의정책의 지속과 수출진흥체제의 강화, 수출입관리제도의 정비, 통상외교의 추진 등에서 찾을 수 있으며 또한 이제까지의 양적인 수출확대위주정책에서 질적인 수출진흥정책으로의 전환을 모색하였다는 점이라 할 수 있을 것이다. 즉 수출 진흥에 역점을 두고 수출산업시설의 현대화와 양산체제의 확립, 외화가득률의 제고, 수출절차 및 제도의 간소화 등을 위한 제반 시책이 실시되었던 것은 종전에 볼 수 없었던 획기적인 것이었다.

정부는 수출목표를 달성하기 위하여 수출산업의 생산기반을 확충시킬 것을 결정하고 외화 및 내자를 집중 지원하는 한편, 사회간접자본 시설의 투자효과를 집중적으로 얻을 수 있는 수출단지를 조성하는 등 적극적인 생산기반 확충책을 강구하였다.

또한 수출규모가 해마다 높아지고 전체 수출에 대한 공산품 수출의 비중이 점차로 증가함에 따라서 수출상품의 외화가득률이 차츰 떨어지고 있는 상황에 대응하여 국산 원자재의 사용촉진과 기술 및 품질 향상 등을 통한 외화가득률을 제고시키는 노력을 강화하였다.

이 기간 중에는 수출지원제도 면에서도 상당한 변화가 있었는데, 우선 수출지원금융 면에서는 수출산업의 기반확대를 위하여 수출산업설비금융이 실시되었고 단기수출금융에 있어서도 부당융자율의 증대와 수출금리의 조정으로써 탄력적인 조정을 기하였다. 또한 이 기간 중 중장기연불수출금융과 수출보험제도를 실시하였다.

세제상의 지원 면에 있어서는 종래 실시하여온 외화획득사업에서 발생한 소득에 대한 법인세와 소득세를 감면해주는 직접적 조세지원제도를 폐지하는 대신 수출활동을 지원하기 위한 해외시장개척준비금, 수출손실준비금, 해외투자손실준비금 등의 손비처리를 허용하는 간접적인 수출지원제도를 시행하였다. 또한 관세면에서는 종래의 관세감면제도를 흡수하여 1975년도에는 처음으로 관세환급제도가 실시되었다.

이상과 같은 수출지원정책 이외에도 수출목표달성과 미국 및 일본 양시장에만 편중되어 있는 기형적인 우리나라 수출의 지역적 구조를 다변화 및 심화시키기 위하여 해외통상활동에도 박차를 가하였다. 이에 따라 대한무역투자진흥공사(KOTRA)의 해외조직망을 확충하였고 소규모기업의 소액 수출전담을 위해 한국수출진흥주식회사

(고려무역의 전신)를 설립하기도 하였다. 또한 수출시장의 다변화를 위하여 수출시장의 거점화를 역점으로 두고 국제기구를 통한 통상외교의 강화와 종합무역상사의 육성에 착수하였으며 전세계 수출시장화를 목표로 기존의 수출시장의 심화와 미개척시장 및 대 공산권 지역에의 진출을 위한 노력을 강화하였다.

한편, 수입면에 있어서는 1967년에 GATT에 가입하고 수출입기별공고를 "네거티브시스템"으로 전환한 이후 명목상으로 수입개방정책을 추진하였으나 실질적으로는 진전이 없었으며, 오히려 국내 공업화진전으로 수입규제가 더 강화되었다. 특히 석유파동으로 국제수지 문제가 심각한 양상을 띠면서 수입억제에 최대의 역점을 두었다.

그러나 1976년부터 석유파동의 영향을 극복하고 1977년에는 국제수지가 처음으로 흑자를 보이면서 국내외 경기가 과열조짐을 보임에 따라 정부는 국내수급의 원활화와 산업의 국제경쟁력을 배양하기 위하여 수입자유화를 적극 추진하기 시작하였다. 이에 따라 국내수급이 불안정한 일부품목의 수입을 자유화하였고, 국제수입의 흑자로 해외부문에서 일어나는 유동성 증가억제와 국내물가의 안정을 위하여 수출입기별공고상의 예외조치조항을 발동하여 약 60개 품목의 수입을 자유화하였다.

제 4 절 ▸ 1980년대의 무역

1. 개관

1978년 이란의 정치불안으로 촉발되었던 제2차 석유파동의 영향으로 1980년대초 세계경제는 저성장, 고물가의 어려운 상황을 맞이하였다. 이 과정에서 선진국들의 긴축정책으로 세계경제는 고금리와 달러강세를 경험하였고, 결과적으로 선진국간의 무역불균형 및 신보호주의 추세의 만연, 개도국의 채무누적 등 세계경제의 구조적인 문제점을 야기했다.

1980년대 중반을 거치면서 이러한 세계경제의 구조적 문제점을 해결하기 위한 정책적 노력이 선진국들을 중심으로 모색되었다. 1985년 이후 시도된 달러화 약세 유도, 선진국들의 공동금리인하 등은 선진국들이 정책적으로 협조한 결과로 만들어진 것이다. 또한 선진국들이 금리, 환율의 정책적 조정작업을 실시하는 것과 때를 같이 하여 1985년 말부터 1986년 상반기 중에는 공급과잉의 압력을 받아오던 국제원유가 급락세를 나타내기도 하였다. 이러한 조정과 대응의 결과로 유가, 국제금리, 달러화가 급격히 하락하는 소위 3저현상이 나타났으며, 이는 우리의 대외무역환경을 급속히 호전시키는 계기로 작용하기도 하였다.

한편 국내적으로는 1980년대 들어 그 동안 수출주도의 고도성장과정에서 파생된 여러 가지 문제들이 제기되면서 안정성장으로의 방향 선회가 요구되었으며, 경제정책결정을 포함한 모든 경제적 의사결정들이 국민의 참여와 자율에 의해 이루어지도록 함으로써 궁극적으로 경제의 효율과 형평을 추구하는 과정으로의 진입이 논의되었다.

이러한 현상은 1980년대 중반 이후의 정치적 전환과정에서 민주화 요구와 함께 분배요구로 분출되어 노사분규, 임금상승 등을 야기하였으며 이로 인해 생산과 수출의 차질이 발생하였고, 품질불량으로 대외신용도가 떨어지는 등 우리의 대외경쟁력을 제약하는 하나의 요인이 되었다.

표 4-12 ▸ 1980년대 수출입 추이 (단위 : 백만 달러, %)

구 분	수 출		수 입	
	금 액	증가율	금 액	증가율
1980	17,055	16.3	22,292	9.6
1981	21,254	21.4	26,131	17.2
1982	21,853	2.8	24,251	-7.2
1983	24,445	11.9	26,192	8.0
1984	29,245	19.6	30,631	16.9
1985	30,283	3.6	31,136	1.6
1986	34,714	14.6	31,584	1.4
1987	47,281	36.2	41,020	29.9
1988	60,600	25.8	51,800	28.0
1989	62,377	2.9	61,465	18.7
1980-89 평균	-	15.5	-	12.4

자료 : 관세청

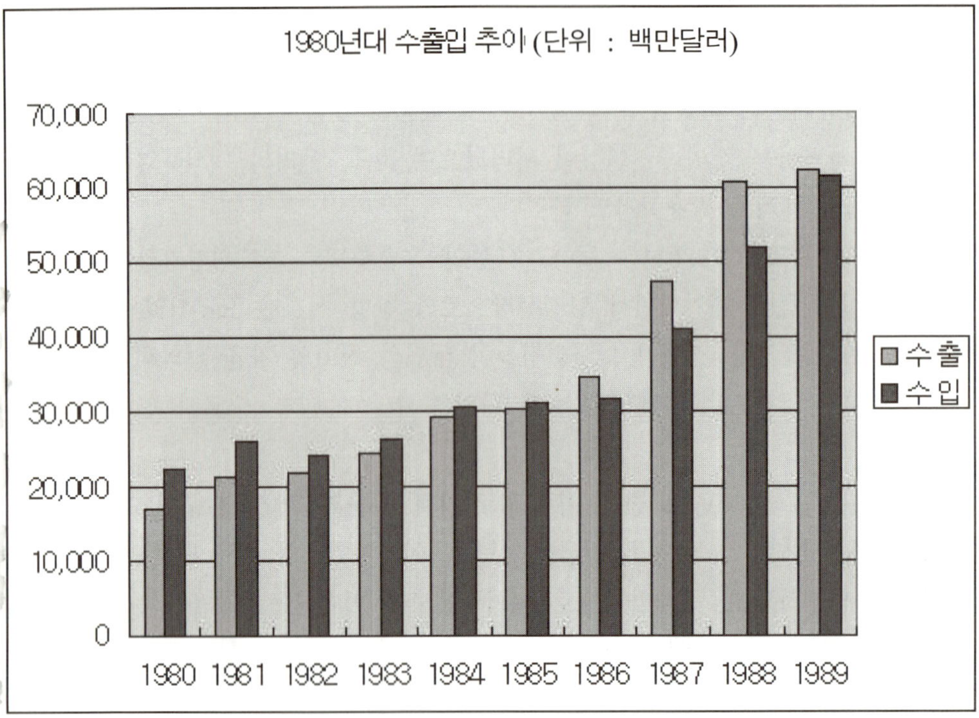

이와 같은 국내외 여건 하에서 우리의 수출은 1982년에 2.8% 증가에 그치는 등 1970년대에 비해 그 신장세가 둔화되었으나 이러한 어려움 속에서도 1985년에는 200억 달러를 달성하였고, 이후 저유가, 저금리, 저달러의 '3저현상'에 힘입어 수출 신장세가 대폭 증가하였다. 1986년에 무역흑자가 42억달러에 이르러 무역구조가 흑자구조로 정착되게 되었으며, 1988년에는 수출이 600억 달러를 넘어서 괄목할 만한 양적 성장을 이룩하게 되었다.

수출상품 구성 면에 있어서는 1차산품의 수출비중이 1980년의 7.7%에서 1989년에 5.4%로 줄어든 반면 공산품 수출비중은 1980년의 92.3%에서 1989년 94.6%로 높아졌다. 공산품 중에서도 경공업 비중은 1980년의 48.8%에서 1989년 29.9%로 낮아진 반면, 전기 · 전자제품 등 중화학공업 제품의 수출이 상대적으로 빠른 속도로 증가함으로써 1982년부터 중화학제품의 수출비중이 경공업제품을 상회하였고, 1989년에는 55%에 달했다.

표 4-13 ▸ 주요품목별 수출구성비 추이 (단위 : 백만 달러, %)

구분	1980		1985		1989		1990	1995	1999
	금액	구성비	금액	구성비	금액	구성비	금액	금액	금액
1차산품	1,354	7.7	1,589	5.3	3,386	5.4			
공산품	16,151	92.3	28,69 4	94.7	58,991	94.6	3,322	6,067	6,353
중화학제품	7,686	43.9	17,265	57.0	34,49 0	55.3	59,056	118,991	137,332
석유화학	1,789	10.2	2,097	6.9	4,646	7.4	34,528	90,911	111,449
전기 · 전자	2,263	12.9	4,853	16.1	17,138	27.5			
철강제품	1,854	10.6	2,453	8.1	4,298	6.9	18,001	44,602	5,3434
기계류	242	1.4	429	1.4	1,408	2.3	4,327	7,482	7,155
자동차	135	0.8	580	1.9	2,120	3.4			
선박	618	3.5	5,013	16.6	1,786	2.9	1,971	8,439	11,171
기타	785	4.5	1,840	6.0	3,094	4.9	2,799	5,530	7,003
경공업제품	8,465	48.4	11,429	37.7	24,501	39.3			
섬유류	5,014	28.6	7,079	23.4	15,140	24.3	14,766	18,656	17,424
기타경공업	3,451	19.8	4,350	14.3	9,361	15.0			
총수출	17,505	100.0	30,283	100.0	62,377	100.0	62,377	125,058	143,685

자료 : 상공부

1980년대 수출시장별 구성을 보면 북미와 아시아 지역에 대한 수출은 점차 증가하였고 유럽과 중동, 기타 아프리카 지역에 대한 수출은 감소하였다. 아시아 지역에 대한 수출구성비는 1980년 32.2%에서 1989년 37.7%로 늘어났는데, 이는 엔화가치 상승의 영향으로 일본에 대한 섬유류, 철강, 전자제품 등의 수출이 늘어났고, 중국이 개방정책을 본격화함에 따라 홍콩을 통한 대중국 간접수출이 늘어난 데 기인한 것이라 할 수 있다. 북미지역의 수출구성비는 1980년 28.3%에서 1987년 38.7%, 1989년 36.1%의 추세를 보였는데, 이는 미국의 경기회복과 그에 따른 수요증대의 결과라고 할 수 있다. 한편 유럽과 중동지역에 대해서는 각각 경기침체 및 우리상품에 대한 수입규제강화, 국제유가하락에 따른 중동지역의 수요감소로 부진을 면치 못하였다.

그리고 국가별로는 일본과 미국이 총수출의 54.5%를 점유하고 있어 여전히 큰 비중을 차지하고 있으며 특히 미국의 비중이 크게 늘어나 각종 무역마찰의 소지를 가지게 되었다.

표 4-14 ▸ 지역별 수출비중 추이(단위 : 구성비, %)

구분	1980	1985	1987	1989
아시아	32.2	28.7	29.9	37.5
(일본)	(17.4)	(15.0)	(17.8)	(21.5)
(홍콩)	(4.7)	(5.2)	(4.7)	(5.4)
유럽	17.9	14.4	16.8	14.3
(EC)	(15.0)	(12.7)	(14.0)	(11.9)
중동	14.6	6.5	4.4	3.3
북미주	28.3	39.6	41.8	36.1
(미국)	(26.3)	(35.5)	(38.7)	(33.1)
기타	7.0	10.8	7.1	8.8
계	100	100	100	100

자료 : 상공부

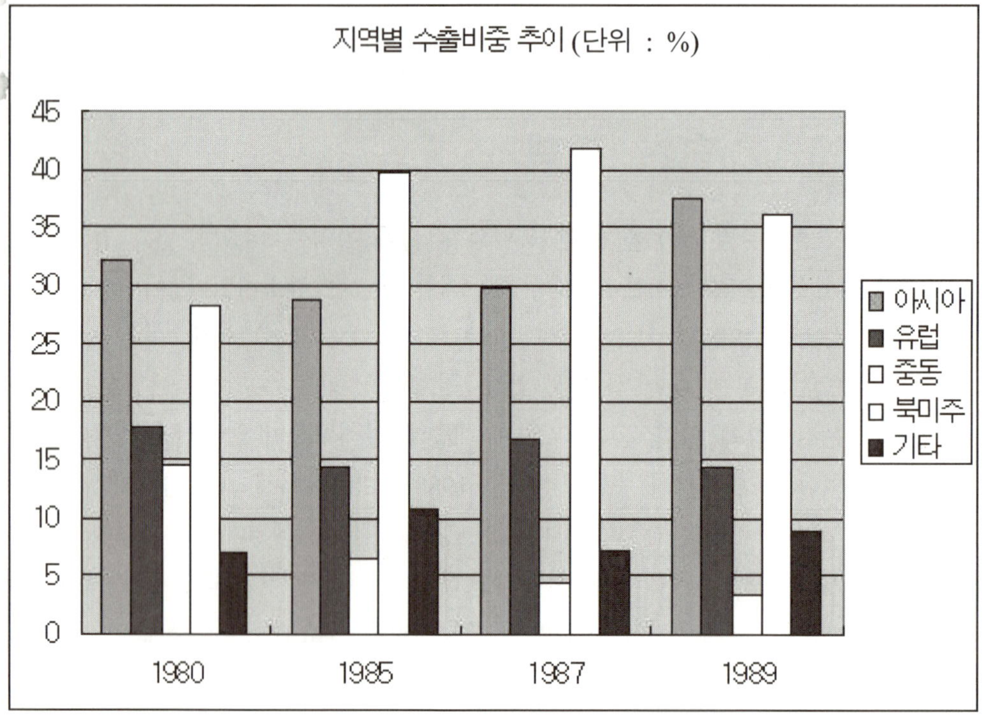

1980년대의 수입규모 역시 수출과 더불어 1980년 223억 달러에서 1989년 615억 달러로 10년간 약 3배 가까이 증가하였지만 연평균 신장률은 12%로 수출증가율을

하회하였다. 1980년대 초반에는 수출 부진에 따른 수출용 원자재 수입감소, 국산 원자재 사용촉진에 의한 수입대체, 원유 등 국제원자재 가격의 안정에 기인하여 수입증가율이 7%에 머물렀으나 1987년 이후 무역수지흑자에 힘입어 확대한 수입자유화 조치에 따른 소비재 수입증가, 수출급증에 따른 수출용원자재 수입급증 및 국제 원자재가격 상승 등의 요인으로 수입증가율이 25%에 달했다.

수입구조를 용도별로 보면 원자재비중은 수입대체노력에 따라 1980년 65%에서 1989년 53.6%로 다소 줄어들고 있으나 자본재의 수입은 전자 및 기계류, 자동차 부품 등 부품류 수입의 증가에 따라 1980년 23%에서 1989년 36%로 늘고 있어 이의 국산화가 시급히 요구된 시기임을 보여주고 있다. 이 시기의 수입상품으로는 일반기계, 원유, 석유화학제품, 반도체, 철강제품 등을 들 수 있다.

표 4-15 ▸ 용도별 수입비중 추이 (단위 : 백만 달러, %)

구분	1980		1985		1989	
	금액	구성비	금액	구성비	금액	구성비
원자재	14,480	65.0	17,402	55.9	32,928	53.6
(원유)	(5,632)	(25.3)	(5,572)	(17.9)	(4,933)	(8.0)
자본재	5,125	23.0	11,081	35.6	22,370	36.4
소비재	2,687	12.1	2,653	8.5	6,167	10.0
수출용	5,150	23.1	13,495	43.3	22,553	36.7
내수용	17,142	76.9	17,641	56.7	38,912	63.3
합계	22,292	100.0	31,136	100.0	61,465	100.0

자료 : 한국무역협회, 수입통계

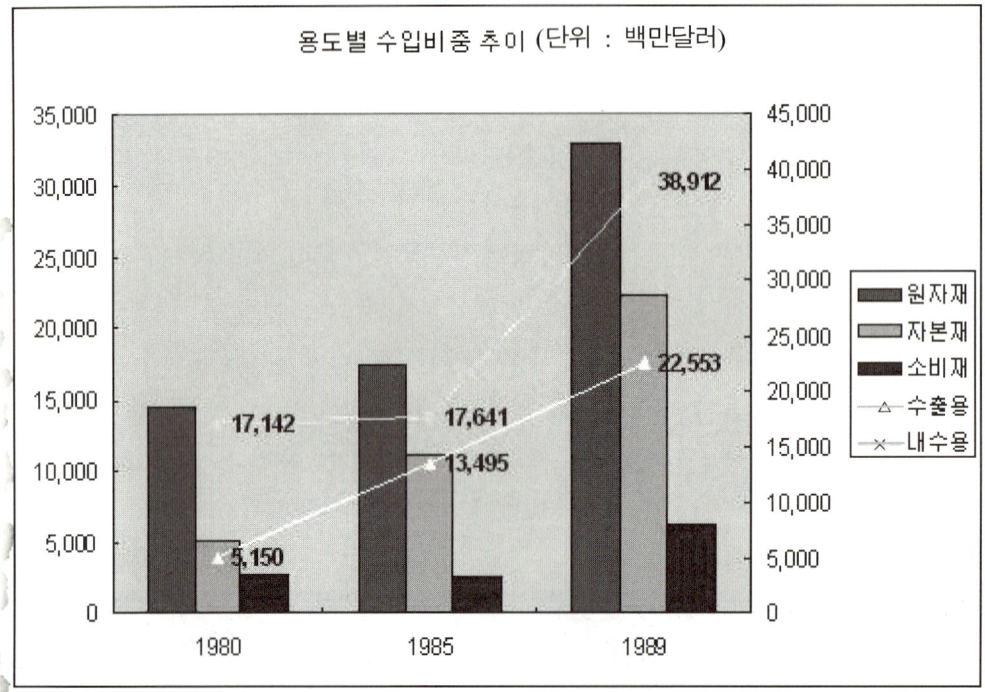

지역별 수입구조를 보면 아시아와 미주지역으로부터의 수입비중이 커졌으며, 국가별로는 미국과 일본의 수입비중이 더욱 커져 54% 이상을 점유하게 되었다. 또한 유럽과 기타 아세안, 아프리카 제국으로부터의 수입도 늘어나 정부의 수입선 다변화 노력의 효과가 어느 정도 나타나기 시작했으나 만족할 만한 수준은 아니었다고 할 수 있다.

표 4-16 ▸ 지역별 수입비중 추이 (단위 : 구성비 %)

구분	1980	1985	1987	1989
아시아	36.8	37.1	46.4	39.0
(일본)	(26.3)	(24.3)	(33.3)	(28.4)
유럽	8.5	12.9	14.1	11.3
(EC)	(7.2)	(9.8)	(11.9)	(10.6)
중동	22.9	8.5	6.9	6.4
북미주	25.3	28.8	25.0	28.6
(미국)	(21.8)	(20.8)	(21.4)	(25.9)
	6.5	12.7	7.6	7.4
계	100	100	100	100

자료 : 상공부

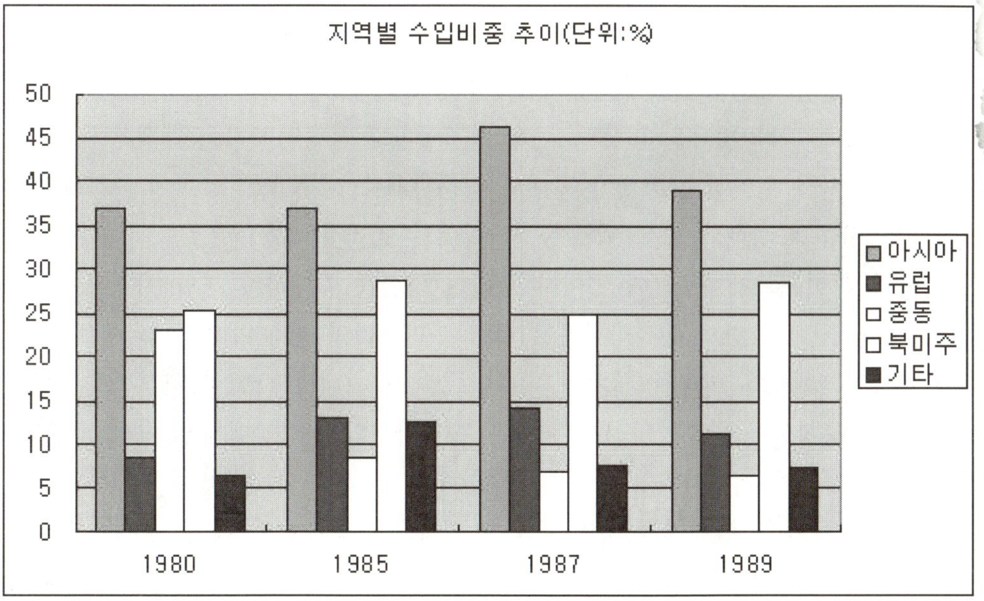

2. 무역정책기조

대체로 1980년대에 해당되는 이 기간은 국제화지향기로 특징지워진다. 정부의 개방정책에 대해서 초기에는 논란도 많았으나 1983년부터 이전에 비해 보다 적극적인 수입자유화를 추진하며 계속적인 수입자유화계획까지 예시함으로써 대내적으로는 업계로 하여금 개방에 대비한 대응능력을 미리 갖추게 하였고, 대외적으로는 통상마찰의 소지를 완화시켜 주는 역할을 하였다. 아울러 외자도입법을 고쳐 외국인 투자와 기술도입의 문호를 더욱 개방하고 절차를 크게 간소화하였으며, 1986년부터 국제수지가 흑자를 나타내기 시작하면서 실질적인 경상무역의 거래자유화 계획을 본격적으로 추진하였다.

이 기간동안의 무역정책의 주요 내용은 대체로 수입자유화를 비롯한 시장개방과 수입절차 간소화, 수출입 질서유지, 무역관리 체제의 개선 등을 포함하는 선진 무역체제의 확립 등을 들 수 있겠으며, 신보호무역주의 경향에 대응하는 대외통상협력의 증진을 위한 노력이 강화되었다. 이와 함께 이 기간 중에는 물가·임금 등 일반경제여건의 안정화 노력과 수출입 절차 간소화를 통해 수출경쟁여건의 개선을 이루어 민간 스스로 경쟁해 나갈 수 있는 풍토를 조성하였으며, 주요 선진국으로부터의 수입규제가 크게 강화됨에 따라 질서 있는 무역이 보다 강조됨으로써 수출질서유지를 위한 방안이 강구되었다. 더욱이 1980년대 중반에 이르러서는 초반에 겪었던 국내외적인 어려움을 극복하고 무역사상 초유의 무역흑자를 기록하였으며, 그 흑자폭이 더욱 확대됨에 따라 미국을 비롯한 주요 선진국과의 통상마찰이 증대되기에 이르렀고 흑자기조하의 무역정책 전개가 최대의 정책과제로 대두되었다. 이에 따라 흑자관리, 수입자유화의 확대와 관세인하, 통상마찰에의 효율적 대응, 새로운 국제무역질서에 적극적 참여 등 세계무역에 있어서 우리의 역할을 증대하기 위한 시책이 추진되었다. 그 중 한·미 간의 통상마찰은 미국이 우리나라의 최대 무역상대국일 뿐만 아니라 세계경제에서의 미국의 위치에 비추어 볼 때 최대의 국민적 관심사가 되었으며, 양국의 통상현안을 해결하려는 노력은 우리나라의 무역정책에 있어서 국제화를 가속시키는 계기가 되었다.

이상과 같은 무역 면에 있어서의 환경의 변화는 우리경제의 대외의존성으로 인해서 산업면에도 그대로 파급되어 그 동안의 보호위주의 산업정책에 대한 반성을 불러 일으켰을 뿐 아니라 더 나아가 무역정책과 산업정책간의 연계강화를 더욱 절실한 정책과제로 제기시켰다.

제 5 절 ▸ 1990년대 무역

1. 개요

1990년대 들어 우리나라 수출규모는 점진적으로 늘어나기 시작하여 1995년 10월에는 마침내 수출 1,000억 달러를 달성함으로써, 지난 1964년 11월 수출 1억 달러를 기록한 이후 31년만에 수출 1,000억 달러 시대가 본격 개막되기에 이르렀다. 한편 수입도 1990년대 초반 다소 둔화되었으나 1994년 이후 다시 크게 늘어나기 시작하여 1994년 1,000억 달러 수입을 기록한 후 1996년에는 1,500억 달러대로 크게 늘어났다. 1990년대에는 우리나라 수출 주종품목이 중화학제품 중심으로 빠르게 재편된 시기였으며, 수출지역별로도 기존의 한·미·일 삼국간의 무역관계가 현저히 축소된 반면, 아시아 지역내의 중국, 아세안 국가들에 대한 무역비중은 계속 높아진 시기였다. 이와 같이 한국수출구조의 질적 전환을 의미하는 중요한 변화가 1990년대 들어 진행되었다.

표 4-17 ▸ 1990년부터 1999년까지의 수출추이 (단위 : 억 달러, %)

	1992	1993	1994	1995	1996	1999
수출	766	822	960	1,251	1,297	1,437
(증가율)	(6.6)	(7.3)	(16.8)	(30.3)	(3.7)	(8.6)

자료 : 통상산업부 및 한국무역협회「한국무역통계」
주 : 증가율은 전년대비임

표 4-18 ▸ 1990년부터 1999년까지 수입추이 (단위 : 억 달러, %)

구분	1992	1993	1994	1995	1996	1999
수입	818	838	1,023	1,351	1,503	1,198
(증가율)	(0.3)	(2.5)	(22.1)	(32.0)	(11.3)	(28.4)

자료 : 한국무역협회「한국무역통계」
주 : 증가율은 전년대비임

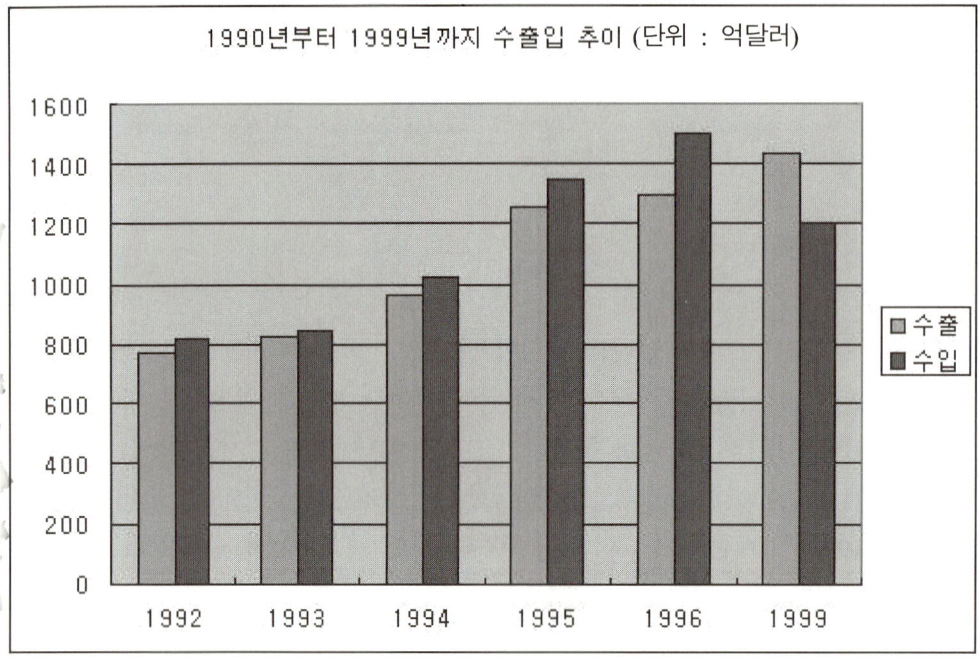

1) 수출동향

1990년대 우리나라의 수출은 중화학 호조, 경공업 부진의 현상이 계속되어 수출경기 양극화 현상이 갈수록 심화된 점이라 할 수 있으며, 지역별로는 개도국시장이 수출증가를 주도하는 양상이 지속되었다는 점이다. 특히 대중국 수출은 1992년 8월의 한·중 수교를 계기로 대폭적인 신장세를 나타내어 미국, 일본, 홍콩에 이은 우리의 주요 수출시장으로 급부상하였다. 반면, 우리의 주요 시장이던 미국, 일본, EU 등 선진국 시장에 대한 수출은 상대적으로 부진하였다.

1990년대 우리나라 수출동향의 가장 큰 특징은 업종별로 중화학 호조, 경공업 부진의 현상이 계속되어 수출경기 양극화 현상이 갈수록 심화된 점이라 할 수 있다. 특히 1990년대 들어 우리 산업의 고도화 과정을 잘 나타내 주고 있는 업종인 반도체의 경우, 1990년 우리나라의 전체 수출액 대비 비중은 7%에 불과하였으나, 1996년에는 14%로 크게 높아져 단일 품목으로는 가장 높은 수출비중을 차지하게 되었다.

1999년 실적을 기준으로 할 때, 섬·의류 정도를 빼고는 10대 수출상품이 모두 중화학제품으로 이루어지고 있는 등 명실상부하게 한국수출은 반도체, 자동차, 선박, 석유화학제품, 철, 강판 등이 주도하는 중화학 중심의 상품구조로 탈바꿈한 것이다. 이에 따라 전체 수출에서 차지하는 중화학 공업의 비중은 1990년 56%에서 1999년 77.5%로 확대되었고, 경공업 비중은 1990년의 38%에서 1999년에는 18.0%로 축소되었다.

표 4-19 ▸ 1990년대 산업별 수출 구조 (단위 : 억 달러, %)

구분	1990		1993		1996		1999	
	금액	(비중)	금액	(비중)	금액	(비중)	금액	(비중)
1차산품	32	(4.9)	32	(3.9)	90	(7.0)	6.4	(4.42)
경공업제품	251	(38.6)	247	(30.0)	277	(21.3)	25.9	(18.01)
중화학공업제품	367	(56.5)	544	(66.1)	930	(71.7)	111.4	(77.56)
총수출	650	(100.0)	823	(100.0)	1,297	(100.0)	143.7	(99.99)

자료 : 통상산업부, 통상산업백서 각호 및 한국무역협회「한국무역통계」

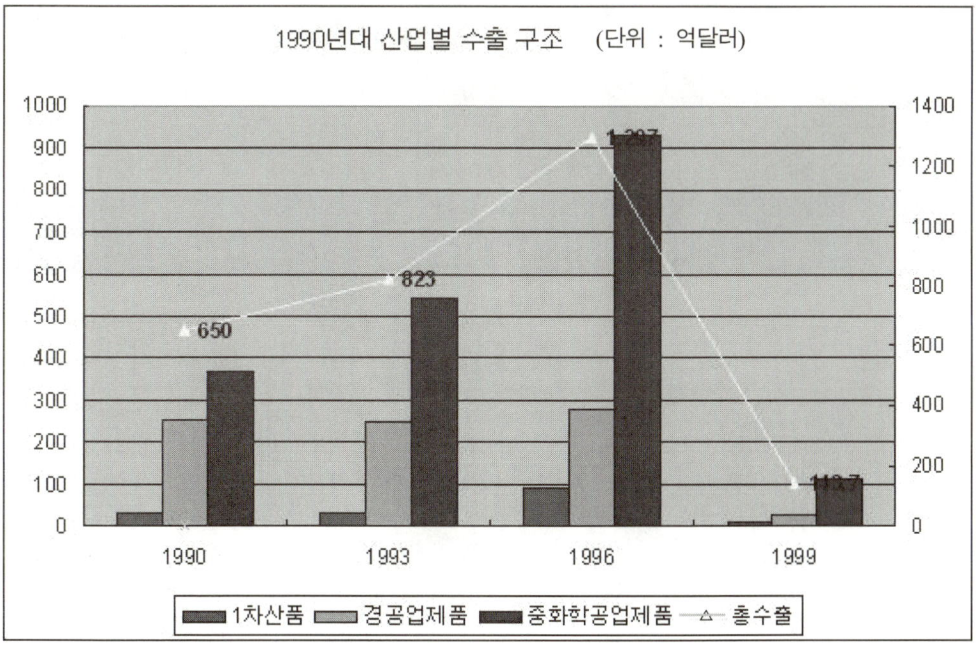

이러한 수출경기의 양극화 현상은 신발, 의류, 완구·인형 등 일부 경공업 제품의 심각한 침체를 가져와 이러한 업종을 중심으로 중국, 베트남 등 해외로의 생산기지

를 이전시키는 붐을 일으키기도 하였다. 향후에도 중화학 분야가 수출을 계속 주도할 것이며 그 중에서도 첨단 분야의 업종이 성장세를 이끌어 나갈 것으로 예상된다.

10대 수출상품을 보면 1990년대 초에 비해 갈수록 섬유, 신발 등 노동집약적 경공업 제품의 비중이 점차 감소하고 반도체 등 자본·기술집약적인 제품의 비중이 증대하고 있음을 알 수 있다.

표 4-20 ▸ 10대 수출상품의 변화 추이 (단위 : 억 달러, %)

순위	1990			1993		
	품목	금액	(비중)	품목	금액	(비중)
1	전기·전자	178	(27.4)	전기·전자	242	(29.5)
2	섬유류	147	(22.6)	섬유류	159	(19.3)
3	신발	43	(6.6)	철강제품	66	(8.0)
4	철강제품	42	(6.5)	화공품	46	(5.6)
5	선박	28	(4.3)	자동차	45	(5.5)
6	화공품	23	(3.6)	선박	37	(4.5)
7	자동차	21	(3.3)	일반기계	30	(3.7)
8	일반기계	18	(2.7)	신발	23	(2.8)
9	수산물	15	(2.3)	유류제품	18	(2.2)
10	플라스틱	13	(2.0)	플라스틱	15	(1.8)
	계	529	(81.3)	계	682	(83.0)
	총수출	650	(100.0)	총수출	822	(100.0)

순위	1996			1999		
	품목	금액	(비중)	품목	금액	비중
1	반도체	178	(13.8)	반도체	188.50	(13.12)
2	자동차	105	(8.1)	자동차	111.71	(7.77)
3	선박	71	(5.5)	컴퓨터	104.40	(7.27)
4	금속광물	55	(4.2)	선박	76.55	(5.33)
5	석유화학제품	54	(4.2)	석유제품	54.68	(3.81)
6	인조장섬유직물	53	(4.1)	무선통신기기	52.15	(3.63)
7	컴퓨터	51	(4.0)	의류	45.48	(3.17)
8	의류	40	(3.1)	철강판	41.38	(2.88)
9	철강판	36	(2.8)	합성수지	40.86	(2.84)
10	영상기기	33	(2.5)	인조장섬유	35.89	(2.49)
	계	676	(52.2)	계	751.6	(52.31)
	총수출	1,297	(100.0)	총수출	1,436.85	(100.0)

자료 : 통상산업부, 통상산업백서 각 호 및 한국무역협회 「한국무역통계」
주 : MTI 3단위 품목분류

1990년대 시장별 수출비중을 보면 대미·일·EU에 대한 수출이 감소세를 보이면서 선진국 시장에 대한 수출비중은 1990년의 69.7%에서 1996년에는 44.2%로 축소되었다가 1999년에 53.1%로 증가하였다. 이에 반해 대개도국 수출은 상대적인 호조를 지속하여 1990년의 30.3%에서 1996년에는 55.8%로 확대되었으나 1999년에는 46.8%로 감소하였다. 그 중에서도 고도성장을 구가하고 있는 아세안 국가들에 대한 수출 증가세가 두드러져 1996년 수출은 1990년 수출액의 약 4배를 기록하였으나 1999년에는 소폭 감소하였다. 이와 같은 1990년대 들어 우리의 수출중심이 선진국에서 개도국으로 전환된 것은 우리나라 수출구조의 질적 전환이 활발히 전개되고 있는 것이라 볼 수 있으며, 이는 선진국 시장에서 중국, ASEAN과의 경쟁이 심화되면서 우리기업의 대개도국 직접투자가 확대되고, 개도국의 수입수요가 크게 증가하였기 때문으로 볼 수 있다.

10대 수출국가가 총수출에서 차지하는 비중은 1999년에 66.1%로 1990년 72.9%에 비해 6.8%가 하락하여 특정국가에의 수출집중도는 다소 완화되었다. 이 중에서 중국, 인도네시아, 말레이시아 등은 총수출에서 차지하는 수출비중이 상승한 반면, 우리나라의 2대 수출시장인 미국, 일본은 비중이 상당히 많이 감소하였다.

특히 중국과의 경제교류 결과 1990년의 수출 6억 달러, 수입 23억 달러에서 1999년에는 수출 137억 달러, 수입 88억 달러로 급격히 증가하여 중국은 미국, 일본, 홍콩에 이은 우리나라의 4대 교역상대국으로 급부상 하였다.

표 4-21 ▸ 1990년대 주요 지역별 수출 추이 (단위 : 억 달러, %)

구분	1990		1993		1996		1999	
	금액	점유비	금액	점유비	금액	점유비	금액	점유비
선진국	453	69.7	429	52.2	573	44.2	763.60	53.14
미국	194	29.8	181	22.0	217	16.7	294.75	20.51
일본	126	19.4	116	14.1	158	12.2	158.62	11.04
EU	89	13.7	94	11.4	153	11.8	219.02	12.32
개도국	197	30.3	393	47.8	724	55.8	673.25	46.86
중국	6	0.9	52	6.3	114	8.8	136.85	9.52
ASEAN	51	7.8	93	11.3	202	15.6	177.08	15.24
중남미	21	3.2	49	5.7	90	6.9	86.45	6.02
중동	26	4.0	37	4.5	57	4.1	63.98	4.45
총수출	650	100.0	822	100.0	1,297	100.0	1,436.85	100.0

자료 : 한국무역협회 「KOTIS 및 한국무역통계」
주 : 1999년 선진국 수출은 OECD회원국을 기준으로 함.

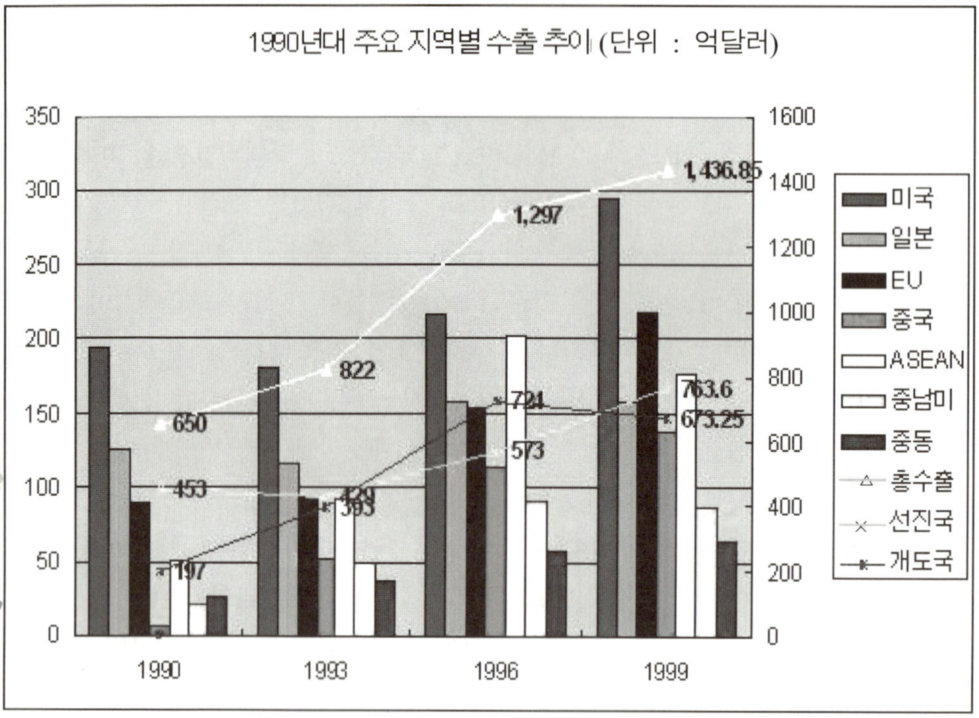

표 4-22 ▸ 10대 수출국가 현황 (단위 : 백 만불, %)

구분	1990년			1993년		
	국가	금액	비중	국가	금액	비중
1	미국	19,390	(29.8)	미국	18,138	(22.1)
2	일본	12,638	(19.4)	일본	11,564	(14.1)
3	홍콩	3,780	(5.8)	홍콩	6,431	(7.8)
4	서독	2,881	(4.4)	중국	5,151	(6.3)
5	싱가포르	1,805	(2.8)	독일	3,593	(4.4)
6	영국	1,750	(2.7)	싱가포르	3,109	(3.8)
7	캐나다	1,731	(2.7)	대만	2,296	(2.8)
8	대만	1,249	(1.9)	인도네시아	2,095	(2.5)
9	프랑스	1,119	(1.7)	인도	1,804	(2.2)
10	인도네시아	1,079	(1.7)	태국	1,761	(2.1)
	10대국가	47,392	(72.9)	10대국가	55,942	(68.0)
	전체	65,016	(100.0)	전체	82,236	(100.0)

표 4-22 ▸ 10대 수출국가 현황(계속) (단위 : 백 만불, %)

구분	1996년			1999년		
	국가	금액	비중	국가	금액	비중
1	미국	21,670	(16.7)	미국	29,475	(20.51)
2	일본	15,767	(12.2)	일본	15,862	(11.04)
3	중국	11,377	(8.8)	중국	13,685	(9.52)
4	홍콩	11,131	(8.6)	홍콩	9,048	(6.3)
5	싱가포르	6,439	(5.0)	대만	6,345	(4.42)
6	독일	4,705	(3.6)	싱가포르	4,922	(3.43)
7	말레이시아	4,333	(3.3)	영국	4,776	(3.32)
8	대만	4,005	(3.1)	독일	4,185	(2.91)
9	영국	3,222	(2.5)	말레이시아	3,647	(2.54)
10	인도네시아	3,198	(2.5)	필리핀	3,129	(2.18)
	10대국가	85,847	(66.2)	10대국가	0	0
	전체	129,715	(100.0)	전체	143,685	(100.0)

자료 : 통상산업부, 통산산업백서 각호 및 한국무역협회 「한국무역통계」

2) 수입동향

1990년대는 1980년대 후반의 높은 수입증가세가 계속되었는데 이는 신도시 건설과 과소비 등에서 그 원인을 찾을 수 있다. 1992년 정부의 경제안정화 시책과 국제 원자재 가격의 안정 등으로 수입증가세가 다소 둔화되었으나, 1994년 들어 국내경기의 회복세와 수출증가에 따른 자본재 및 수출용 원자재 수입의 급증으로 다시 높은 증가세로 전환되었다.

(1) 품목별 동향

1990년대 수입상품 구조를 살펴보면 큰 변동 없이 전체 수입 중 90% 정도를 원자재·자본재가 점하고 있어 우리 경제의 성장잠재력 및 수출 공급능력을 뒷받침하는 건실한 모습을 보이고 있으며 소비재 수입 역시 조금씩 구성비가 높아지는 추세에 있으나 큰 변동은 없다.

자본재 수입이 계속 늘어나고 있는 것은 국내 설비투자가 크게 늘어나고 또한 그 투자내용이 첨단화되고 있음에도 불구하고 그에 걸맞은 기술수준을 갖춘 기계류 등 자본재의 국내 생산기반이 취약하기 때문이라고 할 수 있으며, 따라서 이 부문에 대한 정부와 업계의 노력이 특히 필요함을 시사해 주고 있다.

표 4-23 ▸ 1990년대 용도별 수입추이 (단위 : 백만 달러, %)

구분	1990		1993		1996		1999	
	금액	구성비	금액	구성비	금액	구성비	금액	구성비
원자재	37,646	53.9	44,315	52.9	74,400	49.5	61,092	51.02
(원유)	(6,386)	(9.1)	(9,151)	(10.9)	(14,400)	(9.6)	(14,783)	(12.34)
자본재	25,477	36.5	30,767	36.7	59,200	39.4	47,652	39.79
소비재	6,721	9.6	8,717	10.4	16,700	11.1	10,509	8.78
수출용	22,587	32.3	27,861	33.2	48,600	32.3	55,884	46.7
내수용	47,257	67.7	55,939	66.8	101,700	67.7	63,868	53.3
총수입	69,844	100.0	83,800	100.0	150,300	100.0	119,752	100.0

자료 : 한국무역협회「한국무역통계」

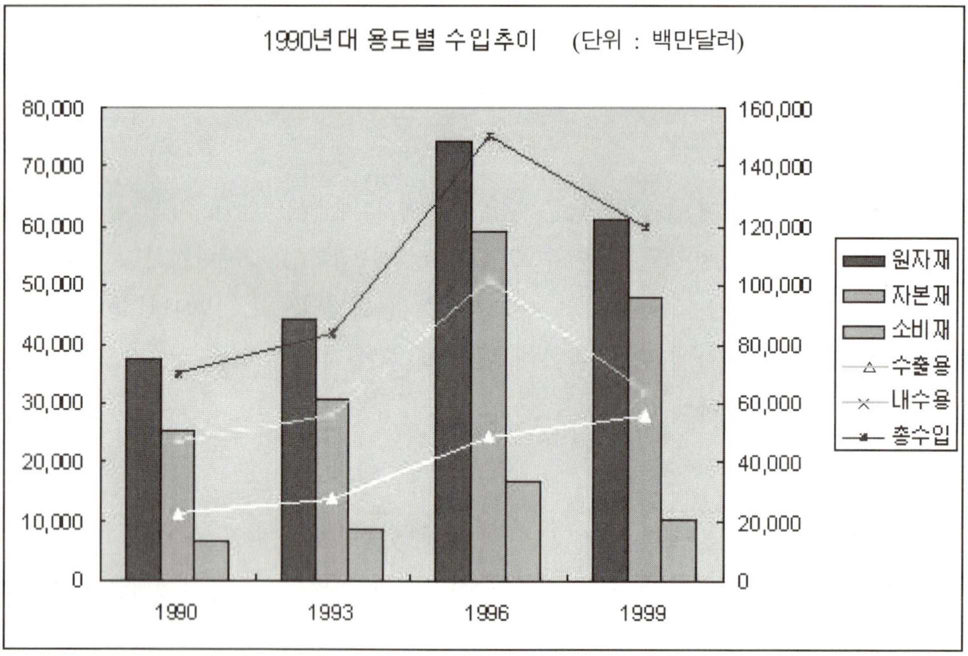

1990년대 초기와 1999년의 10대 수입상품 구성을 보면 96년에 반도체 및 반도체 장비, 귀금속 등이 새로이 10대 품목에 진입한 반면, 정밀기계, 제약원료 등은 탈락하였고 1999년에는 정밀화학원료, 천연가스, 석탄이 10대 품목으로 새로 선정되었

다. 10대 품목이 총수입에서 차지하는 비중은 1999년에 43.1%로 1990년의 69.1%에 비해 26%가 하락함으로써 일부 품목에의 수입집중도가 빠르게 완화되는 추세를 보였다. 총수입에서 차지하는 수입비중이 높아진 품목은 수입이 급증한 반도체 및 컴퓨터, 귀금속 등이며 기타 기계 및 석유화학제품은 수입비중이 감소하였다.

표 4-24 ▸ 10대 수입상품의 변화 추이 (단위 : 백만 달러, %)

순위	1990			1993		
	품목	금액	(비중)	품목	금액	(비중)
1	일반기계	9,579	(13.7)	광물성연료	10,889	(13.0)
2	광물성연료	7,676	(11.0)	일반기계	10,105	(12.1)
3	농산물	6,787	(9.7)	전자부품	7,613	(9.1)
4	전자부품	5,824	(8.6)	농산물	6,773	(8.1)
5	유기화학품	4,928	(7.1)	유기화학품	4,695	(5.6)
6	철강제품	4,090	(5.9)	철강제품	4,149	(5.0)
7	유류제품	3,229	(4.6)	유류제품	4,063	(4.8)
8	산업용전자	2,959	(4.2)	산업용전자	3,796	(4.5)
9	정밀기계	2,014	(2.9)	임산물	2,682	(3.2)
10	제약원료	2,008	(2.9)	정밀기계	2,666	(3.2)
	10대상품	49,458	(70.8)	10대상품	57,431	(68.5)
	전체	69,844	(100.0)	전체	83,800	(100.0)

순위	1996			1999		
	품목	금액	(비중)	품목	금액	비중
1	원유	14,432	(9.6)	반도체	16,059	(13.41)
2	기타기계	10,729	(7.1)	원유	14,783	(12.34)
3	반도체	10,544	(7.0)	컴퓨터	4,575	(3.82)
4	귀금속	5,845	(3.9)	금은및백금	3,571	(2.98)
5	석유화학제품	4,405	(2.9)	석유제품	2,773	(2.32)
6	컴퓨터	3,948	(2.6)	정밀화학원료	2,101	(1.75)
7	반도체장비	3,308	(2.2)	반도체제조장비	1,993	(1.66)
8	기타철강제품	3,243	(2.2)	천연가스	1,973	(1.65)
9	곡류·곡분	3,226	(2.1)	석탄	1,966	(1.64)
10	기타유류제품	3,050	(2.0)	원동기및펌프	1,872	(1.56)
	10대상품	62,730	(41.7)	10대상품	51,666	(43.13)
	전체	150,339	(100.0)	전체	119,752	(100.0)

자료 : 통상산업부, 통상산업백서 각 호 및 한국무역협회「한국무역통계」
주 : MTI 3단위 품목분류

(2) 지역별 동향

1990년대 한국수입시장의 특징은 선진국으로부터의 수입비중이 1990년 71.3%에서 1999년 59.3%로 점차 줄어들고 있는데 비해 중국을 비롯한 개도국시장으로부터의 수입비중이 전반적으로 늘어나고 있다. 이는 중국 등 동남아 국가들로부터의 농산물 및 섬유류를 비롯한 경공업제품의 수입증가와 산유국으로부터의 원유수입이 증가한데 주로 기인한다고 할 수 있다.

1999년의 10대 수입국가를 보면 1990년대 초에 비해 아랍에미리트, 사우디가 새로이 진입한 반면에 캐나다, 프랑스 등은 10대 수입국가에서 탈락하였다. 이들 10대 국가가 총수입에서 차지하는 비중은 1999년 기준 70.7%로 1990년의 67.7%에 비해 다소 높아진 것으로 나타났다.

한편, 우리나라의 2대 수입시장인 미국, 일본으로부터의 수입이 총수입에서 차지하는 비중은 1990년의 경우 50.9%에 이르렀으나 1999년에는 40.9%를 기록함으로써 이들 두 국가에 대한 수입집중도가 지속적으로 하락하는 추세를 보였다.[1)]

이와 같이 1990년대 들어 양대 수입국인 일본과 미국에의 수입의존도는 과거에 비하여 줄어들었으나 그밖에 주요 수입국가로부터의 수입비중은 오히려 늘어나 수입시장의 다변화가 진전되었다. 특히 1990년대 이후 급부상하고 있는 중국으로부터의 수입비중은 현저히 증가하였다. 그리하여 독일, 사우디아라비아, 독일 등을 제치고 미국, 일본에 이어 우리나라의 세 번째 수입대상국으로 등장하였다. 중국으로부터의 수입은 곡물 등 1차산품이 대부분이었지만, 1990년에 접어들면서 섬유제품을 비롯한 2차산품도 크게 늘어났다.

---

1) 미국의 경우 수입시장 개방에 따른 농산물 수입확대, 자본재 수입의 미국으로의 수입선 전환 등에 따른 수입확대로 순위 면에서는 처음으로 일본을 제치고 1위 국가에 올라섰다.

표 4-25 ▸ 1990년대 지역별 수입추이 (단위 : 억 달러, %)

구분	1990		1993		1996		1999	
	금액	점유비	금액	점유비	금액	점유비	금액	점유비
선진국	498	71.3	559	66.7	987	65.6	710.39	59.32
미국	169	24.2	179	21.4	333	22.2	249.22	20.81
일본	186	26.6	200	23.9	314	20.9	241.42	20.16
EU	84	12.0	102	12.1	212	14.1	129.0	10.77
개도국	200	28.7	279	33.3	517	34.4	487.13	40.68
중국	23	3.3	39	4.7	85	5.7	88.67	7.4
ASEAN	51	7.3	72	8.6	121	8.6	122.49	10.23
중남미	17	2.4	24	2.8	44	2.9	28.65	7.22
중동	62	8.9	82	10.5	151	10.0	146.96	5.34
총수입	698	100.0	838	100.0	1,503	100.0	1,197.52	100.0

자료 : 통상산업부, 통상산업백서 및 한국무역협회, 「KOTIS」

주 : 1999년 선진국 수입은 OECD회원국을 기준으로 함.

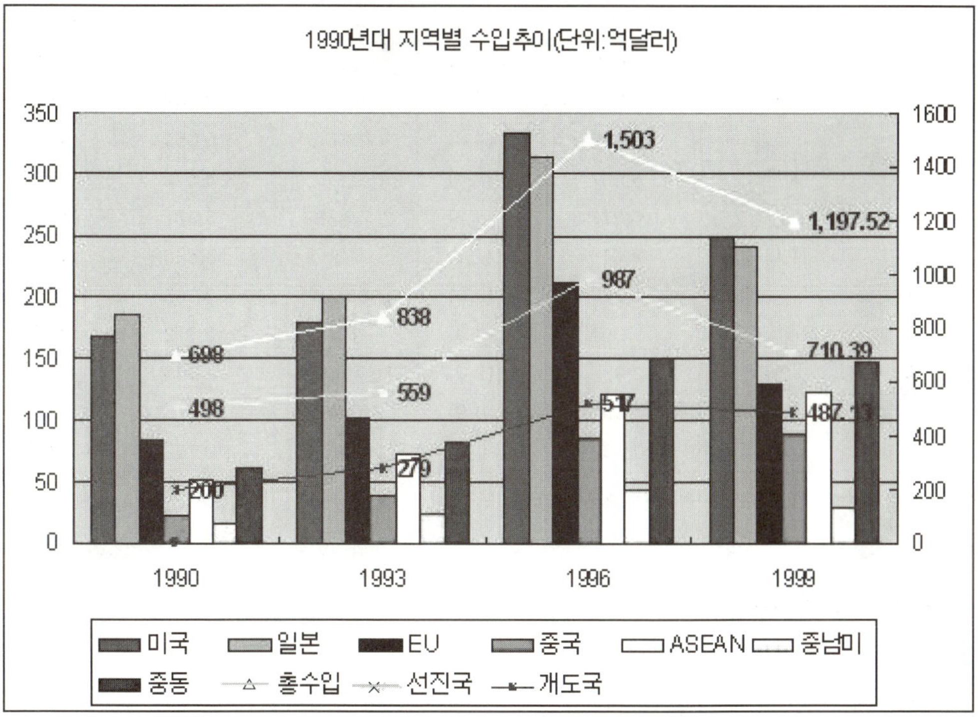

표 4-26 ▸ 10대 수입국가 (단위 : 백만 달러, %)

순위	1990년			1993년		
	국가	금액	(비중)	국가	금액	(비중)
1	일본	18,574	(26.6)	일본	20,016	(23.9)
2	미국	16,942	(24.3)	미국	17,928	(21.4)
3	서독	3,284	(4.7)	독일	3,995	(4.7)
4	호주	2,589	(3.7)	중국	3,929	(4.7)
5	인도네시아	1,600	(2.3)	사우디	3,735	(4.5)
6	말레이시아	1,585	(2.3)	호주	3,347	(4.0)
7	캐나다	1,465	(2.1)	인도네시아	2,588	(3.1)
8	대만	1,452	(2.1)	말레이시아	1,947	(2.3)
9	영국	1,226	(1.8)	캐나다	1,695	(2.0)
10	프랑스	1,223	(1.8)	싱가포르	1,540	(1.8)
	10대국가	47,240	(67.6)	10대국가	60,680	(72.4)
	전체	69,844	(100.0)	전체	83,800	(100.0)

순위	1996년			1999년		
	국가	금액	비중	국가	금액	비중
1	미국	33,305	(22.2)	미국	24,922	(20.16)
2	일본	31,449	(20.9)	일본	24,142	(20.81)
3	중국	8,539	(5.7)	중국	8,867	(7.4)
4	독일	7,239	(4.8)	사우디	5,664	(4.73)
5	사우디	6,667	(4.4)	호주	4,672	(3.9)
6	호주	6,272	(4.2)	인도네시아	3,987	(3.33)
7	인도네시아	4,013	(2.7)	독일	3,826	(3.19)
8	이탈리아	3,070	(2.0)	말레이시아	3,155	(2.63)
9	말레이시아	3,007	(2.0)	대만	2,972	(2.48)
10	영국	2,994	(2.0)	아랍에미리트	2,568	(2.14)
	10대국가	106,555	(70.9)	10대국가	84,775	(70.77)
	전체	150,339	(100.0)	전체	119,752	(100.0)

자료 : 통상산업백서 및 한국무역협회 「한국무역통계」

3) 무역수지 동향

1980년대 후반의 무역수지 흑자는 계속 유지되지 못하고 1990년대 들어 수입증가율이 수출증가율을 상회하게 됨으로써 적자로 반전되었다. 무역수지 적자는 1990년의 48억 달러에서 1993년에 16억 달러로 적자폭이 크게 줄어들었으나 경기회복이 본격화되기 시작한 1993년 하반기부터 무역수지 적자는 다시 늘어나기 시작하여 1996년에는 무려 206억 달러로 크게 확대되었지만 1999년에는 흑자로 반전되었다.

1999년 이전에 무역수지 적자가 확대된 것은 1994년 이후 경기회복세에 힘입어 기계류를 중심으로 자본재의 수입의 급증을 가져왔으며, 또한 시장개방의 물결 속에서 소비재의 수입도 비교적 빠른 속도로 늘어났기 때문이다. 1990년부터 1996년까지 지역간 무역수지 동향을 보면 대선진국 적자확대, 대개도국 흑자확대의 기조가 심화되었으나 1996년에는 선진국과 개도국에서 흑자를 기록하였다. 선진국으로부터의 자본재 수입이 급증함에 따라 대선진국 무역수지 적자는 1990년 44억 달러에서 1996년 414억 달러로 대폭 늘어난 반면 개도국에 대한 무역수지는 1990년 4억 달러 적자에서 1996년 208억 달러 흑자를 기록하였는데 이는 동지역의 빠른 경제성장에 따른 수출호조로 흑자규모가 지속적으로 확대되어왔기 때문이다.

표 4-27 ▸ 1990년대 주요 지역별 무역수지 (단위 : 백만 달러)

구분	1990	1993	1996	1999
수출	65,016	82,236	129,715	145,375.4
수입	69,844	83,800	150,339	116,912.4
무역수지	−4,828	−1,564	−20,624	28,463
선진국	−4,439	−13,010	−41,400	5,321
미국	2,418	209	−11,600	4,553
일본	−5,936	−8,451	−15,700	−8280
개도국	−389	11,446	20,800	186.12
중국	−1,683	1,222	2,800	4,818
ASEAN	−24	2,135	8,100	5,458
중남미	377	2,537	4,600	5,780
중동	−3,569	−5,357	−9,400	−8,298

자료 : 한국무역협회 「KOTIS」 및 통계청 「KOSIS」
주 : 1999년 선진국 무역수지는 OECD회원국을 기준으로 함.

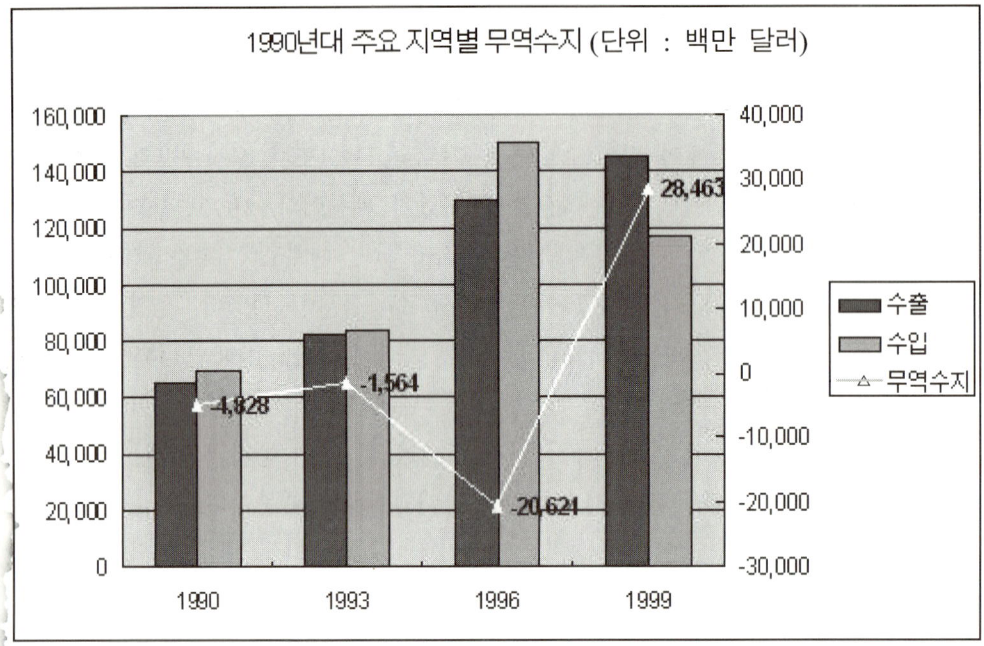
1990년대 주요 지역별 무역수지 (단위 : 백만 달러)
160,000
140,000
120,000
100,000
80,000
60,000
40,000
20,000
0
40,000
30,000
20,000
10,000
0
-10,000
-20,000
-30,000
1990
1993
1996
1999
-4,828
-1,564
-20,621
28,463
수출
수입
무역수지

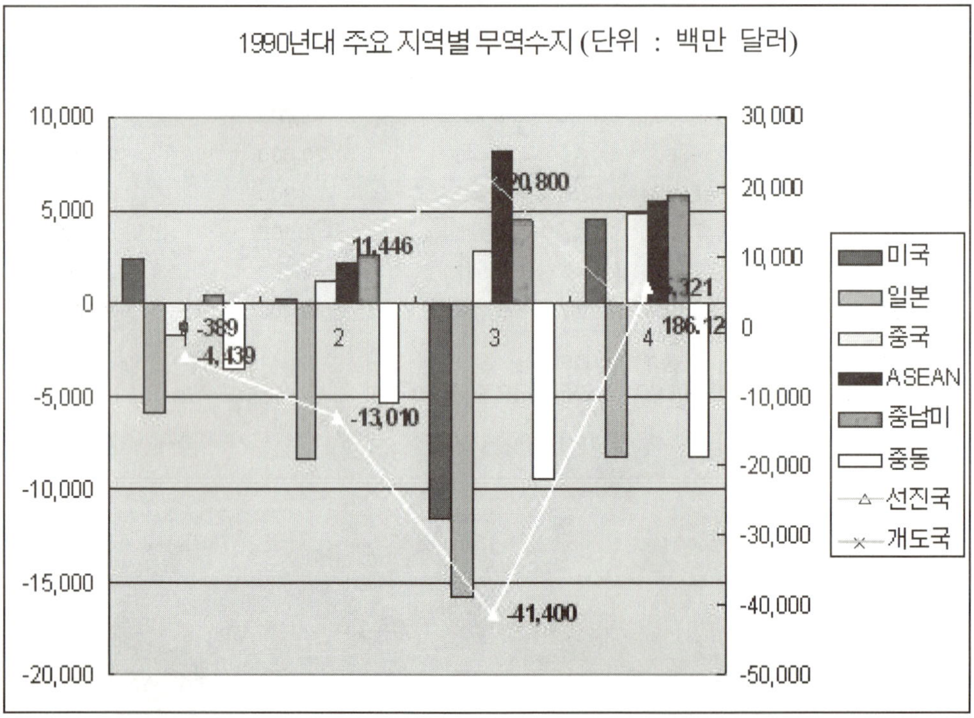
1990년대 주요 지역별 무역수지 (단위 : 백만 달러)
10,000
5,000
0
-5,000
-10,000
-15,000
-20,000
30,000
20,000
10,000
0
-10,000
-20,000
-30,000
-40,000
-50,000
-389
-4,439
11,446
-13,010
20,800
-41,400
186.12
2
3
4
미국
일본
중국
ASEAN
중남미
중동
선진국
개도국

하는 등 각 분야별 무역관련제도의 선진화·간소화를 위해 계속적으로 노력하였다.

1) 수출입정책

1990년대의 수출입정책은 우리나라의 수출부진과 무역수지적자 해소를 위하여 수출경쟁력의 강화에 주안점이 맞춰졌으며 대외시장 개방 및 국내산업의 경쟁력 강화를 위한 정책이 꾸준히 추진되고 있는 것이 특징이다. 특히 자본시장과 서비스시장 개방은 우리의 경쟁력 기반이 취약함에도 불구하고 선발개도국으로서의 국제적 책임과 의무를 다하고, 개방을 통하여 경쟁력 기반을 강화하기 위하여 이루어졌다.

또한 수입수요의 진전을 위해서 기계류·부품의 수입대체 촉진, 불필요한 수입수요의 억제, 수입제도의 합리적 운용을 위한 정책을 시행하였다. 특히 기계류·부품의 수입대체를 촉진하기 위하여 1992년부터 '제2차 국산화 5개년 계획'을 수립하여 국산화 대상품목으로 고시된 1,023개 품목에 대해 공업발전기금 등의 정책자금을 개발자금으로 지원하였으며, 부품업체와 수요업체간의 협력관계를 강화하고 대기업간 부품의 상호구매촉진을 유도하였다.

2) 환율정책

환율결정 메커니즘의 투명성을 제고하고 대외거래의 규모확대와 자본거래 자유화 추세에 효율적으로 대처하기 위해 1990년 3월부터 시장평균환율제를 도입하였는데, 이에 따라 이전까지 외화자금수요, 경상수지 적자폭 등 국내 거시경제 여건이 원화 환율결정에 많은 영향을 미쳐 왔으나 국내 금융시장의 자유화와 개방화가 점차 확대됨에 따라 원화환율은 국제금융시장의 상황 변화에 더욱 민감해지게 되었다.

3) 관세·통관 정책

정부는 우리나라 무역업계의 수출경쟁력을 강화하고 WTO가 출범함에 따른 국제기구의 요구를 수용하기 위하여 수출입 통관절차 및 제도를 대폭 축소하여 간소화시키고 수출입에 대해 별도의 승인절차 없이 자유롭게 할 수 있도록 관세제도를 꾸준히 선진화시켰다.

우리나라는 1995년 WTO의 출범과 1996년 OECD 가입 전후 지속적인 개방화 노력, 미국·EU 등과 각종 쌍무협상의 결과 우리나라의 수입개방은 빠른 속도로 진행되었는데, 상품시장의 경우 1990년의 96.3%에서 1996년 99.7%로 선진국 수준으로까지 개방되어 왔으며, 평균 관세율도 1990년의 12%대에서 1996년에는 5%대로 낮아졌다. 또한 관세법을 개정하여 WTO의 '긴급수입제한조치에 관한 협정'과 일치시키는 등 국제기구 규정과의 조화를 이루도록 하고 또한 수출입통관 면허제를 신고제로 전환하였다. 특히 수입면허 전에 관세를 납부하던 것을 수입신고수리 후에 관세를 납부할 수 있도록 하여 수입절차와 납세절차를 분리하여 신속한 수입통관이 가능하도록 했다.

이 밖에 통관상의 비효율을 제거하고 부대비용을 절감하기 위해 전자문서교환제도(EDI)를 도입하기 시작하여, 서류 없는 무역시대를 앞당기게 되었다.

제 6 절 ▸ 최근 무역동향과 문제점 및 향후 과제

1. 무역의 전반적 추이

1) 수출추이

(1) 규모

2004년 전년 대비 31%의 수출증가율을 기록하여 2,538억불을 수출하였고, 수입은 2,245억불을 기록하여 전년 대비 25.5%가 증가하였다. 2004년도에 4,783억 달러의 무역규모를 이룩하였고 293억불에 무역수지 흑자를 기록하여 무역이 한국경제를 지탱하고 있다. 2005년도 실적을 기준으로 우리나라는 세계 12위 무역강국으로 성장하여 한국경제에서 무역이 차지하는 비중이 얼마나 중요한지 보여주고 있다.

표 4-28 ▸ 한국의 무역성장 추이 (단위 : 억 달러, %)

구 분 / 연 도	수출	수입	무역수지	수출입총액	대외무역 의존도
1962	0.5	4.2	-3.7	4.7	19.8
1970	8.4	19.8	-11.4	28.2	34.8
1980	175.1	222.9	-47.8	398.0	65.7
1990	650.2	698.4	-48.2	1,348.6	53.5
1996	1,297	1,503	-206	1,800	58.3
2000	1,723	1,605	118	3,328	65.0
2001	1,504	1,411	93.4	2,915	60.5
2002	1,625	1,521	103	3,146	57.5
2003	1,938	1,788	150	3,726	61.6
2004	2,538	2,245	294	4,783	71.4
2005(01~11)	2,589	2,369	220	4,958	-

자료 : 통계청, 「주요경제지표」 및 산업자원부, 「통상산업백서」 각 호
한국무역협회 「무역통계」

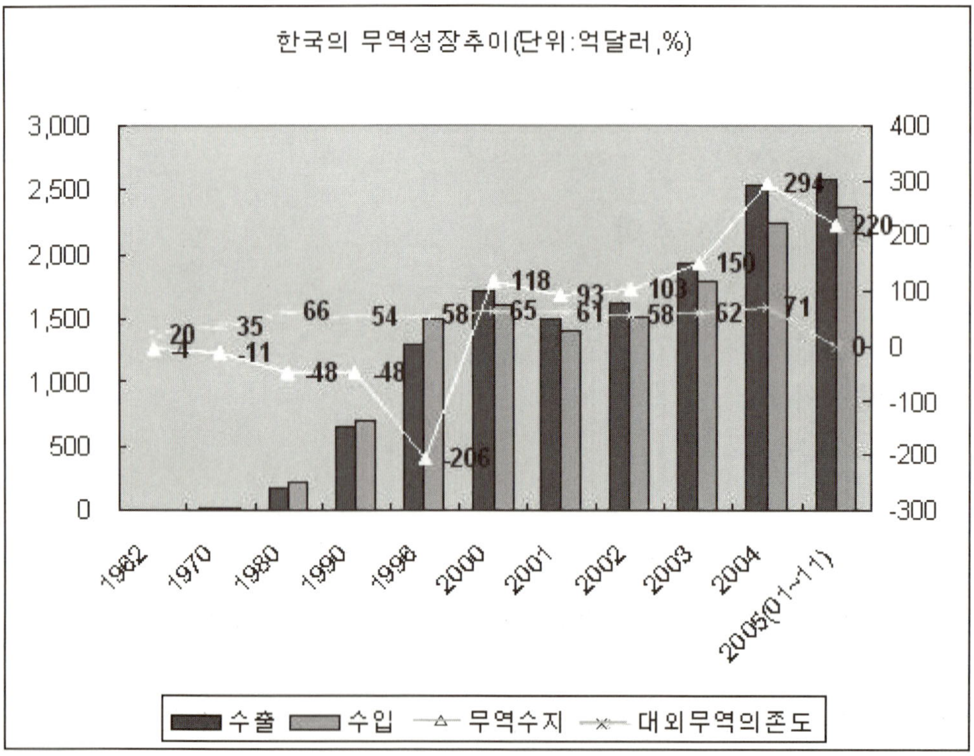

2) 상품별 구성

2000년에 접어들어서 중화학 공업제품의 수출이 크게 증가하기 시작하였다. 2004년에는 중화학공업제품이 총수출에서 87.2%을 차지하여 우리나라 무역구조는 중화학공업제품으로 정착되었음을 보여주었다.

표 4-29 ▸ 수출의 산업별 구성 (단위 : 백만달러, %)

구 분 / 연 도	1차산품	경공업제품	중화학공업 제품	합계
1962	40(72.6)	11(20.3)	4(7.1)	55(100)
1970	146	582(69.6)	107(13.0)	835(100)
1980	1,749(11.0)	8,469(48.4)	7,286(41.6)	17,504(100)
1990	3,246	25,055(38.0)	36,715(56.0)	65,016(100)
1996	9,100(7.0)	27,700(21.3)	93,000(71.1)	129,700(100)
2000	4,776(2.77)	27,934(16.22)	139,558(81.02)	172,268(100)
2001	4,110(2.73)	24,619(16.36)	121,711(80.90)	150,439(100)
2002	3,984(2.45)	24,146(14.86)	134,341(82.69)	162,471(100)
2003	5,291(2.73)	24,081(12.42)	164,446(84.84)	193,817(100)
2004	6,885(2.71)	25,572(10.07)	221,388(87.21)	253,845(100)
2005(01~11)	3,752(1.45)	23,218(8.97)	231,930(89.58)	258,900(100)

자료 : 경제기획원, 「경제백서」 및 외교통상부, 「통상산업백서」 각 호
한국무역협회 「무역통계」
경공업제품에는 섬유류 및 신발, 식음료, 가죽 및 나무제품 등 포함
중화학공업제품에는 금속제품 및 기계, 전기, 전자제품 등 포함

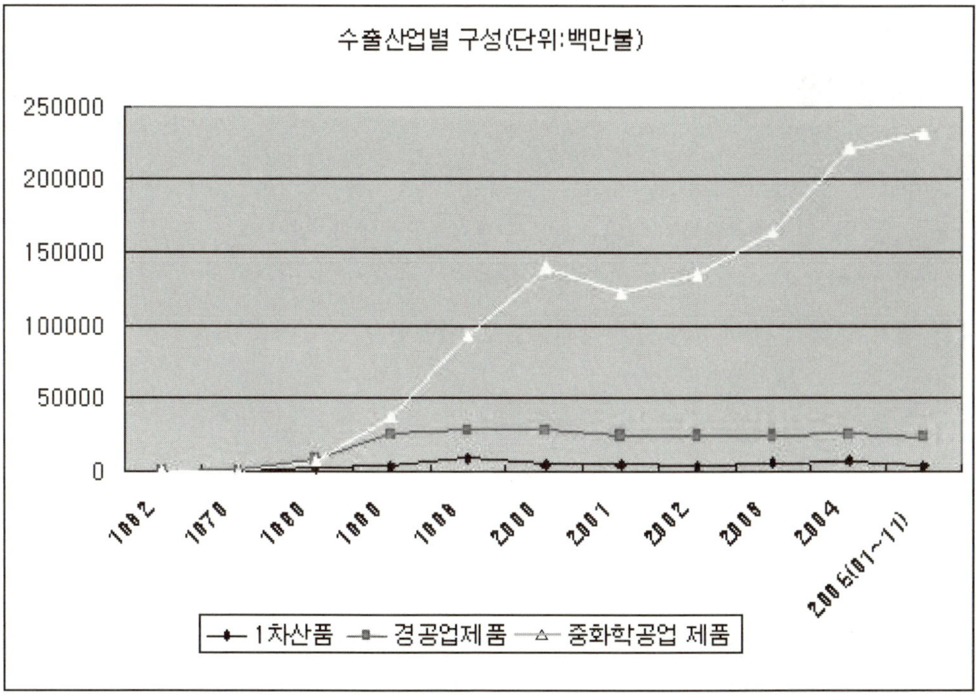

표 4-30 ▸ 10대 수출상품 변화추이 (단위 : 백만달러, %)

연도	2000			2004			2005(1~11)		
	품명	금액	비중	품명	금액	비중	품명	금액	비중
1	반도체	26,006	(15.1)	자동차	26,577	(10.47)	반도체	27,599	(10.61)
2	컴퓨터	14,687	(8.58)	반도체	26,516	(10.45)	자동차	26,513	(10.17)
3	자동차	13,221	(7.67)	무선통신	26,223	(10.33)	무선통신기기	25,391	(9.81)
4	석유제품	9,055	(5.26)	컴퓨터	17,123	(6.75)	선박	15,955	(6.26)
5	선박	8,420	(4.89)	선박	15,657	(6.17)	석유제품	13,810	(5.4)
6	무선통신	7,882	(4.58)	석유제품	10,203	(4.02)	컴퓨터	12,968	(4.97)
7	합성수지	5,041	(2.93)	철강판	8,527	(3.36)	합성수지	9,381	(3.62)
8	철강판	4,828	(2.8)	합성수지	8,426	(3.32)	철강판	9,363	(3.58)
9	의류	4,652	(2.7)	영상기기	7,630	(3.01)	자동차부품	7,683	(2.94)
10	영상기기	3,667	(2.13)	자동차부품	5,925	(2.34)	영상기기	6,819	(2.62)
	10대상품	26,006	(0)	10대상품	(0)	(0)	10대상품	(0)	(0)
	전체	172,268	(100.0)	전체	253,845	(100.0)	전체	258,900	(100.0)

자료 : 산업자원부, 통상산업백서 각 호
한국무역협회 「무역통계」 (2005년은 1~11)
한국무역협회 「주요 품목별」 수출입 비중 (2005년은 1~12.20)
주 : MTI 3단위 품목분류 기준

3) 수출시장

2000년에 접어들면서 대중 무역이 급격한 신장세를 보이고 있다. 중국에 진출한 한국기업들의 한국산 원부자재에 대한 수요와 중국에서 생산된 상품의 수입이 급증한데서 그 이유를 찾을 수 있다. 2005년에는 그 동안 우리나라의 무역상대국인 미국을 제치고 중국이 제일의 무역상대국으로 떠올랐다.

표 4-31 ▸ 지역별 수출추이 (단위 : 백만 달러, %)

구분 \ 연도	2001	2002	2003	2004	2005(1~12.20)
북미	33,247(22.1)	35,121(21.62)	36,902(19.04)	46,232(18.21)	40,799(15.76)
(미국)	31,211(20.75)	32,780(20.18)	34,219(17.66)	42,849(16.88)	37,677(14.49)
아시아	69,930(46.48)	77,327(47.59)	99,312(51.24)	129,525(51.03)	133,838(51.69)
(일본)	16,506(10.97)	15,143(9.32)	17,276(8.91)	21,701(8.55)	21,862(8.49)
(중국)	18,190(12.09)	23,754(14.62)	35,110(18.11)	49,763(19.6)	56,463(21.85)
유럽	23,958(15.93)	27,010(16.62)	31,899(16.46)	44,593(17.57)	48,117(18.59)
(EC/EU)	19,627(14.02)	21,694(14.61)	24,887(13.92)	37,830(14.9)	39,755(15.36)
중남미	9,730(6.47)	8,864(5.46)	8,802(4.54)	11,563(4.55)	13,505(5.22)
중동	7,138(4.74)	7,499(4.62)	8,592(4.43)	11,006(4.34)	11,113(4.29)
대양주	3,297(2.19)	3,643(2.24)	4,906(2.53)	4,924(2.22)	5,431(2.1)
아프리카	2,966(1.97)	2,867(1.76)	3,118(1.61)	5,633(1.94)	5,703(2.2)
총수출	150,439(100.0)	162,471(100.0)	193,817(100.0)	253,845(100.0)	273,871(100.0)

자료 : 한국무역협회「무역통계」2004, IMF「International Financial Statistics」2005.

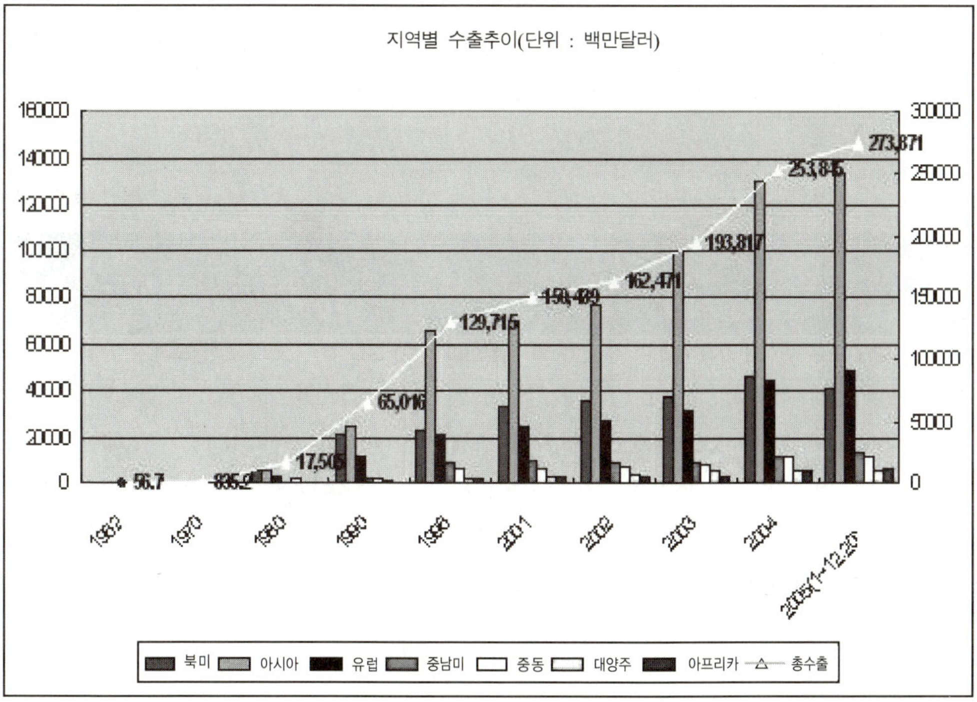

2. 수입추이

1) 규모

최근 우리나라의 수입 역시 매우 빠른 성장을 보여 2000년 1,605억 달러에서 2003년 1,788억 달러, 2004년에는 2,245억 달러로 성장하였다.

2) 상품별 구성

수입상품 구성 면에서 가장 큰 변화라 할 만한 것은 자본재의 비중이 2000년대 이후 수출 급증과 함께 36% 이상으로 증가한 것이다. 자본재와 원자재가 총수입의 약 87%를 차지하고 있고 자본재 수입구성은 2000년에 접어들어 정부의 IT산업 육성정책에 따라 이전의 섬유·직물 등 경공업제품의 비중보다 반도체, 섬유제품, 반도체장비, 전자응용기기 등 정보통신산업 제품의 수입비중이 높아졌다. 이같은 수입상품 구성은 우리나라의 부존자원이 절대적으로 부족하여 원료를 수입하여 상품을 제조한 후 수출하여야 하고, 선진국에 비해 축적된 자본 및 기술의 상대적인 부족으로 기계류 등 자본재를 많이 수입해야 하는 상황을 반영한 것이다.

표 4-32 ▸ 상품형태별 수입 추이 (단위 : 백만 달러, %)

연도 구분	2001		2002		2003		2004		2005(1~11)	
	금액	구성비	금액	구성비	금액	구성비	금액	구성비	금액	구성비
원자재	73,939	52.4	76,063	50.0	89,519	50.06	117,723	52.45	128,979	54.44
(원유)	(21,368)	(15.14)	(19,200)	(12.62)	(23,082)	(12.91)	(29,917)	(13.33)	(38,606)	(19.26)
자본재	51,549	36.53	56,399	37.07	66,947	37.44	81,135	36.15	82,399	34.78
소비재	15,210	10.78	18,795	12.35	21,075	11.79	23,296	10.38	23,808	10.05
총수입	141,088	100.0	152,126	100.0	178,827	100.0	224,463	100.0	236,922	100.0

자료 : 경제기획원, 「경제백서」 및 산업자원부, 「통상산업백서」 각 호

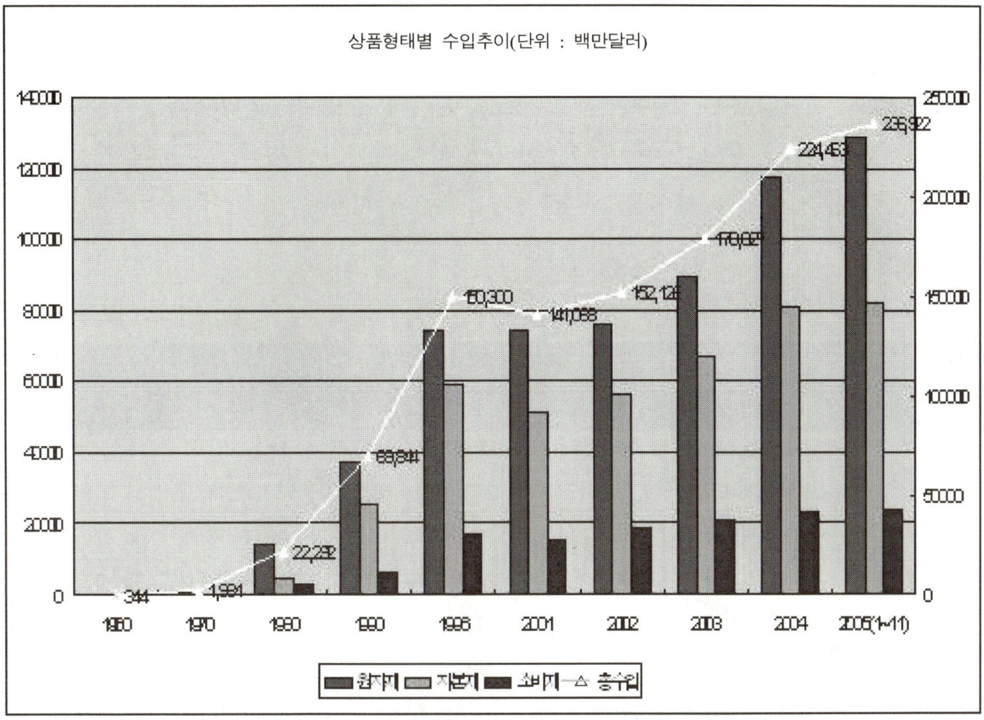

표 4-33 ▸ 10대 수입상품 변화추이 (단위 : 백만 달러)

연도	2000			2004			2005(1~11)		
	품명	금액	비중	품명	금액	비중	품명	금액	비중
1	원유	25,216	(15.71)	원유	29,917	(13.33)	원유	38,606	(16.36)
2	반도체	19,923	(12.41)	반도체	23,681	(10.52)	반도체	23,023	(9.69)
3	컴퓨터	7,890	(4.92)	석유제품	6,848	(3.05)	천연가스	7,463	(3.21)
4	석유제품	4,911	(3.06)	천연가스	6,552	(2.92)	석유제품	6,995	(2.96)
5	천연가스	3,882	(2.42)	컴퓨터	6,339	(2.82)	철강판	6,983	(2.95)
6	반도체장비	3,748	(2.34)	철강판	5,709	(2.54)	컴퓨터	6,971	(2.90)
7	금은백금	2,698	(1.68)	합금·선철	4,820	(2.14)	반도체제조장비	5,495	(2.29)
8	유선통신	2,544	(1.59)	전자응용기	4,559	(2.03)	석탄	5,014	(2.09)
9	철강판	2,463	(1.54)	반도체장비	4,554	(2.02)	전자응용기기	4,157	(1.73)
10	화학원료	2,317	(1.44)	석탄	4,438	(1.98)	합금철선철고철	4,132	(1.72)
	10대상품	0	(0	10대상품	0	(0)	10대상품	0	(0
	전체	160,481	(100.0)	전체	224,463	(100.0)	전체	236,922	(100.0)

자료 : 산업자원부, 통상산업백서 각 호
한국무역협회「무역통계」(2005년은 1~11)
한국무역협회「주요 품목별 수출입 비중」(2005년은 1~12.20)
주 : MTI 3단위 품목분류 기준

3) 수입시장

우리나라의 수입시장은 2000년에도 크게 바뀌지 않았다. 우리나라는 일본, 유럽, 미국, 중국에서 수입하고 있다. 특히 2000년에 접어들어서 중국으로부터 수입이 큰 폭으로 증가하는 추세를 보이고 있다.

표 4-34 ▸ 지역별 수입추이 (단위 : 백만 달러, %)

구분 \ 연도	2001	2002	2003	2004	2005(1~12.20)
아시아	63,085(49.56)	72,306(50.83)	87,069(55.54)	111,247(57.7)	114,700(56.49)
(중국)	13,303(9.43)	17,400(11.44)	21,909(12.25)	29,585(13.18)	35,205(14.82)
(일본)	26,633(18.88)	29,856(19.63)	36,313(20.31)	46,144(20.56)	44,275(18.59)
유럽	18,861(16.98)	21,803(17.76)	24,759(17.84)	30,535(19.87)	30,512(20.31)
(EC·EU)	14,921(10.82)	17,107(11.49)	19,383(11.08)	24,187(10.78)	24,792(10.46)
북미	24,198(23.56)	24,854(23.09)	26,674(20.64)	30,971(20.6)	30,165(17.22)
(미국)	22,376(15.86)	23,009(15.12)	24,814(13.88)	28,783(12.82)	27,806(11.74)
중남미	3,445(6.9)	3,743(5.83)	4,594(4.92)	6,651(5.15)	6,281(5.7)
대양주	6,410(2.34)	6,822(2.39)	6,765(2.74)	8,498(2.19)	9,937(2.29)
중동	23,387(5.06)	20,881(4.93)	26,929(4.8)	33,665(4.9)	42,555(4.69)
아프리카	1,679(2.1)	1,686(1.88)	2,006(1.74)	2,847(2.51)	2,698(2.41)
총수입	141,098(100.0)	152,126(100.0)	178,827(100.0)	224,463(100.0)	252,701(100.0)

자료 : 한국무역협회 「무역통계」 2004, IMF 「International Financial Statistics」 2005.

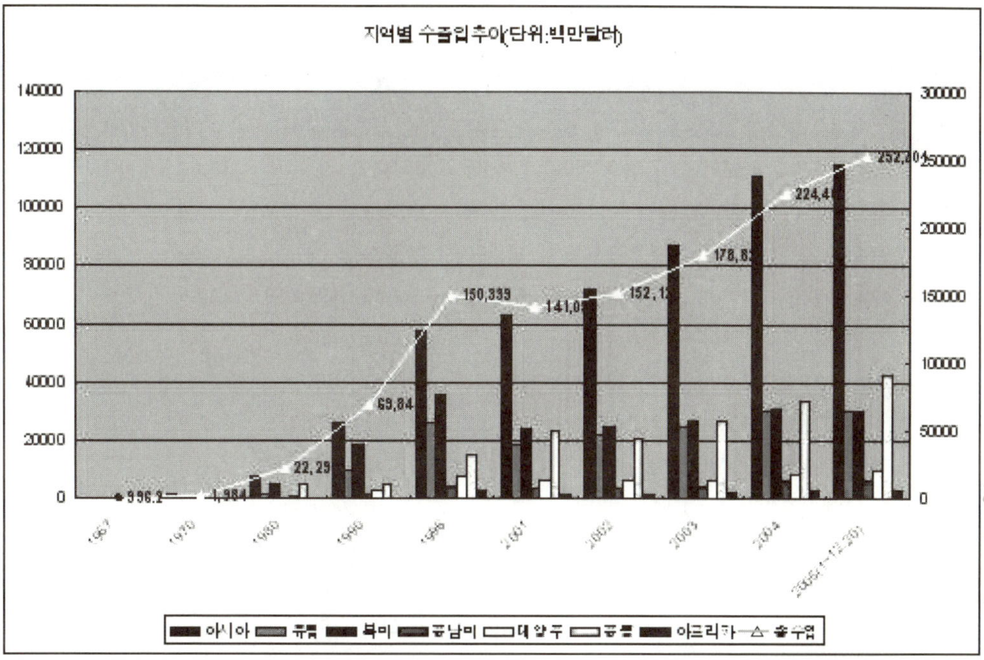

3. 세계무역에서의 한국무역의 위치

제1차 경제개발 5개년 계획이 시작되던 1962년부터 1995년 사이의 세계의 총수출입액은 달러기준 약 40배가 증가한 반면, 한국의 수출입액은 같은 기간동안 무려 550배 가까이 증가하였다. 1962년 0.18%에 지나지 않았던 세계무역상 한국무역의 비중은 수출입 규모가 확대됨에 따라 1978년에 이르러 비로소 1%를 넘었고, 1988년에 2%를 넘어섰으며, 2004년 기준 약 2.3% 정도를 차지하고 있다. 이와 같이 세계무역에서 한국무역의 비중이 점차적으로 매년 상승되어 온 것은 1960년대부터 수출 드라이브 정책을 추진하여 수출 주도형 산업을 육성하였고, 또한 계속되는 경제개발에 의하여 산업구조가 고도화되었으며, 이에 따라 수출량과 수입량이 증가되어 왔기 때문이다.

표 4-35 ▸ 세계무역중 한국무역비중의 변화 (단위 : 백만 달러, %)

	세계			한국			비중(%)		
	수출 (X)	수입 (M)	합계 (W)	수출 (E)	수입 (I)	합계 (K)	수출 (E/X)	수입 (I/M)	합계 (K/W)
1962	114,830	135,200	250,350	54.8	421	476	0.0004	0.003	0.0034
1971	316,600	331,800	648,300	1,068	2,394	3,462	0.34	0.67	0.49
1980	1,874,700	1,926,900	3,801,600	12,505	22,292	39,797	0.93	1.16	1.05
1990	3,423,400	3,432,800	6,856,200	65,015	69,843	134,858	1.89	2.03	1.96
1993	3,779,700	3,734,800	7,514,500	82,236	83,800	166,036	2.17	2.24	2.21
1995	5,017,700	5,092,000	10,109,700	125,058	135,119	260,177	2.49	2.65	2.57
2000	6,384,970	6,595,610	12,980,580	172,268	160,481	332,749	2.698	2.433	2.563
2001	6,140,360	6,392,280	12,532,640	150,439	141,098	291,537	2.450	2.207	2.326
2002	6,427,680	6,640,320	13,068,000	162,471	152,126	314,597	2.527	2.290	2.407
2003	7,498,780	7,757,750	15,256,530	193,817	178,827	372,644	2.584	2.305	2.442
2004	9,099,250	9,470,000	18,569,250	253,845	224,463	478,308	2.789	2.370	2.575
2005	–	–	–	258,900	236,922	495,822	–	–	–

출처 : IMF 「International Financial Statistics」 2005, 한국무역협회 「무역통계」

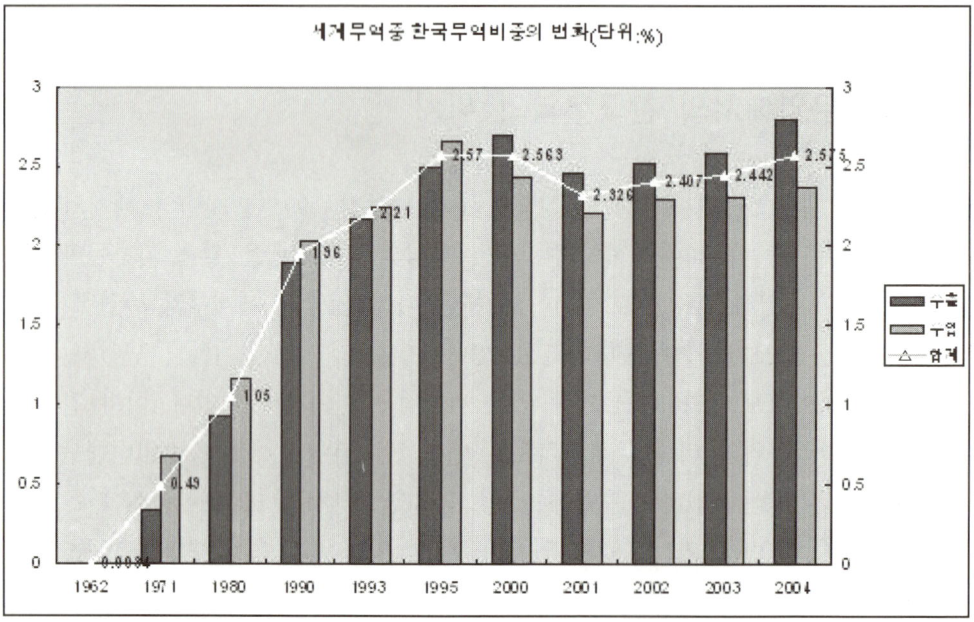

이와 함께 세계무역에서 우리나라가 차지하는 순위도 그동안 급상승을 거듭하여 왔다. 1960년대 초만 하더라도 최하위 수준인 70위권에 머물렀으나, 1971년 38위로 올라섰고, 1980년에 다시 28위로 올라섰다. 그리고 1987년에는 20위로 부상하였고, 1993년 이래 지금까지 홍콩에 이어 12위를 차지하고 있다. 이와 같은 세계무역 속에서 우리나라가 차지하는 위치는 향후에도 우리나라의 부존자원의 부족, 인구과다, 국내시장의 협소, 수출주도형 산업구조 등 여러 가지 경제·사회적 여건으로 인하여 현상유지 또는 다소 증가할 것으로 예상된다.

표 4-36 ▸ 2004년 기준 세계무역 중 우리나라의 위치 (단위 : 10억불, %)

순위	수출			수입			수출입 합계		
	금액	비중	순위	금액	비중	순위	금액	비중	순위
미국	819.02	8.98	2	1,526.3	16.14	1	2,345.4	12.62	1
독일	914.83	10.03	1	717.49	7.59	2	1,632.3	8.78	2
중국	593.36	6.50	3	561.42	5.94	3	1,154.7	6.21	3
일본	565.49	6.20	4	454.53	4.81	6	1,020.0	5.49	4
프랑스	451.03	4.94	5	464.09	4.91	4	915.12	4.92	5
영국	345.61	3.79	8	453.00	4.79	5	807.59	4.35	6
이탈리아	346.06	3.79	7	349.04	3.69	7	695.10	3.74	7
네덜란드	358.78	3.93	6	319.86	3.38	8	678.64	3.65	8
캐나다	316.96	3.53	9	275.79	2.92	10	597.76	3.22	9
벨기에	308.85	3.39	10	287.23	3.04	9	596.09	3.21	10
홍콩	265.67	2.91	11	273.01	2.89	11	538.68	2.90	11
한국	253.84	2.78	12	224.46	2.37	13	478.30	2.57	12
스페인	178.96	1.96	17	249.81	2.64	12	428.77	2.31	13
멕시코	188.62	2.07	13	206.42	2.18	14	395.05	2.13	14
대만	181.40	1.99	15	167.89	1.78	15	349.30	1.88	15

자료 : WTO「Annual Report」2005.

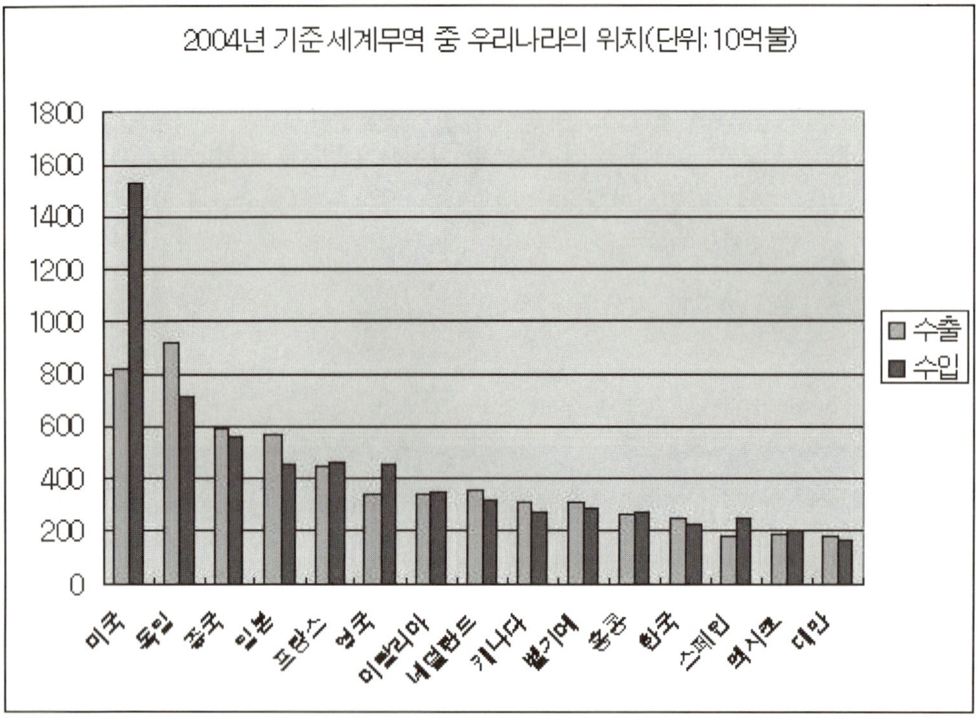

한편, 이러한 무역의 급속한 성장은 우리경제의 무역의존도, 즉 국민소득 중 수출입이 차지하는 비중을 상승시켰다. 1960년대 초의 무역의존도는 20% 내외의 낮은 수준에 머물렀는데, 수출의존도는 2%인 반면 수입의존도는 상대적으로 높은 18%를 나타냈었다. 그 이유는 1962년부터 추진된 경제개발계획 및 수출주도형 경제성장 전략에 따라 수출증대에 필요한 원자재 및 자본재의 수입규모가 증대되었기 때문이다. 이후 무역의존도는 계속 심화되어 1970년에 34.8%, 1980년에 65.7%로 증가하였다가 1989년 이후 경제성장이 상당부문 내수시장에 의해 주도되어 1993년 50.2%까지 다소 하락하는 추세를 보였다. 1994년부터 다시 상승추세로 반전하여 2004년 무역의존도는 70.3%를 기록하였는데, 이는 경기회복 및 수출증가가 수출용 원자재 수입 및 경제의 성장 잠재력 확충을 위한 자본재 수입으로 이어진 결과였다고 할 수 있다.

표 4-37 ▸ 우리경제의 무역의존도 추이 (단위 : 억 달러, %)

연도	GNP(~1996)	수출		수입		무역의존도
	GDP(2000~)	금액	의존도	금액	의존도	
1960	19	0.3	1.7	3	18.1	19.8
1970	82	8	10.3	20	24.5	34.8
1980	606	175	28.9	223	36.8	65.7
1985	911	303	33.2	311	34.2	67.4
1990	2,518	650	25.8	698	27.7	53.5
1993	3,308	822	24.9	838	25.3	50.2
1996	4,804	1,297	27.0	1,503	31.3	58.3
2000	5,118	1,723	33.0	1,605	32.0	65.0
2001	4,820	1,504	30.5	1,411	30.0	60.5
2002	5,469	1,625	34.1	1,521	31.9	66.0
2003	6,080	1,938	32.0	1,788	29.6	61.6
2004	6,801	2,538	37.30	2,245	33.0	70.3
2005(1~10)	-	2,334	-	2,129	-	-

자료 : 한국무역협회 「무역연감」 2005.
IMF 「International Financial Statistics」 2005.
한국은행 「국민계정」 2005.
통계청 「통계로 본 세계속의 한국」 2000~2005.

주 : 1996년 이전은 한국의 통관 수출·입액을 GNP로 나누어 계상
2000년 이후는 한국의 통관 수출·입액을 GDP로 나누어 계상

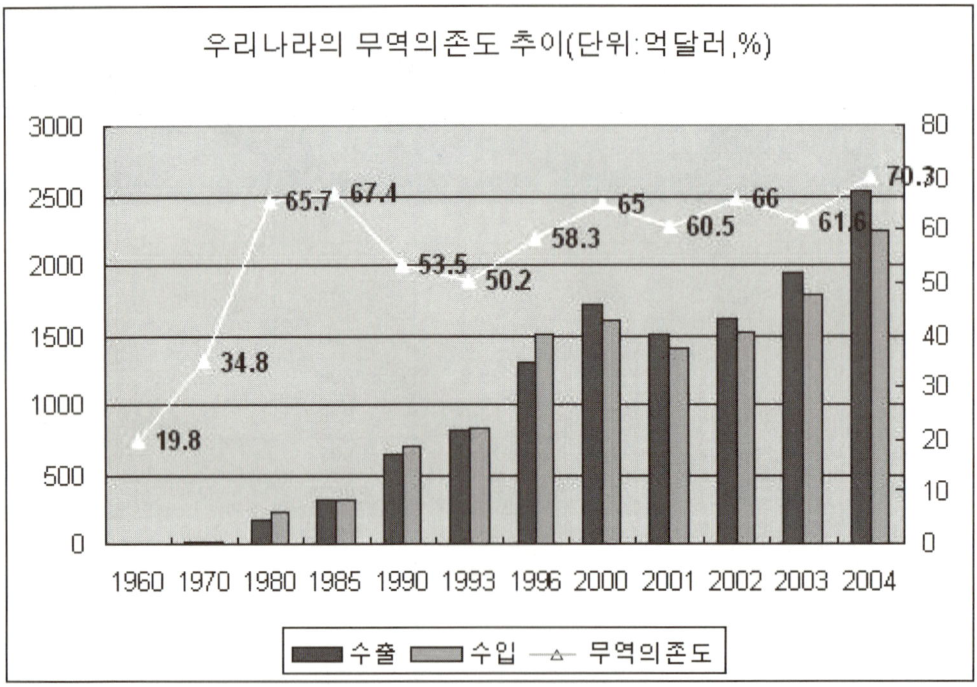

2. 우리나라 무역의 문제점

1) 무역구조의 문제점

(1) 수출구조의 문제점

① 중화학 · 경공업간의 불균형

중화학공업은 꾸준히 양적 질적 성장을 지속해 온 반면에 1970년 핵심수출산업에 속한 경공업은 80년대 말 이후에 급격한 임금상승으로 경쟁력을 상실하여 사양산업으로 전락되면서 그 성장세가 급격히 쇠퇴했다. 경공업과 중화학공업간의 불균형은 80년대 후반 이후 더욱 벌어져 우리나라의 수출은 소수의 중화학공업 제품에 지나치게 편중되어 있다. 상위 6대 수출품목(전자, 자동차, 철강, 석유화학, 일반기계, 조선)이 총수출에서 50% 이상을 차지하여 지나치게 높은 수준을 보이고 있다. 반면, 경공업 제품이 총수출에서 차지하는 비중은 무역흑자를 기록했던 80년대 후반의

40% 내외에서 90년 이후 급속하게 하락하여 2005에는 8.9%에 불과하다. 이와 같은 수출품목의 편중은 이들 품목에 대한 세계의 수요가 감소하거나 다른 경쟁국가가 공급을 확대하면 수출이 심각한 영향을 받는 불안한 수출구조를 가지고 있다. 특히 석유화학, 철강, 반도체 등 소재수출이 전체의 5분의 1 이상을 차지하고 있다. 이러한 소재부문은 이들 제품에 대한 세계의 수요와 공급에 따른 가격변동이 다른 산업에 비해 상대적으로 크기 때문에 전체 수출의 불안정성을 야기하고 있다.

② 수출의 고부가가치 부족

수출이 단순상품 중심으로 구성되어 있어서 가격경쟁력에 대한 의존이 심해 환율변동이나 경쟁국의 공급능력과 기술수준에 크게 영향을 받게 된다. 특히 1990년대 들어 시작된 치열한 글로벌 경쟁과 중국과 인도 수출상품과의 경쟁으로 수출단가가 계속해서 하락하여 교역조건이 크게 악화되고 있다. 이것은 미국과 일본 등 주력 수출 시장에서 차지하고 있는 국내 상품의 시장 점유율을 하락시키는 원인이 되고 있다.

③ 수입을 유발시키는 수출구조

우리나라는 해외에서 원·부자재를 수입하여 이를 수출상품으로 생산하는 구조를 가지고 있어서 불가피하게 수입을 유발시키고 있다. 그동안 수입을 대체하려고 꾸준히 노력했음에도 불구하고 이러한 무역구조는 좀처럼 바뀌지 않고 있다. 이러한 무역구조는 수출이 증가하면 그에 따라 수입도 증가하여 상품수지를 적자로 만드는 역할도 할 수 있다. 상품수지를 악화시킬 수 있는 더 큰 구조적 문제점은 수입을 유발시키는 수출상품이 전체 수출비중에서 차지하는 비중이 점점 증가하여 수입의존적인 수출구조를 고착화시키고 있다는 점이다.

④ 에너지 다소비형의 수출구조

에너지를 많이 소비하는 상품이 우리나라의 수출주력상품으로 구성되어 있어서 수출증가에 따라 원유 등 에너지 수입이 크게 늘어날 수밖에 없다는 것이다.

(2) 수입구조의 문제점

그동안 우리나라 수입은 수출상품을 생산하기 위한 원자재 및 중간재를 수입하는 구조를 가지고 있었으나 2000년에 들어서 내수 위주의 국내소비상품의 수입이 급격히 증가하여 수입구조가 내수 위주로 바뀌고 있다. 이것은 생산설비를 늘리고 수출을 증가시키기 위해서 수입하는 것보다 당장 먹고 쓰는 수입의 비중이 빠른 속도로 늘어나는 것을 의미한다.

이러한 수입구조의 변화는 국내 시설투자를 위축시켜 수출이 증가되지 못하게 하여 무역흑자를 적자로 바꿀 수 있고, 국내 산업구조를 내수위주로 고착화 시킬 수 있다는 문제점을 발생시키고 있다.

2) 서비스 무역의 적자

상품무역과 서비스무역간의 격차가 크게 벌어지고 있다. 상품수출을 통해 힘들게 벌어들인 달러가 서비스수입으로 상당부분 해외로 빠져나감에 따라 경제성장에 걸림돌이 되고 있다. 2000년에 들어서 서비스무역의 적자는 큰 폭으로 증가하여 2004년에 88억 달러의 적자를 기록하였다.

3. 한 · 중 · 일 수출상품

우리나라가 일본과 경쟁하는 품목으로는 승용차, 자동차부품, 선박 등 수송기계류에서 경쟁을 치열하게 벌이고 있으며 중국과는 가전제품에서 경쟁을 하고 있는 것으로 나타났다. 3국간 주력 수출상품이 빠르게 유사해지고 있어 세계시장에서 주도권 경쟁이 더욱 치열하게 전개될 것으로 보인다.

표 4-38 ▸ 한 · 중 · 일 상위 10개 수출품목 (2002년 상반기) (단위 : 억 달러, %)

순위	한국		중국		일본	
	품목명	금액	품목명	금액	품목명	금액
1	반도체(디지털)	54(7.1)	컴퓨터부품	58(4.1)	승용차 (1,500~3,00cc)	171(8.7)
2	송.수신기기	42(5.6)	컴퓨터입출력장치	43(3.1)	승용차 (3,000cc이상)	70(3.6)
3	컴퓨터부품	38(5.0)	송.수신기	23(1.6)	반도체(디지털)	67(3.4)
4	승용차 (1,500~3,000cc)	37(4.8)	컴퓨터저장장치	20(1.4)	컴퓨터부품	56(2.8)
5	컴퓨터입출력장치	26(3.4)	TV기타제품	16(1.1)	무비카메라	33(1.7)

표 4-38 ▸ 한.중.일 상위 10개 수출품목 (2002년 상반기)(계속) (단위 : 억 달러, %)

6	탱커	22(2.9)	비디오.카세트부품	15(1.1)	기타 화물선과 여객선	33(1.7)
7	기타 화물선과 여객선	21(2.8)	영상기록. 재생용기기	14(1.0)	자동차부품	25(1.3)
8	석유와 역청유 (조제품 제외)	20(2.6)	혁제신발(기타)	14(1.0)	기계류(기타)	25(1.3)
9	TV기타 부품	13(1.7)	신발(혁제신발 제외)	12(0.9)	자동차용기어박스	24(1.2)
10	승용차 (1,000~1,500cc)	10(1.3)	플라스틱,섬유,가방	12(0.8)	컴퓨터입출력장치	23(1.2)
10대 상품계		283 (37.3)	10대 상품계	227 (16.0)	10대 상품계	527 (26.8)
총수출		760 (100.0)	총수출	1,420 (100.0)	총수출	1,966 (100.0)

4. 우리나라 무역의 향후 과제

1) 무역환경과 국제경쟁력

21세기가 시작된 시점에서 우리나라 무역을 둘러싼 국내외 환경을 살펴보면 먼저 대외적으로는 WTO 체제의 출범으로 세계는 무한경쟁의 시대로 접어들었다. 따라서 산업 내의 국제적 경쟁이 치열해져 산업 내에서 비교우위 정도가 낮은 기업은 외국의 강력한 국제경쟁력을 갖춘 기업과의 경쟁에서 쇠퇴할 수밖에 없는 환경이 도래하고 있다. 그리고 세계의 많은 개도국과 1980년대 후반의 사회주의에서 자본주의 체제로 전환한 여러 나라들이 1990년대에 들어서면서 대외지향의 성장전략으로 세계시장에 적극 진출하여 우리와 치열한 경쟁을 벌이고 있다.

한편 대내적으로는 WTO, OECD 등 국제기구 참여, EU, NAFTA 등 각 지역경제블록의 시장개방압력 가중으로 과거와 같이 국내산업육성·보호를 위한 각종 정부지원과 수입규제가 불가능하게 되었고 또한 근로자들의 높아진 임금수준과 생활의 질적 향상 욕구의 증대로 저임금의 강한 노동강도에 의존하는 수출경쟁력 확보는 한계에 도달하게 되었다.

이러한 어려운 대내외 환경하에서 우리나라가 수출을 증대시켜 높은 경제성장을 지속시키며 생산 및 고용증대, 만성적인 국제수지 적자해소를 가능하게 하고 또한 적절한 수입으로 물가안정과 국민복지 향상을 이룩하기 위해서는 여러 가지 방안들이 제시될 수 있겠으나 궁극적으로는 외국에 비해 보다 우수하고 값싼 상품 및 서비스를 생산할 수 있도록 우리의 국제경쟁력을 제고시켜야 하는 것으로 귀착된다.

국제무역에서 국제경쟁력이란 의미는 두 가지 다른 의미로 사용되고 있는데, 첫째, 특정국가 또는 특정상품의 무역성과에 관련된 의미로서 국제경쟁력은 특정국가의 시장점유율, 자국시장에서의 수입의존도, 무역수지 등의 증감상태 내지는 추이를 말하며, 둘째, 무역성과에 영향을 주는 요소의 발전으로서 국제경쟁력이 평가되며, 이러한 관점에서의 국제경쟁력 결정요인은 가격경쟁력과 비가격 경쟁력으로 구분된다.[2] 가격경쟁력은 주로 일국에서 생산된 제품의 판매가격 또는 총원가가 타국에 비하여 어느 수준에 있는지를 평가해 보는 것으로서 그것은 각국간의 물가, 임금 코스트, 환율변동, 금리 및 관세율 수준에서 결정된다. 이에 비해 비가격경쟁력은 상품의 공급능력, 시장수요 구조변화에 대한 공급적응성, 제품의 성과 및 품질, 해외마케팅능력 등에 의하여 결정된다.

2) 정부차원의 과제

이러한 가격경쟁력 및 비가격경쟁력을 제고시키기 위해 정부차원에서 해야 할 주요과제를 살펴보면 첫째, 환율, 금리, 물가 등 거시경제변수의 안정적 운용이 가능하도록 노력하여 기업의 금융비용과 제품원가 상승압력을 완화시킬 수 있도록 하고, 둘째, GDP 대비 15.4%(미국 10.5%, 일본 8.8%)에 달하는 물류비용을 줄일 수 있도록 사회간접자본 확충에 투자를 늘리고, 셋째, 자원배분 왜곡, 사회후생 감소 등 시장실패 상황이 일어나지 않는 한 무역 등 제반 경제부문에 대한 정부의 규제를 과감히 줄이고 시장경제 메커니즘을 극대화하여 기업들이 국내외 시장에서 스스로 경쟁력을 갖출 수 있도록 유도하며, 넷째, 산업인력 양성체계를 재정비하여 산업구조 조정에 적절하고 충분한 인력수급이 가능하도록 하며, 기타 기업의 기술개발지원

2) OECD, "The International Competitiveness of Selected OECD Countries", OECD Economic Outlook, Aug. 1978, p.35.

을 위한 기초과학분야를 육성하고, 국내기업간 또는 세계 유수기업과의 전략적 제휴가 원활하게 이루어 질 수 있도록 국제영업환경 조성을 위해 노력하는 것 등이다.

3) 기업차원의 과제

기업차원에서 노력해야 할 과제는 다음과 같은 것을 들 수 있다. 첫째, 정치, 경제, 사회, 문화, 기술 등 여러 측면에서 예상되는 국내외의 급격한 환경변화에 알맞은 새로운 기업문화를 정립하여야 하는 것이다. 21세기 기업문화는 지금까지와는 달리 고객 지향적이고 진취적이며 또한 조직 구성원들의 사회적 욕구를 수용하는 사회적 기업문화이어야 할 것이다. 둘째, 국제경쟁환경의 변화를 고려하여 현재 하고 있는 사업의 전망 및 자사의 장·단점과 능력을 냉철히 분석하여, 타 기업과 경쟁에서 어떻게 차별화하고 어떻게 우위를 확보할 수 있는가 하는 경영전략을 수립하는 것이다. 차별성 및 이를 통한 경쟁우위 확보는 R&D 투자 확대와 끊임없는 기술혁신 노력으로 가격, 품질 등 제품자체 부문에서 뿐만 아니라 유통구조, 마케팅 방법, 상표의 명성과 디자인의 독창성, 제품의 이미지, 제품의 적시공급과 신속한 A/S 등 여러 가지 요인이 될 수 있다. 셋째, 정보화시대에 발맞추어 정보 활용능력을 제고하는 것이다. 즉 인터넷을 통한 상거래, 전자화폐 등장, 가상공간에서의 홈쇼핑 등 급속히 변하는 정보기술은 상품의 개발과 생산·유통 등에 있어 기업의 전통적인 경영방식에 변화를 요구하고 있다. 따라서 정보의 활용능력을 제고하지 않으면 안되는데 이를 위해서는 효과적인 정보시스템 구축과 함께 경영층의 적극적인 수용노력과 지원이 특히 필요할 것이다.

제 5 장

국제무역 환경변화의 이해

무역을 둘러싼 각국의 애해관계가 충돌하면서 국제무역 환경은 변화되어 왔다. 본 장에서는 1940년부터 현재까지 세계무역현황을 분석함으로써 선진국과 후진국, 개발도상국의 이해관계가 시대적으로 어떻게 형성되어 변화되었는지를 살펴본다.

제1절 ▸ 1940년대와 1950년대의 국제무역환경의 변화

1. 세계무역구조의 변화

세계무역은 제2차 세계대전으로 생산시설이 파괴되고 인적, 물적 자원이 크게 부족하여 전쟁이 끝난 후에는 급격히 감소하였다. 미국을 제외한 선진국들은 전쟁으로 파괴된 생산시설을 복구하기 위해 막대한 자원과 자금을 필요로 했다. 이에 미국은 전후복구를 위해 유럽이 필요로 하는 경제원조를 했다. 이러한 미국의 경제원조에 힘입어 1950년까지 세계무역은 전반적으로 크게 성장하였다.

<표 5-1>, <표 5-2>, <표 5-3>은 1947년 수출과 수입이 각각 50,815백만 달러와 56,341백만 달러에서 1959년에 수출은 101,660백만 달러, 수입은 106,280백만 달러로 세계무역이 1950년대에 급격히 성장했음을 보여주고 있다.

선진국의 무역현황을 살펴보면 미국은 1947년에 수출이 15,371백만 달러, 수입이 8,058백만 달러에서 1959년에 수출이 17,576백만 달러, 수입이 16,548백만 달러를 차지하였으나 시간이 지날수록 성장률이 떨어지고 있다. 이는 세계무역에서 미국이 차지하는 비율이 1950년대 후반에 들어서 서서히 감소하고 있다는 것을 의미한다. 반면에 유럽 국가들은 1950년에 수출이 20,773백만 달러, 수입이 25,406백만 달러에서 1959년에 수출이 45,101백만 달러, 수입이 48,481백만 달러로 급격히 성장하였다.

이러한 유럽 국가들의 경제성장은 생산시설에 막대한 자금을 집중적으로 투자하여 제품 생산량이 급증한데서 그 이유를 찾을 수 있다. 따라서 1950년대 세계무역은 크게 신장하였다. 특히 1950년대 후반에 미국의 비중이 감소하였지만 전반적으로 세계무역을 급격히 성장시키는데 있어서 미국과 유럽의 역할이 대단히 중요하였다.

표 5-1 ▸ 선진국 무역현황 (1947-48) (단위 : 백만 달러)

	수출 금액	수출 금액	수입 금액	수입 금액
(지역별)	1947	1948	1947	1948
세계	50,815	57,090	56,341	64,446
미국	15,371	12,666	6,548	8,058
영국	4,859	6,647	7,337	8,449
프랑스	1875	2,010	3,335	3,441
독일	447	791	1,065	1,765
일본	174	258	524	683

자료 : International Financial Statistics 1951년 2월호

표 5-2 ▸ 개발도상국의 무역현황 (단위 : 백만 달러)

구분	수출 금액	수출 금액	수출 금액	수입 금액	수입 금액	수입 금액
(지역별)	1947	1948	1949	1947	1948	1949
중앙아메리카	1,552	1,651	1,526	1,686	1,885	1,793
남아메리카	4,483	5,103	4,313	4,400	4,637	4,067
동유럽	1,156	1,555	1,471	1,287	1,559	1,489
중동	1,514	1,981	1,861	1,898	2,223	2,544
아시아	3,882	5,217	5,516	5,680	7,296	6,941
아프리카	2,281	2,856	2,972	3,594	4,443	4,411

자료 : International Financial Statistics 1951년 2월호

표 5-3 ▸ 세계무역의 지역별 성장률 추이 (1950-59년) (단위 : 백만 달러)

구분	1950	1951	1952	1953	1954	1955
지역	수출 수입	수출 수입	수출 수입	수출 수입	수출 수입	수출 수입
세계	57,000 59,580	77,040 81,760	74,110 80,500	75,000 76,730	77,750 79,870	84,550 89,280
미국	10,282 9,601	15,041 11,882	15,206 11,662	15,782 11,792	15,114 11,047	15,555 12,358
유럽	20,773 25,406	28,682 35,186	28,490 33,937	28,530 32,803	30,971 35,379	34,832 40,593
라틴아메리카	7,650 6,760	8,840 9,240	8,170 9,220	8,760 7,980	9,130 8,970	9,260 9,190

표 5-3 ▸ 세계 무역의 지역별 성장률 추이 (1950-59년)(계속) (단위 : 백만 달러)

중동	2,490 2,140	3,050 2,570	2,600 2,630	2,840 2,490	3,320 2,640	3,720 3,070
아프리카	3,130 3,680	4,070 5,230	4,250 5,530	4,310 5,280	4,670 5,490	4,810 5,930
아시아	7,360 6,700	10,530 10,420	8,210 10,270	7,450 9,560	7,770 9,220	9,000 9,990
일본	820 974	1,355 2,044	1,273 2,028	1,275 2,410	1,629 2,399	2,011 2,471
오세아니아	2,240 2,170	2,810 3,130	2,450 2,890	2,750 2,130	2,460 2,690	2,610 3,120

구분	1956	1957	1958	1959
지역	수출 수입	수출 수입	수출 수입	수출 수입
세계	93,860 98,580	100,860 108,210	96,070 101,440	101,660 106,280
미국	19,097 13,796	20,862 14,301	17,896 14,132	17,576 16,548
유럽	38,129 44,789	41,807 48,972	41,555 45,872	45,101 48,481
라틴아메리카	10,030 9,740	10,170 11,370	9,630 10,520	9,680 9,820
중동	3,940 3,320	4,220 3,650	4,670 3,840	4,700 3,965
아프리카	5,110 6,180	5,167 6,840	5,030 6,660	5,250 6,320
아시아	9,510 11,740	10,090 13,910	9,400 11,380	10,730 11,950
일본	2,501 3,230	2,858 4,284	2,877 3,033	3,457 3,600
오세아니아	2,800 2,890	3,140 2,970	2,500 3,030	2,980 2,960

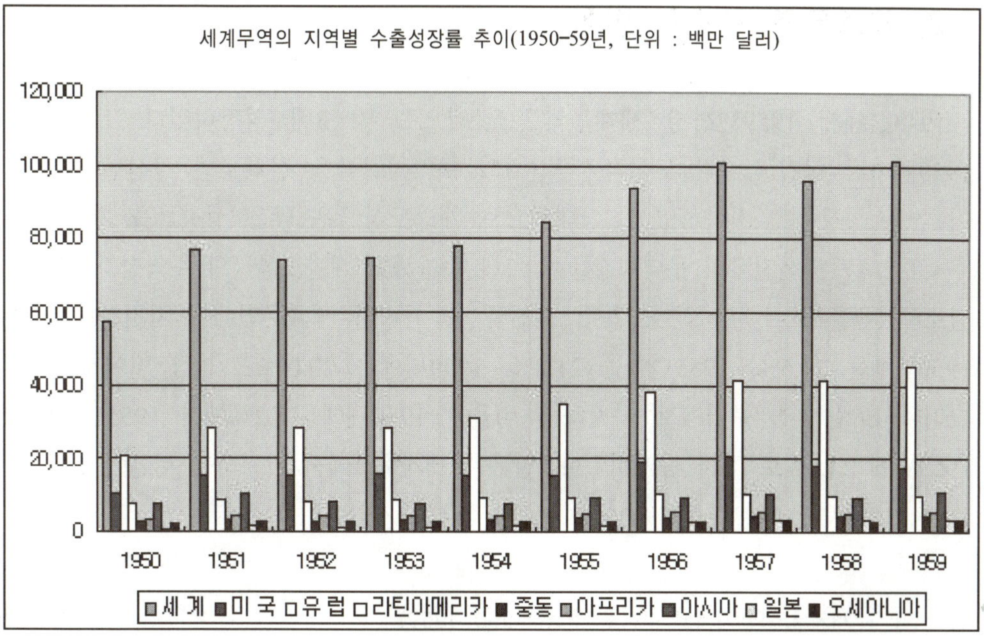
세계무역의 지역별 수출성장률 추이(1950-59년, 단위 : 백만 달러)
120,000
100,000
80,000
60,000
40,000
20,000
0
1950
1951
1952
1953
1954
1955
1956
1957
1958
1959
세 계
미 국
유 럽
라틴아메리카
중동
아프리카
아시아
일본
오세아니아

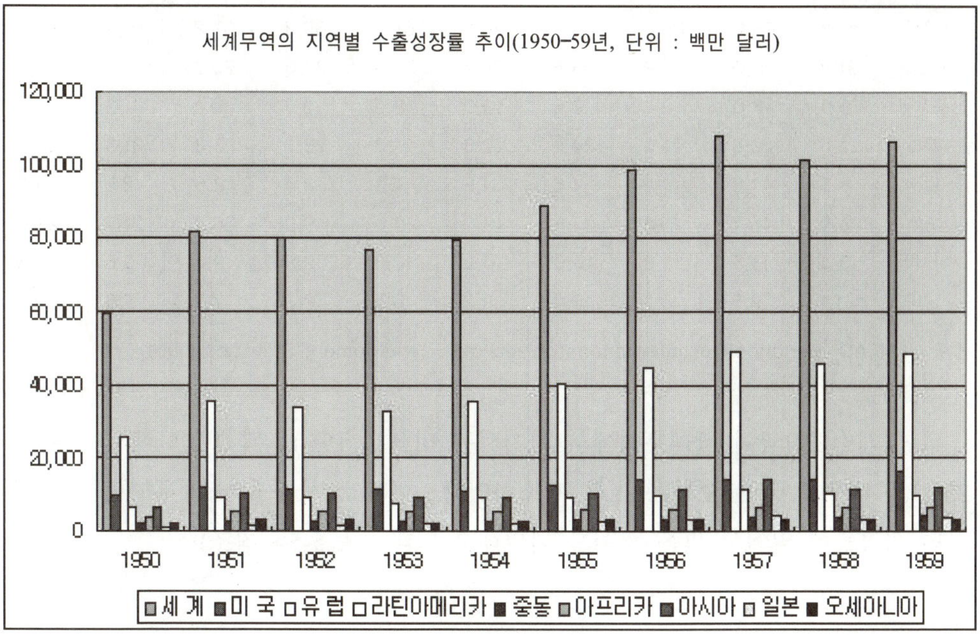
세계무역의 지역별 수출성장률 추이(1950-59년, 단위 : 백만 달러)
120,000
100,000
80,000
60,000
40,000
20,000
0
1950
1951
1952
1953
1954
1955
1956
1957
1958
1959
세 계
미 국
유 럽
라틴아메리카
중동
아프리카
아시아
일본
오세아니아

2. 세계무역 구조의 변화

1948년에서 1959년까지 세계무역은 금액으로 약 2배 성장하였다. 1948년에서 1959년까지 선진국, 개발도상국, 공산권의 무역성장률을 살펴보면 공산권과 선진국이 높은 성장률을 기록하였고, 상대적으로 개발도상국은 낮은 성장률을 기록하였다.

<표 5-4>는 선진국의 무역성장률은 크게 증가하고 개발도상국의 무역성장률은 크게 감소하였음을 보여주고 있다. 특히 선진국 중 북미가 세계무역에서 차지하는 비율은 1950년에는 21.5%, 1955년에는 21.3%, 1959년에는 20.0%로 점점 떨어지고 있다. 그러나 EC는 세계무역에서 차지하는 비율이 1950년에 15.2%에서 1955년 20.2%, 1959년에 22.0%로 점차 증가하였다. 일본은 세계무역에서 차지하는 비율이 1950년에 1.3%, 1955년에 2.1%, 1959년에 3.0%로 점점 증가하였다.

표 5-4 ▸ 세계무역의 지역별 구성율 추이 (1950–1959) (단위 : %)

년도 구분	1950	1951	1952	1953	1954	1955	1956	1957	1958	1959
세계	100	100	100	100	100	100	100	100	100	100
선진국	60.8	63.0	65.4	64.9	64.3	64.7	66.3	67.2	65.9	65.4
개도국	31.2	29.0	25.9	25.5	25.7	25.3	24.0	22.7	22.7	22.9
공산권	8.0	8.0	8.7	9.6	10.0	10.0	9.7	10.1	11.2	12.3
북미	21.5	22.8	21.0	24.5	22.3	21.3	23.2	23.3	21.3	20.0
일본	1.3	1.6	1.5	1.5	1.8	2.1	2.4	2.6	2.7	3.0
EC	15.2	16.7	17.8	17.8	19.0	20.0	19.9	20.7	21.7	22.0
아시아	13.4	13.5	10.8	10.0	10.0	10.5	9.8	9.4	9.6	9.6
남미	11.1	9.5	8.7	9.2	9.2	8.5	8.3	7.7	7.6	7.1

자료 : UNTAD. Handbook of International Trade and Development Statistics (1961)

반면 개발도상국이 세계무역에서 차지하는 비율은 1950년에 31.2%에서 1955년에 25.3%, 1959년에 22.3%로 크게 감소하였다. 그리고 상품별 세계무역의 성장률을 보면 성장률에 있어서 많은 차이를 나타내고 있다(<표 5-5> 참조).

표 5-5 ▸ 세계무역의 상품별 성장률 추이

상품별	SITC	세 계 1955-60	선진국 1955-60	개도국 1955-60	공산권
총수출	0-9	6.6	7.4	2.8	10.0
음식료	0,4	3.9	5.2	1.0	1.2
원자재	2,4	4.1	5.7	1.9	4.1
광물성 원료	3	4.3	0.5	1.9	8.0
화학 제품	5	9.8	9.5	4.6	15.6
기계 및 운송장비	7	10.4	10.2	8.7	11.8
기타 공산품	6,8	7.6	7.2	4.7	13.4
1차 산품	0-4	4.0	4.8	2.5	6.8
공산품	5-8	8.9	8.7	4.9	12.8

자료 : UNCTAD. Handbook of International Trade and Development Statistics (1969)

1955년에서 1960년까지 1차산품인 원자재, 음식료, 광물성 연료는 대체로 낮은 성장률을 나타내었다. 그러나 공산품에 속하는 기계 및 운송장비 화학품은 상대적으로 높은 성장률을 보였다. 선진국과 개발도상국간의 무역구조를 살펴보면 선진국은 개발도상국가에게 공산품을 수출하고 개발도상국가는 선진국가에 1차산품인 원자재, 식료품을 주로 수출하는 무역구조가 형성되었다(<표 5-6> 참조).

선진국은 생산에 필요한 원자재를 개발도상국으로부터 수입하고 부가가치가 큰 공산품을 개발도상국에 수출하였다. 반면에 개발도상국가들은 고부가가치 상품을 생산할 수 있는 생산시설이 미비하여 주로 1차산품인 원자재, 식료품을 수출하고 자본재나 기술 등을 선진국으로부터 수입하였다.

표 5-6 ▸ 선진국과 후진국간의 무역구조 (1956)

구분	(수 출) 개도국 ⇨ 선진국	(수 입) 선진국 ⇨ 개도국
공산품	11.8 %	77.4 %
연료 및 윤활제	21.5	3.1
원자재	30.9	4.1
식료품	35.1	12.8
계	99.3	97.4

자료 : UN 통계연감 1965

선진국의 산업구조가 다량의 원자재를 필요로 하는 경공업에서 중화학공업으로 변화되어 무역상품이 1차산품에서 공산품 특히 운송장비, 화학품으로 바뀌었다. 완제품 생산에 투입되는 원자재 비율이 기술발달로 감소하고 또한 선진국의 농산품 생산량이 농업기술의 발달로 증가함에 따라 선진국의 무역상품 구조가 변화하였다. 이는 세계무역에서 차지하는 개발도상국가들의 비중을 급격히 떨어뜨리는 원인이 되었다.

이와 같이 선진국의 산업구조가 계속해서 변화하여 고도화되어감에 따라 선진국의 무역상품 구조도 크게 변화하였다. 그러나 개발도상국가들은 공업화를 추진하고 있지만 산업구조가 여전히 1차산업에서 벗어나지 못하여 1차산품의 수출에 크게 의존하는 상품구조를 답습하였다.

1950년대에 접어들면서 무역을 둘러싼 선진국과 개발도상국 및 미국과 일본, 유럽 간에 갈등의 씨앗이 잉태되기 시작하였다.

3. 무역협력의 필요성과 국제경제기구의 창설

1929년 세계경제가 대공황에 빠져들자 세계 각국은 국내경제를 보존하기 위해 경쟁적으로 관세인상, 수량제한 등과 같은 무역제한조치를 실시하는 보호무역정책을 추진하게 되었다. 이러한 세계 각국의 보호무역정책의 추진 결과 세계무역은 크게 감소하였으며 더 나아가 선진국이 세계 무역시장에서 관세정책으로 시장쟁탈전을 벌임으로써 관세전쟁이 발생하였다. 이러한 관세전쟁은 제2차 세계대전을 일으킨 가장 큰 원인이 되었다.

이와 같은 관세전쟁을 미연에 방지하기 위한 무역협력의 필요성에 대한 협의가 제2차 세계대전이 발생되기 이전에 미국을 중심으로 제기되었다. 이러한 협의에서 참가국들은 세계경제가 지속적으로 발전하기 위해서는 무역협력이 필요하고, 이를 뒷받침하기 위해서는 무역자유화가 전제가 되어야 한다는 원칙에만 합의했을 뿐 무역협력과 무역자유화 방법, 문제해결에 대해서는 구체적인 실행방법을 도출하지 못했다.

제2차 세계대전 중 연합국가들은 국제경제질서의 회복과 구체적인 무역협력방법을 실현시키기 위한 협상을 계속하였다. 이러한 협상에서 연합국가들은 자유무역의 확대와 세계의 고용, 생산 및 소비를 증대시킨다는 원칙에 동의하였다. 따라서 전쟁이 끝나자 곧 연합국가들은 무역협력을 기반으로 세계경제 및 무역질서를 신장시키기 위하여 전쟁 전이나 전쟁 중에 행해졌던 린근궁핍화(begger-my-neighbory polices) 정책이 중지되어야 하며, 이러한 정책을 사전에 방지할 수 있는 그리고 무역협력을 근간으로 새로운 국제무역질서와 국제통화제도를 이끌어나갈 수 있는 국제경제기구가 설립되어야 한다는데 의견의 일치를 보게 되었다. 참가국의 의견일치는 1941년 8월에 발표된 대서양헌장(The Atlantic Charter)에 구현되었으나 구체적인 의견일치의 실행은 1944년 브레튼우즈 회의에서 이루어졌다.

연합국가들은 브레튼우즈 회의에서 국제금융문제를 가장 우선적으로 토의하여 국제통화기금(International Monetary Fund: IMF)과 국제부흥개발은행(International Bank for Reconstruction and Development: IBRD) 설립을 위한 작업에 착수하였다. 연합국가들의 노력이 결실을 맺어 국제통화기금과 국제부흥개발은행이 창설되어 1945년부터 소중한 첫 업무를 시작하였다.

국제통화기금(IMF)은 국제수지가 일시적으로 적자가 된 국가가 수입규제의 강화나 국내긴축정책을 추진하지 않고도 무역수지 불균형을 바로잡을 수 있도록 단기성 외화자금을 공급해 주는 데 목적이 있다.

국제통화기금은 1945년 12월 29일 29개국이 IMF헌장인 협정문에 서명함으로써 설립되었으며, 국제통화제도의 근간인 국제유동성(International Liquidity)의 공급과 국제수지조정문제를 고정환율제(Fixed Exchange Rate System)와 금환본위제(Gold Exchange System) 및 기금 인출제(Fund Drawings)를 통해 해결하려 하였다.

국제부흥개발은행(IBRD)은 중장기 경제개발에 필요한 자금을 제2차 세계대전으로 생산시설이 파괴된 유럽국가에 송금하여 전후 세계경제를 부흥시키려 했고, 동시에 경제개발에 필요한 자금을 개도국에게 지원하려는 두 가지 목적을 가지고 있었다. 국제부흥개발은행(IBRD)은 1944년 7월 44개국의 대표가 연합국 국제통화금융위원회에서 IBRD 협정문을 채택하여 비준함으로써 설립되었다.

연합국가들은 무역협력을 실행하기 위해서 설립된 국제통화기금과 국제부흥개발은행이 설립목적을 원활하게 이행하는데 많은 장애요인이 있을 것으로 예견하였다. 따라서 이들 국가들은 국제통화기금과 국제부흥개발은행이 세계무역의 장애요인을 극복하여 상호자유무역질서를 세우는데 중요한 역할을 수행해야 하며, 이를 위해서는 별도의 새로운 무역기구의 설립이 필요하다고 인식하였다.

미국과 영국을 중심으로 한 연합국가들은 최혜국대우의 원칙(Most Favored Nations: MFN)이 담겨있는 국제무역기구(International Trade Organization: ITO)의 창설을 추진하여 무역협력을 저해하는 무역차별조치들을 제거시켜 국제무역의 균형을 달성시키려고 노력하였다.

최혜국대우의 원칙이 1946년 2월 '국제무역 및 고용에 관한 회의'에서 처음으로 결의되어 1948년 23개국이 참가한 '아바나 회의'에서 국제무역기구 설립에 대한 'ITO 헌장'(Havana 헌장)이 채택되어 연합국의 노력이 결실을 맺은 듯 하였다.

그러나 무역협력의 활성화와 국제통화기금, 국제부흥개발은행의 설립목적을 원활하게 하기 위해서 국제무역기구를 설립하려던 선진국가들의 노력은 순조롭게 진전되지 못하였다. 왜냐하면 채택된 ITO 헌장이 관세, 비관세, 무역제한에 대해 지나치게 엄격한 국제규율(Rules of Conduct)을 밝히고 있는데, 이는 현실과 거리가 먼 이상에 너무 치우쳤다는 각국의 비난과 함께 세계 각국의 이해가 대립되어 제안국인 미국에서조차도 의회의 비준을 받지 못하여 효력이 발효되지 못하였기 때문이다.

1947년 4월 10일, 국제무역기구(ITO) 2차 회의에 참가한 각국 대표들은 ITO 헌장의 발효와 별도로 세계 각국의 무역협력에 동참하여 관세 및 비관세 무역장벽을 격감시켜 세계무역을 확대시킬 수 있는 협상을 진행하기로 결정하였다.

1947년 아바나 헌장에 참여한 23개국이 우선 관세인하협상을 진행하였다. 참가국은 관세인하협상을 근거로 우선 '국제무역기구헌장' 중에서 통상정책에 관한 사항을 발효시키기로 합의하여 관세 및 무역에 관한 일반협정(General Agreement on Tariffs and Trade: GATT)이 우여곡절 끝에 탄생하였다.

관세 및 무역에 관한 일반협정은 국제무역기구로 공식화되지는 못하였지만, 무역상 최고의 국제행정협정으로서 국제무역헌장에 규정된 중요한 기능을 수행하게 되어 사실상 국제무역기구로서 역할을 하게 되어 국제통화기금, 국제부흥개발은행과 더불어 전후 세계무역질서를 주도하는 주된 역할을 하게 되었다.

지금까지 살펴본 바와 같이 제1, 2차 세계대전을 겪으면서 세계 각국은 각국의 경제가 지속적으로 성장하고 세계평화가 유지되기 위해서는 국가간 무역협력이 가장 필요하다는데 의견의 일치를 보게 되었다. 무역협력을 구현시키는 방법을 심각하게 고민하는 과정에서 국제통화기금, 국제부흥개발은행, 관세 및 무역에 관한 일반협정이 빛을 보게 되었다.

제 2 절 ▸ 1960년대와 1970년대의 국제무역환경의 변화

1. 세계무역구조의 변화

1960년대 세계무역은 연평균 9%로 매년 성장하였다(<표 5-7> 참조). 세계무역이 계속해서 증가될 수 있었던 것은 관세 및 무역에 관한 일반협정이 무역장벽을 철폐시키려는 노력을 지속적으로 기울였기 때문에 가능하였다.

표 5-7 ▸ 세계무역의 지역별 성장률 추이 (단위 : 백만 달러)

구분	1960	1961	1962	1963	1964	1965
지역	수출 수입	수출 수입	수출 수입	수출 수입	수출 수입	수출 수입
세계	112,910 119,100	118,200 124,300	124,100 131,700	135,300 143,100	151,900 160,000	164,400 174,200
선진국	85,600 89,100	90,500 93,400	95,100 100,600	103,900 110,700	117,500 124,800	128,200 136,800
개발도상국	27,300 30,000	27,700 30,900	29,000 31,100	3,1400 3,2400	34,400 35,200	36,200 37,400
북아메리카	26,200 22,520	26,860 22,090	27,640 24,050	29,890 25,120	34,290 27,060	35,580 31,830
라틴아메리카	8,560 8,350	8,710 8,660	9,150 8,770	9,720 8,680	105,800 96,10	11,080 9,610
서유럽	51,500 57,090	55,190 60,890	58,270 66,210	63,640 73,540	71,180 82,720	78,990 89,610
아프리카 개발도상국	5,220 6,410	5,340 6,520	560 6,260	6,140 6,560	7,120 7,130	7,450 7,550
일본	4,055 4,491	4,236 5,810	4,916 5,637	5,452 6,736	6,674 7,938	8,462 8,168
아시아 개발도상국	11,910 13,040	11,960 13,420	12,610 13,700	13,770 14,630	14,830 15,660	15,810 17,250

표 5-7 ▸ 세계무역의 지역별 성장률 추이(계속) (단위 : 백만 달러)

동유럽	13,240 14,100	14,360 15,000	15,980 16,400	17,220 17,600	18,680 19,500	20,000 20,600

구분 지역	1971 수출 수입	1975 수출 수입	1976 수출 수입	1977 수출 수입	1978 수출 수입	1979 수출 수입
세계	350,478 3,657,460	873,626 902,733	9,899,428 1,015,834	1,126,152 1,161,295	1,300,451 1,346,224	1,640,787 1,683,322
선진국	252,057 264,638	578,604 614,425	642,934 7,034,680	730,424 796,229	874,355 921,338	1,075,776 1,181,970
개발도상국	619,240 631,530	209,400 186,600	253,300 207,000	287,900 249,600	301,200 286,900	413,600 343,200
OPEC	230,570 114,670	113,482 51,972	137,478 639,090	151,255 852,050	144,908 93,511	210,004 98,970
LDC	1,674 2,429	3,500 6,800	4,000 6,300	4,700 8,380	44,001 10,100	5,941 11,560
미국	43,492 45,516	106,157 102,984	113,323 128,872	119,042 156,758	141,154 182,786	178,578 217,664
유럽	157,075 167,600	363,965 391,334	400,947 442,946	463,333 499,420	560,201 582,165	700,747 759,479
일본	24,019 19,712	55,840 57,880	67,224 64,797	80,468 70,657	97,503 78,732	103,045 110,670

자료 : IMF International Financial Statistics 1960-79년 각호

1960년대 실질 수입을 기준으로 선진국과 개발도상국간의 무역성장률을 살펴보면 선진국은 6.3%, 개도국은 6.0% 성장하였다. 선진국 중에서 미국은 8.5%, EC는 9.0%, 일본은 14.9%가 증가하여 세계무역의 성장을 주도하였다.

그러나 1970년대 세계무역의 성장률은 유가파동으로 세계무역 상품의 가격이 폭등하였기 때문에 둔화되었다(<표 5-8> 참조).

표 5-8 ▸ 세계무역 신장률 (물량기준)과 상품가격 변화추이 (단위 : %)

구분	1962–1972 (평균)	1973–1979 (평균)
세계무역 신장률	9	6
세계무역상품단가 신장률	2.5	16
수출신장률		
(선진국)	9	6.4
(개발도상국)		
(석유수출국)	9	1.9
(비산유개도국)	7	7.3
수입신장률		
(선진국)	9.5	5.4
(개발도상국)		
(석유수출국)	9	18.4
(비산유개도국)	6	5.8

자료 : International Trade Statistics Yearbook 1962–1979 각호

OPEC 산유국의 외화수입은 유가인상으로 급격히 증가하였다. 따라서 OPEC 산유국은 풍부한 외화수입을 바탕으로 경제개발계획을 적극적으로 추진하였다. 이러한 정책에 힘입어 OPEC 산유국의 수입은 크게 증가하였다. 반면에 선진국과 비산유개도국은 경기침체와 높은 원유수입 부담으로 인해 수입이 크게 낮아졌다.

표 5-9 ▸ 선진국과 개도국간의 무역성장률 추이 (실질 수입) (단위 : %)

구분	1950년대	1960년대	1970년대
선진국	6.9	6.3	4.5
미국	4.0	8.5	4.2
EC	7.6	9.0	5.1
일본	18.8	14.9	5.7
개도국	4.4	6.0	7.0

자료 : IMF International Financial Statistics Yearbook 1980,1981

1) 공산품 무역구조의 변화

1960년대 세계무역은 수량기준으로 급격히 성장하였으나 가격기준으로는 수량기준의 성장률에는 크게 못 미쳤다. 이는 1960년대 교역조건이 선진국과 후진국에서 모두 안정되어 수출입 단가의 등락폭이 적었음을 의미한다.

그러나 1970년대에 들어와서는 가격기준으로는 크게 성장하였으나 금액기준으로는 하락하여 정반대의 현상을 나타냈다. 그 이유는 1970년대에 전세계 경제를 강타한 인플레이션과 석유파동 때문에 1차산품 및 공산품 가격이 급등한 데서 찾을 수 있다.

1974년에 41%까지 상승했던 상품가격이 1975년에 10%로 급격히 떨어졌음에도 불구하고 1970년대의 무역은 1960년대의 연평균보다 5배 증가하였다. 1960년대에는 공산품이 세계무역에서 차지하는 비중이 높아 세계 수출을 주도하였으나 1970년대에는 석유파동으로 인한 석유수출 가격의 폭등 때문에 광물성 연료가 가격기준으로 볼 때 세계 수출을 주도하였다. 수량기준으로는 1960년대와 마찬가지로 공산품이 세계무역에서 높은 비중을 차지하였다.

석유파동 이후 세계무역의 상품별 구조를 살펴보면 공산품 비중이 계속해서 상승하고 1차산품의 비중이 하락하였으나 석유파동을 기점으로 해서 공산품 비중은 73년 63.4%에서 74년에는 56%로 급격히 하락하였다.

반면에 광물성 연료 비중은 73년에는 11.1%를 차지하였으나 74년에는 유가상승 때문에 20%로 빠른 상승을 보였다. 공산품 중에서 기계 및 운송장비는 1962년에는 23.5%, 1971년에는 29.9%로 세계무역에서 차지하는 비중이 높았으나 1974년에는 25%로 하락하여 그 비중이 감소하였다. 1960년대의 안정적인 공산품의 무역구조가 1970년대에 접어들어 세계경제에 밀어닥친 인플레이션과 석유가격의 폭등으로 인한 수출입 단가의 급격한 변동으로 급격히 뒤틀리게 되었고, 이러한 공산품 무역구조의 뒤틀림이 세계무역의 상품별 구조를 뒤흔들어 놓았다.

2) 지역간 무역구조의 변화

1960년대의 세계무역환경은 1970년대에 접어들면서 세계무역 상품의 수출입 가격의 변화, 인플레이션, 석유가격의 급격한 상승, 공산품 무역구조의 변화 등과 같은 요인으로 인하여 크게 변화하였다.

세계 각국은 이러한 1970년대의 세계무역환경의 변화에 대해 각각 자국에게 유리한 입장에서 대응방안을 모색하게 되었다. 따라서 세계무역의 지역간 무역구조가 크게 바뀌었는데 그 이유를 살펴보면 다음과 같다.

첫째, 1960년대에 비해 1970년대에 세계무역에서 차지하는 OPEC 산유국의 비중이 크게 상승했다. 선진국이 세계수입에서 차지하는 비중이 1973년 69%에서 1979년 67%로 떨어진 반면, OPEC 산유국의 세계수입에서 차지하는 비중은 1973년에 3.5%에서 1979년에 6%로 약 2배 높아졌다.

세계수출에서 차지하는 선진국의 비중은 1973년 68%에서 1979년 63.5%로 하락하였으나 OPEC 산유국은 1973년 7.5%에서 1979년 13%로 크게 늘어났다. 이와 같이 1970년대 OPEC 산유국이 세계무역에서 차지하는 비중이 점점 증가하였는데, 그 이유는 OPEC 산유국이 풍부한 외화자금으로 경제개발계획을 강력히 추진하여 해외로부터의 수입이 큰 폭으로 늘어났기 때문 이다.

둘째, 세계무역에서 차지하는 신흥공업국의 비중이 높아졌다. 신흥공업국의 공산품 수출 총액이 1970년에서 1977년까지 연평균 29.8%로 선진국의 18.5%에 비해 매우 높았다. 신흥공업국이 공산품 수출에 차지하는 비중도 1977년에 60%를 상회하였다.

신흥공업국은 경제개발계획을 체계적으로 수립하여 실행해왔다. 신흥공업국의 경제개발계획은 양질의 풍부한 인적자원, 수출증진을 위한 강력한 정부의 지원, 적극적인 외화도입, 공산품 수출을 위한 생산시설의 집중투자 등과 같은 요인에 힘입어 차질 없이 진행되어 1970년대에 그 성과가 나타나기 시작했다. 신흥공업국은 주로 선진국 시장에 의류, TV 등과 같은 노동집약적인 경공업제품의 수출을 늘리고 국내에서 조달하기 어려운 중간재, 자본재를 선진국으로부터 수입하는 무역정책을 추진하였다. 이러한 신흥공업국의 무역정책은 지역간 무역구조를 변화시키는 원인이 되었다.

셋째, 1960년대와 1970년대에 세계무역에서 차지하는 미국의 비중은 감소하고 일본의 비중은 증가하였다. 1950년대 미국은 막강한 미국의 경제를 바탕으로 세계무역을 주도하는 중요한 위치에 있었다. 그러나 1960년대에 접어들면서 미국의 경제는 월남전의 개입으로 인한 국력손실, 인플레이션, 미국상품의 경쟁력 상실, 다국적 기업에 의한 생산시설의 해외이전 등과 같은 요인으로 급속히 침체되었다.

반면에 일본은 1965년 무역수지가 적자에서 흑자로 전환되었다. 그 이후 일본의 무역수지 흑자는 큰 폭으로 상승하였다. 따라서 세계무역에서 차지하는 일본의 비중이 1965년에 45%에서 1970년에는 62%로 크게 증가하여 세계무역에서 중요한 위치를 차지하게 되었으나, 미국은 1965년 세계무역에서 차지하는 수출과 수입의 비중이 각각 14.6%, 11.2%를, 1975년에는 수출이 12.2%, 수입은 10.6%를 차지하여 점점 감소하였다.

일본은 1960년대부터 산업구조를 고도화시키면서 자원절약적인 기술개발을 집중적으로 추진하였다. 그 결과 중화학공업 상품의 수출이 크게 증가하였고, 수입액의 많은 부분을 차지하던 중간재의 수입이 현저하게 감소하였다. 또한 자원절약형 상품개발과 산업구조를 고도화시킴으로써 일본의 수출경쟁력을 강화시켜 나갔다. 그에 따라 일본의 수출은 큰 폭으로 증가하였다.

일본의 수출액 중에서 기계기기가 차지하는 비중은 1975년 53.8%를 차지하였다. 이는 일본의 산업구조가 자동차, 일반기계, 전기, 전자기계 등 고부가가치 가공조립형 산업을 중심으로 고도화되었음을 의미한다.

3) 자본과 기술의 국제적 이전

1960년대에 선진국은 공산품의 비중이 높고 후진국은 1차산품의 비중이 높은 무역구조가 형성되었다. 그러나 1970년대에 들어와서는 선・후진국간의 무역구조가 공산품을 중심으로 크게 바뀌었다. 이에 따라 선・후진국간의 상호의존관계가 증가되었고 이로 인해 국제간에 자본이나 기술 등의 생산요소가 활발하게 이동하였다.

국가간 자본, 기술 등과 같은 생산요소의 이전은 주로 해외직접투자와 같은 형태를 통해서 이루어져 왔다(<표 5-10> 참조). 자본과 기술이 이전된 결과 선・후진국간 생산구조가 비슷한 산업이 등장하게 되었다. 선・후진국간 생산구조가 동일한 산업에서 근로자의 업종별 구성비가 같게 되고 국가간 격차도 줄어들게 되어 선・후진국간의 불균형이 감소하였다. 이처럼 선・후진국간의 생산구조가 비슷한 산업에서부터 소득의 증가, 수요의 다양화를 통하여 외국상품을 국내산업으로 대체하는 정도가 적어지기 때문에 산업간에서 보다 산업내에서 국내분업이 형성되는 수평무역이 발전하였다. 선진국으로부터 개발도상국가로의 자본이나 기술이 이전됨에 따라 세계무역구조가 크게 바뀌었다.

표 5-10 ▸ 선진국가들의 해외직접투자 변화추이 (단위 %)

구분	1961-67	1968-1973	1974-79
미국	61.1	45.8	29.3
캐나다	2.3	4.5	6.2
일본	2.4	6.7	13.0
서독	7.2	12.5	17.0
영국	8.7	9.1	9.2
프랑스	6.9	5.2	7.8
네덜란드	4.4	6.8	9.6
스웨덴	2.0	2.4	3.7

4) 국제수지 구조의 변화

상품별, 지역간 세계무역구조가 크게 변화함에 따라 국제수지구조도 동시에 영향을 받아 크게 바뀌었다. 선진국 중에서 미국의 국제수지는 적자를 기록하였고 반면에 EC와 일본의 국제수지는 흑자를 보였다(<표 5-11> 참조).

석유가격이 큰 폭으로 올라 막대한 외화자금이 산유국으로 유입됨으로써 세계국제수지 구조에 커다란 변화가 발생하였다. 1980년 산유국의 국제수지는 무역조건이 큰 폭으로 호전됨에 따라 US $1,000억에 이르렀다. 그러나 기타 산유국의 국제수지는 크게 변화하지 않았다. 선진국의 국제수지는 1978년 US $300억에 이르렀다.

비산유개도국의 국제수지는 1978년에 US $250억의 적자를 보였고, 1980년에는 국제수지적자가 큰 폭으로 증가하여 US $700억에 이르렀다. 이러한 비산유개도국의 큰 폭의 국제수지적자는 비산유개도국의 경제성장에 막대한 영향을 주었다.

비산유국의 국제수지적자가 큰 폭으로 증가한 요인은 석유가격의 폭등, 대외채무상환의 증가, 수출의 주력상품인 1차산품의 가격하락에서 찾을 수 있다. 이와 같이 각 국가간 국제수지의 차이로 인해 세계무역구조가 변화하였다.

표 5-11 ▸ 국제수지 추이 (1970-80) (단위 : USD 10억)

구분 년도	저개발국	신흥공업국	산유개도국	흑자산유국	선진국
1970	-1.7	-7.0	-2.2	2.8	12.1
1971	-2.5	-8.2	-2.9		15.5
1972	-1.5	-3.8	-3.6	1.9	16.0
1973	-3.1	-4.2	-2.6	6.7	18.9
1974	-6.0	-27.1	19.3	43.3	-8.5
1975	-5.4	-33.2	-2.5	30.8	22.0
1976	-2.4	-24.4	-0.3	36.3	3.9
1977	-1.6	-21.3	-5.5	32.9	-1.5
1978	-5.1	-20.4	-17.6	18.8	29.9
1979	-7.2	-37.2	-5.1	55.5	-9.5
1980	-10.8	-58.7	1.0	102.2	-39.7

자료 : 세계은행 년차보고서 1981년
주) 흑자산유국 : 이란, 쿠웨이트, 리비아, 사우디아라비아, 카타르, 아랍에미리트연합, 사우디, 리비아, 이란은 72년에만 포함됨.

5) 보호무역주의의 등장

세계 모든 국가들은 무역을 통하여 자국의 경제를 성장시키려는 경제정책을 추진하여 국제적 상호의존관계를 심화시켰다. 이는 일국의 무역구조나 생산구조가 타국의 무역 및 생산구조에 커다란 영향을 미치게 된다는 것을 의미한다.

따라서 오늘날 세계의 모든 국가들은 무역자유화를 외치면서, 한편으로는 각국의 이익을 최대한으로 증대시키기 위하여 선진국은 선진국 나름대로 GATT의 예외규정을 교묘하게 활용하여 무역제한 조치를 강화시켜 왔으며, 개발도상국은 개발도상국대로 경제개발계획을 실현시키기 위해서 수입제한조치를 취해왔다.

20세기에 접어들어서 1930년대 미국경제의 불황이 전세계적으로 확산되었다. 세계 각국은 수입할당제나 환관리 등과 같은 무역제한조치를 취하기 시작했으며, 이러한 보호무역주의는 제2차 세계대전을 발생시키는 중요한 원인이 되었다.

GATT는 무역전쟁에 대한 철저한 반성을 토대로 패전국, 승전국, 선진국, 후진국들을 불문하고 모든 국가에게 통상과 원료획득의 기회를 동등하게 제공할 수 있는 세계경제질서를 구축하려는 의도로 1947년 10월 미국, 영국, 프랑스를 비롯한 23개국이 관세인하 및 무역장벽의 경감을 위한 협상을 시작함으로써 1948년 1월 1일 정식으로 발족되었다.

GATT는 국제통화기금과 더불어 전후 세계무역을 위해 중요한 역할을 담당했다. 어렵게 성립된 GATT는 과거의 모순을 답습하지 않기 위해 1948년부터 1967년까지 6차에 걸친 관세인하 교섭을 진행하였다. 이 교섭을 통하여 무역장벽으로서의 관세 기능이 상당히 약화되었다. 특히 6차 관세인하 교섭인 '케네디 라운드'에서는 약 3만여 개의 공산품에 대한 관세율을 일률적으로 평균 35%까지 인하하기로 합의하였다. 이러한 합의는 무역자유화를 더 한층 발전시키는데 중요한 기여를 하였다. 제2차 세계대전 이후 1970년대 초까지 세계무역은 연평균 9% 성장하였는데, 이는 GATT체제하에서 세계 각국이 관세인하에 적극 참여하여 무역제한 조치들을 경감시켜나갔고, 통화면에서 고정환율제에 의하여 환율이 안정되도록한 국제통화기금의 체제하에서 가능하였다.

이와 같이 세계자유무역질서를 유지하기 위하여 세계 각국은 GATT를 설립하여 보호무역주의를 제거하기 위하여 많은 노력을 기울였다. 그러나 1960년대에 접어들면서 선진국은 주로 공산품을 수출하고 개발도상국은 1차산품을 수출하는 세계무역 구조가 1970년대에 들어서면서 신흥공업국이 경공업제품을 생산하여 선진국과 개발도상국 시장에 수출하기 시작하면서 크게 바뀌었다.

선진국들은 신흥공업국과의 경공업제품 경쟁에서 비교우위를 상실하자 자국의 경공업을 보호하기 위해서 GATT의 자유무역질서 자체에 제동을 걸기 시작하여 신흥공업국 및 개발도상국 상품에 대한 무역제한 조치를 취하기 시작하였다.

1976년에 들어서는 미국의 달러가 급락하였기 때문에 국제통화체제의 고정환율제도가 붕괴되었다. 따라서 지금까지 세계무역을 증진시키는데 지대한 공헌을 해온 IMF의 역할이 크게 감소하였다.

1970년대 세계무역은 이와 같은 이유로 크게 위축되었다. 특히 자유무역의 선두에 섰던 미국과 선진국들은 자국의 국제수지가 악화되는 것을 방지하고 실업보호를 위하여 기존의 보호무역주의의 최대수단이었던 관세보다 각종 비관세 무역제한 조치 등과 같은 보호무역정책을 강력히 추진하여 GATT의 설립 목적을 크게 훼손시켰다.

제 3 절 ▸ 1980년대와 1990년대 국제무역환경

1. 지역별, 상품별 세계무역 구조의 변화

세계무역은 1980년대와 1990년대에 들어와서도 꾸준히 성장하였다(<표 4-12> 참조). 미국, 일본, 유럽, 신흥공업국이 1980년대와 1990년대 세계무역의 성장을 주도해 왔다. 선진국 중에서 미국의 역할은 1970년대와 같이 감소하였으나 일본과 유럽의 역할은 크게 높아졌다.

개발도상국 가운데 OPEC 산유국이 세계무역에서 차지하는 비중은 1970년대에 비해 1980년대와 1990년대에는 다소 위축되었으나 신흥공업국의 비중은 크게 상승하였다.

주요국별 국제수지 구조를 살펴보면 선진국의 국제수지는 1981년 104,275백만 달러의 국제수지적자를 기록하였다. 1985년에 101,875백만 달러, 1990년에 118,430백만 달러, 1995년에 124,468백만 달러의 적자를 보였다.

1980년대 중반 이후부터 1995년까지 미국, 일본, 유럽연합간의 국제수지가 심한 불균형을 나타냈다. 미국의 국제수지는 1981년에 -34,666백만 달러를 기록한 이후 계속해서 적자를 보여왔으며, 1995년에는 -124,468백만 달러를 기록했다. 반면에 일본의 국제수지는 1981년에 8,728백만 달러의 흑자를 기록한 이후 1985년에는 129,480백만 달러, 1990년에 52,225백만 달러, 1995년에 107,274백만 달러의 흑자를 기록하였다.

신흥공업국의 국제수지는 1980년대 중반 이후부터 한국은 흑자를 기타 국가들은 적자폭이 줄어드는 경향을 보이다가 1990년대부터는 다시 적자로 바뀌어 적자규모가 소폭 증가하였다.

표 5-12 ▸ 세계무역의 성장률 추이 (1981–95) (단위 : 백만달러)

년도 구분	1981 수출 수입 국제수지	1982 수출 수입 국제수지	1983 수출 수입 국제수지	1984 수출 수입 국제수지	1985 수출 수입 국제수지
세계	1,972,439 2,034,650 −62,210	1,830,835 1,908,062 −77,228	1,807,876 1,878,706 −85,177	1,902,055 1,987,232 −85,177	1,924,857 2,026,732 −101,875
선진국	1,337,398 1,233,123 −104,275	1,150,635 1,242,051 −91,416	1,148,236 1,232,034 −83,798	126,827 1,338,181 −11,735	1,266,390 186,394 −101,875
개도국	535,945 584,344 48,399	409,343 483,548 6,796	456,642 451,705 4,938	476,603 451,256 25,348	455,204 420,477 34,727
미국	238,686 273,352 −34,666	212,275 254,884 −42,610	200,538 269,878 −69,341	217,888 341,177 −123,298	213,146 361,626 −148,481
유럽	734,981 796,209 −61,227	696,360 743,305 −50,945	694,000 728,461 −34,461	709,724 736,706 −26,982	1,153,195 772,597 −19,402
일본	152,018 143,288 8,728	138,911 131,932 6,947	146,668 126,392 20,276	170,107 136,522 32,585	175,683 129,480 46,203
OPEC	284,025 146,830 137,195			157,669 126,767 30,902	142,215 106,450 35,765
한국	21,254 25,131 −4,878	21,853 24,251 −2,398	24,445 26,192 −1,747	29,245 30,631 −1,387	30,283 31,136 −835
싱가포르	20,967 27,608 −6,640	20,788 28,167 −7,380	21,833 28,158 −6,325	54,108 28,712 −4,604	22,183 26,285 −3,472
홍콩	21,842 24,741 −2,899	20,985 23,554 −2,570	21,951 24,009 −2,058	28,317 28,567 −250	29,927 29,578 −349
대만					

년도	1986	1987	1988	1989	1990
구분	수출 수입 국제수지	수출 수입 국제수지	수출 수입 국제수지	수출 수입 국제수지	수출 수입 국제수지
세계	2,120,592 2,198,287 −77,694	248,221 2,557,346 −72,126	282,642 2,912,697 −86,270	3036357 3155379 −119022	342895 3556644 −130749
선진국	1,485,064 1,557,233 −72,169	1,739,240 1845,647 −106,407	1,979,133 2,079,212 −100,079	2,145,217 2,269,392 −124,175	2,455,142 2,573,572 −118,430
개도국	452,020 459,089 −7,069	545,200 518,066 27,135	626,139 622,660 3,479	700,502 687,774 12,728	1,799,489 787,716 11,773
미국	227,835 126,408 82,745	254,122 424,402 −170,320	321,813 459,565 −137,752	363,812 493,195 −129,383	393,592 516,987 −123,315
유럽	928,835 923,004 5,831	1118,468 1129,607 −10,599	1,232,399 1,263,748 −31,349	1,335,190 1,381,952 −46,042	1593,452 1642,666 −49,214
일본	209,152 126,408 82,745	229,224 149,512 79,709	264,915 187,348 77,567	275,173 210,840 64,334	287,648 235,423 52,225
OPEC	12,512 11,399 2,714	123,554 88,732 34,823	121,356 99,678 21,678	141,922 101,010 40,912	176,680 109,621 67,059
한국	34,714 31,584 3,131	47,281 41,020 6,261	60,696 51,811 8,886	62,377 61,465 912	65,016 65,844 −4,828
싱가포르	22,495 25,512 −3,017	28,686 32,559 −3,873	39,303 43,872 −4,569	44,678 −49,675	52,730 60,774 −8,044
홍콩	35,439 35,366 73	48,478 48,467 11	63,165 63,899 −734	73,140 72,153 987	82,160 82,474 −314

년도	1991	1992	1993	1994	1995
구분	수출 수입 국제수지	수출 수입 국제수지	수출 수입 국제수지	수출 수입 국제수지	수출 수입 국제수지
세계	3,417,846	3,659,712	3,648,365	4,166,376	4,956,398
	3,539,923	3,794,545	3,742,685	4,260,511	5,050,041
	−122,077	−134,834	−94,321	−94,134	−93,643
선진국	2,489,597	2,636,357	2,566,635	2,884,754	3,415,616
	2,886,840	2,700,190	2,539,361	2,877,826	3,380,100
	−97,242	−63,832	27,275	6,929	35,816
개도국	837,729	929,178	984,536	1,143,761	1,367,502
	859,216	996,785	1,103,150	1,241,996	1,491,970
	−21,487	−67,607	−118,614	−98,235	−124,468
미국	421,730	448,163	984,536	1,143,761	1,367,502
	508,363	553,923	1,103,150	1,241,995	1,491,970
	−86,633	105,760	−118,614	−98,235	−124,458
유럽	1,574,026	1,662,578	1,544,672	1,758,897	2,142,965
	1,663,885	1,728,658	1,500,088	1,695,431	2,032,104
	−89,859	−66,078	44,584	63,466	110,861
일본	315,163	339,911	362,286	397,048	443,265
	237,289	233,265	241,652	275,268	335,991
	77,873	106,646	120,635	121,780	107,274
OPEC	166,198	178,316	177,668	181,295	198,297
	125,166	155,516	159,359	152,136	178,496
	40,532	22,800	18,309	29,157	19,801
한국	71,870	76,632	82,236	96,015	125,048
	81,525	81,775	83,800	102,348	135,119
	−9,655	−5,413	−1,564	−6,335	−10,061
싱가포르	58,964	63,435	74,008	96,825	118,263
	66,093	72,132	85,229	102,670	124,502
	−7,124	−8,697	−11,222	−5,845	−6,239
홍콩	98,577	119,512	135,248	151,395	173,754
	100,255	123,430	138,658	161,777	192,774
	−1,678	−3,918	−340	−10,382	−19,020
대만	76,178	81,470	85,091	93,049	111,688
	62,861	72,007	77,061	85,349	103,572
	15,754	12,767	11,587	11,984	13,582

자료 : IMF, International Financial Statistics 1980–95 각호

2. 국가간 산업구조의 변화

1980년대와 1990년대에 들어와서 국가간 산업구조에 많은 변화가 일어났다. 일본의 산업구조가 전자, 전기기계, 일반기계 등의 자본재 산업으로 고도화되어 국제경쟁력이 크게 향상되었다.

1990년대 일본은 일본의 전체 수출 중에서 기계류를 74.9%를 수출하고 17.4%를 수입하여 기계류 분야에서 막대한 무역수지 흑자를 기록하였다(<표 5-13> 참조).

표 5-13 ▸ 일본의 품목별 수출입 구성

(수 출) (단위 : 백만 달러)

년도	총액	식료품	섬유 및 동제품	화학제품	비금속 광물제품	금속 및 동 제품	기계기기	기타
1975	165,453	2,255	11,043	11,530	2,165	37,113	89,086	12,126
1980	293,825	3,592	14,243	15,445	4,221	48,446	184,199	23,758
1985	419,557	3,147	14,962	18,433	5,145	44,300	301,202	32,366
1990	414,569	2,372	10,418	22,950	4,663	28,246	310,706	35,214
1992	430,123	2,440	10,887	24,232	4,925	27,031	325,198	35,409
1993	402,024	2,230	9,163	22,495	4,500	25,512	305,762	32,364
1994	404,976	2,087	8,574	24,218	4,803	24,811	308,008	32,476

(수 입) (단위 : 백만 달러)

년도	총액	식료품	섬유 원료	금속원료	원료품 (기타)	광물성	화학제품	기계기기	기타
1975	171,700	26,147	4,520	13,096	16,966	76,117	6,110	12,701	16,043
1980	319,953	33,264	5,473	19,252	29,597	159,324	14,126	22,393	36,523
1985	310,849	37,188	5,220	15,003	23,211	133,864	19,390	29,714	47,259
1990	338,552	45,724	3,851	13,210	24,282	80,832	23,208	59,032	88,413
1992	295,274	47,278	2,559	9,637	20,767	66,775	21,992	54,305	71,962
1993	268,264	43,779	1,708	7,784	20,885	54,742	20,049	51,937	67,380
1994	281,043	47,709	1,915	7,636	19,719	48,904	20,682	60,980	73,498

자료 : 總務廳 統計局編, 〈日本의 統計〉 1996

일본의 지역별 수출입 구조를 살펴보면 수출은 미국과 동아시아 지역에 집중되어 있다. 미국은 1960년에서 1990년까지에 걸쳐 일본의 가장 큰 수출국으로 일본 총

수출액의 30%를 차지하였다. EC에 대한 일본의 수출은 1960년에 4%에서 1990년에는 19%로 크게 증가하였다. 수입은 1960년 미국에서 34.6%를 수입하였으나 1990년에는 22.3%로 크게 감소하였다. 그러나 동아시아와 EC에서 수입이 크게 증가하였다.

미국은 산업구조를 전자, 전기기계, 자동차, 일반기계의 산업에서 서비스 산업으로 고도화시켜 공산품 무역대신 서비스 무역에서 국제경쟁력을 크게 신장시켰다. 1996년 미국은 서비스 무역에서 세계 1위를 차지하였다. 신흥공업국은 산업구조를 섬유류, 신발류, 철강제품, 선박, 전자제품 산업에서 중화학공업 분야로 확대해 나갔다. 신흥공업국은 선진국으로부터 자본과 기술을 도입하여 경공업제품과 철강, 자동차, 중화학공업 제품을 생산하여 선진국에 수출하였다.

이와 같이 1980년대와 1990년대 미국, 일본, 신흥공업국의 산업구조가 변화함에 따라 세계무역구조도 영향을 받아 크게 변화하였다. 따라서 선진국간, 선진국과 신흥공업국간에 심한 무역마찰이 발생하였다.

제4절 ▸ 무역환경의 변화와 다자간 협상

1. 서비스

1970년대부터 서비스 무역이 세계무역 협상에서 관심을 갖게 되었다. 1960년대 GATT회의에서는 공산품과 농산품의 무역에서 발생하는 국가간 무역마찰을 주로 협상의제로 크게 다루어 왔다. 반면에 서비스무역에 관한 협상의제는 크게 부각되지 못했다. 그 이유는 서비스무역이 세계무역에서 차지하는 비중이 적었기 때문이다.

1979년 세계 총GDP에서 서비스무역이 64%를 차지하였다. 서비스무역규모는 1980년 4,200억 달러로 세계상품 총무역량의 25%를 차지하였고, 1982년에는 40,500억 달러로 세계상품 총무역량의 17.7%를, 1992년에는 10,000억 달러로 세계상품 총무역량의 21.1%를 1996년에는 12,000억 달러를 차지하여 전년대비 5% 성장하였다.

미국, EU, 일본이 세계 서비스무역의 성장을 주도해 나갔다. 그중에서도 미국은 서비스무역의 성장에 중요한 역할을 하였다. 미국은 자국의 산업구조를 서비스산업으로 고도화시켜 서비스무역을 촉진시켰다. 1990년대에 들어와서 서비스무역은 선진국 뿐만 아니라 개발도상국에서도 그 중요성이 크게 증가하였다.

이와 같이 세계무역에서 서비스무역이 차지하는 비중이 급속히 증가함에 따라 세계 각국은 서비스무역의 중요성을 깨닫기 시작하였다. 서비스산업이 낙후되어 있는 개발도상국가들은 자국의 서비스산업을 보호, 육성하기 위한 정책을 추진하게 되었다. 1980년 이후 미국의 국제수지 적자가 눈덩이처럼 불어나게 되자 미국은 이를 해결하기 위해서 개발도상국의 서비스산업 정책에 대하여 강력하게 이의를 제기하기 시작했다. 미국은 개발도상국의 서비스산업 보호정책을 무역장벽으로 인식하였으며 이러한 무역장벽으로 인해 미국의 서비스산업이 개발도상국으로 진출하는데 많은 불이익을 받고 있다고 느꼈다.

따라서 개발도상국의 서비스산업 보호정책은 공정무역을 저해시켜 서비스산업의 무역자유화를 크게 훼손시키고 있다고 미국은 인식하여 이에 대한 국제협상의 필요성을 제기하였다. 이에 대해 개발도상국가들은 서비스산업은 국가안보와 밀접한 관계를 갖고 있기 때문에 일반 상품무역과 같이 다루는데 문제가 있다고 보았다.

서비스무역에 대해서 서비스 수출국과 수입국이 서로 상반되게 주장하여 많은 무역마찰이 발생하였다. 이러한 무역마찰은 세계무역 협상에서 중요하게 다루지 못하였는데, 그 이유는 지금까지 무역자유화에 중요한 역할을 해온 GATT에 서비스무역에 대한 규정이 포함되어 있지 않은데서 찾을 수 있다. 선진국과 개발도상국은 1986년 9월 우루과이의 '푼타델에스데'에서 우루과이 회의에서 공식적으로 서비스무역에 관한 협의를 시작하였는데, 본 회의에서 선진국은 GATT에 서비스무역을 포함시켜야 한다고 주장하였고 개발도상국은 서비스무역 협상을 GATT와 별도의 기구를 만들어 그 기구에서 협상을 진행할 것을 주장하였다.

선진국과 개발도상국은 무역협상위원회(Trade Negotiations Committee: TNC)를 설치하여 그 위원회 내에서 상품에 대한 협상그룹(Group of Negotiations on Goods: GNG)과 서비스에 대한 협상그룹(Group of Negotiation on Services: GNS)으로 나누어서 협상을 진행하기로 각료회의에서 선언하였다.

선진국과 개발도상국은 우루과이라운드 협상을 진행하여 세계무역기구(World Trade Organization: WTO) 산하에 서비스무역에 관한 일반협정(General Agreement on Trade in Services: GATS)을 두었다. 서비스교역에 관한 일반협정(GATS)은 향후 세계 서비스무역을 규율할 최초의 다자간 국제규범이라는 측면에서 그 역할의 중요성은 매우 크다고 하겠다.

2. 지적재산권

개발도상국가들은 경제개발 계획에 따라 해외로부터 자금과 기술을 도입하여 경제를 급속히 성장시켜 왔다. 개발도상국의 경제발전은 개발도상국의 산업구조를 바꾸어 놓았다. 이러한 산업구조의 변화는 기술에 의해서 뒷받침되었으며, 필요한 기술은 해외로부터 도입하였다.

1970년에 들어와 세계무역에서 차지하는 개발도상국의 비중이 급격히 늘어 세계무역에서 차지하는 선진국의 비중을 위협하자 선진국은 개발도상국의 경제발전에 대해 평가하기 시작하였다. 선진국은 개발도상국이 선진국의 개발된 기술을 대가없이 개도국의 경제발전에 활용하였다는 시각을 갖게 되었다. 1980년에 들어 이러한 선진국의 시각은 더욱 구체화되어 지적재산권 보호문제를 무역과 연계하여 협의할 것을 주장하였다.

특히 미국은 위조상품(coanter feit goods)의 생산 및 무역은 세계무역질서를 왜곡시키기 때문에 불공정 무역관행(unfair trade practices)으로 규정하여 지적재산권 보호와 위반 시 강력한 제재수단의 필요성을 강조하였다.

이러한 지적재산권 보호문제는 UN 산하기구인 세계지적재산권기구(World Intellectual Property Organization: WIPO)에서 국제협약들이 시행되었다. 국제적으로 통일된 분쟁해결절차, 벌칙규정, 제재수단이 국제협약에 포함되어 있지 않아 지적재산권을 보호하는데 중요한 역할을 하지 못하였다. 따라서 선진국은 WIPO 내에서 다루어 온 지적재산권 보호문제를 GATT 기구에서 논의하였다.

선진국은 지적재산권을 보호하기 위해 강력한 국제기준을 만들어 즉시 시행할 것을 주장한 반면, 개도국은 가능한 한 장기간의 유예기간을 둔 다음 시행할 것을 주장하였다. 선진국과 개발도상국은 1986년 9월 GATT의 우루과이라운드(Uruguay Round: UR) 협상에서 지적재산권 보호문제를 정식으로 채택하였다.

본 협상에서 선진국과 개도국은 지적재산권이 세계무역을 왜곡시키는 부분과 자유무역을 저해하는 장벽을 완화시킬 수 있는 새로운 다자간 규칙과 규율을 제정하려고 노력하였다. 새로운 다자간 규범과 규율을 제정하기 위해 특허권, 상표권, 의장권, 저작권, 지적인접권, 원산지표시를 포함한 지리적표시, 반도체 집적회로의 설계권, 영업비밀권 등 8가지로 분류하여 협상을 진행하였다.

3. 다국적기업과 해외직접투자

1970년대에 선진국의 다국적기업들은 개발도상국의 저렴한 노동력과 풍부한 천연자원을 이용하고 무역장벽을 극복하기 위해 적극적으로 해외에 진출하였다. 다국적기업들은 경영활동을 자국에 국한하지 않고 비교우위가 있는 지역에 경영활동을 분산시켜 왔으며 경영활동의 대부분은 직접투자 형태로 이루어졌다.

다국적기업들의 해외직접투자 동기를 살펴보면, 첫째, 저렴한 생산요소의 활용과 원자재의 안정적 확보를 위해서, 둘째, 해외시장개척이나 유지를 위해서, 셋째, 무역장벽을 극복하기 위해서 등과 같은 요인으로 분석할 수 있다.

다국적기업들은 풍부한 자원을 바탕으로 세계무역과 해외직접투자를 주도하고 있어 해외직접투자 유치국에 막대한 정치적, 경제적 영향력을 행사하고 있다. 특히 개발도상국에 진출한 선진국의 다국적기업들은 풍부한 자금과 앞선 고급기술로 개발도상국의 정치, 경제정책에까지도 영향력을 행사하였다.

개발도상국가들은 개발도상국의 경제발전에 꼭 필요한 분야에서는 특별한 우대정책을 추진하여 선진국의 다국적기업들의 투자를 유치하고 있고, 그렇지 않은 분야에는 현지제품사용비율, 현지생산제품의 일정비율을 수출해야 하는 의무, 강제적인 기술이전, 동등한 지분참여와 송금제한 등과 같은 전제조건을 두어 해외직접투자를 제한해 왔다. 선진국은 이러한 개발도상국의 해외직접투자 제한 정책은 세계무역의 흐름을 왜곡시키고 있다고 보아 이에 대한 시정을 무역협상에서 요구해 왔다.

미국은 해외직접투자에 대한 사항을 GATT규정에 포함시켜 해외직접투자를 억제시키려는 정책들을 철폐시킬 다자간 규범을 제정할 것을 협상의제로 무역협상에 제출하였다. 그리하여 1986년 푼타델에스터 회의에서 해외직접투자에 관련한 사항을 협의하였다.

4. 지역주의 동향

GATT회원국들은 GATT의 문제점을 보완하기 위해 8차례의 다자간 무역협상을 전개하여 1995년 GATT체제를 대체할 새로운 국제기구로서 세계무역기구(WTO)를 창설하였다.

그러나 GATT회원국들 중 일부 국가들은 국가간 이해관계와 무역관련정책이나 제도가 서로 다르기 때문에 세계무역기구를 통한 국가간 이해관계가 하나로 통합되어 세계무역이 자유화되기는 매우 어렵다고 인식하여 지역간 무역협상을 진행하였다. 이러한 지역주의(regionalization)는 경제통합(economic integration), 지역간 경제협력(economic bloc formation) 등 여러 가지 의미를 포함하고 있으나 일반적으로 특정 지역 국가들의 상호 무역의존도를 효과적으로 관리하여 지역 국가간 경제적 이익을 극대화시키는 것으로 정의할 수 있다. 경제적 이익의 극대화는 지역 국가간 무역규제의 철폐, 대규모시장의 형성 등과 같은 지역간 경제공동체를 통하여 달성될 수 있다.

이와 같은 지역주의는 유럽연합(European Union: EU)과 같은 단일국가와 같은 형태에서 북미자유무역협정(North America Free Trade Agreement: NAFTA)과 같은 자유무역지대, 민간경제의 상호의존성이 증가한 아시아-태평양 경제의 지역화(Asia Pacific Economic Cooperation: APEC) 등 다양한 형태를 보이고 있다.
따라서 향후 세계무역질서는 다자간 무역체제가 강화되고 또 한편으로는 지역간 경제블럭화를 통한 무역자유화가 추진될 것이다.

5. 세계무역기구의 창설

관세 및 무역에 관한 일반협정은 1948년에 탄생한 이후 1980년까지 8차례의 다자간 무역협상을 통해 세계무역을 지속적으로 자유화시키는데 중요한 기여를 하였다. GATT 회원국들은 세계무역환경이 변화함에 따라 GATT의 내용을 수정·보완하려는 무역협상을 진행하였다. 특히 제6차 케네디 라운드에서는 선진국들 간의 관세인하 문제를 협상 의제로 채택하여 선진국의 관세수준을 10% 미만으로 낮추었다. 따라서 관세상의 무역장벽이 크게 경감되어 세계무역은 크게 성장하였다.

그러나 1960년대와 1970년대에 들어서면서 일본, 신흥공업국이 세계무역에서 차지하는 비중이 크게 늘어남에 따라 특정산업에서의 비교우위가 상실되자, 선진국은 자국의 산업보호를 위해 관세 이외의 비관세 장벽을 구축하여 신흥공업국, 개발도상국, 일부 선진국의 상품수입을 규제하기 시작하였다. 따라서 GATT 회원국은 이러한 비관세무역장벽을 무역협상에서 협상의제로 채택하였다.

제7차 동경라운드에서는 관세, 비관세장벽의 경감을 위해 반덤핑, 보조금, 상계관세, 수입허가절차, 정부조달, 쇠고기, 민간항공기 등 9개 분야에 다자간 무역협정을 체결하였다.

1980년대에 제2차 석유파동으로 인해 세계경제의 침체, 미국의 국제수지 악화, 신흥공업국의 급속한 성장 등과 같이 세계무역환경이 급변하자, 세계 각국은 보호무역정책을 추구하게 되었다. 이러한 보호무역정책은 GATT의 기능을 크게 위축시켜 다자간 자유무역체제를 뒤흔들어 놓았다. 특히 미국은 국제수지적자가 큰 폭으로 증가하자 이를 극복하기 위해 미국이 비교우위에 있는 서비스 분야, 지적재산권 분야, 해외직접투자 분야에 대한 새로운 국제규범을 요구하기 시작하였다. 서비스, 지적재산권, 해외직접투자와 같은 분야의 규정은 GATT 체제하에서 처음으로 공식 제기된 이후 선진국을 중심으로 계속해서 부각되었다. 1986년 9월 우루과이의 푼타델에스데에서 개최된 GATT 각료회의에 참가한 각국 대표들은 새로운 분야에 무역협상의 서막을 알리는 각료선언을 채택하였다.

그 후 여덟 번째 다자간 무역협상이 GATT 주관 하에 우루과이에서 진행되었다. 그러나 GATT 회원국의 이해관계가 복잡하여 다자간 무역협상은 난항에 봉착하여 더 이상 진전을 보지 못한 채 7년이 지나서야 겨우 새로운 모습을 보이기 시작하였다.

우루과이라운드 협상은 농산물 보조금 감축에 대한 미국과 EC의 첨예한 대립, 쌀 시장 개방에 대한 미국과 일본의 큰 시각차이, 서비스, 지적재산권, 해외직접투자에 대한 선진국과 개발도상국간의 대립 등이 점차 해소되면서 급격히 진전되었다.

1993년 12월 15일, GATT 회원국들은 세계무역기구의 창설을 선언하였고, 1994년 4월 12일 모로코에서 개최된 각료회의에서 최종의정서를 정식 채택하여 각국이 최종의정서에 서명함으로써 장기간 끌어온 우루과이라운드 협상은 공식 확정되어 막을 내리게 되었다. 그후 최종 의정서는 각국의회의 비준을 얻어 1995년 1월 1일 새로운 세계무역기구(World Trade Organization: WTO)가 창설되었다.

6. 뉴라운드 협상과 세계무역

1) 세계무역과 경쟁정책

국가간 경쟁정책, 법규, 제도가 상이함으로써 발생하는 불공정무역을 바로잡기 위해 열리는 다자간 무역협상을 경쟁라운드(Competition Round: CR)라고 부른다.

무역과 경쟁정책간의 불일치로 인하여 발생하는 문제는 새로운 것이 아니라 국제무역기구를 창설하기 위한 하바나 헌장에서 이미 거론되었다. 무역법규와 경쟁정책간의 차이가 세계무역을 왜곡시키는 무역장벽으로 등장하여 세계무역의 자유화를 가로막는다는 주장이 선진국을 중심으로 제기되었던 것이다.

특히 투자와 생산이 국경을 초월하여 범세계적으로 증가하고 있는 상황하에서 선진국들의 주장은 더욱 강력하여 이러한 문제들을 다룰 새로운 협상라운드가 만들어졌다. 미국은 개발도상국과 일부 선진국의 경쟁정책, 법규, 제도가 선진국의 경쟁정책, 법규, 제도와 다르기 때문에 미국의 다국적기업들이 개발도상국과 일부 선진국에서 경영활동을 수행하는데 많은 불이익을 받고 있으며 이러한 불이익은 공정한 경쟁을 왜곡시켜 개발도상국과 일부 선진국 기업에게 경쟁우위를 제공하고 있다고 보고, 이를 시정할 근본적인 대안을 마련할 것을 무역협상에서 요구하기 시작했다.

세계무역의 상호의존관계가 더욱 증가하고 있는 시점에서 무역과 관련된 정책이나 법규, 제도상의 관행이 국가마다 천차만별로 다르므로, 발생하는 무역장벽을 어디까지 보아야 하는지 무역관행의 차이를 어디까지 불공정 무역으로 정할 것인지가 경쟁라운드에서 중점적으로 다루어졌다.

2) 세계무역과 환경

최근에 와서 범세계적으로 환경에 대한 문제가 국제사회에서 크게 부각되었다. 일국의 자연개발과 환경오염은 지구촌 전체에 직접 영향을 주기 때문에 환경주의자들은 지구촌 환경오염문제에 대하여 지대한 관심을 가지게 되었다. 환경주의자들은 세계무역 자유화가 환경규제의 법규를 무력하게 만들어 자원개발과 환경오염을 부추김으로써 지구촌 환경파괴에 앞장서 왔다고 주장하였다.

이와 같이 환경문제가 무역과 관련되어 무역마찰을 일으키는 원인을 두 가지로 정리할 수 있다.

첫째, 환경정책과 법규, 제도가 국가마다 다르기 때문에 무역왜곡 효과가 발생한다. 환경법규가 엄격한 지역에서 생산된 상품의 가격에는 엄격한 환경법규로 인하여 생산과정에서 발생한 추가비용이 포함되어 있다. 이러한 추가비용은 세계무역에서의 상품경쟁력에 직접 영향을 주어 환경법규가 엄격한 선진국과 그렇지 않은 후진국간에 무역마찰을 불러일으키고 있다.

둘째, 경제개발과 환경보존간의 우선 순위가 국가마다 다르다.

개발도상국가는 경제개발정책을 최우선으로 추진하고 선진국은 경제개발정책보다는 환경보존정책에 더 무게를 두어 실시하고 있다. 따라서 선진국과 개발도상국간에 심한 무역분쟁이 발생하였다.

선진국과 개발도상국가들은 무역과 연계된 환경보호 문제에 대한 선·후진국의 상반된 시각차이가 무역협상을 통해서 조정되어야만 된다고 인식하였다. 따라서 1994년 4월 UR협상에서 무역과 환경에 대한 각료결정이 채택되었다. WTO 1차 일반이사회에서는 무역환경위원회를 두어 계속해서 무역과 환경문제를 다루기로 결정하였다.

3) 세계무역과 노동조건

1970년대 석유파동으로 인하여 세계경기가 침체국면에 접어들자 선진국경제도 불황의 늪으로 빠져들어 헤어나지 못한 체 고실업이라는 사회적인 문제를 발생시켰다. 선진국은 경기침체로 인한 사회적 문제를 무역과 연계시켜 원인을 찾아나가기 시작했다. 즉 개발도상국이 풍부한 노동력을 바탕으로 값싼 상품을 생산하여 선진국 시장에 수출하자 선진국의 노동집약적 산업이 경쟁력을 상실하여 고실업이 발생한다고 보았다.

선진국은 저임금을 무기로 한 개발도상국의 상품경쟁력은 공정한 경쟁을 깨뜨려 무역자유화에 역행한다고 보고 이에 대한 문제를 무역협상에서 제기하였다. 이에 개발도상국은 풍부한 노동력에 바탕을 둔 경쟁력은 당연한 것이며, 이를 무역과 연관시켜 노동조건을 인위적으로 조정하려는 선진국의 주장은 자유무역질서를 크게 훼손시키는 것으로 보아 강력하게 반대하였다. 선진국과 개발도상국가들은 강제노동,

아동노동의 금지와 같은 노동자들의 인권을 보호하는 측면에서의 노동기준에 대해서는 별다른 이견을 보이지 않았지만, 무역과 노동이 연계된 입장에서는 상당히 다른 시각을 갖고 있어 향후 무역협상이 순탄하게 진행되기는 매우 어려울 것이다.

4) 세계무역과 기술정책

기술은 세계무역에서 상품의 경쟁력을 결정하는 중요한 요소로 등장하였다. 각국의 정부는 핵심기술을 개발하기 위해 막대한 지원을 아끼지 않고 있다. 기술은 단기간에 개발되는 것이 아니라 장기간에 걸친 막대한 투자를 통해서 가능하다.

선진국이 개발한 기술이 정보통신의 발달과 상품의 이동을 통해서 선진국에서 개발도상국으로 쉽게 전파되고 상품화됨에 따라 선진국과 개발도상국간에 갈등이 생겨났다. 선진국은 개발도상국가가 선진국이 개발한 기술을 대가 없이 무상으로 상품개발에 사용하여 선진국의 경쟁우위를 위협하고 있다고 보고, 선진국이 개발한 기술을 보호하기 위한 국제규범을 제정할 것을 주장하였다. 또한 국가간 상이한 기술표준과 인증제도는 공정무역을 저해하는 장벽이 되었다. 선진국은 정부가 기술개발을 지원하는 각종 특혜 기술정책에 대해 무역과 연계하여 문제를 제기하였다. 이러한 선진국의 주장에 대해 개발도상국은 기술의 종속을 우려하여 반대하고 있다.

제 6 장
무역관련 국제기구

제1절 GATT와 국제무역질서

제2절 WTO와 국제무역질서

국제무역은 일국의 일방적인 주장에 따라 관리되는 것이 아니라 다자간 협정을 통해서 설립된 국제기구에서 관리된다. 본 장에서는 국제무역과 직접 관련된 GATT 체계와 WTO 체계를 중심으로 살펴본다.

제1절 ▸ GATT와 국제무역질서

1. GATT의 설립 및 소멸

1944년에 개최된 브레튼우즈회의(Bretton Woods Conference)에 참가한 44개국은 제2차 세계대전 이후 세계경제질서를 안정시킬 수 있는 제도적 장치(institutional framework)의 구축문제를 논의하였다. 이 회의에서는 세계경제를 안정시키기 위한 세 개의 기본 틀이 구상되었는데, 거시경제정책을 담당할 틀로는 IMF(International Monetary Fund), 개발도상국들의 발전을 지원할 틀로는 IBRD(International Bank for Reconstruction and Development), 국제무역을 담당할 틀로는 ITO(International Trade Organization)가 구상되었다.

제2차 세계대전이 끝날 무렵부터 미국을 비롯한 세계 열강들은 기존의 보호무역주의가 국가간 대결을 심화시킴으로써 세계무역 발전을 저해할 뿐만 아니라 세계평화와 공동 번영에 큰 장애가 된다고 생각하게 되었다. 이에 미국을 비롯한 53개국은 1948년 3월 쿠바의 하바나에서 개최된 '유엔무역고용회의'(UN Conference on Trade and Employment)에서 각국의 무역제한정책을 철폐시킴으로써 보호주의적 무역전쟁을 방지하고 자유무역 확대를 도모하기 위해 "국제무역기구"(ITO)의 설립에 관한 헌장, 일명 '하바나 헌장'(Havana Charter)을 채택하였다.

하바나 헌장에 규정된 ITO는 고용, 경제발전, 경쟁을 제한하는 무역관행, 상품협정 등 광범위한 분야에 대한 권한을 보유할 뿐만 아니라 무역분규에 관한 협의, 중재 및 국제사법재판소에의 심사요청 등 매우 강력한 분쟁해결절차를 수행하도록 위임받았다. 그러나 이러한 하바나 헌장이 현실을 무시한 이상주의적 발상에 집착한 것이라는 인식이 참가국 사이에 확산되었으며, 미국의회도 무역문제에 관한 입법부 고유권한을 제한한다는 부정적 태도를 보이자 미국행정부가 1950년 12월 의회비준절차를 포기함으로써 ITO 설립은 무산되고 말았다.

한편, 하바나 헌장 초안 준비를 위한 제3차 회의에서는 관세 및 비관세 무역장벽을 완화시키기 위한 잠정협정을 체결하자는 미국의 제안이 수용되었으며, 그 후 1947년 4월부터 10월까지 개최된 스위스 제네바 협상에서는 관세양허(tariff concessions)

협상이 타결되었다. 그리고 제네바 협상 결과와 하바나 헌장 중에서 발췌된 관세 및 무역에 관한 규정을 묶어서 다자간 협정으로 채택한 것이 이른바 '관세 및 무역에 관한 일반협정'(General Agreement on Tariff and Trade: GATT)이며, 제네바 협상에 참가한 23개국 중 8개국이 서명함으로써 1948년 1월 1일부터 발효하게 되었다.

GATT는 당초 ITO가 창설될 때까지의 공백을 메우기 위한 잠정적 협정체계에 불과하였으나, ITO가 무산됨에 따라 국제무역질서를 통제하게 되었다. GATT는 설립 이후 1947년의 1차 다자간 협상을 비롯하여 1986년 제8차 다자간 협상까지 국제무역질서의 주관기구로 활동하였으며, 1995년 대체기구인 WTO가 출범한지 약1년 후인 1995년 12월 12일의 제51차 GATT총회를 끝으로 47년간의 활동을 마감하고 공식 소멸되었다. GATT의 협정은 기존의 협정내용과 WTO 협정에 편입된 협정내용을 구분하기 위해 별도로 표시되는데 전자의 협정을 'GATT 1947'로 표기하고 후자를 'GATT 1994'로 표시한다.

2. GATT에 대한 평가

1948년 1월부터 1995년 12월까지 약 47년간 활동해 온 GATT는 여러 가지 문제점들을 노출시켰음에도 불구하고 국제무역질서의 유지와 자유무역의 확대측면에서 나름대로 큰 성과를 남긴 것으로 평가된다.

1) 국제무역질서 발전적 측면의 의의와 성과

GATT는 제2차 세계대전 이후 ITO 창설의 무산에 따른 국제무역질서의 혼란기를 방지하고 자유무역질서를 추구하였다는 점에서 의의가 매우 크다고 하겠다. GATT는 최혜국대우, 내국민대우, 자유·공정 무역주의, 상호주의 등과 같은 무역질서의 이데올로기를 구축하여 국제무역의 다자간 질서를 정착시켰을 뿐만 아니라 이러한 질서체제를 준수하는 체약국 수를 1948년 설립 당시의 23개국에서 1995년 초에는 128개국으로 확대시켰다는 점에서 상당한 성과를 거둔 것으로 평가된다. 이러한 성과에 힘입어 GATT는 "준세계기구(A Quasi-Universal Institute)"[1]로 발전하게 된

1) Hoekman. B. & Kostecki. M.(1995), p.20.

것이다.

두 번째로는 GATT가 체약국들 간의 토론과 협력의 무대로 적극 활용되었기 때문에 국제무역질서 발전과정에서 다자간 협상경험과 노하우를 축적시키는 역사적 업적을 남긴 것으로 평가된다. 이러한 경험의 축적이 없었다면 WTO 창설이 어려웠을 것이라는 견해도 제기될 수 있다.

세 번째로는 GATT가 국제무역질서를 발전시키는 과정에서 각 체약국들의 이해관계를 외면하지 않고 수용해가는 현실론적 실용주의를 채택하였다는 점도 긍정적으로 평가될 수 있다. 처음부터 현실과 거리가 먼 이상주의에 근거했던 국제무역기구(ITO)의 창설이 무산된 반면, 다자간 협상을 통하여 현실적 상황을 단계적으로 풀어나간 GATT는 47년간이나 존속할 수 있었다. 그리고 GATT가 이러한 실용주의적 접근을 채택하였기 때문에 많은 개발도상국들을 회원국으로 편입시킬 수 있었던 것이다.

2) 국제무역증대 측면의 성과

GATT는 자유무역의 확대측면에서도 소기의 목적을 달성한 것으로 평가된다. GATT가 설립되기 직전인 1947년에는 가중평균 관세율이 35%에 달했으나 1960년대 초 Dillon Round(제5차 다자간협상)가 개최될 무렵에는 15%대로 낮아졌고, Uruguay Round(제8차 다자간협상)가 타결된 시점에서는 4%로 낮아졌다(Hoekman B. & Kostecki M., 1995). 이러한 관세율 인하와 더불어 비관세장벽의 제거를 위한 규범을 제정하고 또 개발도상국들을 적극 편입시킴으로써 47년간 국제무역이 크게 증가하였다. 1950년에 세계 수출 총액이 610억 달러에 불과하였으나 1995년에는 4조 9천 954억 달러로 증가하여 무역규모가 약 82배로 확대되었다. 또한 개발도상국의 편입으로 체약국이 증가함으로써 세계무역의 91%가 GATT 협정의 적용대상이 되었다.

3. GATT의 문제점

앞서 언급된 성과에도 불구하고 GATT는 여러 가지 문제점들을 안고 출발하였을 뿐만 아니라 국제무역환경이 변함에 따라 새로운 문제점들이 노출되었다. GATT의 문제점들은 국제무역질서 담당기구로서의 문제점과 환경변화에 대한 적응력의 문제점으로 요약될 수 있다.

1) 국제무역질서 담당기구로서의 문제점

ITO의 창설이 무산되었기 때문에 GATT는 IMF 및 IBRD와 함께 세계경제질서를 안정시키기 위한 제3축(the third leg)으로 간주되었다. 그러나 GATT는 브레튼우즈체제(Bretton Woods System)에서 ITO에 기대했던 역할을 수행하기에는 '태생적 결함(birth defects)'[2)]을 가지고 있었다. 이러한 결함은 GATT가 ITO창설이 완료될 때까지 관세율 인하와 여타 무역장벽을 완화시키기 위한 잠정적 협정에 지나지 않았기 때문에 원초적일 수밖에 없었다. 따라서 GATT는 성격상 규범체계가 미비하였고, 법률적으로도 강제력이 결여된 불완전한 체계였다. 그러므로 GATT는 태생적으로 국제기구가 되기 어려웠던 것이다. 세계무역질서를 담당하는 국제기구로서 GATT의 문제점은 다음과 같이 요약될 수 있다.

첫째, GATT의 규정은 각국의 주장이 복잡하게 반영되어 있기 때문에 체계성이 없었다. 즉 ITO헌장으로 논의되던 규정들 중에서 관세와 무역에 관한 것들만 발췌하여 GATT규정으로 채택하였고 또 각국의 이해관계가 복잡하게 얽혀있었기 때문에 규정의 해석상 모호함이 많았다.

둘째, GATT는 당초 국제무역문제를 전반적으로 다루는 국제기구로 출발된 것이 아니었기 때문에 규정체계상 국제무역의 여러 문제들이 단편적으로 취급되어졌고 회원국들의 규정준수를 강제할 수단이 결여될 수밖에 없었다. 따라서 GATT는 회원국들의 주장들을 조정하여 수용하는 역할에 그쳤으며 범세계적 무역질서를 창출하기 어려웠다.

2) 국제무역의 현실적 상황변화에 대한 대처능력 부족

GATT는 태생적 한계 뿐만 아니라 무역환경의 변화를 수용하는 능력에서도 한계

2) John H. Jackson, "The World Trade Organization : Watershed Innovation or Cautious Small Step Forward?", *The World Economy-Global Trade Policy 1995*, Edited by Sven Arndt and Chris Milner, Blackwell Publishers, 1995. p.12.

를 노출시킴으로써 결국 47년간의 활동을 마감하고 WTO체제로 대체되었다.

첫째, 1970년대 이후의 환경변화로 신보호주의와 지역주의가 등장하고 무역분쟁이 심화되는 것을 GATT는 방지하지 못하였다. 1980년대에는 제2차 석유파동으로 세계경제의 불황이 심화됨으로써 주요 선진국들은 구조조정의 시련을 겪게 되었다. 그리고 1970년대 이후 일본의 국제수지 흑자폭이 확대되고 신흥공업국(NIEs)의 등장으로 세계질서가 양극체제에서 다극체제로 전환되어 갔다. 미국의 경우엔 국제수지와 재정수지의 적자폭이 확대됨으로써 국제적 리더십을 지키기 어려웠으며 국제수지방어와 자국산업의 보호를 위해 신보호주의정책으로 회귀하였다. 유럽에서는 12개국으로 구성된 EC가 1986년 유럽단일화법(Single European Act)을 채택하여 1993년 1월부터 단일시장체제를 구축하게 되자 북미, 남미, 동남아 등에서도 지역주의(Regionalism)가 강화되기 시작하였다. 이러한 환경변화로 인해 무역분쟁이 격화되었으나 규범의 체계성과 법적 집행력이 결여된 GATT가 적절히 대응하기는 어려웠다.

둘째, 섬유류와 농산물의 무역분쟁이 GATT 체제 밖에서 다루어졌다. 특히 GATT의 자유무역에 정면으로 배치될 뿐만 아니라 개발도상국에 불리한 다자간 섬유협정(MFA)을 GATT가 인정함으로써 스스로의 한계를 드러냈다. 그리고 농산물과 섬유류의 생산 및 무역에 있어서 생산보조금 지급, 과잉생산과 덤핑수출, 수출보조금 지급 등의 문제로 국가간 이해갈등이 심화됨으로써 무역질서가 혼란에 빠졌는데도 불구하고 GATT는 이를 적절히 수습하지 못했다.

셋째, 서비스무역, 지적재산권 등이 국제무역에서 차지하는 비중이 높아지고 상품무역의 비중이 상대적으로 낮아졌으나 GATT는 이와 같은 새로운 무역 이슈들을 체계적으로 수용하지 못했다.

이상과 같이 국가간 세력판도의 변화, 자유무역주의 후퇴와 신보호주의 등장, 지역주의 강화, 선진국과 개발도상국간의 갈등, 국제무역에서 상품무역 비중의 하락과 서비스 및 지적재산권 비중의 확대 등으로 무역환경이 크게 변화되고 있음에도 불구하고 GATT는 이러한 변화를 효과적으로 관리하는데 역부족이었다. 따라서 "GATT는 사실상 대화하기 위한 일반협정에 지나지 않는다(GATT is in fact General Agreement to Talk and Talk)"[3]는 비판을 면치 못하게 되었다.

---

3) Richard Gibb, "Regionalism in the World Economy", *Continental Trading Blocs – The Growth of Regionalism in the World Economy*, Edited by Richard Gibb and Wieslaw Michalak, John Wiley & Sons, 1994. p.18.

제 2 절 ▸ WTO와 국제무역질서

1. UR협상과 WTO의 출현

UR협상은 1986년 9월 우루과이(Uruguay)의 푼타 델 에스테(Funta del Este)에서 개최된 각료회담을 시작으로 하여 진행되었으며, 1988년 12월의 몬트리얼(Montral) 중간평가, 1991년 12월의 브뤼셀(Brussel) 각료회담 등을 거쳐 1994년 4월 15일 모로코의 마라케쉬(Marrakesh) 각료회담에서 최종의정서가 서명되었다.

UR협상은 새로운 시대적 요청에 의해 시작되었으며, 기존 GATT 체제의 한계를 극복하고 1990년대 이후 새로운 무역질서를 형성해야 한다는 역사적 과제를 안고 있었기 때문에 몇 가지 중요한 특징을 나타냈다. 첫째, UR협상은 선진국과 개발도상국들의 관심사항을 포괄하는 광범위한 의제를 채택하였다. 즉 선진국들의 이해관계가 큰 서비스와 지적재산권 등 새로운 이슈들을 협상의제에 포함시켰으며, 개발도상국들의 관심사항인 선진국의 섬유쿼터제도와 각종 회색지대조치 등 보호조치의 폐지 또는 완화문제도 협상대상에 포함시켰다. 그리고 GATT 체제에서 예외로 인정되어온 농산물 무역의 자유화도 의제로 채택하였다. 둘째, 광범위한 의제를 다루었을 뿐만 아니라 이미 이루어진 다자간 협상에서 불완전하게 처리하였던 문제, 특히 동경라운드에서 다룬 비관세장벽 제거문제를 다시 의제로 채택함으로써 기존 GATT 체제의 실효성을 강화시키려 하였다. 셋째로는 광범위한 문제를 협상하는 만큼 협상결과에 모든 나라가 부분적으로나마 불만을 가질 수 있다는 점에 착안하여 부문별 타결방식이 아닌 일괄타결방식(single undertaking)[4)]을 채택함으로써 협상의 타결 가능성을 높였다.

UR협상은 무역분야 협상을 총괄하는 무역협상위원회(Trade Negotiations Committee : TNC)와 보호무역조치의 동결(Standstill: SS) 및 취소(Rlooback: RB)의 이행을 감독하기 위한 "감시 · 감독기구"를 설치하여 진행되었다. TNC는 상품무역분야의 14개 의제[5)]와 서비스 무역에 관하 1개 의제 등 총 15개 의제를 채택하고 각 의제마

4) 어느 한 부문이 불만족스러울 경우, 해당부문만 거부하지 못하고 전체 협상을 거부해야 함. 이러한 방식은 大를 위해 小를 희생할 수밖에 없도록 함으로써 타결가능성을 높이게 됨.

5) 시장접근분야에서 관세, 비관세, 천연자원, 열대산품, 섬유, 농산물 등 6개 의제, 그리고 규범제정분야에서

다 협상그룹을 두어 15개 협상그룹을 운영하였다. 그러나 협상이 원만하게 진행되지 못했기 때문에 협상을 보다 효과적으로 진행하기 위해 1991년 4월에는 7개 협상그룹으로 통합하였으며, 1992년 1월에는 타결가능성을 높이기 위해 시장접근 양허협상, 서비스 양허협상, 최종협정문의 법제화 작업, 협정문안 내용조정작업 등으로 구분되는 4元協商方式(four track approach)을 채택함으로써 부문별타결방식을 일괄타결방식으로 전환하였다.

UR협상은 1986년 9월 시작될 당시에 1990년 12월을 타결시한으로 설정하고 개시되었으나 부문별타결방식의 한계성 때문에 시한을 넘기고 말았다. 그러나 일괄타결방식으로 전환한 결과 1993년 12월 15일에 타결되었으며(UR 협상 타결선언), 1994년 4월 15일 모로코의 마라케쉬 각료회담에서 최종 정리되어 "UR 협상 최종의정서(Final Act Embodying the Results of the UR of Multilateral Trade Negotiations)"가 서명 · 채택되었다. 그리고 우리 나라를 포함한 76개국이 비준서를 채택함으로써 1995년 1월 1일부터 발효되었다.

UR협상은 1986년 9월부터 1993년 12월까지 7년 3개월 동안 진행되었으며, 117개국(초기에는 103개국)이 협상에 참여했다. 이처럼 장기간 동안 범세계적으로 전개되어 격렬한 논쟁 끝에 만들어진 최종협정문(WTO 협정문)은 22,000여 페이지나 되며 무게도 385파운드나 된다. 뿐만 아니라 최종협정문에 포함된 '세계무역기구 설립협정(Agreement Establishing the World Trade organization)'에 의거 국제무역의 새로운 질서를 관장하게 될「세계무역기구(World Trade Organization: WTO)」가 1995년 1월 1일 발족되었다.

UR협상은 당초 2-3년간 지속 될 것으로 예상했던 잠정적인 협정인 "GATT 1947"체제를 47년 만에 종식시키고 1948년 하바나 헌장을 통해 국제무역기구(ITO)의 꿈을 현실화시켰다는 점에서 역사적 의의가 매우 크다. 그러나 "GATT 1947"체제가 그처럼 오랫동안 지속된 점이 시사하듯이 WTO체제 역시 '오래된 꿈의 실현'이라는 성취감보다는 끊임없이 새로운 도전들에 직면하게 될 '또 다른 꿈의 시작'을 알리는 이정표가 될 것으로 예상된다.

긴급수입제한조치, 보조금 및 상계관세, 동경라운드에서 채택된 MTN Codes, GATT 1947, 분쟁해결절차, GATT 기능강화 등 6개 의제, 마지막으로 신무역분야의 2개 의제(무역관련투자조치, 지적재산권) 등 총 14개 의제를 말함.

2. WTO 체제

1) WTO의 현황

우루과이 라운드의 타결로 국제무역질서를 관장해온 GATT시대는 가고 WTO시대가 등장하게 되었다. 2004년 10월 현재 WTO 가입국수는 148개국이며 전체 세계무역량의 90%를 차지하고 있다. 매년 WTO의 가입국이 늘어나고 있어 다른 국제기구보다도 국제무역에서 WTO가 중요한 역할을 수행하고 있다.

2) WTO의 성격·목적·기능

(1) WTO의 성격

WTO는 설립협정에 의해 설립되었으며(제1조), 법인격이기 때문에 기능수행에 필요한 법적 능력을 부여받는다(제8조). 법인격이라는 것은 WTO가 국제법상 권리 및 의무이행의 주체이며 법적 구속력을 갖는 행위를 할 수 있음을 의미하는 것이다. 이러한 WTO는 그 동안 국제무역질서를 규율해오던 GATT를 대체하여 향후 세계무역규범을 관리한다.

그러나 WTO는 GATT와는 근본적으로 다른 성격을 지니고 있다(<표 5-1> 참조). 즉 WTO는 회원국 규모 면에서 GATT보다 훨씬 많은 전세계 국가들을 대상으로 하고 있으며, 상품무역 외에 서비스무역, 지적재산권, 투자 등 GATT에서 다루어지지 않았던 새로운 분야들을 포함하고 있다. 또한 WTO는 규율대상 분야 면에서 섬유무역규제, 농산물무역의 예외적용, 수출입자율규제 등 GATT 체제하에서 용인되어온 보호무역조치들을 자유화시키는 획기적인 계기를 마련하였다. 아울러 WTO는 GATT 규범보다 더 신속하고 강력한 준사법적 분쟁해결제도를 갖추고 있다.

표 6-1 ▸ GATT체제와 WTO 체제의 차이점

구 분	GATT체제	WTO체제
체제의 성격	-체약국간의 협정	-준사법권을 갖는 국제기구
시장개방	-관세인하에 주력	-관세인하뿐만 아니라 특정분야의 관세 도입으로 관세의 하양평준화
	-동경라운드에서 비관세장벽 철폐 시도, 그러나 규정의 선언적 내용으로 적성과 미흡	-비관세장벽 철폐강화 * 모든 회색조치 4년내 폐지
관할범위	-상품교역(주로 공산품)	-공산품외에 농산물도 포함 -다자간섬유협정(MFA)도 흡수
신분야협정	-없음	-서비스무역에 대한 협정 -지적재산권 보호를 위한 규정 -무역관련 투자조치분야 협정
규범강화	-보조금 정의 등 규정의 불명료 -해석의 모호성 때문에 반덤핑조치의 남용 등 자의적 적용	-보조금 정의 명료화, 규율강화(금지, 상계가능, 허용보조금 등의 구분) -반덤핑조치의 발동기준 및 부과절차 명료화로 남용방지 -세이프가드협정, 원산지규정, 선적 전검사협정 등을 새로이 도입
분쟁해결능력	-권고 수준의 결정	-준사법권에 의한 강제력 보유

(2) WTO의 목적

WTO 설립협정의 전문에 다음과 같이 그 목적이 규정되어 있다. WTO협정 당사국들은, ① 무역 및 경제활동의 상호관계가 생활수준을 향상시키고, 완전고용의 실현과 함께 실질소득과 유효수요의 지속적인 확대를 추구하며, 상품과 서비스의 생산 및 무역을 증진하는 방향으로 이루어져야 함을 인식하고, ② 세계 자원의 효율적 이용을 도모하되 회원국들의 상이한 경제수준에 상응하는 환경보전 노력과 보호수단을 허용하면서, ③ 상호호혜의 바탕 위에서 관세 및 무역장벽의 실질적인 삭감과 함께 국제무역상의 차별대우를 폐지함을 목표로, ④ GATT는 물론 과거의 무역자유화 노력 및 UR협상결과를 포괄하는 통합되고 자생력 있는 다자간 무역체제를 구축하

며, ⑤ 이러한 다자간 무역체제의 기본원칙의 보존과 목표의 증진을 위해 WTO를 설립한다.

(3) WTO의 기능

WTO는 다음과 같은 주요기능을 수행한다고 제3조에서 명시하였다. 첫째, UR협상의 결과로 도출된 여러 다자간 협약들과 기존의 복수국가간 협약 등을 관리하고, 관세 및 비관세장벽의 완화를 감시한다. 둘째, 국제무역의 흐름과 각 회원국의 무역정책을 검토·분석한다. 이와 관련해서 각 회원국은 무역과 관련된 조치들과 통계를 WTO에 통고해야 할 의무를 지닌다. 셋째, 회원국들 사이에서 일어나는 분쟁을 조정하고 해결하는 역할을 한다. WTO의 분쟁해결기능은 법적 구속력이 뒷받침되어 GATT 체제하에서 보다 훨씬 더 실질적인 효력을 지니게 된다. 넷째, 세계무역과 새로운 무역이슈에 관한 연구를 수행한다. 다섯째, 다자간 협상의 장을 제공한다. 여섯째, 경제협력개발기구(OECD), 세계은행(World Bank), 유엔무역개발회의(UNCTAD), 국제해사기구(IMO) 등과 같은 국제기구와 협력한다. 일곱째, 개도국에 대한 기술지원을 한다.

3) WTO의 조직운영

WTO의 조직은 설립협정 제4~6조에 규정되어 있으며, 권한과 통제력 면에서 피라미드 형태를 취하고 있다(<그림 6-2> 참조). 먼저 WTO조직의 최상부에는 모든 회원국 대표들로 구성되며 최소 2년에 1회 개최되는 각료회의(Ministerial Conference)가 있다. 각료회의는 WTO의 기능수행에 필요한 제반조치를 취하며 회원국의 요청에 따라 다자간 무역협정의 모든 사항에 대해 결정할 권한을 갖는다(제4조 1항).

각료회의 아래로는 모든 회원국 대표들로 구성되며 필요에 따라 개최되는 일반이사회(General Council)가 설치되어 있다(제4조 2항). 일반이사회는 각료회의 비회기중에 각료회의 기능을 수행하며, "분쟁해결양해"에 규정된 분쟁해결기구(Disputes Settlement Body)로 활동하고(제4조 3항), 또 "무역정책검토제도"에 규정된 무역정책검토기구(Trade Policy Review Body)의 임무도 수행한다(제4조 4항).

일반이사회의 감독아래 운용되고 있는 기관으로는 상품무역이사회, 서비스무역이사회, 무역관련지적재산권이사회 등이 있다(제4조 5항). 상품무역이사회는 부속서 1A의 다자간 무역협정의 운영을 감독하며, 서비스무역이사회는 서비스무역에 관한 일반협정의 운영을 감독한다. 그리고 무역관련지적재산권이사회는 무역관련지적재산권에 관한 일반협정의 운영을 감독한다. 이들 3개 이사회의 가입은 모든 회원국들에게 개방된다.

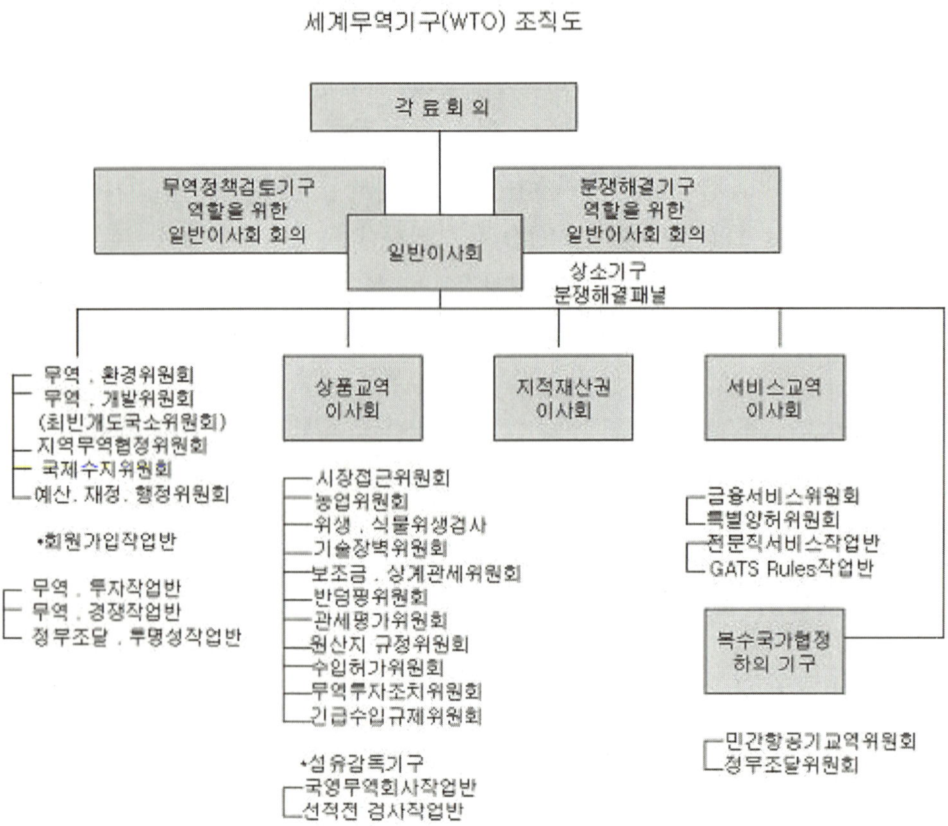

그림 6-2 ▸ 세계무역기구 조직도

또한 각료회의는 무역개발위원회, 국제수지제한위원회 및 예산·재정·관리위원회를 설치하는데 이들은 설립협정 및 다자간 무역협정에 의하여 부여된 기능과 일반이사회가 부여하는 추가적인 기능을 수행한다(제4조 7항). 이중 무역개발위원회는 최빈개도국 회원국을 위한 다자간 무역협정의 특별조항을 정기적으로 검토하고 적절한 조치를 일반이사회에 보고하는 기능도 수행한다.

이러한 각종 이사회는 논의과제의 양과 특정사안의 작업시한 등을 감안하여 불규칙적으로 개최되며, 이사회 밑에는 여러 관련위원회와 특정작업반(Working Party)들이 운영되고 있다.

한편 WTO에는 사무총장을 최고책임자로 하는 사무국이 설치되어 있으며(<그림 6-3> 참조), 각료회의는 사무총장을 임명하고 사무총장의 권한, 의무, 근무조건 및 임기를 명시하는 규정을 제정한다(제6조). 사무총장과 사무국 직원의 임무는 국제적인 성격을 지니며, 특정 정부나 WTO밖의 당국으로부터 지시를 구하거나 받아서는 안 된다(제6조 4항). WTO사무국직원은 550여 명이며 이 중 250여 명은 전문가들이다. 그리고 WTO예산은 약 9천만 달러이며, 각 회원국이 세계무역에서 차지하는 비중에 따라 기여금을 납부한다(제7조).

3. WTO규범의 국제무역 기본질서

회원국들의 행동규범으로서 WTO의 제반협정에 구현되는 국제무역질서는 무차별주의(non-discrimination), 상호주의(reciprocity), 시장개방(market access), 공정경쟁(fair competition) 등 네 가지 원칙에 의해 유지된다고 볼 수 있다(Hoeckman. B. & Kostecki. M., 1995).

이 네 가지 원칙 중에서도 무차별주의가 가장 기본적인 원칙이라 할 수 있다. 상호주의는 자유화를 실현하고 다자간 행동규범을 보다 정교하게 다듬기 위해 다자간 협상에서 이용되는 하나의 메커니즘 또는 도구로 볼 수 있고, 시장개방과 공정경쟁은 무차별원칙과 상호주의적 협상결과(행동규칙)의 이행을 통해 추구되어야 할 목적이다. 그러나 이러한 네 가지 원칙들은 상호조화 또는 보완관계만 형성하는 것은 아니다. 무차별원칙과 상호주의간에, 그리고 시장개방과 공정경쟁 사이에는 상호 긴장이 형성되기도 한다.

1) 무차별주의(non-discrimination)

GATT 1947의 국제무역질서에 살펴본 바와 같이 무차별주의는 최혜국대우원칙(MFN)과 내국민대우원칙(NT)에 의거해서 추구된다. MFN은 국경에서 어느 특정국에 제공하는 특별한 대우가 있을 경우 동혜택을 모든 회원국들에게도 부여해야 한다는 것이고, NT는 국내시장 유통과정의 과세(taxes), 부과금(charges), 규칙(regulations)

등에 있어서 외국상품을 국내상품보다 '불리하지 않게'(no less favorable) 대우해야 한다는 것이다.

이러한 무차별주의에서 WTO체계가 GATT 1947과 가장 크게 다른 점은 적용범위가 확장된 점이다. GATT 1947 체계의 무차별주의는 주로 상품무역에만 적용되었으나 WTO체계에서는 상품무역 뿐만 아니라 서비스무역과 지적재산권 분야에도 적용된다.[6)]

2) 상호주의(Reciprocity)

WTO가 집행하는 제반 협정들은 '권한과 의무의 균형'(balance of rights and obligations)에 기초하고 있으며, 시장개방약속(market access commitments)의 상호교환을 통해 이행된다. 따라서 상호주의는 다자간 무역협상(MTNs)의 근본요소라 할 수 있다. 이 상호주의는 WTO규범에 명확히 규정된 것은 아니다. 그러나 상호주의는 회원국들의 행동규범을 성립시키는 과정에 있어서 최혜국대우의 적용으로 초래될 수 있는 무임승차의 범위(scope for free-riding)를 제한시키자는 의도에서 추구되는 현실적인 원칙이 되고 있다. 그러므로 무역의 자유화는 상호보상의 정신 'guid pro quo(something for something)'에 입각해서 실현되는 것이다. 이러한 상호주의는 외견상 여러 형태로 나타날 수 있다. 즉 상호주의는 질적 혹은 양적인 조건(terms)으로 구현될 수 있으며, 보호정책의 수준(levels) 또는 변화(changes)에 적용될 수도 있다.

상호주의는 규범에 명확히 규정된 무역질서의 원칙이 아니고 다자간 협상에서 현실적으로 적용되는 기본정신으로서 중요한 역할을 한다. 그러나 상호주의의 적용이 현실적으로 어려운 측면도 있다. 회원국들간에 정치·경제적 규모의 차이가 현저할 경우, 즉 개발도상국가와 선진국간에는 상호주의 적용이 현실적으로 불가능한 측면이 있는 것이다. 특히 시장규모가 작은 저개발국가는 다자간 협상에서 규모가 큰 선진국가들에게 제공할 보상수단이 거의 없기 때문에 상호주의의 적용이 어려운 것이다.

6) GATS의 제2조와 TRIPs의 제4조는 최혜국대우원칙(MFN)을 규정하고 있으며, GATS의 제17조와 TRIPs의 제3조는 내국민대우원칙(NT)을 규정하고 있다.

3) 시장개방(Market Access)

GATT 1947이나 WTO는 다같이 개방된 무역시스템(open trade system)을 추구한다. 시장개방의 확대를 위해 무역제한수단으로서 수량제한조치의 폐지를 원칙으로 하고, 관세만을 규제수단으로 용인하고 있다. 그리고 관세율도 점진적으로 인하할 것을 규정하고 있다.

무차별주의가 회원국들의 개방약속이 이행되고 유지되는 원칙이라면, 상호주의적 다자간 협상은 시장개방을 확대시키는 제도이다. 따라서 시장개방은 무차별주의나 상호주의의 목적이라 할 수 있다. 또 다자간 협상으로 확정된 개방약속이 이행되지 않을 경우엔 분쟁해결절차의 이행을 통해 개방약속이 지켜지도록 강제력이 동원될 수 있다. WTO체계에서는 개방의 영역이 상품무역 외에 서비스 무역분야로 확대되었으며, 개방약속의 이행능력이 GATT 1947보다 훨씬 강화되었다.

시장개방은 무차별주의나 상호주의 외에 회원국 무역정책의 투명성에 의해서도 이행된다. WTO가 관할하는 협정들에는 투명성을 확보하려는 다양한 메커니즘이 규정되어 있다. 회원국들은 자국의 무역규범들을 공표(publish)해야 하고, 무역에 영향을 주는 행정조치의 검토를 허용하는 제도를 구축하여 유지해야 하며, 다른 회원국들의 정보요청에 응해야 하며, 보조금 내역을 WTO에 통보해야 한다.

4) 공정경쟁(Fair Competition)

수출국 정부가 수출상품에 보조금을 지급하면 수입국의 대항조치를 받게 되며, 개별기업이 덤핑수출을 하면 수입국 정부로부터 반덤핑관세가 부과된다. 그리고 자국상품과 수입상품의 경쟁이 지나치게 과열되어 자국산업의 피해가 심각할 경우에는 정부가 긴급수입제한조치를 취할 수 있으며, 국민건강이나 국가안보상의 필요에 의해서도 수입제한 조치를 취할 수 있다. 국제무역에서 공정경쟁은 정부의 보조금이나 기업의 덤핑행위 등에 의해 경쟁질서가 왜곡되는 것을 방지하려는 것이다. 즉 '공정경쟁'이라는 개념은 경쟁이 '공정한 경쟁의 무대'에서 이루어져야 한다는 것이다. 따라서 경쟁의 공정성이 침해되는 정부의 지원을 금지하는 반면에, 경쟁무대 자체를 위협하는 덤핑행위 또는 경쟁의 과열행위에 대해서는 정부의 간섭을 합법적으로 인정하는 것이다.

4. 도하개발어젠다

1) 도하개발어젠다(DDA) 협상출범의 배경

WTO가 출범한지 7년이 지난 이후에 세계무역 환경이 급속히 변화되는 과정에서 협정이 미진했던 농산물, 비농산물, 서비스분야에서의 무역자유화 문제와 반덤핑, 보조금협정 등 기존 협정의 개정문제 및 무역원활화, 정부조달투명성, 투자, 경쟁정책 등 싱가폴 이슈의 향후 협상, 환경문제에 대한 협상, 개도국 문제 등과 같은 새로운 무역이슈와 WTO규범의 보완문제 등이 함께 거론되면서 이들 문제를 해결할 새로운 대규모 라운드가 필요하게 되어 1995년 제네바에서 개최된 제2차 WTO 각료회의에서 이러한 문제들을 포함하는 포괄적 무역자유화를 위한 뉴라운드 협상에 합의하였다. 1999년 12월 시애틀에서 각료회의가 개최되어 상기의 문제들을 논의하려고 하였으나 회원국간에 둘러싼 복잡한 이해관계로 인하여 합의도출에 실패하여 뉴라운드 출범이 무산되었다.

시애틀 각료회의 이후 2년 동안 각국은 협상의제에 대한 합의 도출을 이끌어내기 위한 노력을 계속 기울인 결과 2001년 11월 카타르에서 제4차 WTO 도하각료회의를 개최하기로 결정하였고 도하각료 회의에서 도하개발어젠다(Doha Development Agenda: DDA)협상의 출범을 선언하였다.

2) 도하개발어젠다(DDA)의 의제

<표 6-2>는 DDA의 주요 협상의제를 나타내고 있다. 2000년 초부터 협상이 시작된 농업 및 서비스분야도 기설정 의제(built-in agenda)로 채택되었으며 그외 비농산물시장접근(NAMA), 규범, 싱가폴 이슈, 무역과 개발, 지적재산권(TRIPS), 무역과 환경, 분쟁해결양해(DSU) 등도 협상의제에 포함되었다. 또한 포도주 및 증류주의 지리적 명칭보호를 위한 다자 등록시스템 설치협상과 보조금협정 일부 규정의 한시적용 및 재검토, 동식물에 대한 특허 가능성 및 TRIPS 협정 재검토, 협정 21.3(b) 등도 협의 의제에 포함되었다.

표 6-2 ▸ DDA협상의 주요 의제

<table>
<tr><th colspan="2">구 분</th><th>의제</th></tr>
<tr><td colspan="2">시장개방 관련 의제</td><td>농업, 비농산물 시장접근 (공산품, 임 · 수산물), 서비스</td></tr>
<tr><td rowspan="2">규범 관련 의제</td><td>기존 협정 개정</td><td>규범 (반덤핑, 보조금(수산보조금 포함), 지역무역협정),분쟁해결양해</td></tr>
<tr><td>신규 규범 제정</td><td>싱가포르 이슈 (투자, 경쟁정책, 무역원활화, 정부조달투명성)</td></tr>
<tr><td colspan="2">기 타</td><td>무역과 환경, 지식 재산권</td></tr>
<tr><td colspan="2">비 고</td><td>협상과 병행하여 개도국 개발문제를 별도로 검토</td></tr>
</table>

주 : 싱가포르 이슈 중 무역원활화는 협상을 개시하고 나머지 3개 분야는 DDA협상의제에서 제외하기로 2004년 8월1일 WTO 일반이사회에서 결정되었음.

각국은 협상의제 중 농업, 비농산물 시장접근, 서비스 등이 가장 핵심적으로 다루어져야 되며, 규범, 무역원활화, 무역과 개방 등도 중요한 문제로 인식하였다.

표 6-3 ▸ DDA협상의 협상의제별 기구

<table>
<tr><th colspan="2">협상의제</th><th>담당기구</th></tr>
<tr><td colspan="2">농업</td><td>농업위원회 특별회의</td></tr>
<tr><td colspan="2">서비스</td><td>서비스이사회 특별회의</td></tr>
<tr><td colspan="2">비농산물 시장접근</td><td>시장접근 협상그룹 (신설)</td></tr>
<tr><td colspan="2">WTO 규범 (반덤핑, 보조금 등)</td><td>규범 협상그룹 (신설)</td></tr>
<tr><td colspan="2">무역원활화</td><td>무역원활화 협상그룹 (신설)</td></tr>
<tr><td rowspan="2">지식재산권</td><td>포도주 및 증류주의 지리적표시(GI) 다자등록시스템 설치 협상</td><td>TRIPS 이사회 특별회의</td></tr>
<tr><td>의약품 특허특례, TRIPS 협정 재검토</td><td>TRIPS 이사회</td></tr>
<tr><td colspan="2">무역과 환경</td><td>무역환경위원회 특별회의</td></tr>
<tr><td colspan="2">무역과 개발</td><td>무역개발위원회 특별회의</td></tr>
<tr><td colspan="2">분쟁해결양해</td><td>분쟁해결기구 특별회의</td></tr>
</table>

자료 : 최낙균 외 (2002), WTO(http://www.wto.org)

3) 도하개발어젠더 협상의제 합의도출 과정

2001년에 선언한 도하개발어젠더 협상의 합의 도출이 순탄하게 진행되지 못하여 2003년을 기점으로 중대 고비를 맞이하였다. 2003년 9월 멕시코의 칸쿤에서 개최된 제5차 WTO각료회의는 농업, 비농산물 시장접근 분야의 세부협상방식 합의를 하지 못하고 2005년 12월 14일 홍콩에서 개최된 제6차 WTO각료회의로 넘겼으나 홍콩 각료회의도 별다른 성과를 거두지 못하고 막을 내렸다. 농산물시장접근, 서비스, 비농산물, 반덤핑 규범, 지적재산권 등 다양한 분야에서 140여 회원국간의 이해관계가 첨예하게 엇갈리는 사안이 많아 합의 도출이 쉽지 않았다. 각 분야에 대한 합의 과정을 살펴보기로 한다.

(1) 농업

농업협상에 있어서 2003년에는 세부원칙을 확정하기 위한 문안협상이 본격적으로 진행되었다. 2003년 3월 하빈슨 농업협상 의장은 완전한 형태의 세부원칙(Modality)을 확정하려고 했으나 실패하였다. 2003년 9월에 개최된 멕시코 칸쿤 각료회의에서는 완전한 형태의 세부원칙의 합의가 불가능하다고 보고 그 중간단계로 기본 틀만이라도 합의하려고 하였으나 이것도 실패로 끝났다. 2005년 7월말까지 세부원칙의 초안을 작성하려고 하였으나 실패로 끝나 10월 이후에 제시된 주요국 및 주요 그룹 제안서를 토대로 입장 차이를 줄이려는 노력을 계속 기울이고 있지만 쉽게 해결될 기미는 보이지 않고 있다.

농산물 수입국(EU, 일본, 한국)은 식량안보, 환경보호, 농촌개발 등 농업의 비무역적 관심사항(Non-trade cancerns)을 반영하기 위해 농업개혁을 단계별로 각 국의 실정에 맞게 추진할 것과 관세감축 및 보조금감축 방법으로 UR협상방식을 주장하고 있다. 그러나 농산물 수출국(미국, 호주, 알젠틴)은 시장지향적 농산물의 무역체제로 개혁할 것을 주장하고 시장접근의 대폭확대와 보조금의 대폭감축을 추진하고 있으며, 미국은 모든 농산물의 관세상한을 25%로 설정해야 한다고 주장하고 있다. 개도국들은 선진국의 시장접근을 확대하여야되고 보조금도 대폭 감축하여 개도국을 우대해줄 것을 주장하고 있다.

표 6-4 ▸ WTO/DDA 농업협상 주요국의 기본입장 제안 내용

구분	대상국가	기본입장	비 고
MF6	한국, EC, 일본, 스위스, 노르웨이, 모리셔스 ※ MF : Multi-functionality (다원적 기능) ※ NTC : Non Trade Concerns (비교역적 관심사항)	-농산물 수입국 입장대변 (농업의 NTC 주장) •관세감축에 있어 UR 방식 선호	농업의 비교역적 관심사항에 대한 배려 주장
G-5	미국, EC, 호주, 브라질, 인도		농업 협상 주요국 그룹
G-10	한국,일본,스위스,노르웨이,대만,이스라엘,아이슬랜드,리히텐슈타인,모리셔스	-농산물 수입국 입장대변 •관세상한 설정 반대 •관세감축에 있어 신축성주장	수입국 그룹
케언즈 그룹	캐나다,칠레,브라질,아르헨티나,파라과이,우루과이,인도네시아,필리핀,태국,호주,뉴질랜드,콜롬비아,말레이시아,남아공,볼리비아,코스타리카,과테말라	-농산물 수출국 입장 대변	수출국 그룹
G-20	아르헨티나,브라질,볼리비아,중국,칠레,에콰도르,과테말라,인도,멕시코,파라과이,필리핀,남아공,태국,쿠바,파키스탄,베네수엘라,이집트,나이지리아,인도네시아 등	-개도국 입장대변 •선진국의 국내보조 대폭감축, 수출보조 철폐 •개도국 우대강화	강경 개도국 그룹
G-33	한국,중국,도미니카,온두라스,인도,인도네시아,자메이카,케냐,마다가스칼,모리셔스,몽골,모잠비크,나이지리아,니카라과,파키스탄,파나마,페루,필리핀,세네갈,스리랑카,터키,우간다,베네수엘라 등	- 개도국 입장 반영 •SP품목 및 개도국 특별긴급수입제한제도(SSM)에 중점	특별품목 그룹
G-90	ACP,LDC,아프리카그룹 국가들로 구성 모리셔스,남아공,이집트 등	-아프리카, 중남미, 아시아 일부국가 포함	
ACP 그룹	아프리카,카리브해,태평양지역 77개국가	-로메협약에 의해 EC와 특혜적 무역관계를 가지고 있는 국가	

표 6-5 ▸ WTO/DDA 농업협상 주요국의 제안 내용

		EU		미 국	G20	G10	ACP
		10.13 제안	10.28 제안				
시장접근	구간경제	(선진국) 30-60-90 (개도국) 40-80-120	(선진국) 30-60-90 (개도국) 30-80-130	20-40-60	(선진국) 20-50-75 (개도국) 30-80-130	(선진국) 20-50-70 (개도국) 30-70-100	(선진국) 20-50-80 (개도국) 50-100-150
	관 세 감축률	(선진국) 20-30-40-50 (개도국) 13.3-20-26.6-33.3	(선진국) 35-45-50-60 *최하위(20~45%) (개도국) 25-30-35-40 *최하위(10~40%)	60-70-80-90	(선진국) 45-55-65-75 (개도국) 25-30-35-40	(예시1) 27-31-37-45 (예시2) 32±7-36±8-42±9-50±10	(선진국) 23-30-35-42 (개도국) 15-20-25-30
	관세상한	(선진국)100%	(선진국)100% (개도국)150%	(선진국)75% (개도국)X%	(선진국)100% (개도국)150%	반대	반대
	민감품목	8%	8%(축소 가능) 관세감축은 $\frac{1}{3}$~$\frac{2}{3}$ 수준	1%	(선진국) 1% (개도국)1.5%	일정 비율 (10~15%)	-
	특별품목	제한적 인정	제한적 인정	한시적 인정	특별품목 지지	-	관세감축 면제 TRQ증량 면제
	지리적 표 시	-	모든 농산물 대상 지리적 표시 보호	-	-	-	-

표 6-5 ▸ WTO/DDA 농업협상 주요국의 제안 내용(계속)

국내보조	AMS	EU일본70% 감축 미국 60% 기타 –	EU일본 70%감축 미국 60% 기타 50%	EU일본 83%감축 미국 60% 기타 37%	EU일본 80%감축 미국 70% 기타 60%	EU – 일본미국 – 기타 –	
	무역왜곡 보조총액	–	1구간 70%감축 2구간 60% 3구간 50%	EU 75%감축 미일 53% 기타 31%	EU 80%감축 미일 75% 기타 70%	–	
	de-mini mis	최소 65% 감축	선진국 80% 감축	50% 감축	AMS없는 개도국 감축면제	–	
	Blue Box	신규 Blue Box 제한규정 필요	신규 Blue Box 제한규정 필요	농업총생산액 의 2.5%(상한)	Blue Box 제한	–	
	Green Box	현행 규정 필요	현행규정 유지	현행 규정 유지	개도국 관련규정 완화	현행규정 유지	

제6차 WTO각료회의는 농업부문에서 민감품목 대우, 수출보조 철폐 시한 등에서 일부 합의점을 찾았다. 민감품목 대우에 관해서는 관세를 적게 감축할수록 수입쿼터를 늘린다는 원칙적인 내용만 각료 선언문에 포함시켰다. 또한 해당국이 적정한 수의 특별품목을 스스로 선정하도록 했기 때문에 우리나라로서는 일부 농산물을 민감품목과 특별품목으로 정해 시장개방의 여파를 피해나갈 수 있게 되었다.

표 6-6 ▸ 우리나라 농산물 관세 구조

양허관세	품목수	품목예시
500%이상	46	매니옥, 곡분류, 참깨, 인삼류, 맥주보리 등
200 ~ 499	78	대두, 전분, 고구마, 감자, 마늘, 고추, 밤 등
100 ~ 199	18	분유, 감귤, 양파, 보리분, 사료용근채류 등
50 ~ 99	189	오렌지, 과일혼합쥬스, 면류, 당면, 고추장 등
40 ~ 49	132	과일류, 쇠고기, 버섯류, 수박, 오이, 당근 등
30 ~ 39	147	치즈, 주류, 유제품, 괴일음료 등
20 ~ 29	249	닭고기, 냉동채소류, 돼지고기, 식용유 등
10 ~ 19	381	곡물조제품, 물, 과당, 포도당, 과수묘목 등
0.1~ 9.9	183	섬유원료, 원피, 모피, 밀, 당밀류 등
0	29	종자류, 가축정액 등
미양허	16	쌀 관련 품목
계	1,452	

(2) 서비스

2001년 DDA의 선언으로 서비스 협상이 본격적으로 시작되었으며 협상은 R/O(request/offer) 방식으로 진행되고 있다. 12개 분야 160여개 세부업종을 대상으로 각국간요청(Request)과 양허안(Offer)을 상호교환 함으로써 협상이 진행되고 있는데 2003년 3월로 1차 양허안 제출시한이 설정된 이후 2005년 5월로 2차 양허안 제출이 다시 설정되었으나 양허안 제출 실적이 매우 저조한 실정이다. 현재까지 68개 국가가 양허안을 제출하였고 24개 국가는 양허안을 제출하지 않았으며 25개국은 수정 양허안을 제출하였다. 우리나라는 36개 국가에 대해서 양허안을 제출하였고 25개국으로부터 양허안을 받았다.

표 6-7 ▸ 양허안 제출 및 접수 현황

구 분	상호제출	일방제출 및 접수
우리가 제출 (36개국)	미국, EC, 일본, 캐나다, 호주, 뉴질랜드, 중국, 대만, 홍콩, 싱가폴, 인도, 파키스탄, 말레시아, 태국, 스위스, 노르웨이, 폴란드, 체코, 터키, 멕시코, 아르헨티나, 우루과이, 브라질(23)	필리핀, 인도네시아, 스리랑카, 방글라데시, 몽골, 헝가리, 칠레, 이집트, 나이지리아, UAE, 쿠웨이트, 바레인, 오만(13)
우리가 접수 (25개국)	미국, EC, 일본, 캐나다, 호주, 뉴질랜드, 중국, 대만, 홍콩, 싱가폴, 인도, 파키스탄, 말레이시아, 태국, 스위스, 노르웨이, 폴란드, 체코, 터키, 멕시코, 아르헨티나, 우루과이, 브라질(23)	파나마, 모리셔스(2)

우리나라는 외국법률 자문서비스(Foreign Legal Consultants: FLCS)를 허용하는 것 이외에 다른 분야의 개방 내용을 포함시키지 않았고 제출된 다른 국가의 양허안도 대부분 기존의 자유화된 사항을 부분적으로 반영한 것에 불과하고 민감한 분야는 포함되지 않았다.

(3) 비농산물 시장 접근

2003년에 비농산물 시장 접근 분야에 대한 논의 사항을 살펴보면 다음과 같은 쟁점들을 알 수 있다. 첫째, 관세 인하 공식에 관련하여 지하드 공식과 스위스 공식 중 어느 방식을 선택할 것인지 첨예한 대립을 보이고 있다. 미국과 선진국은 스위스 방식을 선호하고 있다.

둘째, 부문별 관세철폐에 대해서 선진국과 개도국들 간의 강력한 갈등이 존재한다. 모든 회원국들이 강제적으로 부문별 관세철폐에 참여하여야 된다는 선진국의 주장에 대해서 개도국들은 강력하게 반발하고 있다.

셋째, 비관세장벽의 정의 및 범위와 완화방안에 대한 논의도 많았다.

넷째, 개도국 및 최빈개도국을 어떻게 배려할 것인지에 관하여 선진국과 개도국간에 서로 다른 주장을 하였다.

2003년 9월 멕시코에서 개최된 칸쿤 각료회의에서 이러한 주요 쟁점사항을 논의하였으나 합의를 도출하는데 실패하였다. 모든 회국에 대해 동일한 협상방식을 적용해야 한다는 선진국의 주장에 대해서 개도국은 이를 강력히 반대한다고 주장함으로써 첨예한 대립을 보였다. 그러나 제6차 WTO각료회의에서 관세감축이 큰 스위스 공식이 채택되었고 선진국과 개도국에 적용하는 복수의 계수를 두기로 했기 때문에 개도국 시장 개방 폭이 상대적으로 적을 것으로 보인다. 최빈국 제품에 대한 무관세·무쿼터에 대해서도 합의점을 찾았다. 선진국과 참여의사를 선언한 개도국만 2008년까지 무관세·무쿼터 시장 접근을 제공하기로 합의했다.

(4) 무역규범

① 반덤핑

대부분의 국가들이 자국의 시장을 보호하기 위해서 외국의 수출상품에 대해서 반덤핑조치를 남발하여 무역마찰의 원인이 되었다. 따라서 DDA협상에서 반덤핑을 모든 국가가 공정하게 인정할 수 있는 무역규범을 만들려고 노력하고 있다. 반덤핑 협상에 입하는 각 국의 입장은 국가마다 다르지만 현행 협정의 개정을 주장하는 프렌조그룹과 주로 반덤핑 조치를 취하는 선직국의 개정반대 입장이 대립하는 양상을 보이고 있다. 2002년에는 주로 개정해야 할 명분을 나열 하였지만 2003년에는 좀 더 구체화시켜서 개정된 반덤핑 협정의 내용과 제안에서 논의하고 있다. 반덤핑 협정의 문제점과 WTO체제가 추구하는 자유무역의 관점에서 반덤핑 협정을 손질하려는 것보다는 반덤핑 협정의 존재를 인정하고 반덤핑 협정을 어떻게 운영할 것인가의 논의에 초점이 맞추어져 있다.

② 일반 보조금

국가의 수출상품에 대한 보조금을 공정무역을 저해하는 원인이라고 미국 등 일부 선진국가들이 강력히 주장함에 따라 DDA협상에서 새로운 합의점을 도출하려고 의제로 채택하였다. 주요 논의 사항을 보면 보조금의 정의 문제와 관련하여 위장보조금(disiguised subsidies)과 국가통제기관(state-controlled entities), 국가보조금 규정의 명료화문제, 금지보조금의 확대 및 구제의 재검토, 수출보조금 예시목록 중에서 수출신용보증 및 보험에 대한 규정검토 등을 논의하여 왔다.

③ 수산보조금

어민들을 지원해주기 위해서 국가에서 수산보조금을 제공해왔다. 국가의 어민에 대한 수산보조금도 공정무역의 관점에서 논의하여야 된다는 주장에 따라 DDA협정의 의제로 채택되었다. 따라서 국가간의 합의를 도출하기 위한 협상이 진행 중에 있다.

2003년에 EC와 캐나다는 수출보조금을 규제해야 된다고 협상에서 목청을 높였고 우리나라와 일본은 수산보조금의 규제는 시기상조라고 주장하여 대립하는 상황이 전개되고 있지만 대부분 회원 국가들은 수산보조금의 규제를 긍정적으로 평가하고 있어 우리나와 일본은 힘겨운 협상을 이끌어 가야 될 것으로 보인다.

(5) 지역무역협정

국가간 상거래에 있어서 모든 국가를 차별 없이 공평하게 대우한다는 WTO체제의 최혜국대우원칙(Most-Favored-Nation Principle)과 지역무역협정이 충돌하기 시작하면서 DDA협상의 의제로 채택되었다. 지역무역협정은 급증하기 시작하여 지역무역협정 국가간의 무역이 세계 총무역의 약 절반을 차지하게 되었다. EC, 미국 등 지역무역협정에 가입하는 대부분의 국가에서는 지역협정 관련 내용의 개정에 대해서 소극적인 자세를 보이고 있고 개도국들은 지역무역협정의 규정을 강화시키는 것을 적극적으로 반대하고 있어서 이 분야에 대한 합의가 쉽게 도출되기가 어려울 것으로 보인다.

(6) 지적재산권

제5차 WTO각료회의가 개최되기 전에 지적재산권 분야에서 큰 협상의 성과가 도출되었다. 공중보건의제와 관련하여 의약품 생산시설이 없는 개도국이 저렴한 가격으로 특허된 의약품을 수입할 수 있도록 하는 방안을 채택하였다.

(7) 무역과 환경

미국에서의 대형 허리케인의 발생과 동남아를 휩쓸고 간 쓰나미와 같은 대형 자연재해가 발생함에 따라 환경을 무역과 연계시켜 환경을 보호하려는 움직임이 제기되어 개도국의 강력 반발에도 불구하고 DDA협상의제로 채택되었다. 환경보호에 관하여 선진국과 개도국간의 시각차가 뚜렷하게 발생하여 WTO회원국의 75%를 차지하는 개도국들은 환경의제채택이 선진국의 발전된 환경산업을 보호하기 위하여 선진국이 까다로운 환경기준을 제정하여 무역장벽을 구축하려고 하는 것이 아닌가 하는 의구심을 갖고 있어서 협상분위기가 조성되지 못하고 있다.

(8) 싱가폴 이슈

① 투자

해외투자가 급격히 증가하면서 투자와 무역을 연계시켜서 다자간 투자협정을 체결해야 한다는 주장에 무게가 실리기 시작하여 1996년 WTO 제1차 각료회의 선언문에서 무역과 투자의 관계를 검토하는 무역투자작업반(Working Group on Trade and Investment)이 설치되었다. 제5차 WTO각료회의에서 WTO투자협정을 지지하는 회원국들(EC, 한국, 일본)과 반대하는 회원국들(개도국)과 첨예한 대립양상을 보였다. 대부분의 개도국들은 WTO차원의 다자간 투자규범 제정을 위한 협상 자체를 강력히 반대하여 이 분야의 합의점을 도출하는 데에는 많은 시간이 걸릴 것으로 보인다.

② 경쟁정책

정부의 경쟁정책이 공정한 무역을 저해하기 때문에 경쟁정책에 대한 다자간규범을 제정하려는 움직임이 있어서 DDA협상의제로 채택되었다. 경쟁정책의 다자간 규범에 대한 협상이 시작되었지만 선진국과 개도국 선진국간의 미묘한 입장차이로 협상이 진전되지 못하고 있다. 무역협상에 중요한 영향력을 행사하고 있는 미국은 매우 소극적인 입장을 취하고 있다. 미국은 경쟁정책을 본질적으로 시장접근 방식으로 풀 수 있는 것이 아니기 때문에 WTO에서 논의하는 것은 매우 부적절하다고 보고 있다. 적극적인 참여의사를 표명한 EC마저 싱가폴의제의 협상타결에 소극적인 모습을 보임에 따라 경쟁정책의 다자간 규범의 협상타결은 더욱 험난한 여정을 지난 후에나 가능할 것으로 보인다.

③ 정부조달 투명성

대부분 국가는 정부조달 부분에서 외국기업에게 불리한 조항을 두어 차별을 하게 되었다. 따라서 정부조달 부분에서 공정한 무역을 정착시켜야 된다는 주장에 따라 정부조달이 DDA협상의제로 채택되었다. 2003년에 정부조달 투명성 작업반은 2차례 공식회의를 열어 정부조달, 국내과정 및 실무에 대한 기존의 국제규율에 있어 투명성과 관련된 규범과 기술지원 및 능력배양(capacity building) 등을 중심으로 논의하여 왔다.

④ 무역원활화

무역은 수출입통관절차와 국제운송을 통해서 이루어지고 있다. 외국기업이 이러한 수출입통관절차를 이행하는데 불리한 조항 때문에 차별을 받고 있다는 주장에 따라 무역원활화가 DDA협상 의제로 채택되었다.

2003년에 두 차례의 회의가 개최되었다. 본 회의에서 무역을 원활화 시킬 수 있는 규범화의 여부와 개도국 기술지원, 능력배양 및 특별적 차별 대우 등에 관하여 논의를 하였다.

이러한 논의를 통하여 선진국과 개도국은 무역원활화를 통한 통관절차의 간소화 및 물류의 원활한 흐름이 무역비용의 감소 및 시장을 확대시키는데 긍정적인 역할을 한다고 인식을 같이 하고 있으나 무역원활화의 신규협정 제정 필요성 및 범위에 대해서는 서로 다른 입장 차이를 보이고 있다.

(9) 무역과 개발

무역과 개발에 관한 다자간 규범화의 논의는 1965년 케네디라운드에서 출발하여 무역과 개발위원회가 설립되었다. 도하개발 라운드에서 무역과 개발의 문제는 개도국 특별우대조치(Special Differential Treatment: SDT)에 관한 조항들의 이행을 강화시키기 위한 논의에 초점을 맞추었다.

제 7 장

경제통합과 무역

제1절 경제통합이론의 개요

제2절 경제통합의 형태

제3절 관세동맹의 경제적 효과

제4절 경제통합의 추이

국가간의 상거래를 통한 이익을 더욱더 창출하기 위해서 국가간 경제통합이 가속화되고 있다. 이러한 경제통합은 무역에 직접적인 영향을 미치기 때문에 경제통합을 시키는 이유와 경제통합에 다른 이익은 무엇인지 본 장에서 살펴본다.

제1절 ▸ 경제통합이론의 개요

1. 경제통합의 의의

2000년대에 접어들면서 국제무역질서는 다자주의(Multilateralism)의 강화와 지역주의(Regionalism)의 심화라는 상호 모순된 흐름이 공존하는 복잡한 양상을 보이고 있다. 지역주의는 경제통합(economic integration)이라는 배타적 경제블록을 통하여 추구되는데 경제통합이 세계적으로 성행하게 된 것은 1958년 EEC의 결성과 그 성공이 계기가 되었다는 것이 일반적인 평가이다. 그러나 경제통합은 그 형태나 특성이 지역과 시대에 따라 서로 다르게 나타나고, 통합의 개념도 학자에 따라 견해가 다양하기 때문에 경제통합이 무엇인가에 대하여 일률적으로 정의하기는 매우 어려운 일이다.

우선 몇몇 학자들의 견해를 살펴보면 정치경제학(political economics)적 시각에서 경제통합을 파악하는 G. Myrdal은 경제통합을 사회적 이상 추구를 위한 규범적 개념으로 파악하여 사회발전의 동태적 과정과 결부시키고 있다. Myrdal은 경제통합을 국경의 제거라는 의미로 파악하기보다 공동체의 영역확장이라는 측면에서 파악하고자 하였다.[1] 즉 사회는 공동체 전체의 이상적 목표를 향해 접근해 가야하고, 이를 위해서 관련된 사회·경제체계 내에서 기존 질서의 수정과 변화가 필요하며, 이러한 변화는 일정한 규범에 의해 유도되어야 하는 것으로 보았다. 각 사회는 그러한 규범과 목표에 맞추어 동태적으로 변화해 가야 하는데 이러한 동태적 변화과정을 통합이라 보고, 경제통합도 이러한 통합과정의 하나로 파악하였다.

J. Tinbergen과 B. Balassa 등은 근대 경제학적 시각에서 경제통합을 이해하고 있다. Tinbergen은 경제통합을 『경제의 최적상태 실현을 저해하는 인위적 장해를 배제하고 경제통합체간에 경제적 조정과 통일에 필요한 모든 소망스러운 요소를 의식적으로 도입함으로써 국제경제의 올바른 구조를 형성하는 것』이라 정의하고 있다.[2] 그는 이러한 경제통합의 목적을 달성하기 위해 무역제한이나 장치를 제거하고 생산

---

1) G. Mydral, An International Economy, Harper & Row, New York, 1964, p.11
2) J. Tinbergen, International Economic Integration, E. P. Co., Amsterdam, 1965, p.57

요소의 이동을 자유화할 수 있는 조치와 이의 실현을 위한 감시수단의 확보, 그리고 자유경쟁이 효율적으로 작용할 수 있는 조건 마련 등의 정책적 조치가 필요하다고 본다.

Balassa는 경제통합을『각국 경제간에 각종 차별대우가 존재하지 아니하는 상태 내지는 차별대우를 제거하는 과정』으로 정의하였다.[3] 여기에서 각종 차별대우 중 가장 중요한 것은 물론 무역거래에 관한 것으로서 경제통합을 형성하는 국가들은 우선적으로 무역장벽의 제거에서부터 시작하는 것이 보통이다. 그는 통합되는 경제 단위간 차별제거의 정도에 따라 경제통합의 형태를 자유무역지대, 관세동맹, 공동시장, 경제동맹, 그리고 완전한 경제통합의 다섯 가지로 구분하였다.

이와 같이 경제통합의 개념은 다양하게 정의되고 있지만, 대체적으로『공동의 이해관계를 가진 국가간에 협정을 체결하여 하나의 새로운 광역 경제권을 결성하고, 역내에 있어서 경제적 기회균등과 경제적 효율성이 제고될 수 있도록 차별이 존재하지 않은 경제조직체를 구축해 가는 과정』으로 정의를 내릴 수 있다.

경제통합은 현실적으로 시장규모 확대를 통한 경제적 이익과 자유무역의 이익, 그리고 강력한 무역협상력의 확보를 통한 가맹국의 이익 확보를 목표로 한다. WTO체제의 이념인 다자주의에 의한 범세계적 자유무역은 세계자원의 최적 배분과 후생수준을 극대화시킬 수 있기는 하겠지만, 완전한 자유무역이란 하나의 이상일 뿐 각 국가간 경제적 이해가 다를 수밖에 없고 비경제적인 장애요인도 매우 많기 때문에 실현이 어려운 문제이다.

경제통합으로 구체화되는 지역주의는 한계가 많은 다자주의를 보완하여 제한된 범위 내에서 무역의 확대를 도모함으로써 세계 전체의 자유무역화를 촉진시키는데 기여할 것이라는 긍정적 측면이 분명히 존재한다. 그러나 한편으로 배타적 경제블록으로 인해 국제무역질서를 악화시키는 부정적 측면도 적지 않게 발생하는 것이 사실이다.

특히 WTO체제하에서 다자간 교역체제 강화로 인해 국가간에 야기될 수 있는 피해를 선진국들이 경제통합의 강화를 통하여 해결하고자 할 경우 경제통합을 통한 지역주의는 다자주의의 중대한 제약 요인으로 작용할 가능성도 있다.

---

3) B. Balassa, The Theory of Economic Integration, George Allen & Unwin Ltd., London, 1969, p.1

2. 경제통합의 동기

경제통합을 결성하는 동기는 일반적으로 국경 장벽의 제거에 의한 시장의 확대와 그로 인한 경제적 이익의 확보에 있지만, 현실적으로는 경제적 이익 외에 정치적·군사적·외교적 동기가 병행되는 경우가 많이 있다. 경제통합의 결성 동기를 보면 다음과 같다.

첫째, 대시장 확보에 의한 경제적 이익의 기대이다.

국경장벽 제거에 의한 시장의 확대가 가져올 수 있는 경제적 이익은 규모의 경제 달성, 경제의 효율성 제고와 기술혁신의 발생, 투자의 증가 등을 들 수 있다.

둘째, 개방과 보호라는 상반되는 정책 목표를 추구하는 경우이다.

경제통합의 특성은 자유무역주의와 보호주의적 성격이 엇갈리는데 있다. 역내 회원국간 교역에 있어 각종 장벽의 철폐는 자원 배분의 효율성을 가져오나 다른 한편 이러한 특혜는 역외 비 회원국에 대하여는 적용되지 아니하므로 경제통합이 개방과 보호의 상반된 정책목표를 조정하는 제한된 범위내의 개방화 정책 수단이 될 수 있는 것이다.

셋째, 대시장 형성을 통한 무역협상권의 강화이다.

경제통합을 통한 무역협상권의 강화는 GATT체제하 다자간 무역협상에서 EC가 그 위력을 충분히 보인바 있으며, 미국이 주도한 NAFTA 결성의 주요한 동기 중 하나도 이러한 무역협상권의 강화에 있었던 것이다.

넷째, 비 경제적 요인으로서 경제통합의 결성동기를 정치적 결속이나 집단보호체제의 구축, 문화교류의 증진, 종교 및 민족 공동체의 형성 등을 목적으로 하는 경우이다.

정치·문화·종교 및 민족적 요인에 의해 경제통합이 시도된 예로는 아랍경제동맹, 마그레브 제국연합 등이 있다. 이들 아랍권 내의 경제통합 추진은 제2차 세계대전 후 아랍민족과 이슬람 문화권의 동질성 회복과 서방국가로부터의 정치적 독립을 확보하고자 하는 동기를 가지고 있었다. 1968년에 결성된 ASEAN도 당초 정치·문화적 공동체의 구축과 군사적 안전보장이 그 중요한 동기를 이루었으나 최근에 와서 경제적 이익을 추구하는 경제통합체로 진전되고 있다.

이러한 동기 외에도 역외 지역에 대한 경제적 의존의 탈피, 제2차 세계대전 후의 식민지 국가의 독립과 동·서 진영의 대립에 따른 시장의 위축과 기술혁신으로 인한 대량생산 결과에 따른 수출시장의 확대 등이 동기로 지적되기도 한다.

3. 경제통합의 조건

경제통합은 복수국간에 시장 영역을 확대하여 경제적 자유의 폭을 넓히거나 복수국간의 경제적 보완관계를 상호 접합시킴으로써 가맹국 전체의 후생을 증진시키기 위하여 결성된다. 경제통합은 이러한 목표를 어느 정도 달성할 가능성 즉 조건이 성숙되어 있을 때 가능한 것이다. 일찍이 R. F. Sannwald는 경제통합의 효과가 크기 위한 조건으로 ① 지리적·문화적 관계가 밀접할 경우 ② 공통의 이해관계가 있는 경우 ③ 경제구조의 잠재적인 보완관계가 있는 경우 ④ 상대국에 대한 수요·공급의 능력이 있는 경우 ⑤ 대량생산의 이익을 획득할 수 있는 가능성이 큰 경우 등을 들었다.[4)]

일반적으로 경제통합은 가맹국들의 경제발전단계와 소득수준이 비슷해야 하고, 가입국들의 경제구조가 대체적이며 잠재적으로는 보완적이고, 지리적으로는 인접할 뿐 아니라 역사·문화적으로는 밀접한 관계가 있을 것 등이 조건으로 지적되어 왔다. 특히 개발도상국과 선진국의 경제통합은 개발도상국에 이익이 되지 못한다는 것이 1950년대 이래의 지배적인 의견이었다.[5)]

그 이유는 첫째, 통합 전 높은 관세보호를 받고 있던 개발도상국은 통합에 따른 자유무역으로 대량의 생산측면에서의 손실을 입게 될 것이고, 둘째, 통합 전 무역장벽이 높은 개발도상국은 자유무역으로 무역이 확대될 경우 국산상품의 효과적인 경쟁력 확보가 불가능할 것이며, 셋째, 통합 후 1차산품의 교역이 자유화된다 할지라도 선진국의 당초 관세율은 이미 낮은 수준일 뿐 아니라 1차산품의 가격과 소득탄력성이 낮기 때문에 개발도상국이 얻은 이익은 적다고 보았기 때문이다.

그러나 NAFTA의 예에서 보듯이 오늘날 경제통합은 경제발전단계와 소득수준이 현저히 다른 국가간에도 결성되고 있다. 개발도상국(멕시코)과 선진국(미국과 캐나다)간에 결성된 NAFTA의 경우 통합초기 나타난 각국의 반응을 보면 전통적인 관세동맹이론이 예측한 것과는 거의 완전히 반대되는 것이었다. 즉 멕시코의 경우 주

4) R. F. Sannwald and Jacques Stohler, Economic Integration, Princeton Univ. Press, 1959, p.55
5) Victor B. Thomas, Nikki Craske and Mónica Serrano, MEXICO AND NORTH AMERICAN FREE TRADE AGREEMENT, The Macmillan Press Ltd., London, 1994, pp.203-204

요 정당들이 통합에 열성을 보인 반면 캐나다는 미온적이거나 중립적이었으며, 미국의 경우는 다수의 압력단체들로부터 수많은 반대 의견이 분출되었던 것이다. 또 유럽의 EU와 남미의 MERCUSOR간의 자유무역협정 추진에서 나타나듯이 지리적으로 전혀 인접하지 않고 역사·문화적으로 관계가 먼 국가들간의 경제통합도 실현가능성이 높아지고 있다.

이런 점에서 볼 때 오늘날 경제통합의 가장 중요한 조건은 경제통합의 결성으로 인한 경제적 기대이익이 되고, 기타의 조건은 큰 제약조건으로 작용하지 아니하고 있다고 하겠다.

제 2 절 ▸ 경제통합의 형태

1. 경제통합의 유형

경제통합은 통합을 위한 접근방법, 통합의 정도, 통합의 영역, 가맹국간 경제적 결합관계 등에 따라 몇 가지 유형으로 분류된다. 먼저 통합을 위한 접근방법을 기준으로 하여 초 국가주의적 통합과 기능주의적 통합으로 구분될 수 있다.

초 국가주의적 통합(super-nationalistic integration)은 정치적 제 요인들이 통합에 영향을 미치는 변수로 작용하며 통합 관련국가간 정치적 결속과 동맹을 위해 초국가적인 제도·기관이 설립되고 가맹국들은 경제주권의 제약을 받는 특징이 있다.

기능주의적 통합(functionalistic integration)은 가맹국들이 하등의 주권제약을 받음이 없이 상호 합의된 범위 내에서 공동이익을 추구하는 것으로 사회·경제적 요인들이 통합추진에 영향을 미치는 변수로 작용한다. 유럽자유무역연합(European Free Trade Association: EFTA)을 비롯하여 대부분의 경제통합은 기능주의적 접근을 택하고 있다. 그러나 이러한 구분은 어디까지나 상대적인 개념으로 EC의 경우에도 초국가주의적 통합을 그 기본으로 하고 있으나 동시에 기능주의적 접근도 병행하고 있음을 볼 수 있다.

두 번째는 통합의 정도를 기준으로 하여 전면통합(global integration)과 부분통합

(sectoral integration)으로 구분될 수 있다.

전면통합은 경제통합에 참여하고 있는 각국이 시장을 일괄적으로 개방하여 통합체 전체가 하나의 시장으로 결합되는 것을 의미한다. 여기에는 재화와 용역, 자본 등 모든 경제거래와 통화, 경제정책까지 통합의 대상에 포함된다.

부분통합은 가맹국의 정치·경제적 주권행사에는 큰 영향을 미치지 아니하는 범위 내에서 특정한 산업 또는 특정한 경제부문에 국한하여 상호간 시장을 개방하거나 공동생산을 실현하는 것을 의미한다.

유럽석탄·철강공동체(European Coal and Steel Community: ECSC)가 그 예가 되며, 현재 논의 중인 인터넷을 통한 전자상거래의 무관세지역화안도 여기에 속한다고 할 수 있다.

세 번째는 지리적 대상영역에 따라 광역통합과 지역적 통합, 그리고 국지적 통합으로 구분될 수 있다.

광역통합(trans-regional integration)은 지리적으로 인접하지 아니한 국가간의 통합으로 유럽의 EU와 남미의 MERCOSUR간, 그리고 EU와 북미의 NAFTA간 자유무역지대의 추진이 그 예라 할 수 있다.

지역적 통합(regional integration)은 지리적으로 인접한 국가간의 일반적인 경제통합을 의미하며 가맹국 국민경제 전체가 통합의 대상영역이 되는 것으로 대부분의 경제통합체들이 여기에 속한다.

국지적 통합(local integration)은 국제간 공동의 이해관계에 있는 특정 지역만을 상호 개방하여 제한된 범위 내에서 국제간 경제교류의 자유화를 추진하는 것을 말한다. 인도네시아 바탐섬, 싱가폴 및 말레이시아의 조호르 지역이 하나의 공동경제구역으로 통합된 것이 그 예라 할 수 있으며, 북한·중국·러시아의 두만강 유역 개발도 이와 같은 국지적 통합의 모형으로서 접근이 가능할 것이다.

네 번째로 가맹국의 경제적 발전단계의 수준이나 분업의 형태에 따라 수직적 통합(vertical integration)과 수평적 통합(horizontal integration)으로 구분할 수 있다.

농업국가와 농업국가 또는 선진공업국과 개발도상국간의 통합과 같이 산업구조가 보다 보완적인 국가들이 통합을 추진하는 경우가 수직적 통합인데, 미국·캐나다와 멕시코간의 NAFTA가 그 예가 된다.

수평적 통합은 가맹국간 경제발전 단계가 유사한 국가들 간의 통합으로 현재 가장 일반적인 경제통합 형태이다.

2. 경제통합의 형태

경제통합은 초기에는 대부분 역내국간 경제협력의 강화 및 관세의 인하 내지 철폐와 같은 단순한 형태로 시작되나 점차 결합의 정도를 강화해 나가는 것이 보통이다. 경제통합의 형태를 구분할 때 특혜무역협정(preferential trade arrangement)도 통합의 한 형태로 분류하는 경우도 있으나 일반적으로 통합의 정도와 진행 과정에 따라 부문별 협력, 자유무역지대, 관세동맹, 공동시장, 경제동맹, 완전한 경제통합 또는 정치적 연합의 다섯 단계로 구분한다.[6)]

이하에서 이러한 단계에 따라 그 내용을 살펴본 다음 새로운 관심의 대상이 되고 있는 전자상거래의 무관세지역화 방안에 대하여 설명하기로 한다.

1) 부문별 협력(Sectoral Cooperation)

부문별 협력은 특정 경제부문 혹은 특정 산업에 국한하여 상호간 시장을 통합하는 형태로 매우 제한적인 통합형태이다.

석탄이나 철강과 같은 특정한 경제부문에서의 차별을 줄이려는 단순한 의도에서 비롯되는데 ECSC와 동남아프리카 특혜무역지역(the Preferential Trade Area for Eastern and Southern Africa: PTAESA)이 이에 속한다.

2) 자유무역지대(FTA : Free Trade Area)

자유무역지대란 가맹국간에 무역을 저해하는 일체의 관세나 수량제한과 같은 비관세장벽을 철폐하여 역내의 상품이동을 자유롭게 보장하는 단계의 경제통합을 말한다. 이때 비 가맹국에 대하여는 각국이 독자적인 관세 및 무역제한 조치를 취할 수 있다.

자유무역지대에서는 가맹국 중 저관세 정책을 실시하는 국가를 통해 수입된 상품이 역내의 다른 고관세 정책 실시국으로 재수출될 가능성이 크게 되며, 이 경우 가맹국간에는 관세정책 실시와 관련한 갈등이 발생할 우려가 있다. 따라서 자유무역지

6) R, Gibb and W. Michalak Continental Trading Bloc : The Growth of Regionalism in the World Economy, 1994, pp.23-27

대에서는 엄격한 원산지 규정을 두어 이를 방지하고자 한다. 자유무역지대의 예로는 유럽자유무역지역(European Free Trade Association: EFTA)과 NAFTA를 들 수 있다.

3) 관세동맹(Customs Union)

관세동맹은 자유무역지대에서 한 단계 더 발전한 경제통합형태로 자유무역지대에서와 같이 가맹국간 상품의 자유로운 이동이 보장될 뿐 아니라 각 가맹국은 관세의 자주권을 포기하고 동맹이 결정한 대외공동관세(Common external tariff)를 적용한다.

관세동맹의 예는 역사적으로 비교적 많이 찾아볼 수 있는데 1834년 독일의 여러 주권국가들이 설립하여 1870년 비스마르크의 독일 통일에 주요한 역할을 한 독일관세동맹(Zollverein)과 제2차 세계대전 후의 베네룩스(Benelux) 관세동맹, 그리고 1958년의 EEC 등이 그것이다. 관세동맹의 흥미로운 변형 가운데 하나가 무관세지역(duty free zone) 또는 자유경제지역(free economic zone)이다. 이러한 지역은 외국으로부터 원료와 중간재를 무세로 반입할 수 있도록 허용함으로써 외국의 직접투자 또는 합작투자를 촉진하기 위하여 설치되는데 그 효과는 관세동맹의 개념으로 분석될 수 있다.

4) 공동시장(Common Market)

공동시장은 관세동맹이 더 발전하여 상품의 자유로운 유통 뿐만 아니라 가맹국간 노동, 자본과 같은 이동 가능한 생산요소의 자유로운 이동까지를 보장하는 형태의 경제통합이다. 공동시장 단계에서는 설비의 자유(freedom of establishment)가 중요한 구성요소로 인식된다. 이러한 통합의 형태에는 중미공동시장(Central American Common Market: CACM)과 1967년의 EC가 있다.

5) 경제동맹(Economic Union)

경제동맹은 공동시장에서 더욱 발전된 경제통합 형태로 가맹국간 재정·금융 및 산업정책 전반에 대한 조정과 협력 강화를 위한 공동의 경제정책이 실시되는 경제통합이다. 1960년의 베네룩스 경제동맹이 그 예가 되는데 EU도 공동시장의 완성과 함께 1999년 완료를 목표로 통화동맹 결성을 추진하고 있어 경제동맹의 수준에 접근하고 있다.

6) 완전한 경제통합(Complete Economic Integration) 또는 정치적 연합(Political Union)

완전한 경제통합은 경제통합 형태 중 가장 완벽한 형태의 통합 유형으로 가맹국의 경제정책을 조정하는데 그치지 않고 모든 경제정책을 통일하여 수립, 시행하게 된다. 그러므로 완전한 경제통합은 가맹국의 고유한 경제적 주권이 포기되어야 한다는 문제점이 있다. 완전한 경제통합은 경제부문 뿐만 아니라 정치, 외교, 안보 및 사회전반에 걸쳐 초 국가적 의사를 발휘하는 초 국가적 기구가 설치될 때 실현 가능하다.

이상의 경제통합의 단계를 정리하면 다음 <표 7-1>과 같다. 이러한 경제통합은 전세계적인 경제통합이라는 전체 구조 내에서 서로 다른 성격 또는 형태의 경제통합이 서로 중복되는 동심원으로 개념화하여 생각하는 것이 유용하다.7)

표 7-1 ▸ 경제통합의 단계

<table>
<tr><th>역내 관세철폐</th><th>역외 공동관세부과</th><th>역내 생산요소
자유이동 보장</th><th>역내 공동경제
정책수행</th><th>초 국가적 기구
설치운영</th></tr>
<tr><td colspan="1">자유무역지역
NAFTA,EFTA</td><td colspan="4"></td></tr>
<tr><td colspan="2">관세동맹
베네룩스관세동맹</td><td colspan="3"></td></tr>
<tr><td colspan="3">공동시장
EEC, CARICOM, ANCOM 등</td><td colspan="2"></td></tr>
<tr><td colspan="4">경제동맹
EC</td><td></td></tr>
<tr><td colspan="5">완전한 경제통합
EU: 마스트리히트 조약 발표 이후의 EC</td></tr>
</table>

<그림 7-1>을 보면 EU는 전세계적 경제통합구조인 WTO체제 내에서 배타적인 EMU(European Monetary Unit)를 추진하는 가맹국들 간의 하위 통합구조를 포괄하고 있고 EFTA와는 EEA로 겹쳐지는 특수한 관계를 유지하면서 NAFTA와는 대등

7) Nigel M. Healey, The Economic of the New Europe, New York, Routledge, 1995, pp.8-9

한 관계를 유지하는 경제통합체임을 알 수 있다.

그림 7-1 ▸ 경제통합구조의 상호관계

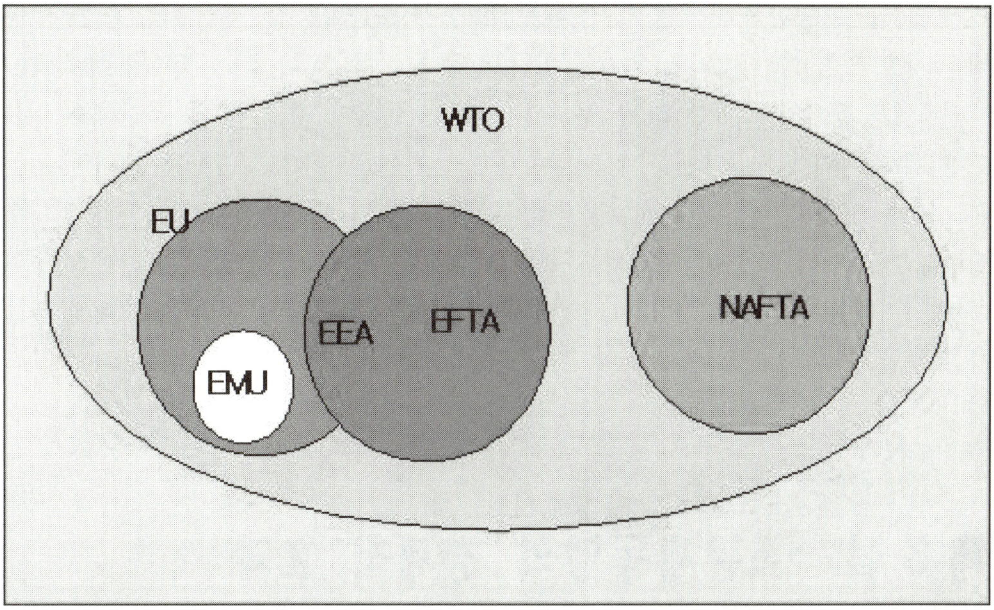

7) 전자상거래 무관세지역화

전자상거래에 대한 개념은 일정하지 않으나 일반적으로 기업, 정부기관과 같은 독립된 조직간 또는 조직과 개인간에 다양한 전자적 매체를 이용하여 상품이나 용역을 교환하는 것을 말한다. 여기에는 일상적인 상거래 뿐만 아니라 대고객 마케팅, 광고, 조달, 서비스 등도 포함된다.

전자상거래는 1990년대 후반 들어 정보통신기술의 발달과 인터넷의 이용 급증에 따라 새로운 경제활동으로 부각되었다. 인터넷을 통한 전자상거래는 전통적인 시장이 갖는 시간적·공간적 제한을 없애고 국경의 개념 또한 무시될 수 있어 전혀 새로운 경제통합의 한 형태로 등장하고 있다.

전자상거래의 범위는 다양하지만 통상 인터넷에 홈페이지, 가상상점(virtual shopping mall) 등을 개설하여 일반소비자를 대상으로 판매활동을 수행하는 Cyber Business

가 그 대상이 된다.

이러한 전자상거래는 유통비용의 대폭적인 절감이 가능하여 가격경쟁력이 높고, 구매자에 대한 정보관리의 용이성, 쌍방향 마케팅의 가능성, 기존 상거래가 갖는 물리적·시간적·공간적 한계의 극복, 네트워크를 이용한 온라인 대금결제 등 많은 장점을 갖고 있어 그 규모가 급속히 늘어나고 있다.

인터넷을 통한 상거래에 대한 무관세지역화는 미국이 주도적으로 추진하고 일본도 이에 적극적으로 동조하는 입장이며, EU의 경우 적지 않은 부분에서 미국과 다른 입장을 보였지만 인터넷 전자상거래의 무체물의 거래는 관세를 부과하지 않기로 결정하였다. 인터넷 전자상거래의 무관세화 대상은 유체물인 상품의 물리적 운송이 따르는 거래를 제외하고 상품의 배달까지 인터넷을 통하여 이루어지는 거래에 관세를 부과할 수 없게 되었다.

제 3 절 ▸ 관세동맹의 경제적 효과

1. 무역창출효과

관세동맹의 무역창출효과란 관세동맹의 결성으로 인해 역내에서 관세가 제거되었을 때 어떤 상품의 공급원이 역내에서 생산비가 높은 국가로부터 생산비가 낮은 국가로 이동됨으로써 새로운 무역이 창출되는 효과를 말한다.

새로이 창출되는 무역은 이미 존재하였으나 관세장벽으로 인해 사멸되고 있던 비교우위가 발휘됨으로써 나타나는 부분과 관세철폐로 수입가격이 하락함으로써 소비가 증가하여 나타나는 부분으로 구분될 수 있다. 이 경우 전자는 생산효과, 후자는 소비효과의 결과이다. <표 7-2>를 통하여 좀 더 자세히 살펴보기로 한다.

표 7-2 ▸ 무역창출효과

생 산 국	생산비	동맹결성전 A국 거래가격 (B,C국에 100% 관세부과)	동맹결성후 A국 거래가격 (C국에만 100% 관세부과)
A 국	100$	100$	100$
B 국	80$	160$	80$
C 국	60$	120$	120$

<표 7-2>에서 거래되는 상품의 생산비는 A국이 100$, B국이 80$, C국이 60$이다. 이 경우 각국이 모두 관세를 부과하지 않는다면 이 상품은 C국으로부터 A, B국으로 수입되거나 B국에서 A국으로 수입될 것이다. 그러나 A국이 B, C 양국으로부터 수입되는 상품에 각각 100%의 관세를 부과한다면 A국 내에서 이 상품이 거래될 수 있는 가격은 A국 생산품이 100$임에 반해 B국 상품은 160$, C국 상품은 120$이 되어 A국과 B, C국간에는 무역이 이루어질 수 없다.

이제 A, B 양국이 관세동맹을 결성하여 역내 관세를 폐지하고 역외국인 C국에 대하여 공동의 관세율 100%를 부과한다면, A국이 B국으로부터 수입하는 상품의 가격은 80$이 되지만 C국으로부터 수입하는 가격은 120$이 된다. 따라서 A국은 B국 상품보다 비싼 생산비로 상품을 계속 생산할 수 없게 되고 보다 저렴한 생산비가 드는 B국에서 생산된 것을 수입하게 될 것이다. A국은 이 상품의 생산을 포기하는 대신 자국 내에서 생산되는 다른 상품 중 생산비가 B국에 비해 저렴한 상품을 택하여 생산하게 될 것이고, 그 결과 비교우위의 원리에 따라 새로운 무역이 창출되는 효과가 일어나게 된다. 이러한 무역창출은 가맹국 전체의 입장에서 자원의 효율적 배분을 이루는 것이 되며, 세계 전체의 자원배분 측면에서도 플러스 효과를 가져오는 것이다.

2. 무역전환효과

관세동맹의 무역전환효과란 관세동맹에 의하여 역내 가맹국에 대하여는 관세를 철폐하고, 역외 가맹국에 대하여는 차별적인 관세를 부과할 때 생산비가 상대적으로 낮은 비가맹국으로부터 수입하던 상품을 생산비가 보다 높은 역내의 가맹국으로부터 수입하게 되는 효과를 말한다. <표 7-3>은 무역전환의 예를 보여주고 있다.

표 7-3 ▸ 무역전환효과

생 산 국	생산비	동맹결성전 A국 거래가격 (B,C국에 50% 관세부과)	동맹결성후 A국 거래가격 (C국에만 50% 관세부과)
A 국	100$	100$	100$
B 국	80$	120$	80$
C 국	60$	90$	90$

<표 7-3>에서 A, B, C국의 상품 생산비는 <표 7-2>에서와 동일하나 A국이 이 상품의 수입에 대하여 50%의 관세를 부과한다는 점만 차이가 있다. 이 경우 관세동맹이 결성되기 전에 A국은 자국에서의 생산비나 B국으로부터의 수입가격보다 저렴한 C국으로부터 이 상품을 수입하게 된다. 그러나 A국과 B국이 관세동맹을 결성하게 되면 A국은 이 상품의 수입을 C국으로부터 보다 저렴하게 공급할 수 있는 B국으로 전환하게 될 것이다. 결국 관세동맹으로 인해 효율적인 역외 생산자로부터 비효율적인 역내 생산자로 상품의 공급이 전환되는 무역전환효과는 자원의 효율적인 배분을 왜곡하고 각국의 후생을 하락시키는 효과를 가져오는 것이다.

3. 동태적 효과

대체로 관세동맹은 가맹국에 동태적으로 다음과 같은 긍정적 효과를 가져온다.

먼저, 관세동맹의 결성은 가맹국간 시장을 통합하여 전체시장의 규모를 확대시킴으로써 규모의 경제효과를 발생시킨다.

시장의 확대는 역내의 경쟁력 있는 기업으로 하여금 대규모 역내 시장을 대상으로 하여 생산량을 증대시키게 하며, 이에 따라 단위당 생산비가 체감하는 규모의 경제효과가 일어나게 되는 것이다. 규모의 경제효과로 인한 이익은 소비측면에서 볼 때 동맹에 참여한 가맹국 모두의 이익이 될 수 있다. 그러나 생산측면에서는 경쟁력 있는 기업이 있는 국가에게는 이익이 될 수 있지만 상대적으로 경쟁력이 떨어지는 기업이 있는 국가에게는 손실이 될 수 있다.

둘째, 관세동맹의 결성은 역내 기업들이 경쟁력을 강화시키는 효과를 가져온다. 관세동맹이 결성되고 역내에서 관세가 철폐될 경우 역내 생산기업들은 역내의 다른 생산기업과의 경쟁에 대처하기 위하여 더욱 효율적이 되던가 아니면 도산할 수밖에 없다. 따라서 기업들은 경영합리화, 신제품 개발을 위한 기술혁신 등 기업의 체질을 강화하기 위한 모든 노력을 다하게 되고, 자원의 이용도 효율화되어 경쟁력이 강화되는 효과가 나타나게 된다.

셋째, 관세동맹의 결성은 역내지역에 대한 투자를 촉진시킨다.
관세동맹이 결성되면 가맹국 기업들은 확대된 시장으로부터의 수요증대에 응하고 치열한 시장경쟁에 대처하기 위하여 R&D 등에 투자를 증가시키게 된다. 뿐만 아니라 역외 국가들에 대한 차별적인 관세부과는 역외국들로 하여금 관세장벽을 피하기 위하여 관세동맹 지역 내에 생산시설의 설립을 유도하게 된다. EC 출범을 계기로 미국 기업이 유럽에 대한 투자를 크게 늘렸던 사실이나 NAFTA 출범을 계기로 북미 지역에 대한 역외국들의 투자가 증가하고 있는 것이 그 예이다. 결국 역내 기업들 자신과 역외국들로부터의 투자 증가는 관세동맹 지역 내의 경제를 활성화하는데 기여하게 된다.

넷째, 관세동맹의 결성은 경제적 자원 이용을 효율화한다.
관세동맹은 자본의 자유로운 역내 이동을 허용함으로써 자원을 효율적으로 배분시킨다. 가맹국 전체의 입장에서 볼 때 생산요소의 적재적소에 배치는 생산성을 증대시키고 생산 기술을 전파시켜 역내의 경제성장을 촉진시키는 결과를 가져온다.

다섯째, 관세동맹의 결성은 역내 기업으로 하여금 로지스틱스 체제를 변경시킨다.[8] 기업 로지스틱스 변경은 관세동맹의 결성으로 역내의 관세와 특히 비관세장벽(NTB)이 제거됨으로 인해 발생하는 것으로, 관세동맹 결과 초래되는 경쟁의 격화로 기업의 생산과 분배과정에서 투입 생산요소의 결정과 관련한 일련의 활동이 조정되는 것을 말한다. 이러한 변화는 가격인하와 다른 경제활동에 보다 유효하게 활용될 수 있는 자원을 방출시키도록 하여 역내경제에 동태적 후생효과를 가져오게 한다.

한편 관세동맹은 역외국에 대하여 무역전환에 따른 수출의 감소, 경쟁력이 강화된 역내 기업들과 관세동맹 지역내 뿐만 아니라 제3국 시장, 심지어 자국시장에서도 치열한 경쟁에 직면하게 하는 부정적 효과를 줄 수 있다. 특히 까다로운 원산지 규정과 같은 조치는 비관세장벽으로 작용하여 역외국들로 하여금 관세동맹 지역에 대한 무역을 더욱 어렵게 하기도 한다.

---

8) F. McDonald, 「Completing the internal market in the European Union」, The Economics of the New Europe, Routledge, London, 1995, pp.139-156

제 4 절 ▸ 경제통합의 추이

1. 경제통합의 역사

미국은 1776년 독립당시만 해도 식민의 동기, 종교, 시기 등이 다르고 상호 독자적인 정치·경제권을 형성하고 있던 13개 주(states)로 분리되어 있었다. 이들 13개 주간에는 관세체계, 화폐제도, 기타의 경제적 제 여건이 상이하여 상호간 경제교류는 극히 제한되어 있었으며, 그로 인해 독립 이후에도 경제적으로는 사실상 13개의 독립된 경제권역으로 분할되어 있었다.9)

독립 후 1781년 최초의 헌법으로 연합규약이 제정되었고, 이에 따라 13개 주는 하나의 연방국가로 결합되었다. 그렇지만 연합규약이나 독립선언문에는 각 주간의 경제교류에 관하여는 별도의 규정이 없었을 뿐 아니라 중앙정부의 권력도 미약하였으므로 연방내 각 주간에는 경제적 결속이 이루어지지 못하고 있었다. 그 후 1787년 제정된 연방헌법에서 각 주는 독자적인 관세법과 독자적인 통화를 사용하지 못하게끔 하는 명문규정을 설정하게 되어 비로소 연방국가내의 시장통합을 이룰 수 있는 입헌적 기반을 마련하였다.

그러나 농업중심의 자유주의 정책을 지지하는 남부지역과 공업중심의 보호주의 정책을 지지하는 북부지역간에는 오랫동안 이해가 대립되었으며 결국은 1861년 남북전쟁으로 발전하였고, 1865년 북측의 승리로 전쟁이 끝남으로서 비로소 연방국가내의 각 주는 완전한 정치적·경제적 통합이 이루어지게 되었다.

스위스의 경우에는 연방정부 수립에 의한 정치적 통합이 선행되고 각 주간의 경제적 통합이 후에 일어났다는 점에서 미국의 경우와 유사하다. 스위스는 정치적 결합체로 이미 14세기에 헬베틱 연방정부(Confédération Helvétique)가 등장하고 있었음에도 19세기에 이르도록 경제적 통합은 실현되지 못하고 있었다. 그 이유는 스위스의 경우 연방내 각 주간 언어, 관습, 문화적 제요인에서 이질성이 미국의 경우보다 더욱 컸기 때문에 훨씬 더 오랜 기간이 필요하였던 것이다. 연방정부 등장 후 수세기에 걸쳐 지속된 이러한 경제적 분할 현상은 1948년 연방내의 각 주간 경제교류

9) 孫炳海, 經濟統合論, 法文社, 서울, 1994, pp.29-41

의 자유화를 명시한 연방헌법의 제정으로 비로소 하나의 경제권으로 통합되어 오늘에 이르고 있다.

독일의 경우는 미국이나 스위스와 달리 관세동맹을 통하여 국민경제를 통합한 사례이다. 독일은 19세기 초 나폴레옹이 독일을 침공하기 이전까지 약 300개의 군소 領邦(territorium)으로 경제권이 분할되어 있었다. 나폴레옹은 이들 군소 領邦을 40개의 주로 통합하였는데 이들 40개 주는 여전히 상호 독립된 주권을 누리며 독자적인 관세체계를 유지하였다. 1818년에 이르러 프러시아(Prussia)를 중심으로 영역 내 領邦간의 관세제거와 외부지역에 대한 공통 역외관세설치가 논의되기 시작하였으며, 1830년에 이르러서는 독일전체가 4개의 관세동맹지역으로, 그리고 마침내 1834년 졸펠라인(der Zolverein)이라 불리는 단일한 관세동맹을 결성하기에 이르렀다. 이와 같이 성립된 졸펠라인은 1871년 독일이 근대 연방국가로 성립하는데 있어 결정적으로 중요한 역할을 하였던 것이다.

역사학자들은 유럽내 통합의 기원을 로마시대까지 거슬러 올라가기도 하나 일반적인 의미에서 경제통합의 최초 형태는 바로 이 독일의 관세동맹으로 보는 것이 타당할 것이다.10)

이상과 같은 국민적 경제통합이나 제2차 세계대전 이후의 국제적 경제통합과는 그 성격을 달리하는 국제간 경제통합의 또 다른 형태가 종주국과 해외식민지간의 경제적 결속관계이다. 종주국과 해외식민지간의 경제적 결합은 배타적인 경제권역을 형성한다는 면에서 제2차 세계대전 후의 경제통합과 유사한 점이 있지만, 결합의 목적이 종주국의 식민지 수탈을 위한 일방적이고도 비대칭적 결합이라는 점에서 본질적으로 차이가 있다.

식민지 개척에 의한 원격지간의 배타적 경제권역의 형성은 이미 16세기 중상주의 시대부터 시작되었다고 볼 수 있으나, 상품수출 및 원료 확보를 위한 특권적이고 독점적인 시장으로서 식민지의 개척은 19세기 말 이후 영국, 프랑스, 네덜란드 등 유럽 주요 자본주의 국가에 의해서이다. 그 결과 아프리카, 아시아, 남미 등 전통적 농업지역은 해외식민지 혹은 해외속령의 형태로 그들의 독점적 시장권에 편입되었고, 종주국 중심의 배타적 블록경제권이 형성되었다. 이러한 블록경제권은 자본주의가 독점단계로 이행되면서 단순한 원료확보와 상품판매를 위한 시장의 유지가 아니라 자본수출, 관세, 외환관리, 지불협정 및 수출입허가제도 등 다양한 통제수단까지

10) 金世源, 貿易政策, 貿易經營社, 서울, 1991, pp.197-203

동원하여 경제 전반에 걸쳐 해외식민지를 종주국의 경제권으로 결합시키는 현상을 보였다. 뿐만 아니라 1929년 대공황 이후에는 직접적인 식민지 경영에 의한 경제권의 확보 외에도 관세, 외환관리, 청산협정 등 무역거래상의 특혜조치로 인한 반식민지 형태의 배타적 시장 확보 정책도 동시에 시행되었다.

1932년 오타와 영연방회의의 상호특혜공여조약(영연방 특혜관세영역의 형성), 프랑스와 그 식민지·속령 사이에 형성된 프랑경제권, 나치독일이 동남유럽 위성국과 체결한 쌍무적 청산협정, 그리고 1940년대 일본이 추진한 대동아공영권 등이 그것이다. 대동아공영권은 종주국과 식민지간 통합과는 다소 차이가 있다. 당시 대동아공영권에는 일본의 식민지 상태에 있던 조선과 대만뿐 아니라 비식민지적 종속상태의 만주, 그리고 일본의 직접적인 피지배관계에 있지 않았던 인도차이나제국과 인도 등이 포함되어 있었으므로 블록에 포함된 국가 구성 면에서 다른 식민지적 경제통합과 차이가 있는 광역경제권이었다. 그러나 이들 제국이 일본을 중심으로 하는 공동경제권역에 종속적으로 편입되고 있었다는 점에서는 식민지적 경제블록과 상호 유사성이 있다.

2. 제2차 세계대전 이후의 경제통합추이

제2차 세계대전 이후 진전된 경제통합은 종전과 전혀 다른 형태의 것이었다. 전후에 경제통합이 성행된 배경에는 1990년대에 이르기까지 전세계를 풍미한 동서 냉전과 남북문제라는 두 가지 주요한 정치적 이슈가 있었다.[11] 제2차 세계대전 이후 경제통합이 가장 먼저 시도된 것은 베네룩스 3국간의 관세동맹(Benelux Customs Union)이다.

서유럽의 소규모 국가들인 벨기에, 네덜란드, 룩셈부르크의 3개국이 1921년에 이미 결성되어 있던 벨기에-룩셈부르크 간 경제동맹을 바탕으로 상호간 협소한 시장으로 인한 불이익을 배제하기로 하고 1943년 런던통화협정(La convention monétarie)과 1944년 관세협정(La convention douaniére)을 각각 체결하여 관세동맹을 결성하기로 합의한 것이다.

베네룩스 관세동맹은 3년간의 조정기간을 거쳐 1948년에 정식으로 발효하였다.

11) W. Andrew Axline, The Political Economy of Regional Cooperation, Associated Univ. Presses, USA, 1994, p.8

그러나 유럽에서 국제간의 협력이 본격적으로 시작된 것은 1948년 유럽경제협력기구(Organization for European Economic Cooperation: OEEC)의 설립으로부터이다.

미국은 전후 미국 상품에 대한 수요를 유지하고 유럽의 부흥을 지원하기 위하여 마샬플랜(Marshall Plan)에 따라 1948년부터 1951년까지 약 125억 달러를 서구제국에 원조하였는데, OEEC는 이러한 미국의 원조를 합리적으로 배분하고 이용하기 위하여 유럽 17개국이 참여하여 설립한 경제협력기구이다.

OEEC는 그 후 미국, 캐나다를 회원국으로 맞이하여 1961년부터 경제협력개발기구(Organization for Economic Cooperation and Development: OECD)로 확대·개편되었다. OEEC는 전후 유럽의 경제부흥과 경제발전의 토대를 형성하는데 큰 기여를 한 것으로 평가되는데 OEEC의 성공은 유럽각국들로 하여금 보다 확고한 경제협력체제를 모색하게 하였다. 그 결과 1951년 파리조약(Le Traité de Paris)에 의해 유럽석탄철강공동체(European Coal and Steel Community: ECSC)가 결성되었고 ECSC에는 프랑스, 독일, 이탈리아와 베네룩스 3국의 6개국이 참여하였으며, 1952년 7월에 발효되었다.

ECSC는 정치, 경제적으로 두 가지 취지를 가지고 있었다. 정치적으로는 프랑스와 독일 국경을 중심으로 가맹국 내 석탄·철강의 공동시장을 설립하여 전쟁을 사전에 방지하자는 것이고, 경제적으로는 두 부문에서 생산물과 생산요소의 시장통합을 추구함으로써 공동의 경제적 이익을 실현한다는 것이 그것이다. ECSC를 계기로 역내 석탄·철강시장의 자유화는 크게 진전되었으며 특히 독일과 프랑스간의 정치·경제적인 대립이 조정될 수 있었던 것은 ECSC의 가장 큰 성과였다. 이러한 성과로 이들 가맹국은 1957년 로마조약(Treaty of Rome)을 체결하여 유럽원자력공동체(European Atomic Energy Community: EURATOM)와 유럽경제공동체(European Economic Community: EEC)를 창설할 수 있었다.

로마조약은 공동체의 발전과 관련한 여러 가지 대안 모델을 법제화하거나 여건을 조성함에 있어 실용주의적 접근을 허용하고 있는데, 그 이후 유럽통합의 진전은 이와 같은 로마조약의 성격이 큰 도움이 되었다.[12)]

ECSC와 EURATOM, EEC는 1967년 유럽공동체(European Community: EC)로 통합되었다. 한편 유럽의 주도적 국가 중 하나인 영국은 영연방제국과의 특혜관세 존속문제로 의견이 대립되자 ECSC에 이어 EEC에도 참여하지 아니하는 대신 1960년

12) Paul Tayler, The European Union in the 1990's, Oxford Univ. Press, 1996, pp.8-57

견해를 함께 하는 스웨덴, 노르웨이, 덴마크, 오스트리아, 스위스, 포르투갈과 함께 스톡홀름조약(Stockholm Convention)을 체결하여 유럽자유무역연합(European Free Trade Association: EFTA)을 결성하였다. 스톡홀름조약의 주요 목적은 가맹국간 공산품에 대한 자유무역을 통하여 시장확대와 공업생산의 효율성을 높이는데 있었다.

EFTA는 역외지역에 대한 공동관세는 설정되지 아니하였고, 농산품에 대하여도 공동의 규제를 가하지 아니하였다. 그런데 가맹국의 경제규모나 통합의 내용 등 모든 면에서 EFTA는 EEC에 비하여 절대 열세를 면할 수 없었다. 결국 1973년에는 영국과 덴마크가, 1986년에는 포르투갈이 각각 EFTA을 탈퇴하고 EC에 가입하였으며, 그에 따라 확대된 EC는 1992년 2월 마침내 유럽동맹조약(Treaty on European Union, 일명 마스트리히트조약)을 체결하여 유럽연합(European Union: EU)을 출범시켰다.

EFTA와 EC간에는 1973년에 자유무역협정(Free Trade Agreement)이 체결되었고, 1993년에는 유럽경제지역(European Economic Area: EEA)이 창설되었으나 EFTA 가맹국 중 스웨덴과 오스트리아도 1995년 1월 EU에 가입함에 따라 당초 EFTA 가맹국 중 EU에 합류하지 아니한 국가는 현재 스위스와 노르웨이 뿐이다. 유럽에서의 이와 같은 경제통합의 성공은 다른 지역의 개발도상국에도 큰 영향을 미쳐 1960년대 이래 수많은 경제통합체를 발생시켰다.

1960년대와 1970년대에 걸쳐 유럽 뿐만 아니라 중남미와 아시아, 아프리카 등 세계 도처에서 경제통합체가 다수 결성되었으며 1980년대 이후는 GATT의 제8차 다자간 협상인 UR(Uruguay Round)협상의 지연과 냉전체제의 붕괴 후의 경제력 대결의 격화 등으로 기존의 통합체는 결속을 강화하는 한편, 북미자유무역협정(NAFTA)과 같은 대규모 새로운 통합체가 결성되어 경제통합에 있어 새로운 양상을 보여주고 있다. 또한 NAFTA의 경우에서 보듯이 같은 블록 안에 선진국과 개발도상국이 혼재된 수직적 경제통합도 이루어지고 있어 경제발전 수준차이로 인한 통합 지연지역의 통합을 고무시키고 있다.

한편 NAFTA와 EU, NAFTA와 MERCOSUR, EU와 MERCOSUR 등 각 경제통합체간의 결속이 추진되고 있어, 경제통합단계까지는 이르지 아니하였으나 소위 개방적 지역주의를 표방하는 아시아·태평양경제협력체(Asia Pacific Economic Cooperation: APEC)나 아시아·유럽정상회의(Asia Europe Meeting: ASEM) 등도 활발하게 개최되는 등 매우 복잡한 양상이 전개되고 있다.

3. 경제통합의 현황

1) 유럽연합(EU)

유럽연합의 시발점은 1951년 유럽석탄철강공동체의 설립에서 찾을 수 있다. 프랑스, 서독(당시), 이탈리아, 네덜란드, 벨기에, 룩셈부르크 6개국은 유럽석탄철강공동체(ECSC)를 결성하여 경제성장에 중요한 자원인 석탄과 철강을 공동으로 관리하였다. 1958년 로마조약이 발효됨에 따라 유럽경제공동체(EEC)와 유럽원자력공동체(Euratom)가 설립되었다. 유럽경제공동체는 공동시장의 형성, 관세철폐, 세제통일, 자본과 노동의 역내 자유 이동을 목표로 하였다.

1967년에 ECSC, Euratom, ECC가 유럽공동체(EC)로 통합됨에 따라 통합이 급격히 진전되었고, 1973년 오일파동으로 통합에 대한 공감대가 더욱 형성되어 유럽연합이 탄생할 수 있는 토대를 제공했다. 1993년 마스트리히트(Maastricht)조약이 발효된 이후에 유럽연합을 공식명칭으로 사용하였다. 유럽연합은 6개국으로 시작하였지만 2004년 동유럽 국가를 포함한 25개국으로 확대하여 유럽대륙을 재통합하였다.

표 7-5 ▸

구분	연도	회원국	회원국 수
출범	1951년	독일, 프랑스, 이탈리아, 벨기에, 네덜란드, 룩셈부르크	6
1차 확대	1973년	영국, 아일랜드, 덴마크	9
2차 확대	1981년	그리스	10
3차 확대	1986년	스페인, 포르투갈	12
4차 확대	1995년	스웨덴, 핀란드, 오스트리아	15
5차 확대	2004년	헝가리, 폴란드, 체코, 슬로바키아, 슬로베니아, 에스토니아, 리트비아, 리투아니아, 사이프레스, 말타	25

자료 : 김득갑 "EU통합의 현주소와 향후전망" 삼성경제연구소, 2005. 7월

유럽연합은 관세동맹의 형태로 시작하여 공동시장을 거처 경제통화동맹으로 경제통합을 실현하였으며 이제 경제통합을 넘어 1980년대 후반부터 정치통합도 추진하기 시작하여 EU헌법조약의 개정을 통해 국가주권을 점차 EU로 이양하고 있다.

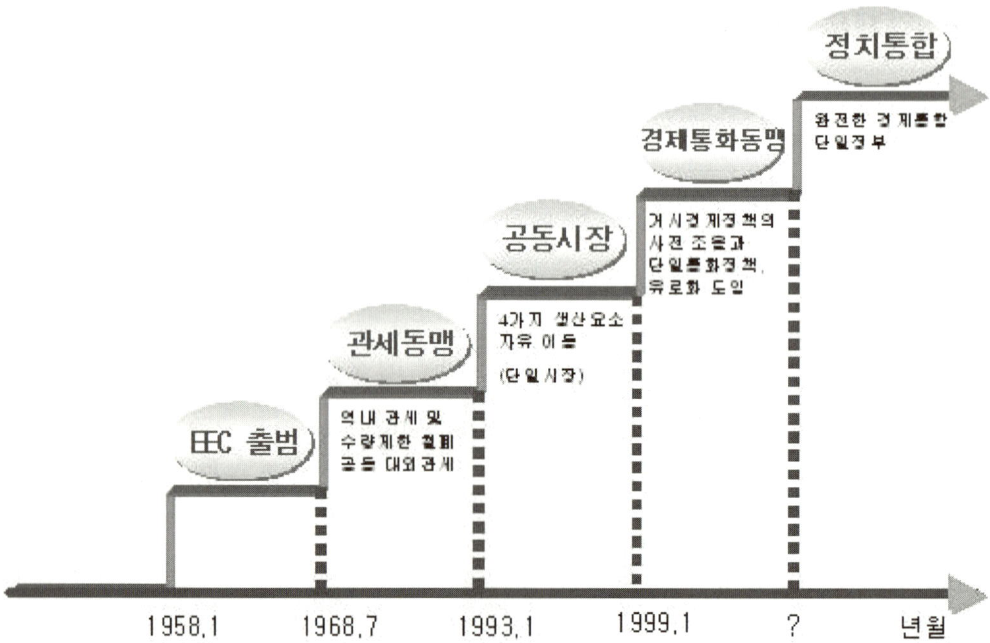

그림 7-2 ▸ EU경제통합의 단계

2) 북미자유무역협정(NAFTA)

북미자유무역협정은 유럽연합과 다르게 문화적배경이 비슷한 미국과 캐나다와 그리고 전혀 다른 멕시코와 경제규모가 다른 국가간의 경제적 통합이라는 특징을 가지고 있다.

NAFTA는 미국주도로 추진된 지역경제통합체이다. 미국은 EU의 출범에 자극을 받아 이를 견제하기 위하여 북미지역의 경제를 통합시키려고 주도적인 역할을 하였다. 캐나다와 멕시코는 미국과 분리할 수 없는 지리적인 위치에 있고 경제적인 상호의존관계가 매우 높았기 때문에 NAFTA가 탄생할 수 있었다. 멕시코는 NAFTA가 체결되기 이전부터 미국의 무역자유화정책에 따라 멕시코제품의 수출장벽이 많이 제거된 미국시장에서 나름대로 혜택을 누리고 있었고 마킬라도라산업을 통해 미국의 남부공업지역과 상당히 밀접한 경제적 이해관계를 가지고 있었다. 캐나다는 1989

년 캐나다와 미국간에 체결된 자유무역협정(CUFTA)에 따라 관세 및 비관세장벽이 약화된 미국시장에서 많은 경제적 이익을 누리고 있었다. 따라서 미국과 멕시코가 개별적으로 자유무역협정을 체결하게 될 경우 그동안 미국에서 누려왔던 경제적 이익이 상실될 것을 두려워하여 NAFTA에 참여하게 되었다.

3) 기타 지역별 주요 경제통합체 현황

경제통합체는 세계 전지역에 걸쳐 결성되어 있으나 중남미 쪽에 다수의 통합체가 결성되어 있음을 알 수 있다.

COMECON은 1949년 4월에 창설되어 사회주의권이 붕괴된 후 1991년 해체된 사회주의권의 경제협력기구이다. 이 기구는 평등·호혜원칙에 기초를 두고 경제, 기술상의 상호협력 및 원조에 의해 경제발전을 촉진한다는 원칙을 천명하고 있었으나, 미국을 중심으로 하는 서방세력에 대응하기 위한 정치적·이념적 요인도 내포하고 있었다.

표 7-6 ▸ 지역별 주요 경제통합체 현황

지 역	경제협력(통합)체
유 럽	▷EU(European Union, 유럽연합) ▷EFTA(European Free Trade Association, 유럽자유무역연합) ▷EEA(European Economic Area, 유럽경제권역) ▷COMECOM(The Council for Mutual Econnomic Assistance, 동구상호경제원조회의)
북 미	▷NAFTA(North American Free Trade Agreement, 북미자유무역협정
중남미	▷LAFTA(Latan American Free Trade Association) →LAIA(Latan American Integration Association, 라틴아메리카 통합연합) ▷ANCOM(Andean Common Market, 안데안 공동시장) ▷CACM(Central American Common Market, 중미공동시장) ▷CARICOM(Caribbean Common Market, 카리브공동시장) ▷MERCOSUR(The Mercado comun del sur, 남미공동시장) ▷G-3(Group of Three, 중미 3국그룹)등
아시아	▷ASEAN(Association of Southeast Asian Nations, 동남아국가연합)
오세아니아	▷CERTA(New Zealand-Australia Closer Economic Relations Trade Agreement, 호주-뉴질랜드 경제. 무역협정)

표 7-6 ▸ 지역별 주요 경제통합체 현황(계속)

중 동	▷AEUC(Arab Economic Union, 아랍경제동맹) ▷UMA(Union of the Arab Maghreb, 마그레브제국 연합) ▷GCC(Gulf Cooperation Council, 페르시아만 협력위원회)
아프리카	▷ECOWAS(Economic Community of West African States, 서아프리카 경제공동체) ▷OAU(Organization of African Unity, 아프리카 통일기구) ▷SADDC(Southern African Development Coordination Conference, 남아프리카 개발조정회의) ▷EAC(East Free Trade Community, 동아프리카 공동체)등

그림 7-3 ▸ 지역별 주요 경제통합 현황

중남미 지역은 아프리카 지역과 함께 지역적 경제협력기구가 많이 설치되어 있는 지역이다. 그 가운데 LAFTA는 참가국의 범위, 인구, 경제규모 면에서 중남미를 대변할 수 있는 대표적 경제통합체였으나 역내 제국간 이해 조정 및 통합성과의 부진으로 1980년 해체되고 그 대신 새로운 경제통합기구인 LAIA가 결성되어 오늘에 이르고 있다. LAFTA는 역내 무역의 자유화에 중점을 둔 자유무역지대였으나, LAIA는 역내 제국간의 경제발전 및 무역의 균형화에 보다 큰 관심을 두고 역내 협력을 꾀하고 있다.

ASEAN은 1967년 당시의 동남아연합(Association of Southeast Asia)과 마필린도(Malphilindo)의 기구를 발전적으로 통합하여 창설한 기구이다. ASEAN은 당초 경제통합체로 발족된 것이 아니라 정치, 경제, 문화 등 다방면에 걸친 동남아제국의 국제간 협력기구로 결성되었으나, 1970년대 후반 역내무역을 촉진하는 특혜무역협정이 체결되고, 역내 제국간 산업특화를 통한 협조적 분업체계 및 공업화 계획의 효율적 추진을 위한 공동공업프로젝트(Common Industrial Project)를 수립하면서 ASEAN 제국을 하나의 공동경제권역으로 하는 기능을 갖게 되었다. 그 후 지금까지 의욕적인 공동특화계획과 역내 무역자유화를 향한 발전적 조치들을 볼 때 ASEAN은 장기적으로 발전의 소지가 큰 경제통합체라 하겠다.

ASEAN은 기존의 인도네시아, 말레이시아, 싱가포르, 필리핀, 타이, 브루나이 외에 1993년부터 베트남, 캄보디아, 라오스 미얀마를 포함하는 AFTA(Asean Free Trade Association, 아세안 자유무역연합)를 추진하고 있는데 2008년 완성을 목표로 하고 있다.

4. 우리나라의 FTA 추진현황 분석

1) 전세계 지역무역협정 추진현황

2000년에 접어들면서 세계무역질서는 다자주의와 지역주의가 혼재하고 있는 가운데 WTO의 다자간협상에 대한 무역자유화는 회원국의 증가와 회원국 간의 복잡한 경제적 정치적 이해관계가 존재하기 때문에 다자간 협상이 크게 진전되지 못하고 있다. 그러나 지역주의는 특정 개별 국가의 경제적 정치적 이해관계를 쉽게 조정할 수 있기 때문에 급격히 증가하는 추세를 보이고 있다.

표 7-7 ▸ 전세계 자유무역협정 추진현황

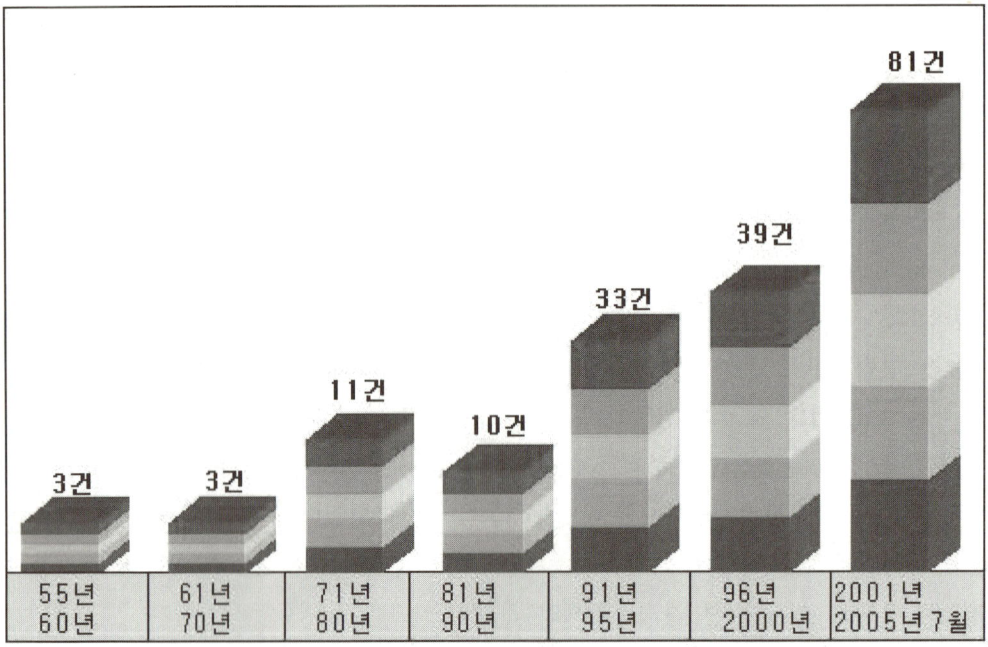

2) 우리나라의 FTA 추진현황

(1) 한국과 칠레의 FTA

한국과 칠레간의 FTA가 장기간의 협상을 마무리 짓고 2004년 4월에 발효되었다. 양국은 협정문에 지적재산권, 경쟁정책까지 포함된 포괄적인 사항을 자유무역협정에 삽입하고 칠레산 농산물의 급격한 수입증가에 대비하여 세이프가드를 용이하게 행사할 수 있는 규정을 도입하였다.

양허안은 철폐일정을 두고 있는데 우리나라는 즉시 철폐, 5년 철폐, 7년 철폐, 9년 철폐, 계절관세와 관세할당은 DDA 이후로 논의하고, 완전제외 등 10개월로 분류하였고 칠레는 즉시철폐, 1년 철폐, 7년 철폐, 10년 철폐, 13년 철폐, 완전제외 등 6개로 분류하였다. 동 양허안에 따르면 우리나라와 칠레는 품목수를 기준으로 각각 94.5%와 96.5%에 해당하는 품목의 수입관세를 10년 내에 철폐하도록 하였다.

수출 공산품의 시장접근 내용을 살펴보면, 우리나라의 수출주력 상품인 승용차,

화물자동차, 휴대폰, 컴퓨터는 자유무역협정이 발효되는 즉시 관세를 철폐하고, 석유화학제품, 자동차, 냉장고와 세탁기에 대해서는 예외품목으로 두도록 합의하였다.

농산물의 수입부분에 관련하여 최대한 유예기간을 설정하고 최소한도의 시장접근을 허용하도록 했다. 한국농가의 주된 소득 작물인 사과와 배 및 쌀을 양허대상에서 제외시켰고 포도에 대해서는 계절관세를 적용하기로 하였다. 또한 쇠고기는 현재의 관세율을 인하하지 않는 대신에 수입물량을 늘려나가기로 하였다. 고추, 마늘, 양파, 낙농제품 등 고율관세가 적용되고 있는 370여개의 농가소득의 주된 농산물은 DDA 협상이 끝난 후에 양허문제를 논의하기로 하였다.

(2) 한국과 싱가폴의 FTA

2005년 8월에 한국과 싱가폴 간에 FTA협상이 타결되었다. FTA협정의 내용 중에서 특이한 사항은 북한의 개성공단에서 생산된 상품을 싱가폴로 수출할 경우 원산지를 한국으로 인정하여 특혜관세의 대우를 받을 수 있도록 한 것이다. 북한의 개성공단에서 생산된 상품을 원산지로 한국을 표기하는 경우 과연 세계 각국이 이것을 인정해 줄 것인가이다. 이번 FTA협정에서 이러한 우려를 불식시키도록 조항을 만들었다고 본다.

2005년 11월 15일 한국무역협회와 한미경제 협의회가 주최한 조찬 간담회에 참석한 릴리 전 주한 미 대사는 북한의 개성공단에서 생산된 제품의 원산지를 한국으로 인정할 없다고 말했다. 릴리 전 주한 미국 대사의 말은 우리나라가 자유무역협정을 체결하면서 개성의 원산지 표시를 한국산으로 인정받는 것을 기본방침으로 하고 있는 정부의 방침과 배치되는 것이다. FTA를 통하여 양국간의 관세 및 비관세장벽이 철폐되어 양국간의 무역이 증대 될 것으로 보이며 특히 서비스부문의 자유화를 통해 서비스무역 증대와 서비스산업의 경쟁력 강화를 기대할 수 있다.

(3) 한국과 아세안의 FTA

2005년 12월 14일에 한국과 아세안(동남아국가 연합)간의 자유무역협정이 타결되었다. 기본협정서에는 상품, 서비스, 투자, 경제협력 등 분야별 FTA협정간의 관계와 범위가 담겨져 있다. 양측의 통상장관 회담에서 FTA협상의 핵심내용인 상품자유화 방식(modality)에 대한 합의를 이끌어냄으로써 한국과 아세안 FTA의 최대 걸림돌을 제거하여 한국과 아세안 FTA는 더욱 탄력을 받아 발전할 것이다. 아세안국가들은 세계에서 가장 높은 경제성장을 하고 있어 전세계가 주목하는 곳이고 성장 잠재력이 매우 높은 곳이다. 경제성장의 덕택으로 아세안 지역의 소비가 급격히 증가할 것으로 보이며 그에 따라 우리나라의 대아세안국가의 수출도 크게 증가할 것으로 전망된다.

(4) 한국과 EFTA와의 FTA체결

2005년 12월 15일 우리나라는 홍콩에서 스위스, 노르웨이, 아이슬란드, 리히텐슈타인의 4개국으로 구성된 유럽자유무역연합(EFTA)간에 합의된 한국-EFTA FTA협정에 공식 서명함으로써 2004년 12월에 FTA협상을 시작한지 1년 만에 타결되어 국무회의의 심의와 국회비준을 거쳐 2006년 7월에 발효될 것이다.

양측간의 FTA협정은 상품무역의 관세와 비관세 장벽을 철폐하고 서비스무역 자유화, 투자확대, 정부조달, 지적재산권, 경쟁, 방송서비스 등의 광범위한 분야에서 실질적인 무역자유화를 실현시킬 것이다.

EFTA는 공산품, 수산물 등 모든 한국산 상품에 대한 수입관세를 100% 철폐하기로 되어 있어 전기, 전자, 섬유류 등의 EFTA진출이 확대될 것이다. 한국은 EFTA를 원산지로 하는 상품의 99.1%에 대해 관세를 최장 10년에 걸쳐 단계적으로 철폐하게 된다.

제 3 부

국제경영

제 8 장

국제금융

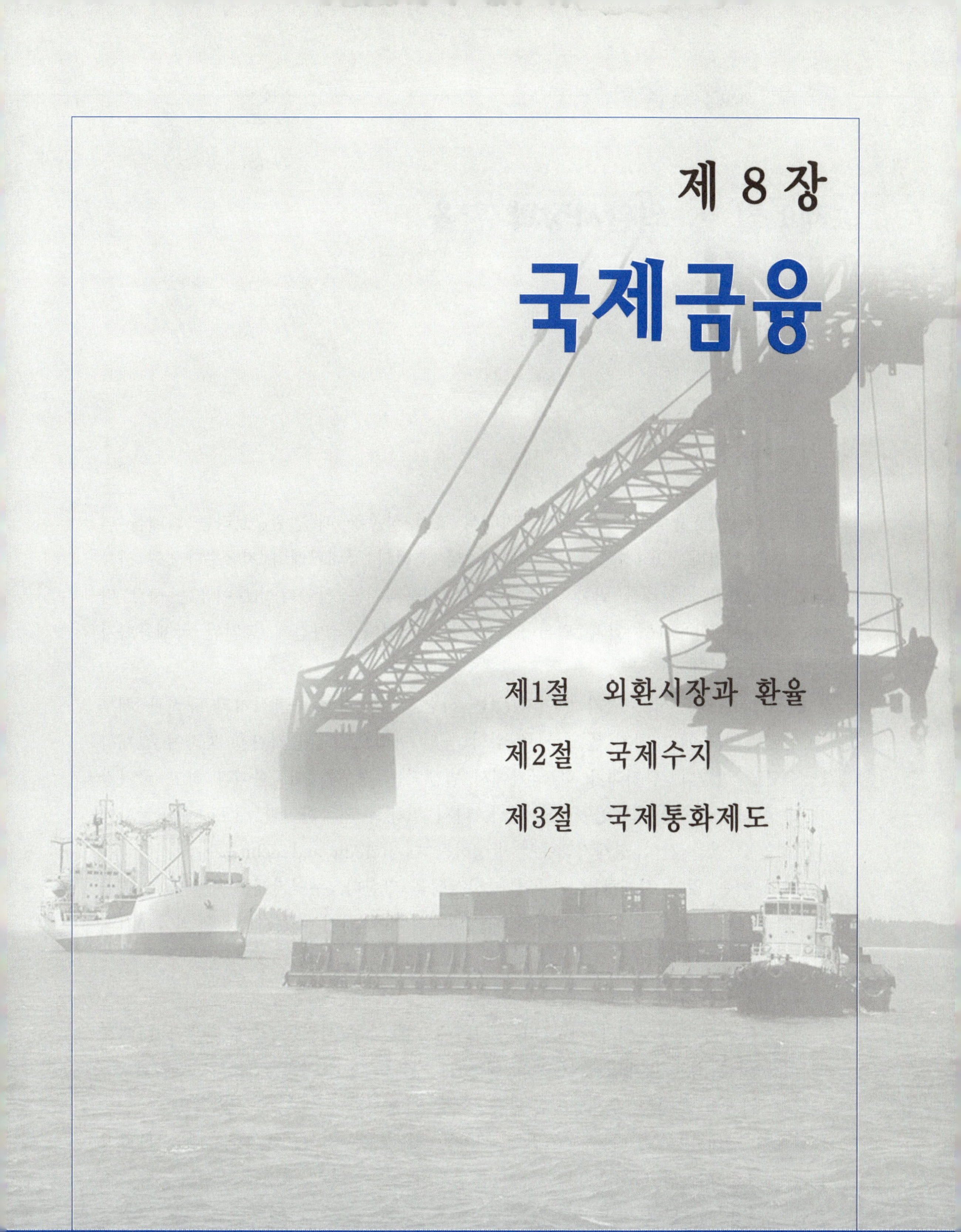

국가간의 상거래는 서로 다른 국가의 통화가 개입되기 때문에 금융시장의 이해가 선행되어야 무역을 효율적으로 할 수 있다. 본 장에서는 외환시장과 환율, 국제수지, 국제통화제도를 살펴보기로 한다.

제 1 절 ▸ 외환시장과 환율

1. 외국환

1) 외국환의 정의

물물교환을 효율적으로 이행하기 위해서 고려 성종왕 때 건원중보라는 화폐를 최초로 사용하였다. 고려의 화폐는 어디까지나 고려의 국내거래의 지급수단으로 사용되었지 국가간의 거래를 위한 지급수단으로 사용되지는 않았다. 그 이유는 서로 다른 국가에서 사용하는 화폐 단위나 가치가 상이하여 국가간에 통일된 국제통화가 없었기 때문이다.

환(exchange)은 서로 멀리 떨어져 있는 사람, 기타 경제 주체사이의 채권과 채무를 현금의 이동에 의하지 않고 지급 위탁 등의 방법으로 금융기관을 통하여 결재하는 수단을 말한다. 환거래가 한 국가에서 발생되는 경우를 내국환이라 하고 국가간에 발생되는 경우를 외국환이라고 한다. 다시 말해서 외국환이란 서로 다른 국가에 거주하는 사람들 간의 경제거래에서 발생하는 대차(credit and debit) 관계를 현금이나 금의 이동 없이 결제하는 대금결제 시스템을 말한다. 무역거래는 수출상(채권자)와 수입상(채무자)간의 채권·채무관계를 결제하여야 되기 때문에 항상 외국환거래가 뒤따른다.

외국환은 내국환에 비해서 다음과 같은 특징을 가지고 있다.

첫째, 채권과 채무관계가 서로 다른 나라에 거주하는 사람들 간에 발생하기 때문에 서로 다른 화폐가 개입된다는 점이다.

둘째, 외국환 거래는 필연적으로 환율문제를 발생시킨다.

외국환 거래는 서로 다른 국가간의 대차를 결제하는 것이므로 서로 다른 통화의 교환이 필요하게 되고 서로 다른 통화의 교환비율을 얼마로 결정할 것인가 하는 중요한 문제가 대두된다.

셋째, 결정된 환율에 따라, 외국환을 사고 파는 중개 역할을 하는 외국환 은행이 필요하다.

넷째, 채권과 채무가 서로 다른 나라에 거주하는 사람들 간에 발생하기 때문에 결제에 시간이 오래 걸리며 그에 따라 이자 문제가 발생한다.

마지막으로 대부분의 국가는 외국환을 관리하고 있다.

외국환은 국제수지와 국가의 경제 발전에 중요한 영향을 미치고 있기 때문에 이의 관리가 매우 중요하다. 외국환의 무제한 해외유출이나 투기적 자금의 국내유입을 방지하기 위해서 무역거래와 함께 외국환의 수금을 관리하고 있다.

2) 외국환의 종류

(1) 송금환과 추심환

외국환은 자금의 이동방향에 송금환(remittance)과 추심환(collection)으로 구분할 수 있는데 전자는 채무자가 채권자에게 채무액을 지급하기 위해서 외화나 원화로 표시된 채무액을 은행에 지급하고 이것을 채권자에게 송금해 줄 것을 위탁하는 것으로 순환이라고도 한다. 무역거래에서 수입상이 수입금액을 은행에게 지급하고 수출국에 있는 수출상에게 지급해 줄 것을 위탁하면 은행은 수출상에게 수입금액을 송금해 준다.

후자는 채권자가 채무자를 지급인으로 환어음을 발행하여 채권을 지급받는 경우로써 순환에 대비시켜 역환이라고 한다. 무역거래에서 수출상이 수입상을 지급인으로 환어음을 발행하여 은행을 통해서 수입상에게 전달하여 수출대금을 회수하는 경우가 이에 해당된다.

(2) 매도환과 매입환

외국환은행이 외국환의 구매자에게 원화를 받고 외국환을 매각할 경우를 매도환(selling exchange)이라고 하고 외국환의 판매자로부터 외국환을 원화를 주고 매입할 경우를 매입환(buying exchange)이라 한다.

수입상이 수입대금을 수출상에게 지급하기 위해서는 달러로 된 수입대금이 필요하다. 따라서 수입상은 외국환은행에게 원화로 표시된 수입금액을 지급하고 달러로 된 외국환을 매입하게 되는데 외국환은행의 입장에서 보면 수입상에게 외국환을 매도하게 되는데 이때의 외국환을 매도환이라고 한다.

수출상이 수입상으로부터 수출대금을 회수하면 달러로 된 수출대금을 외국환은행에서 원화로 바꿔야 되는데 외국환 은행의 입장에서 보면 수출상으로부터 달러로 표시된 외국환을 매입하게 되는데 이때의 외국환을 매입환이라고 한다.

(3) 보통환과 전신환

은행이 외국에 있는 채권자에게 외국환을 보내게 되는데 보내는 방법에 따라 보통환과 전신환으로 구분된다. 보통환은 은행이 외국환을 우편으로 채권자에게 보내는 것을 말하고 전신환은 은행이 은행의 전산시스템을 이용하여 전신으로 외국환을 수출상에게 보내는 것을 말한다. 보통환은 우편일수 만큼 이자가 발생한다.

(4) 현물환과 선물환

외국환거래가 매매계약이 체결됨과 동시에 결정되는 것을 현물환(spot exchange)이라고 하고, 일정 기간이 지난 후에 약정된 환율로 거래를 할 것을 미리 결정하고 실제매매거래는 일정기간이 지난 후에 발생하는 것을 선물환(forward of futures exchange)라고 한다.

2. 외환시장

1) 외환시장의 개념

국가간의 자금 이동은 대부분 외국환은행을 통해서 이루어진다. 외국환은행은 서로 다른 국가에 거주하는 개인, 기업, 기타 정부기관의 요청에 따라 세계 전 지역에 조직화된 은행 조직을 이용하여 자금을 이동시키는 중개자 역할을 한다. 따라서 외국환은행간에 거래가 이루어지는 곳이 외환시장(foreign exchange market)이라고 할 수 있고 넓은 의미에서 외국환거래가 이루어지는 모든 장소가 외국환시장이라고 보면 된다.

외환시장은 국가 간의 상품과 용역의 매매거래에 따라 발생되는 대금결제를 해결해주는 목적으로 시작되었지만 오늘날 외환시장은 이러한 기능 이외에 단기적인 수익을 추구하는 투기성 외환거래의 기능도 하고 있다.

현재 국제 외환시장은 런던, 뉴욕, 동경 등의 주요 외환시장에서 일어나고 있는 모든 정보를 24시간 알 수 있는 시스템으로 시장정보를 환율에 반영시키는 범세계적 외환시장(one global foreign market)으로서의 기능을 수행하고 있다.

2) 외환시장의 참여자

외국환 시장에 참여하는 당사자들은 개인과 기업, 은행 등의 금융기관 및 중앙은행 등 이며 이들이 외국환 시장에서 어떠한 목적과 동기를 가지고 외환시장에 참여하는지를 살펴본다.

(1) 기업과 개인

상품과 용역이 거래되는 국가간의 상거래에서 수출입회사나 해운회사, 기업, 관광객, 해외투자자 등이 외환을 사고 팔 수 있는 당사자이다.

(2) 외국환은행

외국환은행 (foreign exchange bank)은 외환시장에서 가장 중요한 역할을 한다. 서로 다른 국가에 있는 외국환 거래자들을 중간에서 중개해 주는 중개자로서 외국환은행이 보유하고 있는 외화자금을 관리하기 위해서 외환거래를 직접 하기도 한다.

(3) 외환 브로커

외환 브로커는 은행간 외국환 거래를 중개하고 중개 수수료를 받는 역할을 하는 기관으로써 서울 외국환 중개회사와 한국 자금 중개회사가 있다.

(4) 중앙은행

중앙은행은 외환시장이 외환 수급의 불균형으로 인해 요동칠 때 외환시장을 안정화시키기 위해서 외환시장에 개입한다.

3. 환율

1) 환율의 정의

상품과 용역의 국제무역거래에서 이들 상품간의 교환 비율이 필요하듯이 모든 국제무역거래는 두 나라 통화의 교환 비율이 필요하다. 환율(exchange rate)은 한 나라의 통화 1단위에 대한 다른 나라의 통화 가격을 말한다. 어떤 한 나라를 기준으로 살펴보면 외국환에 대한 자국화의 가격을 말하며 그 외국환을 상품으로 볼 때 상품에 대한 자국화의 가격이라고 할 수 있다. 그 외국환을 상품으로 보면 외환시장에서 외국환의 수요와 공급에 의해서 환율은 결정되고, 외국환이 국제결제 수단이기 때문에 장기적으로 국제수지가 흑자를 보이면 외국환의 공급이 늘어나고 국제 수지가 적자를 보이면 외국환에 대한 수요가 증가하여 환율에 영향을 미치게 된다.

환율이 자국통화와 외국통화의 교환 비율이라는 것은 환율이 자국통화의 대외가치를 표시하는 것이라고 볼 수 있다. 따라서 환율은 자국통화로 외국에 상품과 용역을 구매할 수 있는 구매력으로 표시된다.

자국통화의 대외 구매력이란 자국통화를 가지고 외화를 매입하고 매입한 외화로 외국 상품과 용역을 구매할 수 있는 능력을 나타내기 때문에 환율은 곧 자국통화의 대외 구매력 즉 대외 가치를 표시한다.

2) 환율 표시방법

자국통화와 외국통화로 환율을 표시할 수 있다. 자국통화로 환율을 표시할 경우 자국통화 한 단위에 대한 외국통화의 비율로 나타내고 외국통화로 환율을 표시할 경우 외국통화 한 단위에 대한 자국통화의 비율로 나타낸다.

(1) 직접표시방법

직접표시방법은 외국통화 한 단위에 대한 자국통화의 비율로 나타낸 것을 말한다. 우리나라에서 환율을 US$1=₩1,016으로 표시하는 것이 직접표시방법에 해당된다. 자국통화표시환율은 외화를 하나의 상품으로 보았을 때 그 상품의 한 단위에 대한 자국통화의 가치를 의미한다.

(2) 간접표시방법

간접표시방법은 자국통화 한 단위에 대한 외국통화의 비율로 나타낸 것을 말한다. 환율을 1￡=US$1.6500으로 표시하는 것이 간접표시방법에 해당된다. 외화표시환율은 자국통화를 상품으로 하고 그 상품의 한 단위에 대한 외화의 값어치를 말한다.

(3) 미 달러 표시방법

미화 1달러당 각국 외국통화의 비율로 나타내는 환율표시방법이다. 미국달러는 국제자본수단으로 널리 통용되고 있기 때문에 국제금융시장에서는 관례적으로 미 달러 기준으로 환율을 표시하고 있다.

(4) 환율의 변동

환율이 변동함에 따라 외환시장에서 울고 웃은 사람이 나타난다. 가령 환율이 US$1=₩1,000원에서 US$1에 1,300원으로 오르게 되면 수출상은 300원의 환차익이익을 얻게 되고 반면에 수입상은 300원의 환차손을 입게 되며, 한국의 원화가치는 하락하게 된다. 반면에 US$1에 900원으로 하락하면 수출상은 100원의 환차손을 입게 되고 수입상은 100원의 환차이익을 얻게 되어, 한국의 원화가치는 상승하게 된다.

3) 환율의 종류

(1) 매도환율과 매입환율

외국환율은행이 개인, 기업, 기타 정부기관에게 환율을 팔 때 적용하는 환율을 매도환율이라고 하고 반면에 개인, 기업, 기타 정부기관으로부터 환율을 매입 할 때 적용되는 환율을 매입환율이라고 한다.

(2) 현물환율과 선물환율

환율은 외환매매계약에 따른 대금지급이 이루어지는 시기에 따라 현물환율과 선물환율로 구분된다. 현물환율(spot exchange rate)은 현물환을 거래할 때 적용되는 환율이고, 선물환율(forward exchange rate)은 선물환율을 거래할 때 적용되는 환율이다.

(3) 재정환율

재정환율(arbitrated rate)은 미국 달러 이외의 통화와 원화의 교환비율을 나타낸 환율을 말하며 금융결제원이 최근 주요 국제금융시장에서 형성된 미화와 미화이외 통화와의 크로스 환율(cross rate)을 기준환율로 재정하여 산출한다. 크로스 환율이란 자국통화를 개입시키지 않고 이국통화간의 교환비율로 나타낸 것을 말한다.

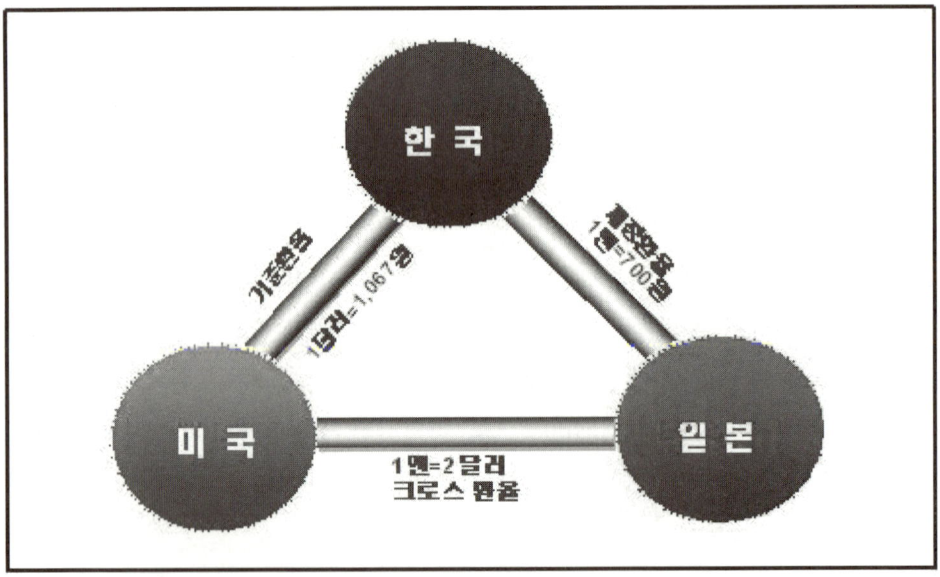

그림 8-1 ▸ 기준환율과 재정환율과의 관계

(4) 기준환율

미국달러의 기준환율은 전일 외국환은행간에 거래한 매매율을 거래량으로 가중평균 하여 산출되기 때문에 시장평균환율이 된다. 이 환율은 외국환은행간에 발생한 거래와 외국환은행의 대 고객과의 거래에 있어서 적용되는 재정환율과 함께 매매기준율이 된다.

(5) 외국환은행 대 고객매매율

외국환은행과 개인, 기업, 기타 정부기관과의 거래에 적용되는 율로써 전신환매매율, 수입어음결제율, 현찰매매율 등이 있다.

외국환은행의 장이 당일의 기준환율(미국달러 이외의 통화인 경우에는 재정환율)과 외국환은행간의 매매율을 감안하여 대 고객매매율을 자율적으로 정하며 매매율의 변동폭에 대한 어떠한 제한도 없다.

전신환매매율은 전신으로 이루어지기 때문에 이자가 포함되지 않는 순수교환비율로써 모든 시장의 기준율이 된다.

4. 환율결정이론

1) 국제대차설

코센(G.J. Goschen)은 외환의 수요와 공급에 따라 환율이 시시각각으로 변화하는 현상을 규명하였다. 외환의 수요와 공급은 국제대차관계에 따라 결정 된다는 것이 국제대차설(theory of international indebtedness)이다.

외환시장의 수요와 공급의 법칙에 따라 외환시장에 달러가 많이 나오면 달러가치는 하락하고 반대로 적으면 달러가치는 상승한다. 외환시장에 달러가 많이 나오는 것은 수출기업이 수출을 잘해서 달러를 해외에서 많이 벌어 와서 달러가 많아지거나 투기자금이 일시에 들어와서 달러가 많아지게 되며 달러가 부족한 것은 수입량이 늘어나서 대외지급으로 달러를 지급했거나 달러가 해외로 유출되었기 때문에 외환시장에서 달러가 부족하게 된다. 따라서 외환의 수요와 공급은 무역거래의 흑자 또는 적자에 의해서 결정된다.

2) 구매력평가설

카셀(G. Cassel)은 물가가 환율에 미치는 영향을 규명하여 환율의 변화를 설명하려고 하였다. 환율은 양국의 물가수준비율과 같고 환율의 변동은 양국의 물가수준의 변동을 반영한다는 것이다.

동일한 연필이 우리나라에서는 700원이고 미국에서는 1달러라고 하면 환율은 1달러=7백원이 된다. 만약 우리나라의 물가가 상승해서 연필가격이 1,000원으로 오르면 환율은 1달러=1,000원이 된다. 그런데 연필가격이 1,000원으로 올랐는데 환율이 계속 700원으로 되어있다면 연필 1달러를 미국에서 수입하여 한국에서 팔아 1,000원을 받고 이를 달러로 바꾸면 1달러 이상이 된다.

연필을 수입하기 위해서는 달러가 필요하기 때문에 우리나라의 연필수입량이 증가하면 달러에 대한 수요가 많아져 결국 달러 값이 상승해서 결국 1달러에 1,000원이 된다는 것이다.

5. 환율제도

외국환거래는 외국환이라는 재화를 외환시장에서 사고 파는 것을 의미하기 때문에 외국환의 가격인 환율은 재화의 가격결정과 동일하게 외환시장의 수요와 공급에 의해서 결정되고 변동한다. 환율은 일반재화의 가격과 다르게 국가경제에 미치는 영향이 매우 크기 때문에 정부가 외환시장에 개입하여 환율의 변동 폭을 조정한다. 이와 같이 정부가 외한시장에 개입하여 환율을 결정하는 것을 환율제도(exchange rate system)라고 한다.

환율제도는 크게 고정환율제도(fixed exchange rate system)와 변동환율제도(flexible exchange rate system)로 구분할 수 있다. 고정환율제도는 정부가 환율을 고정시킴으로써 환율을 안정시키려는 환율제도를 말하지만 환율을 일정한 수준에 고정시켜서 환율의 변동을 인정하지 않는 것은 아니다. 환율이 결정된 수준에서 완전히 고정된 것이 아니라 고정환율을 중심으로 국제수지의 변동, 경제적 상황에 따라 일정한 폭의 범위 내에서는 환율의 변동을 허용한다.

중국은 고정환율제도를 채택하고 있다. 중국의 대미무역흑자가 증가함에 따라 미국은 위안화의 절상을 요구하고 있다. 미국은 위안화가 약 50%-40%[1] 저평가 되어, 미국기업의 희생으로 중국기업에 막대한 수출증가를 가져왔다고 중국의 위안화를 평가절상 할 것을 강력히 요구하였다.

변동환율제도는 정부가 외환시장에 개입하지 않고 외국환시장에서 외환의 수요와 공급에 따라 자유롭게 환율이 결정되도록 하는 제도이다. 변동환율제도하에서는 정부가 가급적 외환시장에 개입하지 않지만 환율의 변동 폭이 지나치게 요동칠 때는

1) 강기천 "미국의 대중국 통상압력과 시사점," 삼성경제연구소, 2005. 5. 10, p.30

외환시장을 안정화시키기 위해서 일정부분 외환시장에 개입한다. 이런 측면에서 볼 때 변동환율제도는 관리된 변동환율제도(dirty float)로 볼 수 있다.

6. 우리나라의 환율제도

1) 단일변동환율제도

우리나라는 1945년부터 1964년까지 고정환율제도를 채택하였지만 1964년부터 1980년까지는 단일변동환율제도와 외환증서제도를 도입하여 실시하였다.

1965년 3월 변동환율제도하에서 기준환율과 시장율, 외국환 대고객매매율 및 한국은행 집중율을 두었고 이 기간 동안 환율과 물가는 큰 폭의 차이를 나타내 4차례에 걸쳐 대폭적인 환율인상조치가 취해졌다.

2) 복수통화 Basket제도

1980년에 복수통화 Basket제도를 도입하여 1990년까지 실행하였다. Basket제도하에서 대미 달러 환율은 국제통화시세의 변동, 국제수지추이, 국내·국외의 금리차이에 의해서 결정되기 때문에 변동하기 시작하였다. 한국은행총재는 SDR Basket환율과 독자 Basket환율을 산출한 후에 국내·외 금리차, 국내·외 물가상승률의 차이, 외환시장의 전망 등을 고려하여 환율을 결정하도록 하였다.

3) 시장평균환율제도

1990년대에 접어들면서 세계무역에서 한국의 경제가 차지하는 위상이 급격히 증가함에 따라 우리나라의 외환시장의 자유화문제가 현안과제로 등장하였다. 따라서 자유변동환율제도를 실시하기 전단계로서 시장평균환율제도가 시행되었다.

시장평균환율은 외국환은행과 고객과의 외환거래나 외국환은행간의 외환거래의 기준이 되는 원화와 달러화의 환율로서 은행간 외환시장에서 외환의 수요와 공급에 의해서 결정되는 환율이다. 이 환율은 단기적으로 수출입동향, 경제전망, 원화절상 또는 절하의 기대심리 등에 따라 원화환율이 변동되지만 근본적으로는 경상수지와 자본수지를 합한 종합수지에 의해서 원화환율이 변동된다.

시장평균환율은 외국환은행들이 국내외환시장에서 거래한 원화와 달러의 현물환거래환율을 거래량으로 가중평균하여 다음날의 시장환율을 결정하게 된다.

4) 자유변동환율제도

1997년에 접어들면서 한국경제의 성장률이 일시에 급격히 떨어졌다. 경상수지의 약화, 수년간 누적된 대외채무의 증가로 한국경제는 순식간에 무너져 IMF의 구제금융을 받는 지경에 이르렀고 IMF의 권고에 따라 자유변동환율제도를 시행하게 되었다.

자유변동환율제도는 1997년에 도입되어 현재까지 운영되고 있는데 본 제도는 정부의 외환시장개입이 차단되어 외환시장에서 은행 및 기타 금융기관과의 거래에 의하여 미 달러화와 원화의 환율이 결정된다.

미 달러화를 매매하고자 하는 금융기관은 금융결제원내의 자금중개실의 중개에 의하여 거래를 하게 되며 대고객외환거래를 하고자 하는 은행은 은행간의 외환시장에서 형성된 환율을 참조하여 일정한 마진폭을 가감한 대고객환율을 자율적으로 산출하여 적용하고 있다.

은행간의 외환시장에서는 대부분 미 달러화와 원화의 거래만 이루어지기 때문에 기타 통화와 원화의 환율을 주요 외환국제시장의 환율로 재정하여 산출한다.

제 2 절 ▸ 국제수지

1. 국제수지의 개념

기업은 기업의 경영활동의 적정성을 파악하기 위해서 회계기준에 따라 작성하는 재무제표, 손익계산서, 관리회계 등과 같은 통계표를 작성하여 활용하고 있다. 기업과 마찬가지로 국가도 국가의 경제정책을 수립하기 위해서 무역통계 등과 같은 각종 통계지표를 작성하고 있다. 국제수지(international balance of payment)는 일정기간 동안 한 국가의 국경을 넘어 이루어진 모든 경제거래를 체계적으로 작성한 통계를 의미하는 것으로 국제통화기금(IMF)은 국제수지를 일정 기간 동안에 한 국가의 거주자와 비거주자 사이에 이루어진 모든 경제적 거래를 체계적으로 기록한 것이다라고 정의하였다. 국제통화기금(IMF)의 국제수지의 정의를 자세히 살펴보면 다음과 같은 내용이 포함되어 있다.

첫째, 일정 기간이란 국제수지를 작성하는 기간을 의미하는 것으로 대체로 1년을 의미하지만 3개월, 6개월 단위로 작성하는 경우도 있다. 상품을 수입한 시점과 수입대금을 지급한 시점이 다른 경우 어느 시점을 기준으로 작성할 것인가이다. 이점에 관하여 발생시점을 기준으로 작성하도록 하였다. 2005년 12월 2일에 수입화물이 통관되고 2006년 1월 1월 31일 수입대금을 지급하면 2006년 1월에 지급된 수입거래는 2005년의 수입으로 계상된다.

둘째, 한 국가의 거주자와 비거주자는 국적의 개념으로 구분하는 것이 아니라 경제적 활동으로 구분하는 것이다. 거주자와 비거주자를 구분하는 거주성의 개념은 국적과는 관계없이 일정한 기간을 거주하고 있거나 거주할 의사를 가지고 있거나 경제적으로 밀착되어 있는 지역을 기준으로 하고 있다. 거주자는 우리나라 내에 주소 또는 거주지를 둔 개인과 우리나라에 주된 사무소를 둔 법인을 말하며 주소는 개인의 생활 본거지가 되는 민법상의 주소를 말한다. 따라서 외국인이라 하더라도 국내에 있는 영업소에 근무하거나 국내에서 영업활동을 하는 자, 6개월 이상 국내에 체재하고 있는 자 등은 우리나라에서 경제적 활동으로 인한 이익을 발생시키고 있기 때문에 거주자로 본다. 비거주자는 거주자 이외의 개인 및 법인을 말한다. 거주자의 현지법인, 해외지점, 해외사무소 등은 우리나라의 개인과 법인이지만 외국에서 경제적 활동으로 인한 이익을 발생시키고 있기 때문에 비거주자로 본다.

셋째, 모든 경제적 거래라 함은 유환거래와 무환거래를 모두 포함하는 것을 말한다.

외국환으로 자금결제가 이루어지는 거래를 유환거래라 하고, 물물교환이나 외국의 원조, 증여, 기부 등과 같은 이전거래는 결제자금의 국가간 이동이 없기 때문에 무환거래라고 한다. 국제수지는 한 국가의 모든 국제거래가 포함되기 때문에 유환거래뿐만 아니라 무환거래도 모두 포함한다.

마지막으로 기업회계의 작성기준과 같이 국제수지는 모든 대외거래를 복식기록의 원리에 따라 작성하도록 하였다. 즉 모든 대외거래를 수입과 지급으로 구분하여 항상 차변(credit)과 대변(debit)의 양쪽에 동일한 금액을 계상하는 방법이다.

그러나 원조나 증여 등과 같은 일방적인 거래는 차변과 대변으로 구분하여 작성할 수 없기 때문에 이전수지라고 하는 실체가 없는 항목을 만들어 양변에 기재하는 방법을 쓰고 있다.

국제대차는 일정한 시점에 있어서 한 국가가 대외채권과 대외채무의 잔고를 나타내주는 것으로 국제수지와 비슷한 것 같으면서도 완전히 다른 개념이다. 국제수지는 일정 기간에 한 국가의 국제거래에 따라 발생한 자금의 흐름을 나타내주는 것이기 때문에 플로우(flow)의 개념인 반면에 국제대차는 특정시점의 채권·채무관계를 보여주는 스톡(stock)의 개념이다. 따라서 기업회계의 측면에서 보면 국제수지는 손익계산서에 해당하고 국제대차는 대차대조표에 해당된다.

2) 국제수지의 활용

가정주부가 가계부를 작성하는 것은 가정의 수입과 지출금액을 정확히 파악하여 지출항목을 조정함으로써 빚을 내지 않고 가정을 꾸려가기 위해서이다. 가계부의 작성내용을 가지고 가계를 어떻게 운영할 것인지에 대한 의사결정을 내린다. 국제수지표를 작성하는 주된 목적은 한 국가의 대외경제관계의 모든 상황을 일목요연하게 나타내주는 것으로 국제수지표에 나타난 정보를 가지고 경제정책을 수립한다. 국제수지표에 국제수지가 흑자로 또는 적자로 나타나면 그에 맞는 경제정책을 수립하여 경제가 항상 원활하게 돌아갈 수 있도록 한다. 국가간에는 화폐와 금융제도가 다르기 때문에 외국에 지급한 자금은 외국에서 받은 자금으로 한다.

2. 국제수지표의 구성

국제수지를 작성하는 항목과 기준이 국가마다 다르면 서로 다른 경제정책을 실시하기 때문에 무역거래에 큰 혼란이 발생하여 세계무역이 심각한 영향을 받을 수 있다. 따라서 국제통화기금은 국제수지의 작성기준인 국제수지요람(balance of payments manual)을 만들어 국제수지 작성의 국제적 표준화를 도모하고 있다.

모든 국가는 IMF의 국제수지요람을 기준으로 국제수지표를 작성하고 있다. 우리나라는 1998년 3월부터 IMF의 새 기준에 따라 <표 8-1>과 같이 작성하고 있다.

표 8-1 ▸ 국제수지표의 구성

<table>
<tr><th>구분</th><th colspan="2">수지명칭</th><th>거래내용</th><th>수지 적자
유발내용</th><th>수지 흑자
유발내용</th></tr>
<tr><td rowspan="4">경상
수지</td><td rowspan="2">상품 · 서비스
수지</td><td>상품수지</td><td>일반상품, 가공용재화,
수리 등의 거래</td><td>수입</td><td>수출</td></tr>
<tr><td>서비스수지</td><td>운수, 여행, 보험,
통신, 특허료 등</td><td>서비스 수입</td><td>서비스 수출</td></tr>
<tr><td colspan="2">소득수지</td><td>투자수익, 임금</td><td>해외에 대한 지급</td><td>해외로 부터의 수입</td></tr>
<tr><td colspan="2">경상이전수지</td><td>개인송금 등 무상으로
해외에 대해
지급하거나 수입</td><td>해외에 대한 지급</td><td>해외로 부터의 수입</td></tr>
<tr><td rowspan="2">자본
수지</td><td colspan="2">투자수지</td><td>직접투자,
포트폴리오투자 기타</td><td>외국에 투자하거나
자본 유출</td><td>외국인의 국내투자
또는 자본유입</td></tr>
<tr><td colspan="2">기타</td><td>해외이주비,
선물,환매매손익 등
기타 자본거래</td><td>자본유출</td><td>자본유입</td></tr>
<tr><td>준비자산증감</td><td colspan="2">통화당국의 외환 보유액 증감</td><td></td><td>순해외 자산의
증가</td><td>순해외 자산의
감소</td></tr>
</table>

1) 경상수지

경상수지(balance of current account)는 상품과 서비스, 소득, 경상이전 수지로 나누어 작성하여 이들 지표를 종합한 것으로 한 국가의 국제경쟁력이나 국제수지의 건강도를 파악할 수 있는 통계지표이다.

(1) 상품수지와 서비스수지

상품수지(product balance)는 한 국가가 상품을 수출하고 수입한 금액의 차이를 나타내는 것으로 한 국가의 대외거래상황을 나타낸다. 서비스수지(service balance)는 상품의 운임 및 보험, 여행, 기타 운임 등의 무역외거래에서 발생한 수입과 지급의 차액을 의미한다.

(2) 소득수지와 경상이전수지

소득수지(income balance)는 급료 및 임금, 투자 소득으로 인한 수입과 지급을 작성한 것이고 경상이전수지(current account transfer balance)는 거주자와 비거주자 간에 무상으로 주고 받은 외화의 차액을 작성한 것이다.

2) 자본수지

자본수지(balance of capital account)는 투자수지와 기타 자본수지로 나누어지며 자본수지를 작성하는 항목은 외국에서 차관을 들여오거나 외국에 차관을 제공하는 등 외국과의 자본거래로 인해 자금이 한 국가에 들어오거나 나간 외화의 차액이다.

(1) 투자수지

자본수지의 주요 항목은 투자수지이며, 투자수지에는 직접투자, 포트폴리오투자, 기타 등이 있다. 직접투자는 외국인이 우리나라에 직접 투자함으로서 우리나라에 유입된 외환유입액과 우리나라 기업과 개인이 외국에 직접투자 함으로서 유출된 외환유출액의 차이를 나타낸다.

포트폴리오수지는 외국인이 한국증권시장에 투자함으로써 유입된 외환유입과 우리나라 기업과 개인이 외국의 증권시장에 투자함으로써 유출된 외화유출액 간의 차이를 나타낸다.

(2) 기타 자본수지

외국에서 부동산을 취득하거나 처분함으로써 발생되는 자본의 이전과 로열티, 특허권 등과 같이 비생산, 비금융 자산을 취득하거나 처분함으로써 계상되는 항목이다.

3) 준비자산 증감

국제수지적자가 계속 발생하여 불균형을 보이면 정부가 외환시장에 개입하여 부족한 외화를 외국은행으로부터 차입하게 되는데 이런 경우 대외자산의 증감을 나타낸다. 정부는 외환보유액을 일정한 수준에서 항상 균형이 되도록 하고 있다. 우리나라가 수출보다 수입을 많이 해서 경상수지가 적자이면 외국에서 상품을 수입하기 우해서 필요한 자본을 해외에서 차입하게 되는데 이런 경우에는 자본수지는 흑자로 나타낸다. 따라서 정부는 정부가 보유한 외화를 차입한 금액만큼 해외에서 빌려온 자본을 갚아야 되기 때문에 외환보유액은 항상 일정한 상태로 균형을 보이게 된다.

3. 우리나라 국제수지 동향

1990년대에 접어들면서 한국수출상품의 국제경쟁력은 크게 떨어져서 수출증가율이 둔화된 반면에 외국상품에 대한 수요의 증가로 인한 수입증가, 해외여행의 자율화에 따른 해외경비의 증가 등으로 인해 경상수지는 다시 적자로 돌아섰고, 특히 1994년 이후부터 1997년까지 매년 큰 폭으로 경상수지가 적자를 나타냈으며, 1996년에는 무려 231억 달러의 경상수지가 적자를 보였다. 정부는 해외차입으로 이러한 경상수지 적자를 보전해오다가 1997년에 외환위기를 맞이하게 되었다.
1998년에 접어들면서 국제수지는 다시 흑자로 돌아서 404억 달러의 흑자를 기록한 이후에 현재까지 흑자 기조를 꾸준히 실현하고 있다.

표 8-2 ▸ 무역, 외환, 국제수지/국제수지 (단위: 백 만불)

	경상수지	상품수지	서비스수지	소득수지	경상이전수지	자본수지	투자수지	기타자본수지	준비자산증 (-)감	오차 및 누락
1993	821.1	2,150.10	-2,126.20	-391.2	1,188.40	2,740.70	3,215.80	-475.1	-3,007.70	-554.1
1994	-4,024.20	-3,017.20	-1,800.60	-486.8	1,280.40	10,295.10	10,731.60	-436.5	-4,646.20	-1,624.70
1995	-8,665.10	-4,364.60	-2,978.80	-1,302.80	-18.9	16,785.60	17,273.20	-487.6	-7,044.90	-1,075.60
1996	-23,120.20	-15,077.10	-6,179.40	-1,814.50	-49.2	23,326.80	23,924.40	-597.6	-1,388.60	1,182.00
1997	-8,287.40	-3,255.70	-3,200.30	-2,454.30	622.9	1,314.40	1,922.00	-607.6	11,921.70	-4,948.70
1998	40,371.20	41,665.00	1,024.10	-5,638.30	3,320.40	-3,196.70	-3,367.80	171.1	-30,975.00	-6,199.50
1999	24,521.90	28,463.00	-651	-5,159.00	1,868.90	2,040.30	2,429.60	-389.3	-22,982.90	-3,579.30
2000	12,250.80	16,953.60	-2,847.80	-2,421.30	566.3	12,110.00	12,725.20	-615.2	-23,771.20	-589.6
2001	8,032.60	13,488.00	-3,872.10	-1,198.10	-385.2	-3,390.80	-2,659.80	-731	-7,575.80	2,934.00
2002	5,393.90	14,777.40	-8,197.50	432.3	-1,618.30	6,251.50	7,338.30	-1,086.80	-11,799.40	154
2003	11,949.50	21,952.00	-7,424.20	326.3	-2,904.60	13,909.40	15,307.80	-1,398.40	-25,849.40	-9.5
2004	28,173.50	37,568.80	-8,046.10	1,082.80	-2,432.00	7,598.80	9,351.60	-1,752.80	-38,710.50	2,938.20

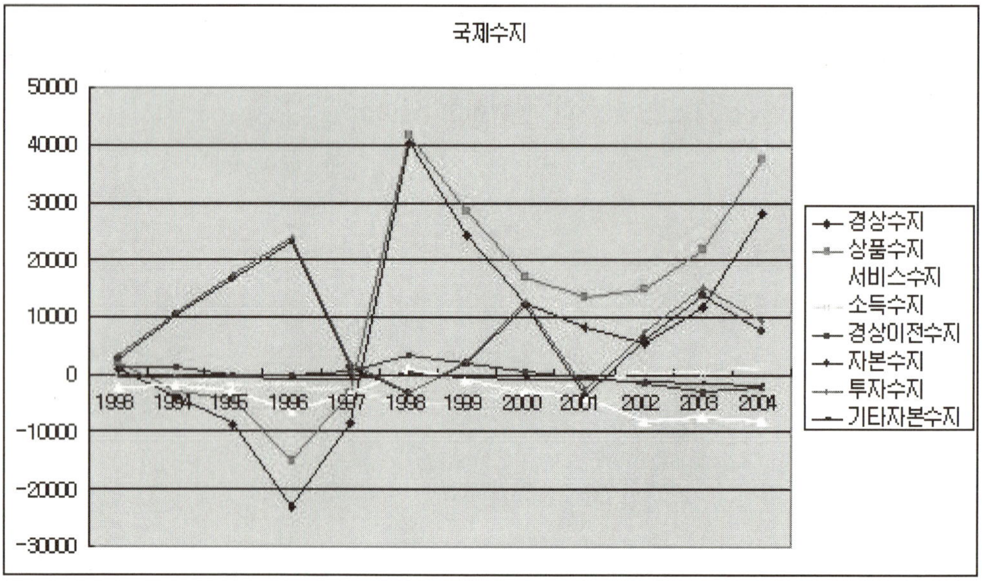

제 3 절 ▸ 국제통화제도

1. 국제통화제도의 개념

모든 국가가 무역을 통하여 경제를 성장시키고 후생을 증진시키면 가장 이상적이지만 무역은 모든 국가에게 균등한 부의 분배를 허용하지 않아서 무역을 통하여 이익을 얻는 국가가 있는가 하면 손실을 보는 국가도 발생하여 국가간 무역의 불평등을 해결할 수 있는 기구가 필요하였다.

국제통화제도(international monetary system)는 국가간의 상품, 서비스 및 자본거래를 활성화시키기 위한 국제적인 결제제도이다. 국제통화제도는 각국 간의 무역을 확대시키고, 모든 국가에서 완전고용, 실질소득의 증대가 실현되어 모두가 잘 사는 세상을 만드는 것을 목적으로 한다.

그러나 모든 국가가 잘 살기 위해서는 국가 간에 서로 다른 경제정책이 상호조화를 이루어야 한다. 외국환과 국제수지의 측면에서 각국의 경제정책의 조화를 추구하는 역할을 수행하고 있는 것이 바로 국제통화제도이다.

2. 국제통화제도의 기능

1) 국제유동성의 공급기능

혈색이 좋은 사람을 건강한 사람이라고 한다. 세계경제가 건강하기 위해서는 국제적으로 통용되고 있는 달러가 원활하게 유통되어야 한다. 달러가 한 곳에서 막히면 세계경제는 동맥경화증에 걸려 큰 수술을 받아야만 살아날 수 있다. 국제거래가 원활하게 이루어지기 위해서는 국제유동성(international liquidity)의 공급이 원활하게 이루어져야 하며 이러한 역할을 국제통화제도가 수행하고 있다. 국제유동성은 대외채무를 결제할 수 있는 지급수단을 말한다.

모든 경제적 거래는 화폐를 주고 받음으로써 이루어진다. 특히 국제거래는 각국의 통화가 다르기 때문에 국가간에 통용될 수 있는 대외지급수단 즉, 국제유동성이 반드시 필요하다. 국제유동성의 수요와 공급이 일정수준에서 균형을 이루어야 되며 균형이 깨지면 세계경제는 심각한 영향을 받아 침체의 수렁으로 빠질 수 있다. 따라서 적정한 규모의 국제적 유동성을 용이하게 공급하는 역할을 국제통화제도가 수행하고 있다.

2) 국제수지 조정기능

모든 국가가 자국의 국제수지를 조정하기 위해서 서로 다른 경제정책을 남발한다면 세계경제는 깊은 수렁에 빠져 익사할 수도 있다. 따라서 한 국가가 국제수지의 불균형에 직면했을 때 이를 조정하기 위한 정책 수단으로 사용할 때 지켜야 할 국제규칙을 마련하였다.

자국의 국제수지 불균형을 해소하기 위해서 임의로 경제정책을 수행하는 것이 아니라 제정된 국제규칙에 따라 경제정책을 수립하고 집행해야 한다. 우리나라가 1998년 외환위기 때 IMF의 구제금융을 받고 IMF의 경제정책에 따라 경제정책을 수행하였다.

국제통화제도의 국제유동성의 공급과 국제수지의 조정은 서로 밀접한 관계를 갖고 있다. 국제수지의 조정기능이 잘 발휘되어 국제유동성이 각국에 균등하게 배분되면 국제유동성에 대한 수요는 그 만큼 줄어든다. 국제수지의 조정기능이 잘 작동하지 않아 국제수지 흑자국에서는 국제수지유동성은 남아돌고 국제수지 적자국에서는 국제유동성이 부족하면 전 세계적으로 볼 때 국제유동성에 대한 수요와 공급이 불일치하여 수요가 비정상적으로 늘어나 세계경제는 큰 혼란에 빠지게 된다.

3. IMF

1) IMF의 설립

제2차 세계 대전은 전쟁에 참여한 국가들의 경제시설을 파괴하여 황폐하게 만들었다. 대전이 끝나자 영국·프랑스·독일 국가들은 경제를 빠른 시일 내에 재건하려고 노력하였다. 경제재건에는 막대한 자금이 필요하였고 전쟁을 방지하기 위해서는 자유무역을 강력히 추진하고 국제수지불균형에 처한 국가들이 독자적으로 경제정책을 실시하지 않고, 국제적인 틀 속에서 실시해야 한다는 영국과 미국입장을 여타 유럽국가들은 받아들였다.

영국의 입장을 반영한 케인즈안과 화이트안을 놓고 세계 각국은 협상을 진행하였다. 케인즈안은 국제청산동맹안(proposals for an International Clearing Union)을 중심으로 구성되어 있는데, 회원국의 출자할당액(quota)에 제약받지 않고 금과 일정비율로 등가관계를 가지고 있는 국제통화를 발행할 수 있도록 하고, 또한 채무를 진 회원국에게는 대출을 하여 세계중앙은행으로서의 역할을 수행할 수 있도록 했다.

반면에 화이트안은 국제환안정기금을 조성하는 내용을 중심으로 만들어졌다. 회원국에게 쿼터를 부과해서 국제환안정기금을 만들어 국제수지불균형으로 경제위기에 직면한 회원국가에게 그 국가가 부담한 쿼터의 범위 내에서 자금을 지원함으로써 신용창조기능을 완전히 배제하도록 하였다.

1944년 7월 1일 미국의 뉴 햄프셔주 브레튼우즈(Bretton woods)에서 개최된 연합국통화금융회의에 참석한 44개국의 대표가 국제통화기금협정문(Agrrement of International Monetary Fund)에 서명함으로써 IMF가 탄생하였고 이 IMF는 화이트안을 중심으로 만들어졌다. 1947년 3월 1일 IMF는 첫 업무를 시작하였고 IMF의 목적은 국제유동성의 공급과 국제수지조성을 금환본위제(gold exchange system), 고정환율제(fixed exchange rate system) 및 기금인출제(fund drawings)를 통해 해결하는 것이었다.

2) IMF의 역할

(1) 1950년대의 IMF

1950년대는 IMF의 업무기능을 활성화시키는 과도기였다. 1952년에 인출(drawing), 매입(repurchase), 스탠드바이(stand-by)차관협약과 신용인출조건에 대한 안을 수립하였다.

(2) 1960년대의 IMF

① 유동성부족의 문제

1960년대에 IMF가 해결해야 할 가장 큰 과제는 국제유동성 부족이었다. 브레튼우즈체제하에서 한 국가가 대외지불에 사용할 수 있는 외화자산인 국제유동성은 금, IMF의 특별인출권, 교환성통화 (달러, 파운드 등)로 구성되어 있는데 세계무역은 증가하지만 국제유동성은 증가하지 못하여 국제유동성 문제가 심각하게 발생하였다. 국제유동성의 문제를 해결하기 위해서 IMF는 선진10개국과 1962년 10월 일반차입협정 (General Arrangements to Borrow)을 창설하여 12개국이 회원국 중앙은행으로부터 차입을 하였다.

② SDR

SDR의 전체 창출규모가 결정되면 각 회원국은 일정액의 특별인출권(Special · Drawing · Right; SDR)의 쿼터를 배정받아 동액을 납입해야할 의무를 진다. 쿼터의 배정방법은 각국의 국민소득, 포괄적인 외환보유고, 경상거래규모 등을 기준으로 각 회원국의 쿼터배정이 결정된다. IMF가 SDR을 도입함에 따라 IMF의 신용창출기능을 보완하여 국제유동성문제를 해결하려고 하였다.

③ 국제수지조정의 문제

IMF는 1960년대 고정환율제도를 채택하였기 때문에 국제수지 적자국의 환율을 평가절하하여 국제수지를 조정하기가 매우 어려웠다. 국제수지불균형은 환율의 조정을 통해서 해결되어야 됨에도 불구하고 브레튼우즈체제하에서는 환율조정이 극히 제한되어 국제수지불균형이 제 때에 해결되지 못하는 문제가 발생하였다.

(3) 1970년대의 IMF

① 스미소니언(Smithsonian)체제

미국 닉슨(Nixon)대통령이 1971년 8월 미 달러화의 금 교환정지를 정식 선언함으로써 브레튼우즈체제는 급격히 무너졌다. 1971년 스미소니언 통화회의는 1온스당 35달러의 공정 금 가격을 40년만에 38달러로 올려 달러의 평가절하를 허용하고 환율의 변동허용폭도 1%에서 2.25%로 상향 조정하였다. 1973년 2월 미국의 국제수지 적자를 조정하기 위해서 1온스당 42.22달러로 인상하여 10%의 미 달러를 평가절하 한데이어 1973년 유럽공동체가 공동변동환율제(joint floating system)를 채택함에 따라 스미소니언체제도 무너져 현재는 모든 국가의 경제사정에 따라 독자적인 환율제도를 운영하고 있으며, 대부분 변동환율제도를 채택하고 있다.

② 킹스턴(kingston)

1976년 자메이카의 킹스턴에서 개최된 회의에서 각 회원국은 각 회원국에게 각국의 경제사정에 따라 그에 적합한 독자적인 환율제도를 선택할 수 있는 재량권을 부여하여, 변동환율제도를 도입하였다.

(4) 1980년대의 IMF

① 개도국 경제

많은 개발도상국가들이 IMF회원으로 대거 가입함에 따라 IMF 협의에서 개발도상국가들의 발언권이 힘을 얻게 되었다. 이것은 IMF를 주로 선진국 입장에서 세계경제의 구조를 유지하려하던 기존의 틀을 파괴하여, IMF는 개발도상국가의 입장을 반영하여 IMF를 운영하는 계기가 되었다. IMF는 대개도국융자의 확대, IMF프로그램의 구조개혁과 기술지원 등이 담긴 대개도국지원대책을 마련하였다.

② 외채관리전략의 수립

개인이나 가정이나 다른 사람에게 빚을 내어 쓰면 반드시 갚아야 한다. 요즘 신용불량자가 사회문제가 되고 있는데 국가도 빚을 내어 갚지 못하면 불신자가 되어 세계 경제에 악영향을 끼치게 된다. 1980년대에 들어서 개발도상국가의 과도한 외채문제가 현안 과제로 등장해서 IMF는 채무국의 국가능력에 적합한 외채상환의무이행을 위한 외채관리전략수립의 모든 단계에 개입하였다.

③ 개발도상국 지원

개발도상국의 만성적인 국제수지불균형이 세계무역에 큰 걸림돌이 되었다. 이에

IMF는 1986년 구조조정금융제도(Structural Adjustment Facility: SAF)를 설립하였고, 1987년 확대구조조정금융제도(Enhanced Structural Adjustment Facility: ESAF)를 설립하여 개도국의 만성적인 국제수지적자와 외채문제를 해결하려고 노력하였다.

(5) 1990년대의 IMF

1990년대에 접어들면서 냉전체제의 붕괴로 인하여 동유럽의 많은 국가들이 시장경제체제로 전환하고 있으며, 이들 국가들이 시장경제체제를 구축하는데 많은 돈이 필요하다. 따라서 IMF는 1993년에 체제전환금융제도(Systemic Transformation Facility: STF)를 설립하여 동유럽 국가들에게 재정적 지원을 해주기 위해서 노력하고 있다.

3) IMF의 주요기능

IMF는 다음과 같은 세가지 주요기능을 수행하고 있다.

첫째, 국제유동성의 공급

IMF는 국제유동성을 공급하는 기능을 수행한다. 현재 SDR의 창출과 배분을 통해서 국제금융시장에 대한 유동성이 추가적으로 공급되고 있다.

둘째, 구조조정자금의 지원

우리나라가 1998년 외환위기에 직면했을 때 IMF로부터 구조조정자금을 받았다. IMF는 회원국에게 국제수지불균형, 외채문제를 해결하도록 하기 위해서 중•단기 구조조정자금을 정규신용제도, 특별신용제도, 양허성금융제도를 통해서 지원하고 있다. 정규신용제도는 스탠드바이협약(Stand by arrangement)의 확대협약을 통해서 이루어지고 있는데 스탠드바이협약은 국제수지적자가 단기적으로 발생하여 경제문제를 악화시키는 회원국에게 회원국에 배정된 쿼터의 일정비율에 해당하는 금액을 일정한 조건하에 일정한 기간동안 추가적인 합의 없이 인출할 수 있는 것을 말하며, 확대협약은 이용절차가 스탠드바이 협약과 동일하지만 지원규모가 크고 자금사용기간이 장기인 경우에 해당된다.

특별신용제도는 회원국이 통제할 수 없는 외부적 요인에 의해서 수출이 급격히 떨어지거나 수입원자재가 폭등하여 국제수지 적자가 단기적으로 발생하여 경제성장에 발목을 잡는 경우에 이용된다. 양허성융자제도는 최빈개발도상국가의 장기적인 구조조정을 돕기 위해서 마련된 것이다.

제 9 장

기업의 세계화와 해외시장진출전략

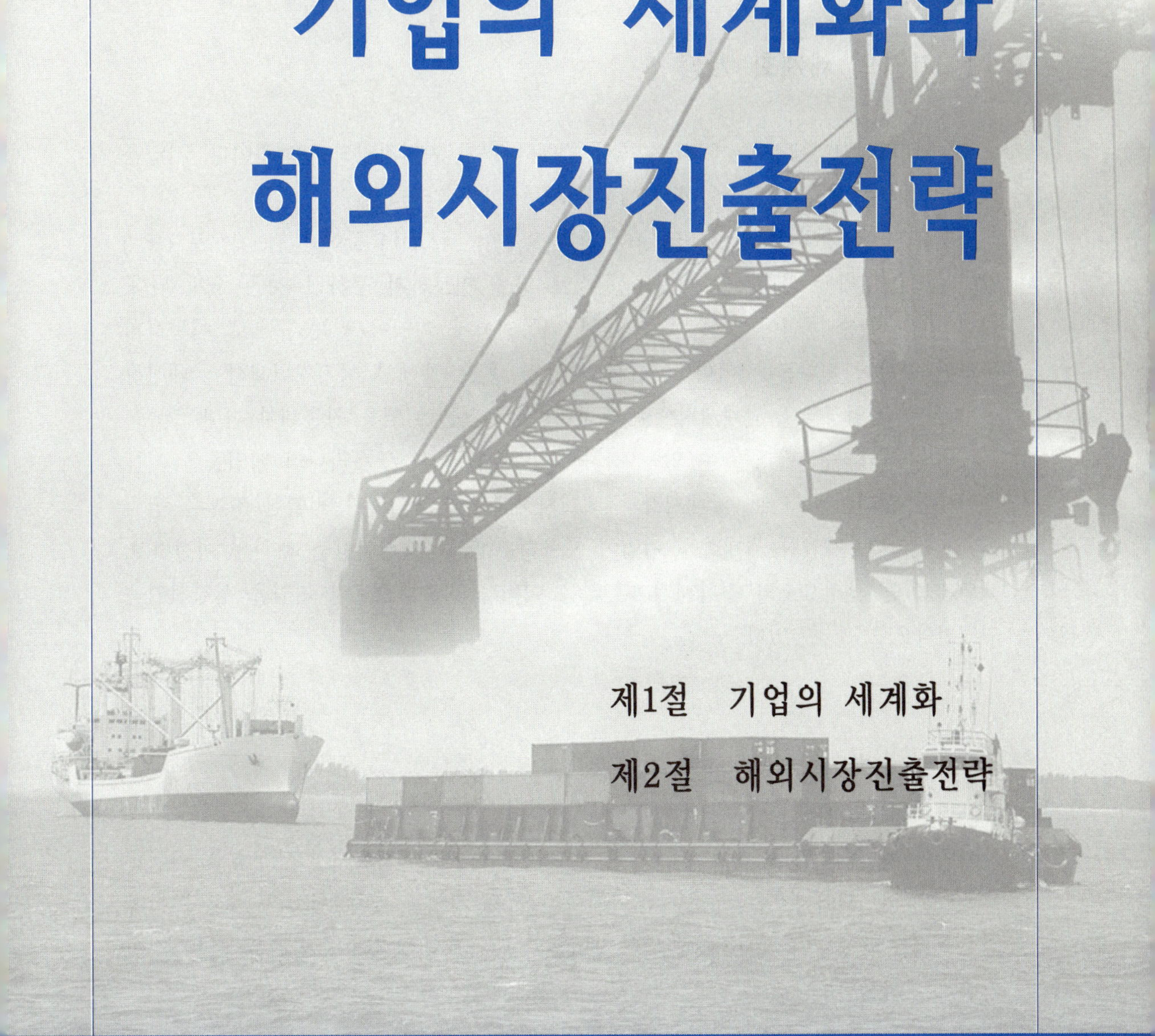

제1절 기업의 세계화

제2절 해외시장진출전략

오늘날 기업경영은 한 국가에서만 하는 것이 아니라 기업이익을 창출할 수 있는 기회가 있는 곳이라면 세계의 어디서나 하고 있다. 우리는 이것을 기업의 세계화 또는 국제화라고 부른다. 기업이 성장하기 위해서는 국내시장보다 해외시장에 많은 관심을 기울여야 한다. 미국이나 중국과 같이 아무리 큰 국내시장을 가지고 있다하더라도 세계시장보다는 작기 때문에 미국이나 중국에 있는 기업도 해외시장에서 사업을 펼치고 있다. 이는 국내시장보다는 해외시장에서 사업을 해야 돈을 벌수 있는 기회가 많기 때문이다. 따라서 본 장에서는 기업의 세계화 현상을 분석하고 기업의 해외시장진출전략에 관하여 살펴보기로 한다.

제1절 ▸ 기업의 세계화

1. 기업의 세계화 개념

오늘날 기업경영에서 눈에 띄는 특징 중에 하나가 기업경영의 세계화이다. 기업은 왜 세계경영을 추구하는 것일까에 대한 대답은 아주 간단하다.

企業을 풀어서 해석하면 사람(人)이 한번 멈추어 서서(止) 풀이 있는 곳으로 (艹) 양(羊)을 인도해야 한다. 풀이 있는 곳으로 양을 인도하지 못하면 양은 죽게 된다. 즉 기업은 항상 이익이 있는 곳을 찾아 이동해야지 이익이 있는 곳으로 이동하지 못하면 망하게 된다는 것이다. 따라서 기업은 생존경쟁에서 이기기위해서 국내시장을 박차고 기업경영을 범세계적으로 추구하여 더 많은 이익을 창출해야 한다.

기업의 세계화는 거스를 수 없는 하나의 큰 흐름 이므로 우리나라 기업들은 이를 좋아하든 싫어하든지간에 국내시장과 세계시장에서 외국기업과 치열한 경쟁을 펼쳐야 될 것이다. 기업의 세계화는 기업이 보유하고 있는 핵심역량을 해외에 이전하고, 해외에 있는 생산요소와 결합시켜 더 많은 이익을 창출함으로써 기업을 성장시키는 기업전략으로 볼 수 있다.

2. 기업의 세계화 과정

기업의 창업년도를 거슬러 올라가 보면 기업은 대부분 자국시장을 목표로 기업활동을 하였다. 해외시장을 목표로 해외에서 기업을 창업할 수도 있지만 기업이 성장함에 따른 위기가 발생하기 때문에 창업초기에는 국내에서 기업활동을 하는 것이 일반적인 현상이다.

창업당시에 기업은 창업위기에 직면한다. 기업을 창업하기 위해서는 정부에서 요구한 각종 각색의 법률 요건을 충족시켜야만 기업을 설립하여 공장을 운영할 수 있다.

창업된 기업은 재무적위기에 직면한다. 기업이 상품을 생산하기 위해서는 생산설비의 투자, 인건비 등에 소요되는 막대한 자금을 확보하고 있어야 한다. 기업운영에 필요한 자금을 조달하지 못하면 기업은 재무적위기에서 벗어날 수 없다.

재무적위기를 벗어난 기업은 그 다음에 정신적위기에 직면할 수 있다. 기업이 성장하기 위해서는 유능한 인재를 확보해야 되며 창업초기에 입사한 인력과 기업의 성장을 위해서 들어온 인력간의 갈등이 발생하여 창업초기의 진취적이고 도전적인 기업문화는 사라지고 기업의 경영자와 종업원간에 또는 종업원들과 팀간에 주인의식, 도전의식, 협력의식이 사라져 기업의 정신적위기가 발생한다.

기업의 정신적위기 다음에 경영위기가 찾아올 수 있다. 경영위기는 사업을 다각화시킴으로써 발생되는 위기를 말한다. 기업은 이와 같은 성장 단계에 따라 발생한 위기를 극복하면서 성장하여 왔다. 국내에서 터를 닦은 기업들은 이러한 위기를 극복하면서 사업의 활동 무대를 국내에서 해외로 옮겨가고 있다. 초일류의 다국적기업들은 기업의 활동 무대를 국내에서 시작하여 수출과 해외직접투자를 통해 해외무대로 확대하면서 다국적기업으로 성장하였고 지금은 세계기업으로 발전하였다.

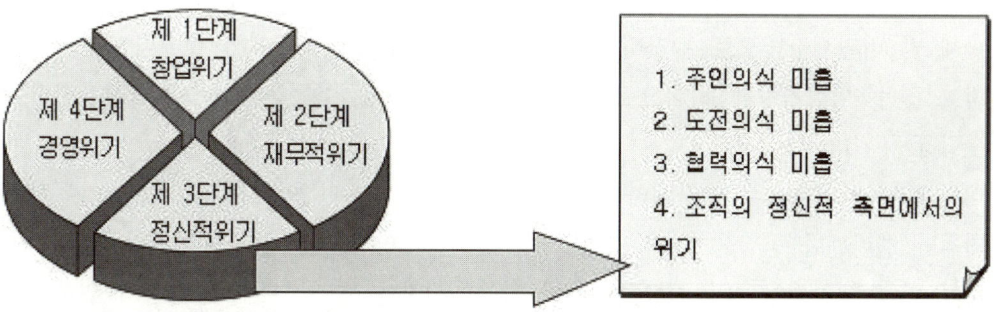

그림 9-1 ▸ 기업의 성장에 따른 위기

1) 국내지향기업(국내생산/국내판매)

기업경영이 얼마나 어려운지 몰락한 기업을 통해서 우리는 알 수 있다. 기업 경영자는 시대의 흐름을 정확히 읽을 수 있는 안목과 사람의 마음을 움직일 수 있는 재능과 기업환경의 제반요인들을 정확히 분석할 수 있는 여러 가지 능력을 요구하고 있다. 이와 같이 기업활동은 정부의 정책, 경제제도, 법, 상관습, 소비자의 기호, 소득수준, 기술수준, 자금, 금융시장 등 여러 가지 예측하지 못한 변수들에 영향을 받는다. 따라서 경영자는 자기가 이러한 변수들을 정확히 분석하고 예측할 수 있는 자기가 살고 있는 나라에 기업을 설립하는 경우가 일반적이다. 기업들은 국내에서 사업의 뿌리를 내리고 이것을 바탕으로 해외시장에서 눈을 돌려 기업활동을 해외시장으로 확대하고 있다.

2) 해외지향기업(국내생산/해외판매)

국내시장에서 성공한 기업들은 국내시장의 침체로 재고가 증가하고 유휴생산설비가 증가하여 이를 극복하기 위해서 더 큰 해외시장에 관심을 가지기 시작한다. 기업은 국내에서 생산된 상품을 해외의 수입상에게 수출하여 해외시장에 진출하는 해외지향기업이 되어 간다.

3) 현지생산기업(현지생산/현지 판매)

수출에 의존하여 해외시장진출을 추구하는 기업들은 수입상품에 대한 수입국의 관세 및 비관세장벽으로 추가비용이 발생할 경우에 수출방식에서 벗어나 기업이 가지고 있는 핵심역량을 외국으로 직접 가져가서 기업 활동을 하는 현지생산전략을 수립하게 된다.

현대자동차가 미국 앨라배마주인 몽고메리시에 210만평에 달하는 현대자동차의 최첨단 앨라배마 공장을 11억 달러를 투자하여 2005년 5월에 준공하였다. 현대자동차가 미국에 공장을 세운 것은 미국의 자동차시장을 효과적으로 공략하기 위해서이다. 이곳 공장에서 2006년 형 NF소나타를 하루에 1,000대씩 연간 30만대를 생산하고 있다. 공장을 가동하자마자 2696대가 팔리고 7월 달엔 1만대가 팔렸다. 이런 판매추세로 나가면 조만간 미국자동차 시장에서 중형 세단의 대명사로 알려진 도요타 캠리나 혼다 어코드를 추월할 것으로 기대하고 있다.

4) 세계지향기업(해외생산/해외판매)

현지생산을 통하여 해외시장에 대한 기업경험을 축척한 기업은 세계 각국에 있는 생산요소를 종합하여 글로벌 생산체제를 구축한다. 기업은 글로벌 생산시스템을 이용하여 세계시장에 판매할 상품을 생산하는 세계지향전략을 추구하게 된다. 이들 기업들은 무국적기업으로 국가보다 힘센 초국가 기업들이다.

오토바이를 생산하는 혼다는 동남아시아에서 절대적인 힘을 과시하고 있는데 태국에서는 정부를 대신해서 오토바이 면허증을 발급해주고 있다. 혼다는 국가나 국경이라는 개념을 뛰어넘어 국가보다 막강한 힘을 행사하고 있다. 2004년 1월 다포스 포럼에서 전세계적 빈곤, 지구온난화, 자연재해 등 문제를 해결하는데 기대를 모았던 존재는 특정국가나 국제기관이 아니라 빌게이츠 회장이었다.[1)]

지금까지 살펴본 바와 같이 기업은 세계화 과정을 통하여 초국가 기업들로 성장한다. 기업들은 이러한 세계화 과정을 단계별로 이행하는 기업도 있고 한 단계 뛰어넘어 다음 단계로 이행하는데 기업들은 기업의 성장단계에 따라 발생한 위기를 극복해야만 생존할 수 있다는 점을 명심해야 한다.

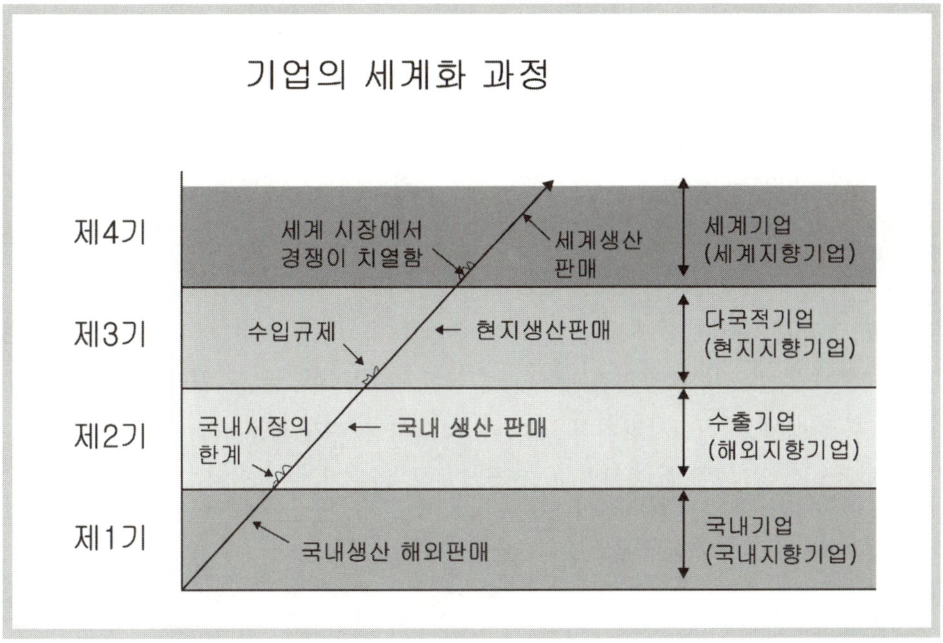

자료 : 조동성, [21세기를 위한 국제경영], 서울경제경영, 2004, p.411.
주 : 점선은 기업 환경 변화에 적응하지 못하여 망함을 의미

그림 9-2 ▸ 기업의 세계화 과정

1) 매일경제신문 2005년 12월 26일 기사내용 인용

제 2 절 ▸ 해외시장진출전략

1. 해외시장진출전략의 의의

기업의 목적은 생존하는 것이다. 30년간 100대기업에 속한 기업들을 살펴보면 일본은 22.3%, 미국은 21%, 한국은 2.3%로 매우 낮은 기록을 보이고 있다. 기업이 생존하기 위해서는 시장에서 제품을 많이 팔아야 한다. 시장이 커야만 돈을 벌 수 있다는 것이다. 1970년대 많은 사람들이 시골을 떠나 너도 나도 서울로 몰려들었다. 시골 사람들이 서울로 온 이유는 시골보다 서울이 더 커서 돈을 벌 수 있는 기회가 많았기 때문이다. 기업들도 국내시장을 떠나 더 넓은 세계시장으로 진출하고 있으며, 진출한 이유는 작은 국내시장보다는 넓은 해외시장에서 돈을 벌 수 있는 기회가 많기 때문이다. 2005년 현재 기업의 명암이 엇갈리고 있다. 수출지향적인 기업은 돈을 많이 벌어 경영자를 포함하여 모든 구성원들은 즐거운 미소를 짓는 반면에 국내내수시장을 중심으로 성장한 기업들은 극심한 매출부진에 시달려 울상을 짓고 있다.

모든 기업들이 해외시장에 진출했다고 해서 돈을 버는 것은 아니다. 철저한 해외시장 분석을 통한 해외시장진출전략을 수립한 기업만이 돈을 벌고 있다는 것이다. 따라서 본 장에서는 해외시장개척을 위한 해외시장 진출전략에는 무엇이 있으며 기업입장에서 이들을 어떻게 평가하고 선정하여야 하는가를 논의하고자 한다.

2. 수출방식

1) 수출의 의의

수출은 기업이 해외시장에 진출할 때 사용할 수 있는 기본적인 전략이다. 기업이 처음으로 해외시장에 진출할 때 가장 많이 사용하는 전략일 뿐만 아니라 다른 해외시장 진출전략을 사용할 경우에도 수출전략을 동시에 활용할 수 있다.

기업이 해외시장에 진출할 때 비용과 위험이 뒤따른다. 그러나 수출은 가장 적은 비용을 들여 해외시장에 대한 정보와 경험을 얻을 수 있고 위험도 최소화 시킬 수 있기 때문에 해외시장 진출에 대한 경험이 없는 기업이 손쉽게 선택할 수 있는 전략이다.

기업이 수출을 하는 이유를 살펴보면 다음과 같다.

첫째, 재고 상품을 처분하거나 생산시설의 활용을 극대화시키기 위해서이다.

국내시장의 규모가 적어서 재고 상품을 처분하기가 어려울 경우 해외시장에서 이들 상품을 용이하게 판매할 수 있다. 국내시장의 주문과 해외시장의 주문을 동시에 받아서 생산할 경우 생산설비의 활용을 극대화시킬 수 있다.

둘째, 규모의 경제를 누리기 위해서이다.

국내시장보다는 해외시장을 대상으로 대량생산을 통한 규모의 경제를 누리기 위해서 해외시장에 진출하는 경우도 있다. 막대한 자본을 필요로 하는 생산시설의 경우 간접비의 흡수를 통해 원가절감도 가능하기 때문에 수출을 이용한다.

셋째, 국내시장보다 해외시장에서의 이익을 더 많이 내기 위해서이다.

국내시장의 판매가격보다 해외시장의 판매가격이 더 비싸거나 경쟁조건 측면에서 국내시장보다 해외시장이 유리한 경우 이러한 특수한 조건들을 활용하기 위해 수출을 하는 경우도 있다.

넷째, 해외시장에 대한 상품의 잠재력을 파악하기 위해서이다.

정보통신분야에 대한 정부의 막대한 지원에 따라 많은 벤처기업들이 상품을 시장에 출시시키고 있다. 벤처기업들은 제품에 대한 해외시장의 반응을 가늠해보기 위해서 수출전략을 적극적으로 활용하고 있다. 기업들의 제품이 해외시장에서 좋은 반응을 얻으면 수출을 적극적으로 추진해나갈 것이다.

마지막으로 정부의 수출지원제도를 활용하기 위해서이다.

모든 국가에서 수출을 장려하기 위해서 크든 작든 여러 가지 수출지원제도를 운영하고 있다. 우리나라도 수출기업에 대한 무역금융, 세제지원 등의 지원정책을 운영하고 있어서 정부의 수출지원정책을 활용하기 위해서 수출에 전념하는 기업도 있다. 기업이 해외시장에 진출하는 방법에는 여러 가지가 있지만 그 중에서 가장 적합한 수출경로를 선택해야 한다.

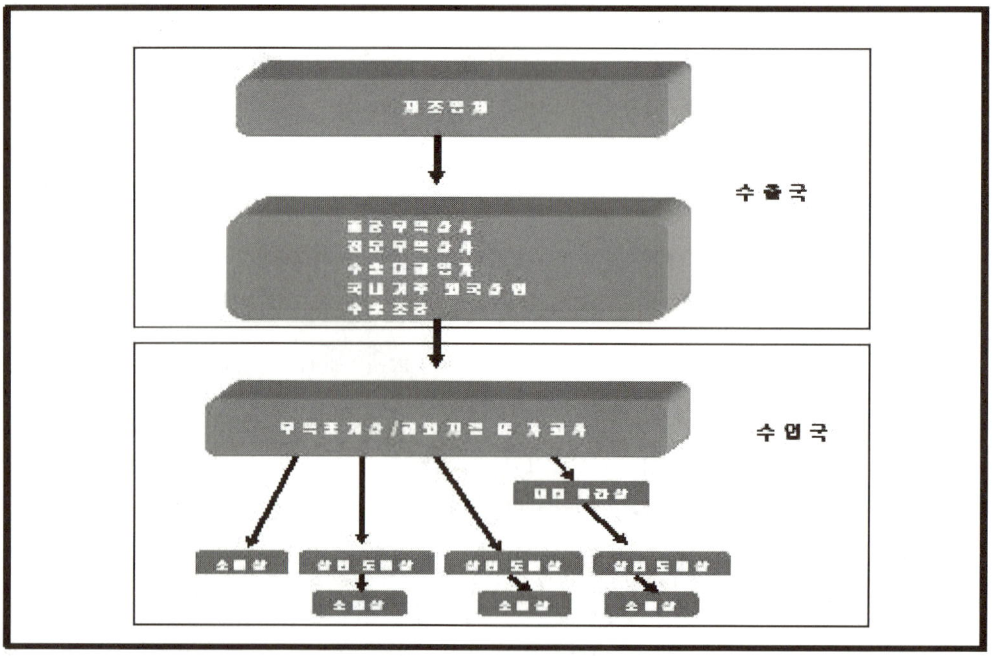

그림 9-3 ▸ 주요 수출 경로

2. 간접수출

간접수출은 수출상이 수출을 직접 하는 것이 아니라 종합상사, 수출대행자, 수출조합, 국내에 있는 외국상인들이 수출상을 대신해서 수출국내에서 요구되는 수출활동을 수행하여 해외에 판매하는 방법이다. 수출상 입장에서 보면 인력과 추가적인 고정비용을 부담하지 않고 상품을 수출 할 수 있으며, 간접수출의 장단점을 살펴보면 다음과 같다.

(1) 간접수출의 장점

① 무역전문가의 전문지식을 활용할 수 있다.

국가간 상거래는 많은 위험이 뒤따르고 이러한 위험을 체계적으로 관리할 수 있는 무역전문가가 필요하다. 수출경험이 부족한 수출상은 무역전문가를 활용하기 때문에 안심하고 수출거래를 할 수 있다.

② 종합무역상사의 정보망과 판매망을 활용할 수 있다.

종합무역상사는 세계 각 지역에 해외지사나 해외자회사를 설치하여 판매망을 구축하고 있다. 따라서 수출상은 종합상사의 해외조직을 이용하여 시장정보를 신속히 입수하고 시장상황에 맞는 해외판매전략을 수립할 수 있다.

③ 무역상이 대외적인 책임을 진다.

종합무역상사와 같은 무역중개상이 수입상과의 수출입매매계약을 체결하기 때문에 제조업체는 무역중개상에게 상품을 공급하고 무역중개상이 자기 책임하에 수출한다. 따라서 수출 클레임에 대한 책임은 제조업체에게 있는 것이 아니라 무역중개상에게 있다.

④ 해외마케팅 비용을 절감할 수 있다.

제조업체는 해외지사나 수출팀을 운영하지 않아도 되기 때문에 해외마케팅 비용을 절감시킬 수 있다.

⑤ 수출상으로부터 제품생산에 필요한 생산자금을 지원받을 수 있다.

(2) 간접수출의 단점

① 제조업체가 상품을 수출상에게 인도하면 그 상품에 관련된 소유권과 처분권이 수출상에게 이전되기 때문에 해외시장에서 그 상품이 어떻게 유통되는지 전혀 알 수 없다.

② 해외고객이 원하는 상품에 관련된 정보를 입수할 수 없기 때문에 독자적인 해외마케팅전략을 수립하여 해외시장을 개척할 수 없다.

③ 수출상은 여러 가지 상품을 취급하기 때문에 마진이 많은 상품에만 해외마케팅 노력을 집중한다. 따라서 마진이 적은 상품은 해외마케팅 노력을 게을리하기 때문에 해외시장을 진출하는데 어려움이 있다.

④ 수출상이 상품을 판매한 이후에 사후관리를 철저히 해야 되는데 사후관리를 철저히 하지 못하면 제조업체 상품의 명성에 금이 갈 수 있다.

이상과 같은 간접수출의 장단점을 고려하여 볼 때 수출경험이 전무한 기업이 간접수출을 이용하는 것이 바람직스럽고 수출경험이 있는 기업은 직접수출을 이용하는 것이 좋다고 사료된다.

3) 직접수출

직접수출은 제조업체가 수출팀을 만들어 수출팀에서 직접 수출을 진행하는 것을 말한다. 직접수출은 간접수출에 비해서 인력과 비용이 발생하지만 자기 책임하에 해외마케팅시장을 주도적으로 개척할 수 있기 때문에 수출성과가 빠르게 나타날 수 있다.

직접수출은 해외시장에 대한 정보획득과 분석을 통한 해외시장진출전략을 세밀하게 수립할 수 있는 인적자원을 확보하여야 되며 해외전시회나 박람회의 참석을 통해 유능한 바이어를 발굴하고 관리할 수 있는 안목도 필요하다. 오늘날 거의 모든 대기업들은 수출을 직접 수행하며 중소제조업체들도 대부분 무역실무 지식을 소유한 전문인력을 활용하여 직접 수출을 하고 있다.

3. 계약에 따른 해외시장 진출전략

1) 계약에 의한 해외시장 진출전략의 의의

1960년대와 1970년대에 무역은 주로 자동차, TV, 섬유 등과 같은 유형상품을 거래하는 것이었다. 그러나 1980년대에 접어들면서 공업소유권, 특허권, 실용신안권, 상표권, 저작권 등이 무역거래에서 중요한 거래상품으로 등장하였다. 1990년대 후반에 들어서 컴퓨터 소프트웨어 등의 무형자산이 중요한 무역거래상품으로 등장하여 유형상품의 거래와 같이 무형자산도 세계무역거래에서 중요한 위치를 차지하고 있다.

표 9-1 ▸ 우리나라의 소프트웨어 생산 및 수출입실적 (단위 : 천불)

구분	2002	2003	2004	비고
세계시장 (A)	528,705,000	568,500,000	605,452,500	
국내 SW시장 (B)	14,298,691	18,016,350	22,700,601	
SW수출실적 (C)	541,940	1,146,640	1,444,766	
SW수입실적 (D)	657,229	558,466	529,903	
국내시장규모 (B/A×100)	2.70%	3.17%	3.75%	
수출비율 (C/B×100)	3.79%	6.36%	6.36%	
수입비율 (D/B×100)	4.60%	3.10%	2.33%	
수출대비수입 (D/C×100)	121.27%	48.70%	36.68%	

이와 같은 무형자산은 주로 계약에 의해서 이루어지고 있으며 계약은 상품이 아니라 기술이나 노하우를 대상으로 하기 때문에 일반수출방식과 근본적으로 다르다. 본 장에서는 무형자산이 어떠한 계약형태로 이루어지고 있는지 살펴보고자 한다.

2) 국제 라이선싱

국제 라이선싱(international licensing)은 기업이 보유하고 있는 특허권, 저작권, 실용신안권, 의장권, 상표권 등을 로열티나 권리사용료를 받고 외국에 있는 다른 기업이 사용할 수 있는 권한을 당사자간의 계약을 통하여 부여한 것을 말한다.

기업이 라이선싱 계약을 체결하는 이유는 국내에서 이미 사용화된 기술을 해외에 이전시킴으로써 추가적인 이익을 얻을 수 있기 때문이다.

(1) 라이선싱의 장점

라이선싱의 장점을 살펴보면 다음과 같다. 첫째, 대부분의 국가에서는 상품수입보다는 기술수입을 원하고 있다. 따라서 상품수입을 제한하기 위해서 모든 국가는 관세 인상과 비관세장벽을 활용하고 있다. 상품수출에 많은 제약을 받으면 상품을 수출하기 보다는 제조기술을 수출함으로써 추가적인 이익을 확보할 수 있다.

둘째, 라이선싱은 해외직접투자보다 비상위험으로 인한 손실발생 가능성이 적다.

대부분의 국가들은 자기가 필요한 기술을 획득하기 위해서 라이선싱을 장려하고 있기 때문에 수입국가에서 발생할 수 있는 기술상실의 위험이 적은 편이다.

셋째, 소규모 제조업체가 적은 비용으로 해외시장에 진출할 수 있는 방식이다. 국내시장에서 판매가능성이 낮고, 불확실할 경우 수출이나 해외직접투자 방식보다 라이선싱이 유리할 수 있다.

(2) 라이선싱의 단점

① 핵심기술을 보유하지 못하는 기업은 라이선싱을 이용할 수 없다.
② 기술이 상용화됨에 따른 추가이익을 누릴 수 없다.
③ 경쟁자를 만들 수 있다.

삼성반도체는 세계반도체 시장에서 일본 반도체 회사들을 따돌리고 승승장구하고 있다. 삼성반도체는 초기에 일본 반도체 회사로부터 라이선싱계약을 통해서 기술을 도입한 다음, 반도체기술을 축적하여 오늘날의 삼성반도체를 만들었다.

3) 프랜차이징

프랜차이징(franchising)은 라이선싱의 한 형태로 특정기업이 갖고 있는 상표나 상호의 사용권을 타 기업에게 제공하고 타 기업은 원료나 부품 및 서비스를 특정기업으로부터 일괄 공급받아 판매하는 것을 말한다.
프랜차이징을 이용해서 해외시장에 진출한 대표적인 예는 코카콜라, 펩시콜라, 맥도널드 햄버거, 켄터키 치킨 등을 들 수 있다. 오늘날 이들 회사들은 전세계 어디서나 볼 수 있는 유명상표가 되었다. 미국의 코카콜라 회사는 외국에 있는 기업들이 미국의 코카콜라 상호를 사용하게 하고 그 대신 코카콜라의 원료를 계속 수입하게 하고 있다.

4) 계약생산

계약생산(contract manufacturing)은 생산설비가 없는 기업이 상품의 대리인, 품질조건, 성능 등 상품의 특성을 계획하고, 생산설비가 있는 기업은 생산설비가 없는 기업의 생산계획에 따라 상품을 생산해주기로 계약을 체결하고 계약 내용에 따라 상품을 생산하여 생산의뢰기업에게 공급하는 것을 말한다.

OEM(Original Equipment Manufacturing)방식은 일종의 계약생산의 방식이다. 우리나라의 수출상품의 대부분은 자체브랜드로 수출되기 보다는 수입상의 브랜드로 수출되는 경우가 많다. 대덕밸리나 대학의 창업보육센터에 입주한 기업들은 자체생산설비를 가지고 있지 않아서 기술개발에 치중하고 개발된 기술을 상용화시켜 완제품을 생산할 경우에는 한국전자부품연구원의 생산시설을 활용하고 있다. 대덕밸리 입주업체 입장에서 보면 생산에 필요한 설비투자 없이도 계약생산에 따라 수출상품을 확보할 수 있다.

계약생산은 생산설비에 대한 전문지식이 필요하며 생산제품의 품질수준이 만족스러워야 한다. 따라서 생산의뢰업체는 원자재의 조달, 원자재의 품질검사, 생산과정에서의 품질검사, 완성품의 품질검사 등 상품의 전체 SCM(supply chain management)을 관리해야 한다. 따라서 계약생산은 해외시장진출을 원하는 기업의 경쟁우위가 상품의 생산보다는 마케팅에 있는 경우에 사용하는 전략이다.

5) 국제관리계약

국제관리계약(international management contract)은 기업의 소유와 경영을 분리하여 전문경영인에게 기업경영을 맡기는 것이다. 오늘날 세계는 헤아릴 수 없는 독특한 문화와 관행, 기준 들이 존재하며 이것들은 기업의 해외시장진출에 직·간접적으로 영향을 미치고 있다. 중국에 진출한 우리나라 기업들은 중국시장에 맞게 노무관리를 해야 함에도 불구하고 한국 실정에 맞게 노무관리를 함으로써 값비싼 대가를 치렀다.

국제관리계약에 따라 선정된 경영인은 관리계약에 명시된 업무내용에 한정하여 경영하고 있으며, 기업경영의 의사결정, 배당, 소유권 변경 등에는 아무런 권한이 없다. 국제관리계약은 적은 비용과 위험으로 해외시장을 진출 할 수 있는 방안이지만 해외시장에서 자기 상품이 확고한 위치를 확보할 수 없기 때문에 제조업체는 여러 가지 방안의 장단점을 분석한 후에 해외시장진출전략을 수립해야 한다.

4. 해외직접투자

1) 해외직접투자의 개념

해외직접투자(foreign direct investment)는 기업의 경영자원을 해외로 이전시켜서 해외에서 기업활동을 하는 것으로 적극적인 해외시장 진출전략이다.

해외직접투자는 기업이 보유한 자본, 생산기술, 생산설비 경영노하우를 해외로 가져가서 현지국에서 제공한 공단에 공장을 설립하고 현지인을 고용하여 상품을 생산하여 판매하는 기업의 경영활동을 말한다. 기업은 기업경영활동을 가장 유리하게 전개할 수 있는 곳을 찾아 세계로 기업활동을 옮기고 있다. 우리나라기업의 해외직접투자는 1980년대에 접어들어서 국제무역환경의 변화에 따른 대응전략으로 해외직접투자가 급격히 증가하였다.

표 9-2 ▸ 우리나라 기업규모별 해외직접투자 현황 (단위 : 건, 백만 달러)

년 도	대 기 업		중 소 기 업		개 인 투 자		총 계	
	건수	금액	건수	금액	건수	금액	건수	금액
1968-80	249	107	103	39	1	0	353	146
1981	39	27	10	1	0	0	49	28
1982	36	36	13	65	0	0	49	101
1983	43	70	13	39	0	0	56	109
1984	33	34	13	16	0	0	46	50
1985	24	84	14	29	0	0	38	113
1986	33	171	17	11	0	0	50	183
1987	57	386	33	24	1	0	91	410
1988	102	182	67	34	2	1	171	216
1989	118	493	144	77	8	2	270	573
1990	137	787	193	170	10	2	340	959
1991	158	921	276	190	11	5	445	1,116
1992	125	967	368	250	4	2	497	1,219
1993	137	935	536	324	15	4	688	1,263
1994	259	1,746	1,145	538	84	19	1,488	2,304
1995	260	2,445	948	643	120	48	1,328	3,137
1996	257	3,570	867	773	343	76	1,467	4,420
1997	233	3,019	783	516	310	117	1,326	3,652
1998	104	4,450	346	282	163	36	613	4,769

표 9-2 ▸ 우리나라 기업규모별 해외직접투자 현황(계속) (단위 : 건, 백만 달러)

1999	81	2,717	605	487	408	73	1,094	3,277
2000	123	2,524	1,316	2,320	631	152	2,070	4,996
2001	72	4,077	1,339	858	725	140	2,136	5,075
2002	83	2,258	1,543	1,137	833	171	2,459	3,566
2003	91	2,150	1,678	1,383	1,021	264	2,790	3,797
2004	169	3,175	1,684	2,073	1,909	477	3,762	5,715
합 계	잘못된 계산식	잘못된 계산식	잘못된 계산식	잘못된 계산식	잘못된 계산식	잘못된 계산식	잘못된 계산식	잘못된 계산식

자료 : 한국수출입은행, 해외직접투자 통계연보, 2004

2) 해외직접투자의 유형

(1) 천연자원지향형

현재 우리가 사용하고 있는 모든 상품은 지구촌에 매장되어 있는 천연자원을 사용하여 만들어냈다. 하나님이 천지를 창조하실 때 천연자원을 모든 국가에게 공평하게 배분하셨더라면 사람들은 더욱더 행복하게 살 수 있었을 것이다. 그러나 불행하게도 매장된 천연자원이 국가간에 큰 차이가 있어서 자원이 부족한 국가는 매장된 천연자원이 풍부한 국가에게 자원개발기술과 자본을 제공하여 공동으로 천연자원개발에 나서고 있다.

천연자원지향형(raw material seeker)은 기업이 천연자원이 풍부하게 매장된 국가에서 기업경영에 필요한 천연자원을 현지기업과 공동으로 개발하여 개발된 천연자원을 기업경영에 활용하거나 다른 기업에게 매각함으로써 이익을 추구하는 경제활동이다.

대우인터내셔널은 미얀마 가스개발에 투자하여 2조 8,800억에서 3조 5,600억 입방피트에 달하는 매장량을 발굴하였다. 이것은 국내 가스 소비량의 3년치에 해당하는 것으로 원유로 환산하면 5억 1,800만 배럴에서 6억 4,100만 배럴에 달한다. 대우인터내셔널은 2006년 10월까지 미얀마 가스전개발사업에 총 1억 2,000만 달러를 추가로 투자할 예정이다.[2)]

에너지 확보에 비상이 걸린 중국은 이란의 최대 규모의 유전개발에 참여하여 여기서 생산된 천연가스를 수입하기로 이란과 합의하였다. 중국은 장기간 안정적으로 천

2) 매일경제신문. 2005년 12월 28일 기사자료

연가스를 공급 받게 되어 국제에너지 확보 전쟁에서 유리한 고지를 차지하게 되었다.3)

위와 같이 부족자원이 빈약한 국가와 더불어 풍부한 국가도 안정적인 에너지확보를 위해서 에너지 자원개발에 적극적으로 참여하고 있다.

(2) 시장지향형

대부분의 국가들은 자국시장을 보호하기 위하여 크든 적든간에 관세 및 비관세장벽을 두고 있다. 기업은 상품을 관세 및 비관세장벽이 높은 국가로 수출하기가 어려워서 관세 및 비관세장벽이 높은 국가에 있는 기업들은 외국기업과의 경쟁에서 유리한 이점을 누릴 수 있다. 관세 및 비관세장벽은 현지국 외부로부터 경쟁을 제한시켜주는 역할도 하고, 현지국에서 수입상품의 국내판매가격을 상승시키기도 한다. 따라서 시장지향형(market seeker)은 관세 및 비관세장벽이 높은 국가로 자본, 설비, 기술 등을 이전시켜서 현지국에서 제품을 생산하여 현지판매를 수행하는 것을 말한다.

표 9-3 ▸ 한국기업의 중국진출 동기

항 목	응답수	응답비중
1. 저렴한 노동력	219	36.2
2. 내수시장 진출	155	25.6
3. 해외 바이어의 요구	67	11.1
4. 생산공정상 타기업과의 연계진출	52	8.6
5. 원부자재 확보	38	6.3
6. 우회수출	31	5.1
7. 한국내 규제(환경 등)	18	3.0
8. 저렴한 지가	14	2.3
9. 조세 우대	11	1.8
계	605	100.0

자료 : KIEP,2004년 298개 기업조사 결과자료 인용

* 대기업(30대 재벌기업군 포함)만의 경우 '내수시장 진출'이 '저렴한 노동력'보다 더 큰 투자동기로 나타남

3) 한국경제신문. 2005년 12월 20일 기사자료

표 9-4 ▸ 중국의 산업별 외국인투자 유치실적 (단위: 신고기준, 천만불, %)

산업	2001		2002		2003		2004		
	건수	금액	건수	금액	건수	금액	건수	금액 (비중)	증가율
농·림·목·어업	887	176	975	169	1,116	228	1,130	327 (2.1)	43
채광업	149	64	164	38	211	66	279	116 (0.8)	76
제조업	19,106	4,885	24,930	5,927	29,281	8,075	30,386	10,974 (71.5)	36
전력, 석탄, 물 생산 및 공급	136	213	185	147	333	207	455	396 (2.6)	91
건축업	256	182	329	106	396	168	411	177 (1.2)	5
교통운수, 창고, 우전통신	297	88	405	153	506	501	638	237 (1.5)	△53
도매 및 소매무역 음식업	1,232	140	1,716	166	2,207	238	1,700	250 (1.6)	5
부동산업	820	503	1,316	722	1,553	911	1,767	1,349 (8.8)	48
사회서비스업	2,673	429	3,418	499	4,242	704	4,628	1,074 (7.0)	53
위생, 체육, 사회복지업	39	13	50	26	85	27	80	32 (0.2)	19
교육, 문화, 예술 및 라디오, 영화, TV	28	7	48	11	70	28	272	101 (0.7)	261
기타 산업	517	218	635	313	1,081	354	1,918	315 (2.1)	△11
합계	26,140	6,918	34,171	8,277	41,081	11,507	43,664	15,348 (100.0)	33

5. 전략적 제휴

기업의 경영환경은 시시각각으로 변화하여 한 치도 예측할 수 없다. 이러한 불확실한 환경속에서 기업이 생존하기 위해서는 불확실한 위험을 여러 기업들이 조금씩 나누어야 한다. 기업들은 전략적 제휴를 통하여 자기가 가지고 있는 핵심역량을 다른 기업이 가지고 있는 핵심역량과 결합시켜 새로운 경쟁우위를 창출해가고 있다.

초일류 다국적기업도 그 기업의 기술과 자원능력에는 한계가 있으므로 치열한 국제경쟁에서 경쟁우위를 차지하는 데 큰 어려움이 있다. 따라서 기업의 생존 차원에서 다른 기업과의 공동구매, 공동판매, 공동기술개발 등과 같은 다양한 전략적 제휴를 이용하고 있다.

IBM, 지멘스, 도시바는 전략적 제휴를 통해서 새로운 세대의 저장칩을 개발했고, 듀폰과 소니는 신규 저장제품을 협력하여 개발하고 있으며, 모토로라와 도시바는 저장칩과 반도체칩을 생산하는 데 필요한 중요한 기술과 정보를 공유하기 위해서 합작투자를 계획하고 있다. GM과 히타치는 자동차의 전자부품을 공동으로 개발하고 있다.

전략적 제휴는 두 개 이상의 기업이 자기들이 가지고 있는 핵심역량을 공동으로 사용함으로써 기업활동을 수행하는 것으로 기업의 경쟁력을 상향시키는 거래 파트너십이다. 합의된 목표를 달성하기 위해서 두 개 이상의 기업이 협력하지만 기업경영은 서로 독립되어 있다.

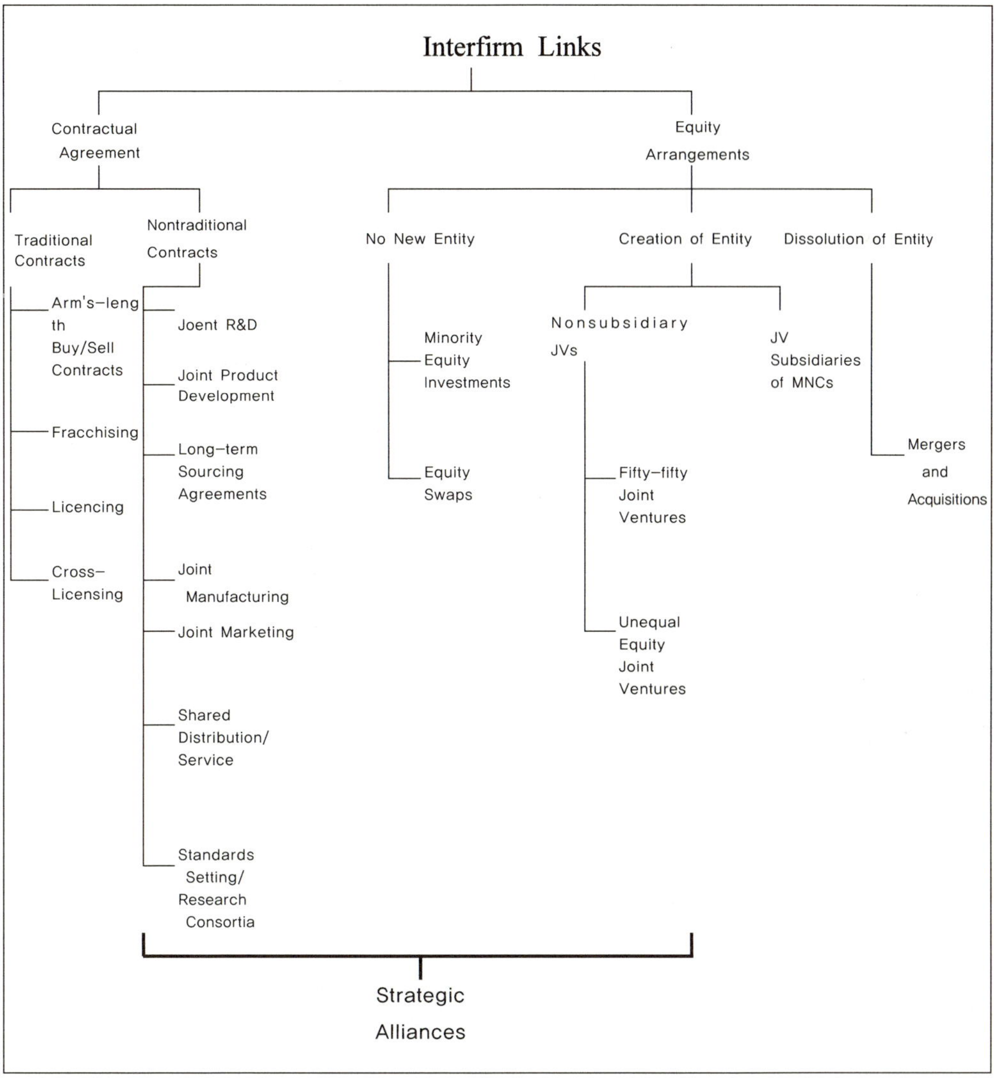

그림 9-4 ▸ 전략적 제휴의 범위

자료 : Michael Y. Yoshino U. Srinivasa Rangan, "Strategic Alliances," Harvard Business School Press, Boston, Massachusettes, 1995, P. 90

제 10 장
다국적기업과 국제경영

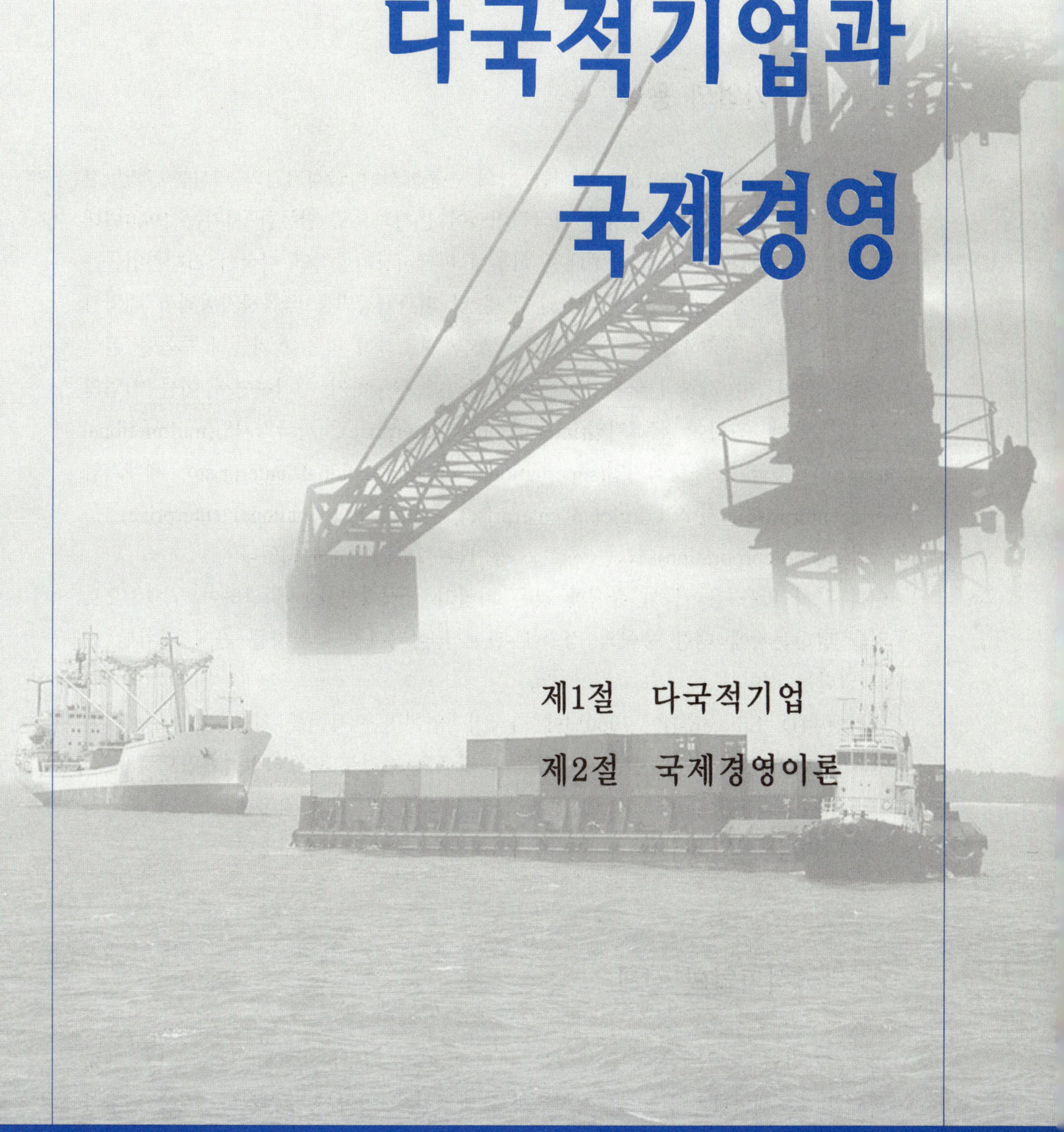

기업이 국내에서의 기업경영활동을 세계로 확대시켜 나감에 따라 기업의 국제화 및 세계화를 체계적으로 연구하는 국제경영학이 탄생하게 되었다. 국제경영학은 기업의 범세계적 활동을 연구분야로 하고 있다. 따라서 본 장에서는 다국적기업과 국제경영에 관하여 살펴보기로 한다.

제 1 절 ▸ 다국적기업

1. 다국적기업의 용어

마이아 윌킨스(Mira Wilkins) 여사는 그의 논문에서 다국적기업의 역사는 백년 전에 시작되었다고 주장하고 있지만 다국적기업이 본격적으로 활동한 시기는 1940년대부터라고 할 수 있다. 제2차 세계대전 이후에 미국시장지향적인 미국의 거대기업들은 더 많은 이익을 창출하고 세계 각국의 관세 및 비관세장벽을 극복하기위해서 해외시장에 적극적으로 진출하면서 국제경영의 역사를 창조하여 많은 학자들의 주목을 끌었다. 많은 학자들이 기업의 국제경영활동에 관하여 연구하기 시작하면서 이들 기업의 국제기업활동에 관하여 국제기업(international enterprise), 다국적기업(multinational enterprise), 초국가, 초국적기업(supernational or transnational enterprise), 세계기업(world enterprise), 지구기업(global enterprise), 탈국적기업(denational enterprise), 우주기업(cosmo-corporation)이라는 새로운 용어들이 만들어지게 되었다.

이와 같이 많은 용어들이 탄생한 것은 기업의 국제경영활동에 관하여 구체적으로 무엇을 말하는지에 대한 용어의 정의에 관해서 아직까지도 학자들 간에 일치된 견해가 없다는 점이다.

릴리엔탈(D. Lilienthal)이 1960년에 다국적기업이라는 용어를 처음으로 사용한 이후에 비즈니스위크지가 미국의 대기업들이 새로운 기업형태인 다국적기업으로 변신하고 있다고 주장함에 따라 학계, 경제학, 저널리즘 및 세계 각국에서 널리 사용하여 왔다. 따라서 본 저서에서는 다국적기업이라는 용어를 사용하겠다.

2. 다국적기업의 정의

다국적기업의 정의는 학자들이 보는 관점에 따라 다양하게 내려지고 있다. 해외자회사의 수, 해외활동의 비율, 경영조직과 관련한 경영자의 경영철학, 주식이 상장된 나라의 수, 해외사업 소득에 대한 비율과 같은 여러 가지 척도를 가지고 다국적기업을 정의하였다.

학자들의 정의를 종합하여 보면 다국적기업은 다음과 같은 특징을 가지고 있다.

첫째, 단순한 유가증권의 투자가 아니고 대외 직접투자에 의하여 다수 국가에 현지 자회사를 설립하여 생산 및 판매활동을 수행하고 있다.

둘째, 다국적기업의 경영활동은 대리점이나 유통업자에게 위탁하는 것이 아니고 본사의 직접적인 경영관리하에 있는 현지 판매자회사를 통해서 이루어지고 있다.

셋째, 특히 현지에서 제조활동이 중심이며 2개국 이상에 자사의 현지 제조시설을 운영하고 있다.

넷째, 세계경영의 관점에서 생산, 마케팅, 연구개발을 진행하고 있다.

다섯째, 현지의 법률, 제도, 관습에 따라 활동하고 있는 현지 자회사를 통하여 현지 각지에 진출할 수 있으며, 본사가 동시에 여러 자회사를 직접 관리할 수 있는 조직구조를 가지고 있다.

다국적기업은 일반적으로 2개국 이상의 국가에서 동시에 경영활동을 하는 한 국가의 기업체로서 적어도 2개국 이상에서 자사의 생산공장을 설립하여 운영하거나 또는 국제마케팅 활동을 하기 위한 직접투자를 하고 있을 뿐만 아니라 전세계 경영활동을 수행하는 기업으로 정의할 수 있다.

3. 다국적기업의 일반적 특성

다국적기업은 국내기업과 달리 여러 국가에서 경영활동을 하는 기업이므로 국내기업과 다른 여러 가지 특성을 가지고 있으나 그 운영에 있어서 다음과 같은 공통적인 특성을 가지고 있다.

첫째, 다국적기업은 규모나 운영 면에서 대규모 기업이다.

둘째, 다국적기업은 최첨단 기술을 보유하고 있다.

셋째, 다국적기업은 세계 여러 국가에 있는 현지 자회사를 통한 생산, 자본조달, 소득이전, 자금이동을 할 수 있는 범세계적 가치사슬(global value chain)로 연계되어 있다.

넷째, 다국적기업은 무국적성(non-nationality) 또는 초국적성(trans-nationality)을 가지고 있다.

마지막으로, 다국적기업은 전세계를 무대로 경영활동을 수행하는 만큼 여러 지역에 피라미드식의 계층화로 된 조직을 가지고 있다.

표 10-1 ▸ 다국적기업의 기준

다국적기업의 범위를 정하는 기준	명 칭	연구자
세계적 규모의 경영활동	World Enterprise	Elee and Discipio
- 하나이상의 외국에 자사의 제품공장을 소유하거나 생산활동 수행 - 경영자가 세계적인 안목으로 시장개발, 연구, 생산 등의 의사결정을 할 수 있는 기업	Multinational Enterprise	Lilienthal
- 다수국의 주주에 의한 기업소유 - 기업경영에 다수국의 인재참여 - 세계시장을 단일경제로 인식한 경영자	Transnational Enterprise	Kircher
- 2개국이상에서 기업활동과 생산 및 서비스 활동을 수행하는 기업	Multinational Enterprise	Brooke and Rammerse
- 다수국가에서 경영활동수행 및 단일기업으로 통제	Multinational Enterprise	Behrman
- 기업자산을 2개국이상에서 소유·통제·관리하는 기업의 국경을 초월한 국제 생산	Multinational Enterprise	Hood and Young
- 다수국에서 기업활동, 해외자회사, 연구개발, 제품생산, 판매서비스 소유, 본국인참여, 다수국으로 구성된 직원, 다수국의 국민이 주식 소유	Multinationalism	Maisonrouge
- 다수국가에 여러개의 계열회사운영 및 통제	Multinational Enterprise	Root
- 2개국이상의 국가에서 부가가치 활동을 하거나 관리하는 기업	Transnational Coporations	Dunning
- 2개국이상의 국가에서 생산시설을 관리하고 경영하는 기업	Multinational Enterprise	Teece

4. 다국적기업의 역할

1) 합리적인 자원배분

다국적기업은 합리적인 자원배분을 추구하는 경제체제를 구축하는데 있어서 중요한 역할을 하였다. 다국적기업은 최첨단 기술과 막대한 자본으로 개발도상국의 자원을 개발하는데 지대한 공헌을 하였다. 다국적기업은 개발된 천연자원을 판매할 시장을 개척하여 개발도상국의 경제성장을 촉진시켰으며 개발도상국의 생활수준을 향상시키는데 크게 기여하였다.

다국적기업이 제공한 자본과 기술, 시장은 개발도상국가들의 소득과 산업발전의 원동력이 되었다.

2) 범세계적 자금조달

개발도상국과 선진국이 경제를 발전시키려면 그에 따른 막대한 자금이 필요하다. 국가는 필요한 자금을 국제자금시장이나 국제공공차관의 형태로 조달하여야 하지만 여의치못한 경우가 많기 때문에 다국적기업이 국가가 필요한 자금을 해외직접투자의 형태로 제공하여 왔다.

최근 중국의 눈부신 경제성장에는 다국적기업의 해외직접투자가 큰 역할을 하였으며 이러한 중국의 경제성장에 필요한 대부분의 자금은 세계 다국적기업이 제공하여왔음을 부인하기 어렵다.

3) 기술이전

다국적기업은 최첨단 기술을 보유하고 있다. 다국적기업이 현지국에 직접 생산시설을 투자함으로써 다국적기업이 소유한 기술이 현지국으로 생산시설과 함께 이전되어 현지국의 기술 수준을 향상시키는 역할을 한다.

한국과 중국의 기술격차는 매년 좁아지고 있다. 대부분의 세계 기업들은 중국에 공장을 설립해왔으며 이러한 공장설립으로 크고 작은 많은 기술들이 중국에 흘러들어감으로써 한국과 중국의 기술격차는 점점 줄어들고 있다. 이러한 중국의 기술수준을 급격히 향상시키는데 있어서 다국적기업의 역할을 과소평가할 수 없다.

4) 지리적 다변화의 주체

다국적기업은 기업자원조달, 투자, 생산, 판매, 구매, 연구개발, 보관, 물류 등의 경영활동을 범세계국가에서 수행함으로써 경영활동을 지리적으로 다변화시키는 주체가 되고 있다.

5) 과점적 기능 수행

다국적기업은 범세계국가에 설립된 현지자회사들을 전·후방으로 통합시키거나 수직적 통합을 통해 규모의 경제가 작용하는 과점적 업종에 진출해 뛰어난 기술력, 막강한 브랜드, 독특한 마케팅 능력 등의 강점과 경쟁우위 중심의 세계전략을 수립하여 과점적 기능을 수행한다.

5. 다국적기업의 영향

1) 세계무역에 미치는 영향

오늘날 연간 매출액이 특정 국가의 국민총생산을 초과하는 다국적기업이 증가하고 있다. GE의 연간 매출액은 3,796억 달러, 액손모빌은 3,630억 달러, 마이크로소프트 2,946억 달러로 웬만한 국가의 국민총생산을 초과하여 국가보다 힘센 초국가기업들로 성장하였다. 다국적기업들은 세계의 정치, 경제, 환경, 빈곤 및 문화에 막대한 영향력을 행사하고 있다. 후쿠이 다케오 혼다 사장이 "글로벌화가 급진전되면서 비즈니스 현장에서 국가라는 개념은 의미를 상실했으며 기업활동에 국경이 없다"고 느낀다고 야기한 대목에서 다국적기업의 영향이 얼마나 큰지를 가늠해볼 수 있다.

2004년 1월에 열린 다모스 포럼에서 다국적기업의 영향력이 얼마나 큰지를 알 수 있다.

빌 게이츠 마이크로소프트회장은 국제무대에서 자금력을 바탕으로 미국국무장관보다 막강한 힘을 행사하였으며 빌 게이츠 회장은 개발도상국에서 부시 미국대통령보다 환영받는 존재가 되어 그의 권한이 얼마나 막강한지 여실히 보여주었다.

범세계국가에 설립된 다국적기업의 자회사에서 생산된 상품이 세계무역에서 큰 부분을 차지하고 있기 때문에 세계무역에서 다국적기업의 영향력은 절대적이며 선진국에서 개도국으로의 기술과 자본의 이전에 지대한 공헌을 하고 있음에도 불구하고 세계무역에 대한 다국적기업의 역할에 대해서 긍정적인 견해와 부정적인 견해가 팽팽히 대립하고 있다.

2) 현지국가에 미치는 효과

다국적기업이 현지국가에 미치는 영향은 다음과 같다.

첫째, 국제자원의 배분측면에서 다국적기업은 다국적기업이 소유한 기술, 경영관리노하우, 마케팅, 자본, 연구개발 등과 같은 경영자원을 현지국가에 이전시킴으로써 현지국가의 경제성장에 크게 기여하고 있다.

둘째, 국제수지를 개선시킬 수 있다. 다국적기업이 현지국가에 직접투자함으로써 현지국가는 자금을 확보할 수 있기 때문에 국제수지가 개선된다. 그러나 다국적기업이 현지에서 벌은 이익을 자국으로 가져갈 경우에는 국제수지가 오히려 악화될 수 있다.

셋째, 현지국가의 경제체제를 개선시킬 수 있다.

다국적기업이 현지에 진출함에 따라 현지기업은 다국적기업과 경쟁을 해야 되기 때문에 현지국가의 산업체질이 다국적기업과의 경쟁에서 이길 수 있도록 개선될 수 있다.

3) 본사국에 미치는 효과

(1) 긍정적 효과

다국적기업이 해외에서 벌어들인 이익을 본국으로 가져오면 국제수지가 개선될 수 있고 해외소득에 과세를 부과함으로써 정부수입을 증가시킬 수 있다. 또한 국제경영활동에 필요한 전문인력의 고용창출을 통해 경제를 발전시킬 수 있고 자원의 효율적 이용으로 국민소득을 증가시킬 수 있다.

(2) 부정적 효과

다국적기업이 해외로 자금을 이전시킴에 따라 설비투자가 감소하여 생산직 인력의 실업이 늘어나고 조세피난처의 활용, 이전가격 조작을 통해 조세를 회피하여 본사국의 조세수입이 줄어들 수 있다. 또한 본사국이 가지고 있는 기술이 해외로 이전되어 국제경쟁력을 약화시킬 수 있다.

제 2 절 ▸ 국제경영이론

1. 독점적 우위론

특정 국가에서 기업을 경영하는 외국기업은 현지시장에 관한 정보에 어둡고, 정치, 경제, 법률, 상관습의 차이로 인하여 현지기업과의 경쟁에서 매우 불리한 위치에 있다. 그럼에도 불구하고 외국기업이 특정 국가에서 현지기업과 경쟁하기 위해서는 그 나름대로의 독특한 경쟁우위를 가지고 있어야 한다.

독점적 우위론(Monopolistic Advantage Theory)은 외국기업이 가지고 있는 경쟁우위가 무엇인지를 규명하였다. 독점적 우위론에서 해외직접투자는 기업 특유의 독점적 우위를 가지고 있는 기업이 외국시장에 진출하여 외국시장에서 이익 추구와 기업 목표를 달성하기 위해서 행동하는 것이 해외직접투자의 형태로 나타난다는 것이다. 외국기업이 가지고 있는 독특한 경쟁우위는 제품차별화, 경영능력, 기술, 마케팅능력 등이며 현지기업이 이것을 습득하는 데에는 막대한 비용과 시간이 걸리므로 외국기업은 독점적 우위를 활용하여 현지기업의 경쟁제품보다 차별화된 제품을 생산하여 국내보다 해외에서 초과 이윤을 얻을 수 있다는 것이다.

2. 과점이론

과점이론(Oligopoly theory)은 한 산업에는 소수의 제한된 기업만이 경쟁을 한다고 보고 이러한 과점산업에 속한 기업들 특유의 행동양식으로 해외직접투자를 설명하는 이론이다. 자동차 산업에는 현대, 도요다, 벤츠, GM 등의 자동차 메이커들이 세계 자동차 시장에서 경쟁을 하고 있다.

과점이론에 따르면 도요다 자동차가 미국시장에 해외직접투자를 하면 자동차 시장의 경쟁에서 살아남기 위해서 나머지 자동차 생산기업들도 해외직접투자를 한다는 것이다. 과점이론은 과점산업에 속해 있는 기업들은 경쟁기업의 행동에 민감하게 반응하여 과점적경쟁이라는 과점산업 특유의 기업 형태를 낳는다고 보고 있다.

3. 내부화이론

내부화이론(Internalization theory)은 지금까지 해외직접투자를 생산에 치우쳐져서 규명하려 하였다고 비판하고 연구개발, 마케팅, 교육, 기업문화, 등의 중간생산물이 기업의 해외직접투자에 미치는 영향을 규명하려고 하였다.

연구개발, 경영노하우, 마케팅, 교육, 기업문화 등의 경영자원은 시장이 불완전하기 때문에 이윤극대화를 추구하는 기업은 이러한 경영자원을 기업자체의 조직내에서 흡수하여 내부화시키려는 경향이 강하게 나타나며 이러한 내부화 과정이 국경을 초월하며 일어나는 것이 해외직접투자라고 내부화이론은 설명하고 있다.

4. 절충이론

절충이론은 더닝(J.H. Dunning)에 의해 발전되었다. 더닝은 국제경영이론이 어느 한 가지 이유만으로 발생한 것이 아니라 상호복합적인 관계 속에서 발전했음을 규명하여 절충이론을 제시하였다. 국가적인 측면에서의 입지적 요인과 기업 특유의 요인을 분리하여 기업의 국제경영활동을 설명하면 한쪽에 치우쳐져 정확하게 기업의 국제경영을 설명할 수 없다는 것이다.

절충이론에 따르면 기업이 가지고 있는 독특한 핵심역량을 라이선싱을 통하여 외부시장에 판매하는 것보다 내부화시키는 것이 유리할 경우 기업은 라이선싱보다는 수출을 선호하게 되며, 자본, 기술, 경영 노하우 등의 기업의 핵심역량을 외국으로 가져와서 현지국가가 제공하는 저임금과 저렴한 공장부지, 세제지원 등과 결합시켜 경쟁우위를 창출할 수 있기 때문에 해외직접투자를 선호하게 된다.

제 4 부

무역실무

제 11 장

무역거래와 전자무역

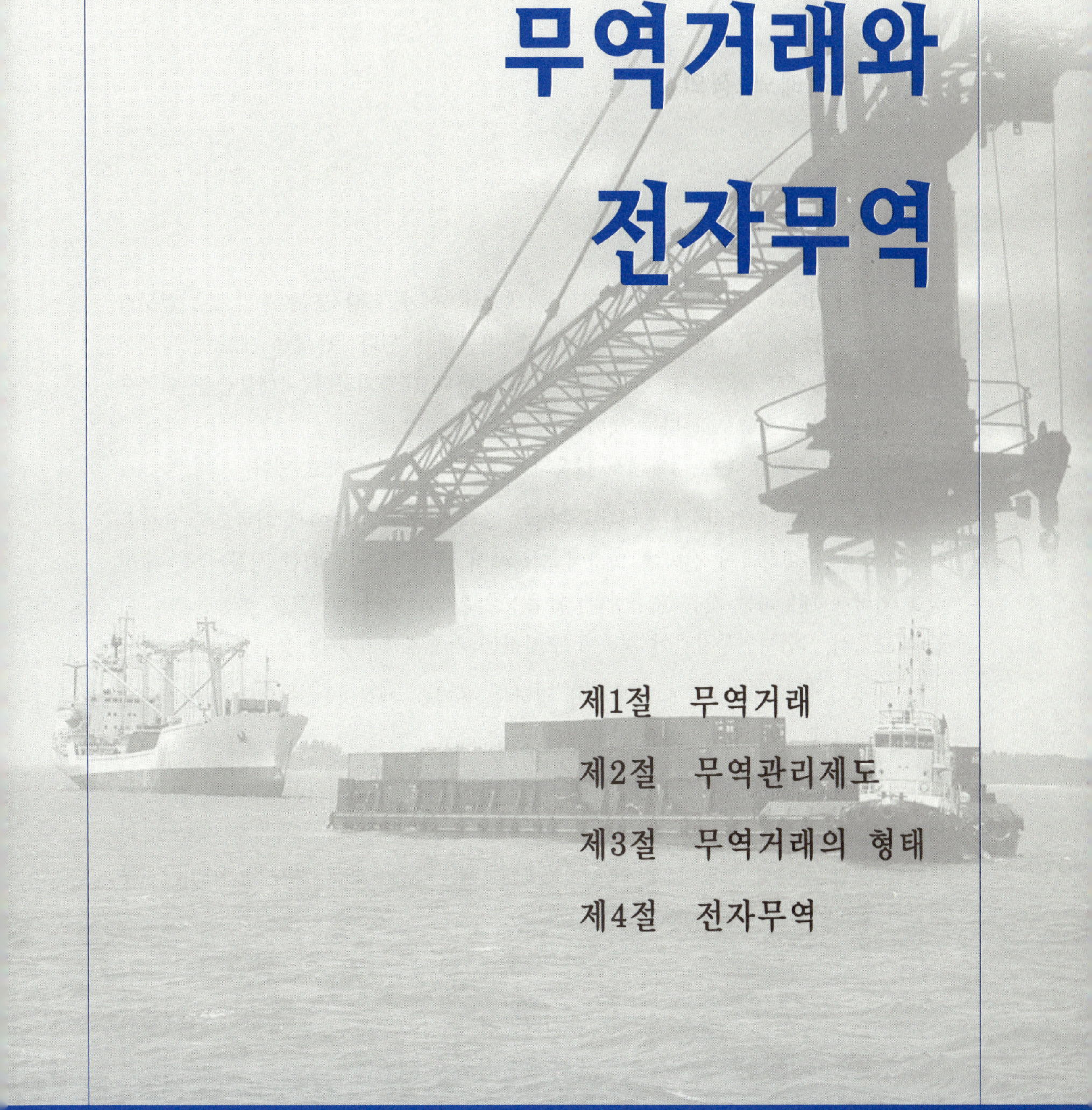

무역은 국가간에 상품을 사고 파는 상거래이다. 상거래는 여러 가지 형태로 진행되지만 대부분 국가에서는 무역을 관리하고 있으며 정보통신기술의 발달로 전자무역이 활성화됨에 따라 무역에 커다란 변화가 발생하였다. 본 장에서는 무역의 전반적인 흐름과 다양한 무역형태와 전자무역에 관하여 살펴보고자 한다.

제1절 ▸ 무역거래

1. 무역거래의 정의

1) 수출의 정의

수출은 우리나라 물품을 외국에 있는 거래당사자에게 유상 또는 무상으로 인도하는 것으로 반드시 물품이 국내에서 해외로 이동해야 된다. 관세법 제2조 2항에서 수출은 내국물품을 외국으로 반출하는 것을 말한다고 정의하여 국내물품을 외국으로 이전시켜야만 수출로 본다는 것이다.

대외무역법시행령 제2조 3항에서 다음과 같이 수출을 정의하고 있다.

① 매매 · 교환 · 임대차 · 사용대차 · 증여 등을 원인으로 국내에서 외국으로 물품을 이동하는 것(우리나라의 선박에 의하여 외국에서 채취 또는 포획한 광물 또는 수산물을 외국에 매도하는 것을 포함한다)과 유상으로 외국에서 외국으로 물품을 인도하는 것으로서 산업자원부장관이 정하여 고시하는 기준에 해당하는 것

② 거주자가 비거주자에게 대통령이 정하는 용역을 제공하는 것으로 산업자원부장관이 정하여 고시하는 방법으로 제공하는 것

③ 외국환거래법 제3조 제12호의 규정에 의한 거주자(이하 "거주자"라 한다)가 동법 제3조 제13호의 규정에 의한 비거주자(이하 "비거주자"라 한다)에게 제2조 2의 규정에 의한 전자적 형태의 무체물을 정보통신망을 통한 전송 및 기타 산업자원부장관이 정하여 고시하는 방법으로 인도하는 것

(1) 물품의 인도

대외무역법에서는 수출을 물품이 우리나라에서 외국으로 이동하는 것으로 정의하면서 무역거래형태를 구체적으로 명시하여 물품의 매매뿐만 아니라 사용대차, 교환, 증여 등도 수출의 범위에 포함시켰다. 또한 우리나라 외항선박이 공해상이나 외

국의 영해에서 채취 또는 포획한 광물이나 수산물 등을 외국의 현지에서 판매하는 것도 수출로 인정하고 있다.

외국물품을 구매해서 외국에 판매하는 무역거래를 수출로 인정할 것인가에 관련하여 산업자원부장관이 정하여 고시하는 중계무역형태와 외국인도수출의 경우에 수출로 인정하고 있다.

중계무역은 수출할 것을 목적으로 물품 등을 수입하여 관세법 제154조의 규정에 의한 보세구역 및 동법 제156조의 규정에 의하여 보세구역외 장치의 허가를 받은 장소 또는 자유무역지역의지정등에 관한 법률 제4조의 규정에 의한 자유무역지역 이외의 국내에 반입하지 아니하고 수출하는 수출입을 말한다. 상기 법령에서 지정된 보세구역, 자유무역지역은 우리나라 안에 있지만 관세법상 외국영토로 보고 있기 때문에 중계무역은 비록 외국물품이 우리나라를 경유하더라도 외국에서 외국으로 인도하는 거래에 해당한다.

외국인도수출은 수출대금은 국내에서 영수하지만 국내에서 통관되지 아니한 수출물품 등을 외국으로 수출하는 것을 말한다고 무역관리규정 제1-0-2조 용어의 정의에서 명시하여 국내에서 외국의 물품을 구매하여 외국에 판매하는 수출도 인정하고 있다.

지금까지 살펴본 바와 같이 대외무역법에서는 수출의 범위를 포괄적으로 인정하여 주고 있다.

(2) 거주자와 비거주자간의 용역거래

대외무역법에서 인정하고 있는 수출의 거래대상품목은 유상품목만 한정하는 것이 아니라 무상품목의 거래도 인정하고 있음을 대외무역법시행령 제2조의 2에서 명시하였다. 거주자와 비거주자가 서비스, 지적재산권, 상표권 등의 무형상품을 거래하는 경우 수출로 인정한다는 것을 법제화 시켰는데 그 내용을 구체적으로 살펴보면 다음과 같다.

첫째, 다음에 해당하는 업종의 사업을 영위하는 자가 제공하는 용역은 대통령령이 정하는 용역에 해당되어 수출로 인정된다.

① 경영상담업
② 법무관련 서비스업
③ 회계 및 세무관련 서비스업
④ 엔지니어링 서비스업

⑤ 디자인

⑥ 컴퓨터 시스템설계 및 자문업

⑦ 문화산업진흥기본법에 의한 문화산업에 해당하는 업종

⑧ 그 밖에 지식기반용역 등 수출유망산업으로 산업자원부 장관이 정하여 고시한 업종

둘째, 국내의 법령 또는 대한민국이 당사자인 조약에 의하여 보호되는 특허권·실용신안권 · 의장권 · 상표권 · 저작권 · 저작인접권 · 프로그램저작권 · 반도체집적회로의 배치설계권의 양도, 전용실시권의 설정 또는 통상실시권의 허락도 용역으로 간주한다.

(3) 거주자와 비거주자간의 전자적 무체물의 거래

종전의 대외무역법은 물품의 수출입에 관한 사항을 규정하고 있었다. 그러나 전자무역이 급격히 증가함에 따라 전자무역의 수출을 실적으로 인정하고 무역금융지원이 가능하도록 지원제도를 신속히 제정할 필요성이 제기되었다. 따라서 종전 대외무역법에서 정의한 무역의 개념을 개정하여 물품 수출과 같이 정보통신망을 통하여 거래되는 소프트웨어 등 전자적 형태의 무체물을 수출하는 것도 대외무역법에 의한 수출의 범위에 포함하고 이를 "물품"(물품+전자적 형태의 무체물)이라 정의하였다.

전자적 형태의 무체물은 물품의 형태를 갖추고 있지 않는 것으로 소프트웨어산업진흥법 제2조 제1호의 규정에 의한 소프트웨어와 영상물(영화, 게임, 애니메이션, 만화, 캐릭터, 음향, 음성물, 전자서적, 데이터베이스를 말한다. 그러나 법률, 교육, 소프트웨어 프로그램 등을 사용하도록 하고 이에 대한 대가를 받는 행위 즉, 상품의 수출보다는 순수한 서비스를 공급하는 것은 대외무역법에 의한 수출의 범위에 포함되지 않는다.

2) 수입의 정의

수입은 우리나라에 있는 거래당사자가 외국으로부터 유상 또는 무상으로 외국물품을 인수하는 것으로 반드시 물품이 해외에서 국내로 이동해야 된다. 관세법 제2조 2항에서 수입은 외국물품을 우리나라에 반입(보세구역을 경유하는 것은 보세구역으로부터 반입하는 것을 말한다)하거나 우리나라에서 소비 또는 사용하는 것(우리나라의 운송수단 안에서의 소비 또는 사용을 포함하며, 제239조 각호의 1에 해당하는

소비 또는 사용을 제외한다)을 말한다고 정의하여 외국물품을 국내로 반입해야만 수입으로 본다는 것이다.

대외무역법시행령 제2조 4항에서 다음과 같이 수입을 정의하고 있다.

① 매매 · 교환 · 임대차 · 사용대차 · 증여 등을 원인으로 외국으로부터 국내로 물품을 이동하는 것과 유상으로 외국에서 외국으로 물품을 인수하는 것으로서 산업자원부장관이 정하여 고시하는 기준에 해당하는 것

② 비거주자의 비거주자에 대한 대통령이 정하는 용역을 제공하는 것으로 산업자원부장관이 정하여 고시하는 방법으로 제공하는 것

③ 비거주자의 비거주자에 대한 대통령이 정하는 전자적 형태의 무체물을 정보통신망을 통한 전송 그 밖에 산업자원부장관이 정하여 고시하는 방법으로 인도하는 것

2. 무역거래의 특징과 절차

1) 무역거래의 특징

(1) 국제무역위험의 발생

수출입거래에서 수출입계약이 체결된 후에도 수출입상은 많은 위험에 노출되어 있다. 수출입상이 일방적으로 수출입계약을 파기하거나 고의로 약정된 기일 내에 수출대금을 결제하지 않거나 수출상이 상이한 상품을 선적하는 경우가 있으며 수출입계약에서 합의된 사항을 제대로 이행하지 않을 수도 있다. 그리고 수입상의 파산으로 이미 수출한 상품의 대금을 회수할 수 없는 경우도 있고 수입국 내에서의 전쟁, 비상조치 등으로 외환거래가 제한되어 대금회수가 지연되거나 불가능해질 수도 있다. 이와 같이 국제무역위험은 수출입국의 환경변화와 수출입기업의 신용변동으로 이미 수출한 상품의 대금을 회수할 수 없거나 또는 수출한 상품의 품질이 불량하여 수출입상 쌍방에게 경제적 손실을 초래할 위험을 의미한다.

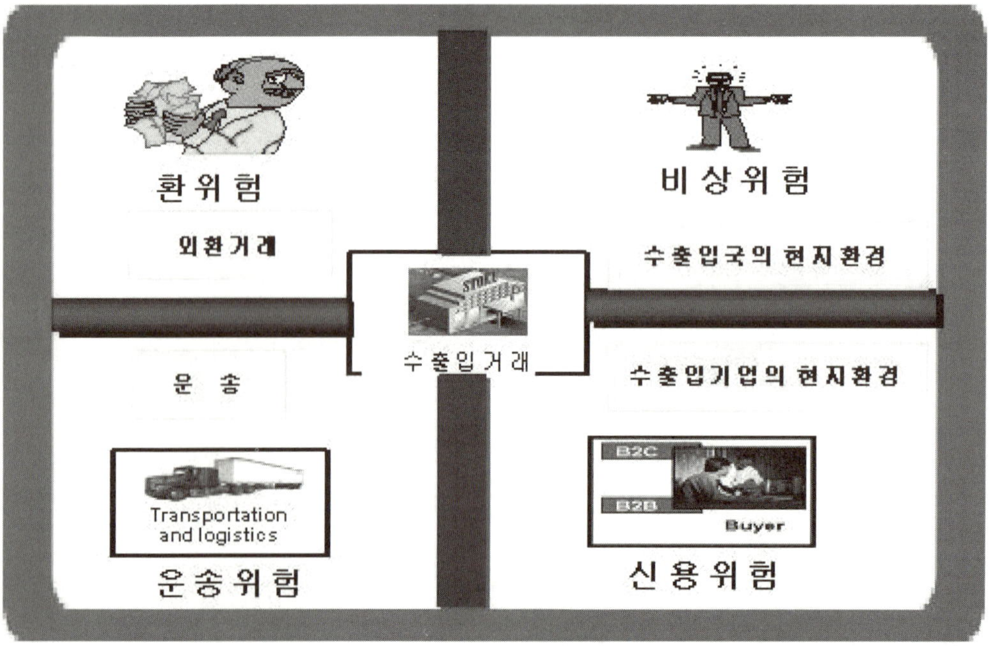

그림 11-1 ▸ 국제무역위험의 종류

(2) 무역보조수단의 필요

무역거래는 운송, 보험, 금융, 항만, 세관 등 여러 보조수단의 뒷받침 없이는 불가능하다. 무역은 해상운송과 함께 발전하여 왔지만 오늘날에는 육상운송, 항공운송, 컨테이너운송, 복합운송 등이 무역거래에서 이용되고 있다. 무역은 국제무역위험을 발생시킨다. 국제무역위험은 수출보험, 해상보험, 신용보증보험으로 관리할 수 있으며 금융기관은 공신력을 이용하여 무역거래 당사자간의 대금결제를 원활히 해준다. 이와 같이 운송, 보험, 금융은 무역거래에서 중요한 역할을 하고 있다.

(3) 국제무역법규의 준수

국제무역을 하는 당사자들은 서로 나라가 다르며, 무역거래당사자가 체결한 무역계약은 사법(私法)상의 법률관계를 규제하는 법률이나 상관습이 서로 다르다. 그러므로 서로 다른 법의 규제나 영향을 받는 국가간 상거래에서는 공통적으로 적용할 수 있는 국제무역법규가 필요하다. 따라서 Incoterms 2000, 신용장통일규칙(UCP), 국제물품매매계약에 관한 UN협약, 선하증권통일규약, 전자신용장통일규칙(eUCP),

전자상거래 UNCITRAL 모델법 등과 같은 국제무역법규가 제정되었다.

국제무역법규는 국가간 거래조건에 대한 상이한 해석으로 인한 불확실성을 제거하거나 상당한 정도로 감소시킬 수 있다. 오늘날의 무역거래는 이러한 국제무역법규에 의해서 이행되고 있다.

(4) 전자무역의 증가

오늘날 무역업체들은 인터넷과 무역정보처리시스템 및 무역정보통신망을 이용하여 거래선발굴, 상담, 계약, 원자재조달, 운송, 통관, 보험, 대금결제에 이르는 제반 무역업무를 효율적으로 처리할 수 있게 되었다. 또한 무역업무에 필요한 각종 종이서식이 전자문서로 표준화됨에 따라 무역업무를 처리하는 절차와 시간이 크게 단축되어 무역거래비용을 획기적으로 감소시킬 수 있게 되었다.

전자무역은 국가간 상거래의 중요한 무역거래방식으로 등장하였고 앞으로도 국제무역거래에서 전자무역이 차지하는 비중이 매우 클 것으로 전망된다. 와튼 계량경제연구소는 세계의 전자무역규모가 2000년 기준으로 3천 400억 달러에 달했고, 2003년에 전체 무역량의 5%인 1조 700억 달러에 이르렀다고 발표했으며 전 세계적으로 2020년에는 세계무역량의 30%가 전자무역을 통해 이루어질 것으로 전망하였다.

2) 무역거래의 절차

(1) 수출거래절차

① 시장조사

전자무역 수출에서의 시장조사는 크게 국내시장조사와 해외시장조사로 구분할 수 있다. 이것은 지역에 따른 분류이며 둘 다 정보를 획득하고 활용해서 잠재 바이어를 찾아내고 바이어와 밀착된 가치를 창조해 나가는 상예술행위이다. 따라서 우리의 가치와 상대의 가치가 동시에 창조된다고 생각한다면 전자무역 수출에서의 시장조사는 중요한 요소가 된다.

② 전자오퍼 발송

수출상이 수입상에게 일정한 조건으로 계약을 체결하고 싶다는 의사표시를 전자방식으로 발송한 Electronic offer를 받은 측이 Electronic offer의 조건을 수용할 수 없는 경우 Electronic counter offer를 발송하여 절충안을 제시하고 수입상이 제시한 Electronic counter offer의 조건을 수출상이 Acceptance하면 최종적 조건이 수락되게 된다.

③ 전자무역 원가계산

최종수출계약을 체결하기 전에 수출원가를 정확히 파악하여 수출단가를 산정해야 한다. 전자무역의 수출원가는 물품대금, 국제물류비용, 은행비용, 행정비용, 수출상 이익으로 구성되어 있다.

④ 전자무역계약의 체결

전자무역계약은 전자오퍼를 발송한 당사자와 이러한 전자오퍼를 받고 동 전자오퍼의 내용을 수정하여 다시 전자오퍼를 발송한 당사자들이 서로 전자무역 거래조건에 대해서 협의하여 거래조건에 필요한 사항들을 결정하고 상호간에 전자서명을 함으로서 전자무역계약이 체결된다.

⑤ 전자신용장의 접수와 전자무역계약서의 대조

수출상은 전자신용장을 접수하고 나서 반드시 전자무역계약서에 명시된 내용과 일치하는지, 조건부신용장인지, 대금결제에 불리한 내용은 없는지 확인하여 그런 내용이 있으면 전자신용장 조건변경을 요구하여 정상적인 전자신용장을 받아야 한다.

⑥ 수출승인

수출입공고, 수출입별도공고, 통합공고상 등의 수출승인제한 품목은 관련조합에서 수출승인을 받아야 한다.

⑦ 생산관리

생산관리의 개념은 수출상 입장에서 수입상이 보낸 신용장을 받은 후에 또는 계약이 체결됨과 동시에 수출물품의 제조에 들어가게 되는데 여기서부터 생산되는 물품에 대한 관리를 시작해야 된다. 생산관리는 제조업이 수출을 하더라도 생산에 직접 관여하는 부서가 있기 때문에 수출 담당자는 공정을 체크하는 역할이 중요하다.

⑧ 선적관리

선적관리는 화물을 적절한 운송수단(주로 해상운송)을 활용하여 바이어에게 안전하게 운송하는 것을 말한다. 이렇게 하기 위해서 화주는 선박회사의 신용도를 정확히 파악해야 하며 운송상에서 일어날 수 있는 위험에 대해서 보험을 들어야한다. 따라서 수출화물을 선적하고 전자선하증권을 수취할 때까지의 모든 단계를 선적관리의 범위로 본다. 선적관리는 수출영업에 있어서 원가를 낮추고, 영업의 이익을 창출할 수 있는 중요한 부분이다.

⑨ 수출통관

수출통관이란 내국물품을 외국으로 반출하는 것을 세관장으로부터 승인을 받는 것을 의미한다. 수출물품의 통관을 위해서는 해당 수출물품에 대한 수출신고를 필하고 수출신고필증을 교부 받아야 한다.

⑩ NEGO서류작성

전자신용장거래에서 수출대금을 회수하기 위해서는 전자신용장에 명시된 서류를 전자신용장에 명시된 대로 작성해야 한다. 매입은행은 선적서류를 매입할 때 전자신용장조건과 제시된 서류가 일치하는 가를 심사하여 아무런 하자가 없는 경우 매입을 하게 된다.

⑪ 수출대금회수

매입은행은 선적서류를 매입할 때 신용장조건과 제시된 서류가 일치하는가를 심사하여 아무런 하자가 없는 경우 수출대금을 수출상에게 지급하게 된다.

⑫ 사후관리

통관을 해서 선적을 하고 난 이후에 일어나는 활동들을 수출에서는 통상 사후관리라고 말하는 데 사후관리에는 입금관리, 관세환급, 수수료지급 등이 있다.

⑬ 해외고객관리

해외고객관리란 국내나 해외에 있는 관련 거래선을 관리한다는 것을 말하는데 기존의 고객을 잘 관리함으로써 새로운 영업을 창출할 수 있기 때문에 해외고객관리는 매우 중요하다.

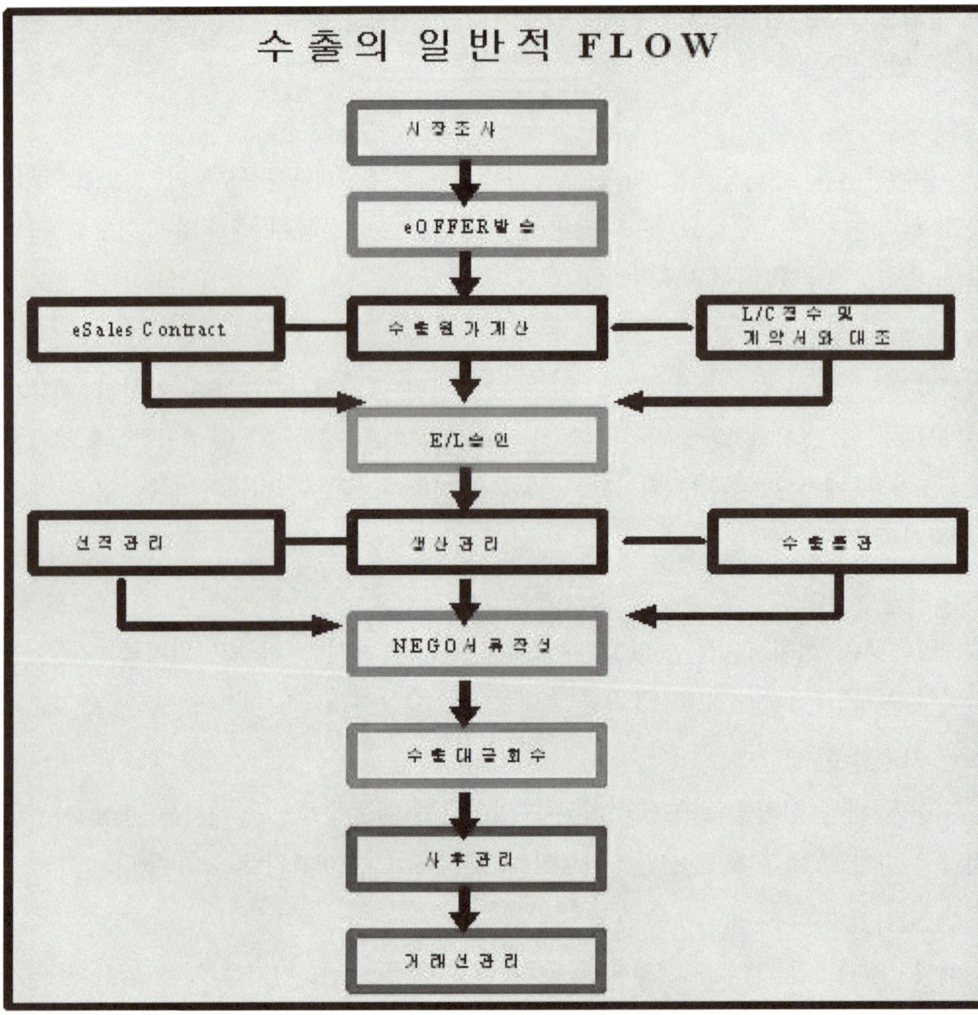

그림 11-2 ▸ 수출거래절차

(2) 수입거래절차

① 시장조사

수입상은 수입하고자하는 상품을 공급할 수 있는 믿을 만한 공급선을 사전에 조사하여 언제, 어느 지역, 어느 공급선으로부터 가장 유리한 조건으로 수입할 수 있는가를 파악하는 한편 수입상품을 국내에서 다시 판매하기 위해 상품을 구매하는 국내 판매상에 대한 조사와 수입상품의 유통구조, 경쟁상품 및 판매가격에 대한 조사를 철저히 해야 최대의 이윤을 남길 수 있다. 전문무역사이트와 각종 사이트를 시장조사방법으로 이용하면 더욱 효율적이다.

② 전자수입 원가계산

발주품위서는 발주의 타당성에 대해 사내결제를 얻기 위해서 필요하며 수입전에 수입원가를 파악하여 수입의 타당성을 결정하기 위해서 수입원가계산이 반드시 필요하다. 원가구성요소로는 물품대금, 국제물류비용, 은행비용, 행정비용, 수입상 판매이익 등이 있다.

③ 계약

전자무역계약은 전자오퍼를 발송한 당사자와 이러한 전자오퍼를 받고 동 전자오퍼의 내용을 수정하여 다시 전자오퍼를 발송하여 당사자들이 서로 전자무역거래 조건에 대해서 협의하여 거래조건에 필요한 사항들을 결정하고 상호간에 전자서명을 함으로서 전자무역계약이 체결된다.

④ 용선선적관리

용선은 선박회사가 보유한 선박을 자기 화물의 수송을 위해 일정한 계약조건으로 선박을 임대하여 사용하고 그 비용을 지불하는 것이다. 선적은 소량의 개품화물을 일정한 계약에 의해 정기선 선적 일부를 이용하여 운송하는 것이다.

화물을 선적했거나 선적을 위하여 수취했음을 증명하는 선박회사가 발행하는 서류를 선하증권이라 하며 매매계약을 정당하게 이행했음을 매도인이 매수인에게 증명하는 선적서류를 송장이라 한다.

⑤ 수입승인

수입대상 승인품목으로 분류된 물품을 수입하고자 하는 자는 관련조합의 수입승인을 받아야 한다.

⑥ 전자신용장개설

수입상은 전자무역매매계약에서 합의한 전자신용장을 약정된 기간에 수출상 앞으로 개설해야 한다. 전자신용장은 수입상이 전자신용장 개설신청서를 작성하여 개설은행에 송부하여 전자신용장을 개설하여 줄 것을 요청하고 이러한 요청을 받은 개설은행은 전자신용장 개설요청서에 작성된 내용에 따라 수출상을 수익자로 한 전자신용장을 개설한다.

⑦ 전자선하증권의 결제

수출상이 선적요청서를 작성하여 전신으로 선박회사에 송부하면 선박회사는 전자선하증권을 선적요청서에 작성된 내용대로 작성하여 전신으로 수출상에게 보내면 운송계약이 체결된 것으로 간주한다.

⑧ 수입통관

입항통보, 입항검사 및 절차는 공급선이나 선박회사로부터 물품의 입항여부를 검사하는 것을 말한다. 선박입항, 적하목록신고는 물품이 입항한 후 선사는 부산세관 보세과에 물품의 목록을 신고해야한다는 것을 의미하며 보세구역배정은 입항신고 후 보세구역담당자가 물품의 종류별로 보세구역을 선사에게 배정하는 것을 말한다.

하선은 본선 적재물품을 인력과 기력으로 육상까지 양륙 후 배정된 보세구역으로 운송하여 하차 및 입고까지의 모든 작업을 말한다. 장치확인은 관세사가 미리 작성한 보세화물 출입신고서상의 장치확인란에 보세장치 설영주에게 입고확인 작업을 받는 것을 의미한다. 수입신고는 수입신고 서류일체를 서류와 현품의 일치여부를 확인하는 절차를 말한다. 세율확정, 관세납부, 수입면허는 확정된 세율에 따라 관세를 납부하면 외국물품이 내국물품이 되는 것으로 이때부터 수입상은 수입물품을 보세구역에서 반출할 수 있게 된다.

⑨ 판매

재고관리는 발주시점의 결정과 적정재고를 유지하기 위한 것으로 신용장이 개설되었으나 미 입항된 화물을 발주재고라 하며, 입항되었으나 통관되지 않은 화물은 미통관재고, 면허가 완료되어 내국 물품이 된 화물은 통관재고라 한다. 재고관리를 철저히 하기 위해서는 첫째, 실물재고와 전산 및 장부재고를 최소한 1개월에 2회씩 검사하여 일치여부를 확인한다. 둘째, 매 분기마다 감량발생여부를 보관창고로부터 확인하여 품의서를 득한 후 감량을 회계상으로 정리한다. 셋째, 담당자의 철저한 관심이 필요하며 부실재고를 찾아내어 조기에 처분한다. 넷째, 특별한 사유가 없는 한 선입매출에 의하여 판매한다. 이외에 거래선 상담과 출고관리가 있다. 출고관리는 주문서접수, 출고의뢰서 작성, 업무와 심사, 출고증 출고, 창고연락, 출고 순으로 이루어진다.

⑩ 여신 및 채권관리

여신의 개념은 거래선의 위험을 관리하기 위하여 각각의 업체에 대하여 거래한도를 정하는 것을 의미한다. 여신한도의 설정은 담보한도, 신용한도, 타수한도 등이 있으며 담보한도는 근저당권을 설정한 후에 제공하는 것을 의미하고 신용한도는 순수 신용거래로 부여하는 여신을 의미하며 타수한도는 타수징수조건으로 부여하는 여신을 말한다. 업체에 여신한도를 정하기 위하여 사전에 조사하는 것을 업체신용조사라고 한다. 신용조사방법은 부동산조사, 회사조사, 은행조회, 전문조사기관에 의뢰 등이 있다. 채권보전은 판매대금의 미회수를 대비하여 현금화되기까지 채권회수를 강구하는 수단을 의미한다. 채권보전의 목적은 사고발생시 당사 매출금액을 회수하기 위함이다. 부실채권발생시 회수 담당자를 정하고 회수와 관련된 제반 사항을 전담케 하고 심사팀 등 관련 부서와 협조한다. 심사팀은 부실회수와 관련된 모든 사항에 대하여 영업부서를 지원하고 법적조치와 관련된 사항은 영업부서의 의뢰를 받아서 심사팀에서 처리한다.

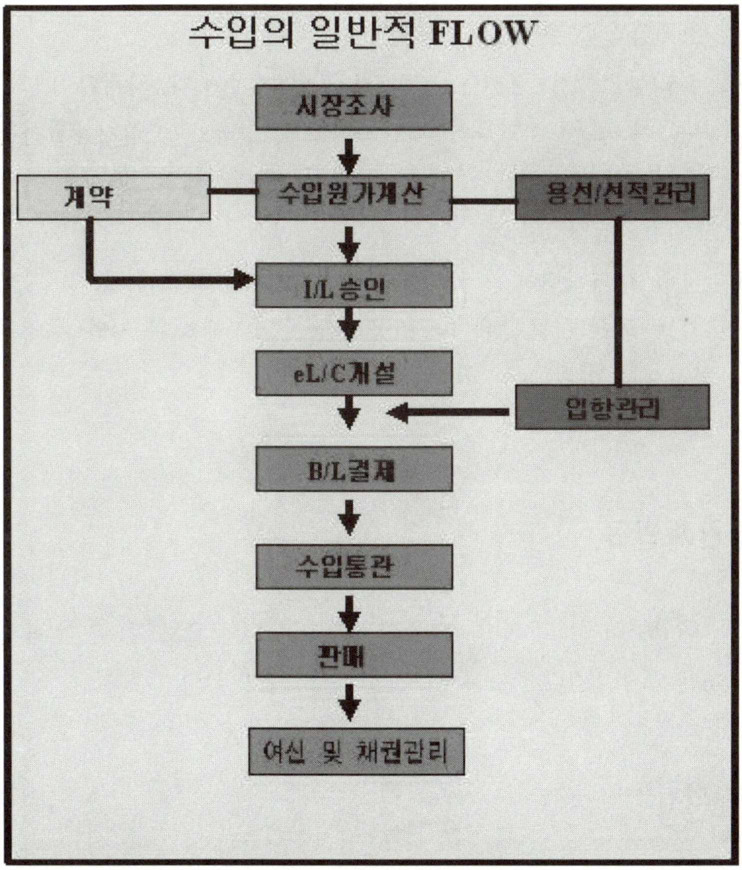

그림 11-3 ▸ 수입거래절차

제 2 절 ▸ 무역관리제도

1. 무역관리의 개념

무역은 한 국가의 경제성장에 지대한 영향을 미치기 때문에 대부분의 국가들은 대외무역을 관리하고 있다. 국가가 대외무역을 진흥하고 공정한 거래질서를 확립하기 위하여 무역거래에 개입하여 수출을 장려하고 수입을 경제상황에 따라 조정하는 것을 무역관리라 한다.

일반적으로 부존자원이 부족한 국가나 개발도상국가들은 수출을 촉진하기 위한 수출진흥정책을 실시하고 가급적 수입을 억제하는 수입정책을 수립하여 대외무역을 관리함으로써 경제성장을 추구하여 왔다.

대외무역을 관리함으로써 경제를 성장시키겠다는 정부의 의지가 대외무역법 제1조에 나타나있다. 이 법은 대외무역을 진흥하고 공정한 수출입거래질서를 확립하여 국제수지의 균형과 통상의 확대를 도모함으로써 국민경제의 발전에 이바지함을 목적으로 한다고 제정하였다.

그러나 오늘날의 무역관리는 자국의 이익을 보호하는데 초점을 맞추는 것이 아니라 무역자유화라는 국제적 흐름에 따라 공정한 무역거래의 유지와 무역의 부가가치를 창출하는 관점으로 바뀌어야 된다.

2. 무역관계법규

우리나라는 대외무역법, 관세법, 외국환거래법을 중심으로 무역을 관리하고 있으며 그 밖에 56개 특별법으로 부족한 부분을 관리하고 있다.

1) 대외무역법

대외무역법은 우리나라의 대외무역거래를 전반적으로 조정하기 위한 기준법으로써

1986년 12월 31일부터 시행되고 있다. 대외무역법은 대외무역법 67개 조문과 대외무역법시행령 119개 조문, 대외무역관리규정으로 구성되어 있으며, 대외신용의 유지 및 향상을 위해 적극적인 역할을 하고 있다.

2) 관세법

관세법은 관세의 부과와 징수, 수출입물품의 통관 등을 적정하게 하여 국민경제의 발전에 기여하고 관세수입을 확보함으로써 국민경제의 발전에 이바지함을 목적으로 제정되었다. 관세법은 관세법 329개의 조문과 관세법시행령 288조의 조문 및 관세법시행규칙 86조로 구성되어 있다.

3) 외국환관리법

외국환관리법은 외국환거래 기타 대외거래의 자유를 보장하고 시장기능을 활성화하여 대외거래의 원활화 및 국제수지의 균형과 통화가치의 안정을 도모함으로써 국민경제의 건전한 발전에 이바지함을 목적으로 하는 법이다.

4) 전자무역촉진에 관한 법률

전자무역촉진에 관한 법률은 모든 무역절차에 있어 단절 없는 전자무역의 기반을 조성하고 그 활용을 촉진하여 무역절차의 간소화와 무역정보의 신속한 유통을 실현하고 무역업무의 처리시간과 비용을 절감하여 산업의 국제경쟁력을 높임으로써 국민경제의 발전에 이바지함을 목적으로 하는 법이다.

그 밖에 수출보험법, 중재법, 품질향상에 관한 법률 및 56개 특별법이 있다.

3. 무역거래자

대외무역법 제2조 3에서 무역거래자는 수출 또는 수입을 하는 자, 외국의 수입자 또는 수출자의 위임을 받은 자 및 수출·수입을 위임하는 자 등 물품 등의 수출·

수입행위의 전부 또는 일부를 위임하거나 행하는 자를 말한다고 규정하였지만 본 저서에서는 무역거래자를 무역업자, 종합무역상사, e-무역상사, 전문무역상사 및 무역대리업자로 구분하여 살펴보기로 한다.

1) 무역업자

우리나라는 2000년 1월 1일부터 무역업을 완전히 자유화시켜 누구나 사업자등록증만 있으면 무역거래를 할 수 있도록 하였다. 다만 산업자원부에서는 각 업체별 수출입 실적관리와 수출실적인정을 위해 무역을 전문적으로 하고자 하는 업체에 대해서는 무역업 고유번호를 받아서 하도록 권장하고 있다. 이 제도는 의무사항은 아니지만 무역업 고유번호가 없으면 수출실적으로 인정받을 수가 없다. 무역업 고유번호는 한국무역협회장이 발급하므로 원하는 자는 별지 제1-1호 서식에 의하여 우편·팩시밀리·전자메일·전자문서교환방식(EDI)등의 방법으로 한국무역협회장에게 신청하여야 하며, 한국무역협회장은 접수 즉시 신청자에게 고유번호를 부여하여야 한다.

2) 종합무역상사

대외무역법 제9조의 2에서 산업자원부장관은 해외시장의 개척 및 무역기능의 다양화를 기하고 중소기업과의 계열화 등을 통한 중소기업의 무역활동을 지원하기 위하여 무역거래자중에서 종합무역상사를 지정할 수 있도록 하였다.

대외무역법시행령 제18조2에서 종합무역상사로 지정받을 수 있는 자는 증권거래법 제2조 제13항의 규정에 의한 상장법인으로서 전년도의 수출통관액이 전년도의 우리나라 전체 수출통관액의 2퍼센트 이상인 자와 전년도의 수출실적이 미화 1백만달러 이상인 국가가 30국 이상, 외국 현지법인 또는 영업소가 20개 이상인 법인으로 자격요건을 규정하여 일정한 자격요건을 충족시킨 업체만 종합무역상사로 지정하고 있다.

3) e-무역상사

중소기업의 전자무역을 지원하기 위하여 e-무역상사를 지정하여 운영하고 있다.

e-무역상사는 중소기업의 전자무역을 종합적이고 전문적으로 지원하기 위한 종합무역상사의 역할을 하며 중소기업이 원하는 고객과 제품에 관한 정보 등을 포함하여 해외시장진출에 관련된 모든 정보와 서비스를 제공하고 중소기업들을 위해 거래선 발굴, 상품의 홍보, 거래알선, 상담, 계약 등 해외마케팅에서부터 전자무역계약이 체결된 이후에 발생하는 모든 무역업무를 종합적으로 대행한다.

4) 전문무역상사

유능한 해외영업사원은 수출상품에 대한 해박한 지식을 갖고 있다. 수출상품에 관한 전문지식을 갖고 있어야 수입상과 원활한 협상을 할 수 있다. 정보통신, 전기전자, 기계소재, 생명공학 및 정밀화학 분야는 전문지식을 소유하지 않은 사람이 수출품목으로 선정하기 어려운 분야이다. 따라서 정부는 이 분야의 수출을 활성화시키기 위하여 전문무역상사제도를 도입하여 운영하고 있다.

대외무역법 제9조2에서 산업자원부장관은 첨단산업제품의 해외시장진출을 지원하기 위하여 무역거래자중에서 전문무역상사를 지정할 수 있다고 규정하였고 자본금이 70억원 이상인 자로 다음과 같은 요건을 충족시키는 자를 전문무역상사로 지정할 수 있도록 하였다.

① 첨단산업제품으로서 산업자원부장관이 정하여 고시하는 물품이 전년도의 수출실적이 당해 법인의 전년도 총수출실적의 50퍼센트 이상인 법인

② 당해 법인이 생산하지 아니한 물품 등의 전년도의 수출실적이 당해 법인의 전년도 총수출실적의 50퍼센트 이상인 법인

5) 무역대리업자

무역대리업은 국내·외의 수입업자 또는 수출업자와 대리계약을 체결하여 그들의 대리인으로서 무역업무를 이행하는 것을 말한다. 무역대리업자는 국내 제조업체와 해외독점판매계약을 체결하여 제조업체 상품을 해외시장에 판매하고 판매금액의 일정비율을 수수료로 받거나, 해외의 수입기업과 대리계약을 통하여 수입기업이 원하는 상품을 국내에서 구매하여 주거나 또는 해외의 수출기업을 대신하여 국내에서 외국상품을 판매해주고 수수료를 받는 역할을 하는 것으로 오퍼상이라고 부른다.

4. 수출입물품

1) 수출입물품의 제한

모든 물품이 국가간에 자유롭게 거래가 이루어져야 하지만 지구촌에 매장되어 있는 천연자원이 국가마다 다르고 사회적, 경제적, 군사적 이유 때문에 무역거래 대상 품목을 제한하고 있다. 우리나라도 대외무역법 제14조에서 산업자원부장관은 헌법에 의해 체결·공포된 조약과 일반적으로 승인된 국제법규에 의한 의무의 이행, 생물자원의 보호 등을 위하여 필요하다고 인정하는 경우에는 물품 등의 수출 또는 수입을 제한하거거나 금지할 수 있다고 규정하여 수출입물품의 무역거래를 제한하고 있다.

따라서 다음과 같이 수출입이 제한되거나 금지된 물품을 수출입하고자 하는 자는 대외무역법 제14조 2항에 따라 산업자원부장관의 승인을 받아야 한다[1].

① 헌법에 의하여 체결·공포된 조약이나 일반적으로 승인된 국제법규상의 의무 이행을 위하여 산업자원부장관이 지정·고시하는 물품 등
② 생물자원보호를 위하여 산업자원부장관이 지정·고시하는 물품 등
③ 교역상대국과의 경제협력증진을 위하여 산업자원부장관이 지정·고시하는 물품 등
④ 방위산업용 원료·기재, 항공기 및 동 부분품 기타 원활한 물자수급·과학기술의 발전 및 통상·산업정책상 필요하다고 인정하여 산업자원부장관이 당해 품목을 관장하는 관계행정기관의 장과 협의를 거쳐 지정·고시하는 물품 등

2) 수출입공고

우리나라는 대외무역법에서 국가간 상품의 자유로운 거래를 보장하고 있지만 위에서 살펴본 바와 같이 최소한의 예외를 두고 있다. 수출입공고란 최소한의 예외를 두고 있는 품목을 어떠한 제도에 의하여 수출입을 할 수 있는 가를 국민에게 공고하는 제도를 말한다.

---

1) 대외무역법 제14조 ② 산업자원부장관이 헌법에 의하여 체결·공포된 조약과 일반적으로 승인된 국제법규에 의한 의무의 이행, 생물자원의 보호 등을 위하여 지정하는 물품 등을 수출 또는 수입하고자 하는 자는 산업자원부장관의 승인을 얻어야 한다.

산업자원부장관은 필요하다고 인정하는 경우에는 제1항 및 제2항의 규정에 의한 승인대상물품 등의 품목별 수량·금액·규격 및 수출 또는 수입지역 등을 한정할 수 있다. 따라서 산업자원부장관은 제1항내지 제4항의 규정에 의하여 수출 또는 수입의 제한 및 절차 등에 관하여 정한 경우에 이를 공고하여야 한다.

관세청 홈페이지 품목분류에서 산업자원부장관의 수출입공고사항을 확인할 수 있다. 수출입공고에는 수출제한품목과 수입제한품목으로 구분하여 공고하고 있으며 본 공고사항에 표기되지 않은 품목은 수출입자유화 품목에 해당되어 수출입승인없이 자유롭게 무역거래를 할 수 있고 표기된 품목은 해당 수출입승인기관에 수출입승인 신청서를 제출하고 반드시 수출입승인 요령에 따라 수출입승인을 받은 후에만 무역거래를 할 수 있다.

3) 통합공고

무역관리는 대외무역법, 관세법, 외국환거래법으로 관리되지만 무역거래가 다양하게 이루어지고 있기 때문에 56개의 개별 특별법에 무역관리규정을 제정하였다. 약사법, 총포, 화약등 56개의 개별 특별법의 제정과 개정은 관련 부처로 분산되어 있다. 따라서 무역관리를 효과적으로 하기위해 개정 사항을 산업자원부장관에게 제출하여 산업자원부장관이 국민에게 일괄적으로 공고하도록 하였다. 대외무역법 제15조에서 관계행정기관의 장은 수출·수입요령을 제정 또는 개정하는 경우에 당해 수출·수입요령이 그 시행일 전에 제2항의 규정에 의하여 공고될 수 있도록 이를 산업자원부장관에게 제출하여야하고 산업자원부장관은 제1항의 규정에 의하여 제출받은 수출·수입요령을 통합하여 공고하여야 한다고 규정하였다.

4) 품목분류

오늘날 무수히 많은 상품이 생산되어 국가간 상거래에서 매매되고 있다. 국가간에 상품거래가 없이는 세계는 움직이지 않는다는 말이 실감나는 시대에 살고 있다. 그러나 국제적으로 통일된 상품품목분류가 없으면 무역은 발전할 수가 없다. 국가간에 이루어지는 상품무역을 관리하고 통제할 국제규범이 필요하여 세계관세기구(World Customs Organization: WCO)는 통일상품명 및 부호체계에 관한 국제협약(Harmonized Commodity Description and Coding System: HS)을 제정하였다. HS 6단위는 국제적으로 통일되어 있으며 나머지 4단위는 각 국가의 제반 사정에 따라 분류하도록 하였다. 따라서 우리나라는 국제적으로 통일된 6단위에 국내사정을 감안하여 자체 분류한 4단위를 포함하여 10단위로 품목을 분류하고 있다.

제 3 절 ▸ 무역거래의 형태

1. 유형무역과 무형무역

1) 유형무역

유형무역(visible trade)은 눈으로 확인할 수 있는 상품을 수출입하는 경우로써 일반적인 상품의 수출입이 여기에 해당된다. 유형무역은 반드시 수출입통관절차를 거치게 되어 있어 무역통계에 표시되며 상품수지로써 한 국가의 국제수지의 주요한 영역을 담당하고 있다.

2) 무형무역

무형무역(invisible trade)은 눈에 보이지 않는 자본, 노동, 기술, 경영노하우 등의 생산요소나 용역 등을 거래하는 서비스무역을 말한다. 이자, 수수료, 운임, 보험료, 여행경비, 기술사용료, 권리사용료 등을 지급하거나 받는 것은 모두 무형무역에 해당된다. 무형무역은 무형상품을 거래하기 때문에 수출입통관절차를 거치지 않아 무역통계에는 기재되어 있지 않지만 국제수지표상에는 자본수지항목으로 나타나있다.

2. 제3국과 관련된 무역

(1) 중계무역

중계무역(intermediate trade)은 외국으로부터 완제품을 수입하여 그대로 제3국에 수출하는 무역거래를 말한다. 중계무역업자는 별도의 수수료 없이 수입물품과 수출물품의 가격 차이를 이익으로 삼는다. 중계무역은 중계무역의 특성상 국제운송이 편리하고 물품의 국가간 이동에 제약이 없는 홍콩이나 싱가폴, 함부르크 등과 같은 중계무역항을 중심으로 발전하였다. 글로벌 생산시스템을 잘 활용하면 중계무역은 제조시설이 없이 무역서류만 가지고 거래가 가능하기 때문에 일반수출에 비해 시간과 비용이 절약된다.

우리나라의 의류섬유 생산시설이 중국, 베트남, 캄보디아로 진출함에 따라 수출물량을 한국에서 제조하지 않고 원단과 같은 원재료를 중국이나 베트남, 캄보디아로 보내고 그곳의 생산시설을 이용하여 물품을 생산한 다음 수입국으로 물품이 수출되는 형태의 무역거래가 급격히 증가하고 있다.

그러나 이러한 중계무역은 중계상의 이익이 포함되어 있기 때문에 한 푼이라도 싸게 사려는 수입상은 중계상이 개입된 거래를 원하지 않는다. 수입상은 수출상이 제조업체인지 아니면 중계상인지를 먼저 확인하고 제조업체이면 거래를 진행시키고 중계상이면 거래를 중단하는 경우가 무역실무에서 흔하게 발생하고 있다.

(2) 중개무역

중개무역(merchandising trade)은 제3국의 중개상이 개입된 무역거래를 말한다. 2006년 1월 1일 현재 지구촌에 약 65억명의 사람이 살고 있다. 사람의 수만큼 그들이 원하는 물품은 다양하다. 이러한 다양한 정보를 활용하여 그들이 원하는 물품을 만드는 수출상과 원하는 수입상간의 거래를 알선하고 중개수수료를 받는데 이런 형태의 무역거래를 제3국의 입장에서 중개무역이라 한다.

중개업자들은 단순히 무역정보통신망을 이용하여 수출상과 수입상간의 거래를 알선하고 그들로부터 각각 중개수수료를 받을 때도 있고 무역거래를 직접하는 경우도 있다. 후자의 경우에는 중개업자는 수입업자와 수출입매매계약을 체결하고 계약서에 합의한 물품을 수입업자에게 인도해야 한다. 중개업자는 자국에 있는 제조업체로부터 물품을 구매하고 구매대금을 지불하면 제조업체는 중개업자가 지정한 수입상에게 물품을 인도한다. 수입상은 수입대금을 중개업자에게 지불하면 중개업자는 구매가격과 수출가격의 차이를 이익으로 얻는다.

(3) 스위치 무역

스위치 무역(switch trade)은 수출상과 수입상이 직접 수출입매매계약을 체결하고 수출상은 계약서에 명시된 물품을 수입상에게 직접 인도하지만 수출대금은 수입상으로부터 받지 않고 제3국의 무역거래업자로부터 받는 거래를 말한다. 제3국의 무역업자를 스위쳐(switcher)라 하고 스위쳐가 받는 수수료를 스위쳐 커미션(switcher commission)이라고 하며 스위치 무역은 제3국의 입장에서 보면 중개무역이 된다.

스위치 무역은 거래 당사국간의 물품수지 불균형에 따라 제3국의 계정을 사용·전환할 경우 이루어진다. 예를 들어 중국은 한국에 대해서 200단위 만큼 수출을 초과하고, 한국은 일본에 대해서 200단위 만큼 수출을 초과하고 일본은 중국에 대해서 역시 200단위 만큼 수출을 초과했다고 가정하면 중국이 한국으로 200단위 수출하는 경우 물품은 한국으로 운송되지만 그 대금을 일본으로부터 받으면 일본의 한국에 대한 수출초과 200단위는 상쇄된다. 그리고 일본이 200단위를 한국으로부터 받으면 역시 한국의 일본에 대한 수출초과 200단위가 없어진다.

이런 역할을 할 수 있는 일본의 무역업자를 스위쳐라 한다. 따라서 중국이 한국으로 물품을 수출할 때, 중국으로부터 물품을 수입하고 동시에 한국으로 물품을 수출하는 일본의 스위쳐를 개입시키면 3국간의 스위치 무역이 성립된다.

(4) 통과무역

통과무역(transit trade)은 물품이 수출국에서 제3국의 영토를 통과하여 수입국으로 운송되는 경우에 제3국에서 본 무역을 말한다. 유럽은 국가간에 철도로 연결되어 있어서 철도운송의 경우 제3국을 경유하여 목적지에 물품이 도착하는 경우가 많다. 또한 시베리아대륙횡단철도와 중국대륙횡단철도, 몽고통과철도를 이용하여 우리나라에서 유럽과 동유럽, 중동으로 갈 수 있는 복합운송경로가 구축되어 있다. 러시아, 중국, 몽고의 입장에서 보면 통과무역이 된다. 러시아, 중국, 몽고는 물품이 자국을 통과 운송되는 동안 운송료, 보험료, 보관료 등의 수익을 얻을 수 있어 각국은 통과무역을 장려하고 있다.

3. 연계무역

거래 당사국간의 수출과 수입을 동일하게 하기 위해서 거래당사국간의 수출과 수입을 연계시킨 거래를 연계무역(counter trade)이라 한다. 대외무역관리규정 제1-0-1조에서 연계무역은 물물교환(barter Trade), 구상무역(compensation trade), 대응구매(counter purchase), 제품환매(buy Back) 등의 형태에 의하여 수출·수입이 연계되어 이루어지는 수출입을 말한다고 규정하여 연계무역의 범위를 명확히 하였다.

(1) 물물교환

수출업자와 수입업자가 수출입매매계약을 체결하고 수출대금지급은 외환으로 지급하지 않고 물품으로 지급할 것을 약정한 무역거래를 물물교환이라 한다. 물물교환은 거래당사자가 체결한 하나의 수출입매매계약서로 수출입거래가 이루어지고 교환물품의 양과 품질에 의해 거래당사자간의 지급의무가 상계되며 통상 물품의 인도가 거의 동시에 이루어진다. 또한 대응수입의무는 제3국으로 전가될 수 없다.

(2) 구상무역

구상무역은 거래당사자가 수출한 만큼 상대방이 수입하도록 약정한 무역거래를 말한다. 거래당사자가 수출한 만큼 수입하고, 수입한 만큼 수출함으로써 수출과 수입을 서로 상쇄시키고 거래당사자간의 수출입대금은 외환으로 지급되며 대응수입의 의무를 제3국에 전가할 수 있다는 점이 물물교환과 다르다. 구상무역은 물물교환과 마찬가지로 하나의 계약서로 수출입거래가 성립되며 대금지급은 Escrow Letter of Credit과 같은 특수신용장에 의해서 이루어지며 쌍방간 합의된 통화로 대금이 결제된다. 구상무역에서는 수입의무를 제3국으로 전가시킬 수 있는데 이 경우를 삼각구상무역(triangular compensation trade)이라 한다.

(3) 대응구매

대응구매는 연계무역의 가장 보편적인 형태로 거래당사자가 수출액의 일정 비율에 상응하는 물품을 대응수입하겠다는 것을 별도의 계약서에 약정한 무역거래를 말한다. 구상무역과 별 차이는 없지만 두 개의 계약서로 거래당사자간에 무역거래가 이루어진다는 점이 구상무역과 다르다.

(4) 제품환매

제품환매는 수출업자가 플랜트, 중장비, 공장설비, 기술 등을 외국의 수입업자에게 수출하고 외국으로부터 같은 종류의 물품을 수입할 것을 거래당사자간에 수출입매매계약에서 약정한 무역거래를 말한다.

4. 가공무역

가공무역은 외국으로부터 수출물품 생산에 필요한 원·부자재를 수입하여 완제품으로 생산한 다음 이것을 외국으로 다시 수출함으로써 가공국이 수출물품 생산에 따른 부가가치를 얻는 무역거래를 말한다. 가공무역 중에서 외국의 위탁자로부터 원·부자재를 위탁받아 가공하여 생산된 완제품을 위탁자 또는 그가 지정하는 자에게 수출하는 가공무역을 수탁가공무역이라고 하고 그 반대를 위탁가공무역이라 한다.

(1) 수탁가공무역

수탁가공무역은 가득액을 얻기 위해서 원·부자재의 전부 또는 일부를 외국의 위탁자로부터 수입하고, 이를 가공하여 생산된 완제품을 위탁자 또는 그가 지정하는 자에게 수출하는 거래를 말한다. 수탁가공무역은 원·부자재의 조달방법에 따라서 유환수탁가공무역과 무환수탁가공무역으로 나누어진다.

유환수탁가공무역은 원·부자재를 돈을 주고 수입한 다음 이를 가공하여 생산된 완제품을 돈을 받고 수출하는 것을 말하며 반면에 무환수탁가공무역은 원·부자재를 무상으로 수입한 다음 생산된 완제품을 가공임만을 받고 그대로 수출하는 것을 말한다.

(2) 위탁가공무역

위탁가공무역은 가공임을 지급하는 조건으로 외국에서 제조, 조립, 재생, 개조할 원료의 전부 또는 일부를 거래 상대방에게 수출하거나 외국에서 조달하여 이를 가공한 후 가공물품 등을 수입하거나 외국으로 인도하는 수출입을 말한다. 우리나라의 섬유의류 기업들은 원단과 원사, 면직 등의 원·부자재를 베트남과 캄보디아에 수출하고 그곳의 저임금을 이용하기 완제품을 생산한 다음 우리나라와 제3국으로 수출하는 위탁가공무역을 많이 활용하고 있다.

5. 수위탁판매무역

(1) 위탁판매수출

위탁판매수출(export on consignment)은 위탁자(수출업자)가 외국에 있는 수탁자(중개업자)에게 물품을 무상으로 수출하여 당해 물품이 판매된 범위안에서 수출대금을 회수하는 거래를 말한다. 수출업자는 외국의 판매자에게 수출업자의 비용과 위험부담으로 물품을 인도하고 판매자는 인도받은 물품을 판매한 다음에 대금을 지급하고 미판매된 물품을 수출업자에게 반환하는 조건으로 거래되는 무역거래를 말한다. 위탁판매수출은 해외시장에서 수출상의 물품의 반응을 시험하기 위해서 현지 중개상의 유통망을 활용하는 것으로 위탁판매수출에 따른 국제무역위험을 수출상이 전적으로 부담해야 한다.

(2) 수탁판매수입

수탁판매수입(import on consignment)은 물품을 무상으로 수입하여 당해 물품이 판매된 범위안에서 수입대금을 결제하는 거래를 말하는 것으로 위탁판매수출의 수탁자가 수탁판매수입의 당사자이다.

수탁자(수입업자)는 위탁자와 판매대리인 계약을 체결하고 계약조건에 따라 물품을 수입국에서 판매하고 그 판매대금에서 경비, 수수료 등을 공제한 금액을 위탁자에게 송금한다. 그리고 재고 물품은 위탁자에게 반송하기 때문에 수탁자는 수입에 따른 자금 부담이 전혀 없을 뿐만 아니라 판매에 대한 위험도 없다.

(3) 보세창고도거래

보세창고도거래(Bonded Warehouse Transaction: BWT)는 수출업자가 외국정부로부터 허가받은 보세구역의 보세창고에 물품을 운송하여 보관한 후 현지 구매자를 대상으로 판매하는 무역거래를 말한다. 보세창고에 적재된 물품은 수입국의 관세 및 내국세의 부과 없이 자유롭게 수출국과 수입국을 이동할 수 있다. 따라서 해외지점이나 해외자회사를 두어 해외에 판매조직을 구축한 기업은 보세창고도 거래를 적극적으로 이용할 필요가 있다.

6. 임대차 무역

(1) 임대수출

임대수출은 임대(사용임대 포함)계약에 의하여 물품을 수출하여 일정 기간이 지난 후에 이를 다시 수입하거나 또는 임대기간이 만료되기 전이나 만료된 후에 당해 물품의 소유권을 수입업자에게 이전해 주는 수출을 말한다. 우리나라의 중장비제조업체는 베트남이나 캄보디아에 임대료를 받고 중장비를 수출하고 임대기간이 끝나면 돈을 번 베트남, 캄보디아의 수입기업에게 임대종료의 물품대금을 지급받고 중장비의 소유권을 수입기업에게 이전시킨다.

수입기업의 입장에서 보면 중장비가격을 일시에 지불할 수 없기 때문에 수출기업이 중장비대금을 일시불로 지급하는 조건을 주장한다면 수출은 이루어질 수 없다. 따라서 우리나라 수출기업이 수입기업의 상황에 따라 임대수출을 활용하면 좋을듯 싶다.

(2) 임차수입

임차수입은 임차(사용임차 포함)계약에 의하여 물품을 수입하여 일정 기간이 지난 후에 다시 수출하거나 또는 임차기간의 만료전 또는 만료후에 당해 물품의 소유권을 이전받는 수입을 말한다. 임대수출을 반대의 입장에서 보면 임차수입이 된다.

수입업자는 임차수입을 이용하여 중장비, 농기계, 건설장비 등 막대한 자금이 소요되는 물품을 자금부담 없이 확보할 수 있으며 또한 임대인이 제공한 기술을 손쉽게 습득할 수 있다는 장점이 있다.

7. 외국인도수출과 외국인수수입

(1) 외국인도수출

외국인도수출은 수출대금은 국내에서 영수하지만 국내에서 통관되지 아니한 수출물품 등을 외국에서 외국으로 인도하는 수출을 말한다. 외국에 있는 우리나라 물품을 외국에서 외국으로 수출할 때 이용되는 것으로 해외의 건설현장에 있는 건설장비를 국내로 반입하지 않고 외국으로 판매할 경우에 이와 같은 수출거래가 이용된다.

(1) 외국인수수입

외국인수수입은 국내에서 수입대금을 지급하지만 물품은 수입국에서 외국의 사업현장으로 직접 운송되는 거래방식을 말한다. 이 거래방식은 해외건설, 해외투자, 위탁가공 등 해외의 사업현장에서 필요한 물품을 수입할 때 많이 이용된다. 해외 사업현장에서 필요한 물품을 수입할 경우 우리나라로 가져왔다가 해외 사업현장으로 보낼 경우 시간과 비용이 많이 들기 때문에 수입대금은 국내에서 지급하고 물품은 수입국에서 해외 사업현장으로 직접 운송한다.

8. 기타 무역거래

(1) OEM방식 수출

OEM(Original Equipment Manufacturing) 방식의 수출은 수입업자의 브랜드로 상품을 생산하여 수출상품에 수입상브랜드를 부착하여 수출하는 거래를 말한다.

(2) 녹다운 방식 수출

녹다운(knok-down)방식의 수출은 완제품을 수출하는 것이 아니라 외국에 부품이나 반제품으로 수출하여 외국에 있는 조립생산설비를 갖춘 거래처에서 조립하여 완제품으로 생산하는 거래를 말한다. 대부분 국가에서는 완제품에 고율의 관세를 부과하는 반면에 부품이나 반제품에는 저율의 관세를 부과하고 있다. 따라서 고율의 관세가 부과되는 상품을 부품이나 반제품으로 수출하여 현지에서 조립함으로써 고율의 관세를 회피할 수 있다. 자동차 등 기계류의 수출에 이 방식이 많이 이용된다.

제 4 절 ▸ 전자무역

1. 전자무역의 정의

정보통신기술이 빠르게 발전함에 따라 세계무역은 인터넷 기반의 전자무역시대로 접어들고 있으며, 인터넷 사용이 급격히 확산됨으로써 무역거래방식과 관행이 근본적으로 변화하고 있다. 무역거래에 인터넷이 사용됨에 따라 인터넷을 이용한 상거래가 급격히 증가하고 있으며, 해외시장조사, 거래선발굴, 상품홍보 등과 같은 기존의 무역업무가 인터넷으로 대체되어 처리되고 있다. 최근에 개방형 네트워크인 웹을 통해 서비스가 가능해짐에 따라 대부분 무역업무가 인터넷으로 처리되고 있다.

무역업무가 무역정보처리시스템을 이용하여 처리됨에 따라 종이서류가 표준화된 전자문서로 컴퓨터를 통하여 주고 받은 전자문서교환(Electronic Date Interchange: EDI)방식이 무역거래에 등장하였다. 무역정보처리시스템은 무역업무의 처리과정을 크게 변화시켰다. 무역업체는 무역정보처리시스템을 이용하여 언제, 어디서나 무역업무를 효율적으로 처리할 수 있게 되었다.

이와 같이 무역거래를 인터넷이나 무역정보처리시스템 및 무역정보통신망을 이용하여 처리하는 것을 전자무역(e-Trade)이라고 한다. 전자무역은 서로 다른 국가에 거주하는 무역상이 무역거래의 전부 또는 일부를 인터넷, 전자무역교환방식 등 각종 정보통신기술을 이용하여 전자방식으로 처리함으로써 언제, 어디서나 무역업무를 보다 편리하고 신속하게 효율적으로 할 수 있는 무역거래방식을 말한다. 전자무역은 무역이 인터넷 및 정보통신기술과 만난 것이라고 볼 수 있다. 전자무역은 그 용어가 사용되기 훨씬 이전부터 인터넷무역, 사이버무역 등의 다양한 개념을 가지고 출발하였으며, 인터넷의 사용이 급격히 증가함에 따라 2000년 12월에 전자무역의 개념과 촉진에 관한 규정을 대외무역법에 명시하게 되었다. 대외무역법 제2조에서 전자무역은 무역의 전부 또는 일부가 컴퓨터 등 정보처리능력을 가진 장치와 정보통신망을 이용하여 이루어지는 거래를 모두 전자무역으로 정의 하였다. 전자무역촉진에관한법률 제2조에서 전자무역은 대외무역법 제2조 제1호의[2] 규정에 의한 무역의 일부 또

2) "무역"이라 함은 물품과 대통령령이 정하는 용역 또는 전자적형태의 무체물(이하 "물품등"이라 한다)

는 전부가 전자거래기본법 제2조 제1호의 규정에 의한 전자문서에 의해 처리되는 거래를 말한다고 정의하였다.

오늘날 무역업체들은 인터넷과 무역정보처리시스템 및 무역정보통신망을 이용하여 거래선발굴, 상담, 계약, 원자재조달, 운송, 통관, 보험, 대금결제에 이르는 제반 무역업무를 가장 효율적으로 처리할 수 있게 되었다. 또한 무역업무에 필요한 각종 종이서식이 전자문서로 표준화됨에 따라 무역업무를 처리하는 절차와 시간이 크게 단축되어 무역거래비용을 획기적으로 감소시킬 수 있게 되었다. 기존의 무역거래과정이 <그림 11-4>에서와 같이 전자무역으로 빠르게 변화되어가고 있다.

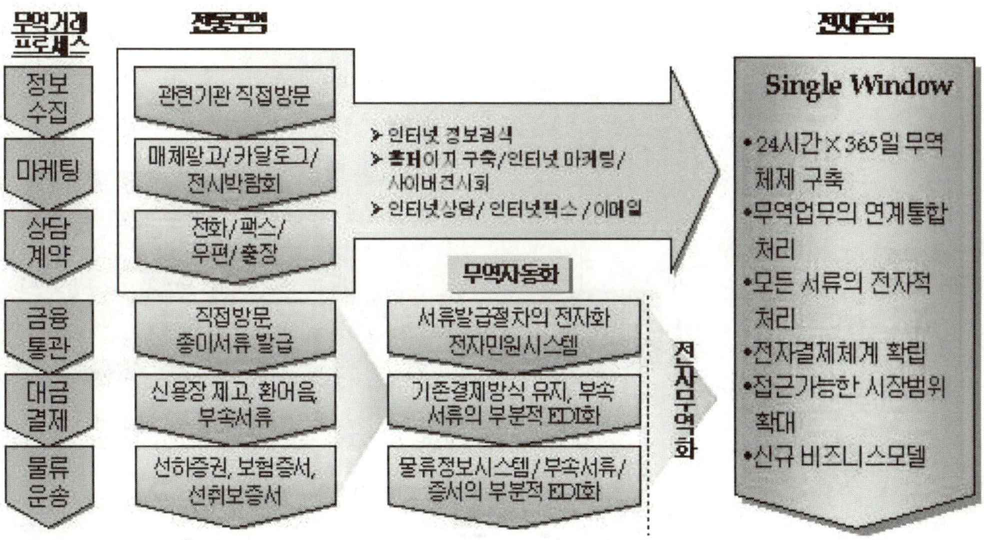

그림 11-4 ▸ 전통무역과 전자무역의 비교

자료 : 한국무역협회

2. 전자무역의 특징

1) 범세계 단일전자거래시장의 출현

전자무역은 국가별로 독립되어 운영되던 세계시장을 하나의 전자거래시장으로 통

의 수출·수입을 말한다.

합시켰다. 세계 여러 지역에서 열리는 시장이 인터넷과 무역정보처리시스템을 통하여 전자방식으로 통합됨에 따라 범세계 단일전자거래시장이 출현하게 되었다. 지구촌에 살고 있는 사람들은 집에서 컴퓨터로 범세계 단일전자거래시장에 가서 전 세계에서 생산된 상품을 사고 팔 수 있게 되었다.

무역상들은 범세계 단일전자거래시장을 이용하여 최소비용으로 시간과 공간의 제약없이 전세계에 있는 고객들에게 상품을 홍보할 수 있고 언제 어디서나 지구촌에 있는 어느 곳의 누구와도 무역거래를 할 수 있게 되었다.

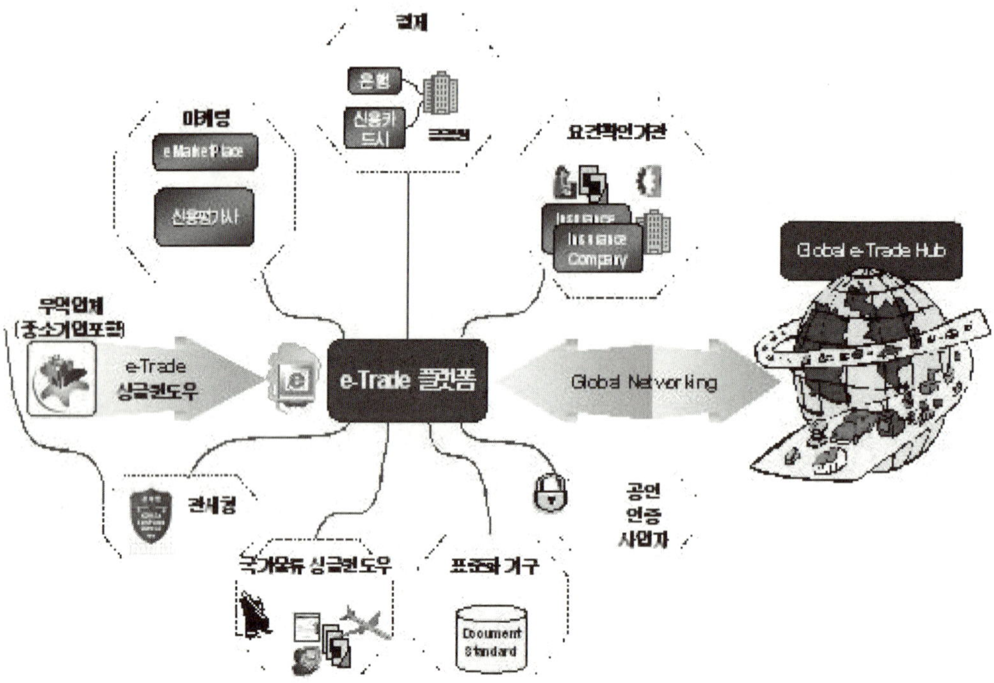

그림 11-5 ▸ 전자무역의 미래상

자료 : 한국무역협회

2) 전자무역정보통신망을 이용한 무역업무처리

박람회, 전시회, 해외홍보자료, 전문서적 등을 통해서 이루어졌던 해외시장조사, 수출입상품의 발굴, 거래선 발굴 등의 무역업무가 대부분 인터넷과 병행되어 이루어지고 있다. 인터넷상에서 국가별, 지역별, 해외시장정보, 무역통계정보, 산업정보, 국가정보, 상품정보, 기업체정보, 수출입업체정보, 통상정보 등 무역에 관련된 정보를 전문적으로 제공하는 무역사이트가 급격히 증가하고 있으며, 이러한 전문무역사이트를 이용하여 무역에 관련된 제반정보를 저렴한 비용으로 이용할 수 있게 되었다.

무역거래는 일반 상거래와 다르게 수출입매매계약의 당사자인 수출상과 수입상이외에 은행, 운송회사, 보험회사, 세관, 수출입대행자 등 여러 당사자가 참여하게 된다. 무역거래가 성공적으로 끝나기 위해서는 무역거래에 참여한 여러 당사자들이 그들의 역할을 충분히 이행했을 때 가능하다. 무역거래에 참여한 당사자들은 기존 무역거래와는 다르게 전자무역정보통신망을 이용하여 그들의 역할을 수행하고 있다.

전자무역정보통신망의 무역업무는 상역업무, 외환업무, 통관업무, 운송업무로 나누어지며 상역업무에는 수출입승인업무, 원산지증명서업무, 의약품수입업무 등이 있고, 외환업무는 수출신용장통지업무, 내국신용장업무, 구매승인서업무, 매입업무, 구매결제업무, 각종 통지업무, 수입신용장 개설업무, 수입화물선취업무 등이 있으며, 통관업무는 수출자가통관업무, 수출통관의뢰업무, 수입통관의뢰업무, 관세환급업무 등이 있고, 운송업무에는 보세화물운송업무, 내륙운송업무, 해상운송업무, 적하보험업무, 수출보험업무가 있다.

3) 무역거래비용의 절감

무역거래는 국내 상거래와 다르게 매우 복잡한 절차를 거쳐야 하므로 그 만큼 시간과 비용이 많이 발생하였다. 수출입상이 수출입매매계약을 체결하고 물품을 최종적으로 인도하고 수출대금을 회수하기까지 여러 단계의 절차와 많은 종류의 서류가 필요하여 무역거래비용이 증가하게 되었고, 이러한 무역거래비용의 증가는 국가간 무역을 저해하는 원인이 되었다. 그러나 전자무역거래는 이러한 복잡한 무역거래절차를 매우 간단하고 신속하게 처리하고 종이서류 없는 무역(paperless trade)을 가능하게 하여 무역거래에서 발생하는 비용을 크게 절감시킨다.

표 11-1 ▸ 전자무역의 효과 (단위 : %)

항 목	전체	농산물	경공업	중화학	대기업	중소기업
해외시장 개척 효과	27.7	29.8	27.9	27.4	27.1	27.7
해외광고비 절약	16.2	17.5	14.7	17.1	13.3	16.6
계약체결 비용절감	11.6	5.3	11.1	12.2	13.3	11.4
신속한 클레임 처리	2.7	0	2.1	3.3	1.1	2.9
회사 이미지 제공	11.4	15.8	12.0	10.7	15.5	10.9
물류비용의 절감	6.0	7.0	6.9	5.3	6.6	5.9
수출업무의 신속화 및 인건비절감	23.5	22.8	23.5	23.5	23.2	23.5
없다	1.0	1.8	1.8	0.5	0	1.1

자료 : 한국무역협회 [전자무역에 관한 무역업계 실태조사], 2000. 6

한국무역정보통신(KTNET)이 발표한 자료에 따르면 2000년에 우리나라는 무역자동화(EDI)를 이용하여 4조 3000억원의 비용을 절감시킨 것으로 나타났으며 수출 한 건 당 50-150여개에 달하는 각종 무역서류를 평균 4주에 걸쳐 처리하던 소요기간도 1주로 단축시킨 것으로 나타났다. 한해 수출입규모가 69억달러에 달하는 삼성전자의 경우 지난 94년에 무역업무자동화시스템을 도입한 이후 2001년 10월까지 1조원의 비용을 절감했고 평균재고일수도 65일에서 18일로 대폭 단축시켰다. 오리온전기는 무역업무자동화 시스템을 도입함으로써 무역업무처리시간의 단축, 인력절감에 따른 자원관리의 효율성, 업무절차 간소화와 문서비용절감 등으로 1999년 한해에 5억 1천만원 정도의 경비를 절감하였고 서류작성시 오류나 분실위험을 최소화하고 거래절차에 대한 서비스와 대외이미지를 크게 향상시켰다.

LG전자는 1994년에 무역EDI시스템을 도입하여 무역업무를 자동화시키기 시작하였고, 2003년에 들어서 모든 무역업무를 완전히 자동화 시켰다. 그에 따라 년간 40억원의 비용이 절감되었으며, 월 평균 20,000여건에 이르는 수입관련 서류를 50%까지 절감시키는 효과를 거두었다.

4) 인터넷 마케팅

인터넷은 전세계를 하나로 묶어주기 때문에 전세계에서 일어나고 있는 사건을 실시간으로 알 수 있다. 인터넷은 정보를 전달하는 매우 중요한 수단으로 자리매김하고 있어서 인터넷을 이용한 마케팅전략이 기업경영에서 중요한 역할을 담당하고 있다. 전자무역의 인터넷 마케팅전략은 인터넷과 전자무역정보통신망을 이용하여 범세계 단일전자거래시장에 있는 고객을 대상으로 한다는 점에 있어서 기존의 마케팅전략과 근본적으로 다르다. 따라서 무역상은 인터넷 마케팅전략을 수립해야 한다.

3. 전자무역 관련법규 및 전자무역중개기관

1) 전자무역 관련법규

전자무역은 대외무역법, 관세법, 외국환거래법의 적용을 받으면서 전자상거래와 관련된 법규의 적용을 받는다. 본 장에서는 전상거래에 관련된 법규를 중심으로 살펴보겠다.

(1) 전자무역촉진에 관한 법률

전자무역촉진에 관한 법률은 무역사무자동화법이 개정된 것으로 본 법은 모든 무역절차에 있어 단절 없는 전자무역의 기반을 조성하고 그 활용을 촉진하여 무역절차의 간소화와 무역정보의 신속한 유통을 실현하고 무역업무의 처리시간과 비용을 절감하여 산업의 국제경쟁력을 높임으로써 국민경제의 발전에 이바지함을 목적으로 2006년부터 적용된다.

본 법에서는 전자무역의 용어에 관한 정의, 전자무역촉진 추진체계, 전자무역기반사업자, 전자무역기반시설의 이용, 전자무역문서의 보관 및 증명, 이용의 촉진, 보안관리 등에 관하여 규정하여 전자무역을 활성화시킬 수 있는 기반을 구축하는데 초점이 맞추어져있다.

(2) 전자거래기본법

전자거래기본법은 전자거래의 법률관계를 명확히 하고 전자거래의 안전성과 신뢰성을 확보하며 전자거래의 촉진을 위한 기반을 조성함으로써 국민경제의 발전에 이바지함을 목적으로 1999년 7월 1일부터 시행되었다.

본 법은 전자상거래에 대한 정부의 규제를 최소화 시키고, 전자상거래에 관한 국제협력을 강화시키고, 전자문서와 전자서명의 법률적 효력에 관한 내용을 중심으로 구성되어 있다.

(3) 전자서명법

전자서명법은 전자문서의 안전성과 신뢰성을 확보하고 그 이용을 활성화하기 위하여 전자서명에 관한 기본적인 사항을 정함으로써 국가사회의 정보화를 촉진하고 국민생활의 편익을 증진함을 목적으로 1999년 7월 1일부터 시행되었다.

공인인증기관이 제15조의 규정에 의하여 발급한 인증서에 포함된 전자서명검증키에 합치하는 전자서명생성키로 생성된 전자서명은 법령이 정한 서명 또는 기명날인으로 본다고 규정하여 전자서명의 효력을 인정하였다.

2) 전자무역 중개기관

전자무역은 거래당사자들이 직접 만나지 않은 상태에서 인터넷과 정보통신망으로 무역업무를 처리하기 때문에 거래당사자간의 신뢰성과 전자무역을 구현시키는 시스템의 안정성이 무엇보다도 중요한다. 전자무역이 활성화되기 위해서는 거래상대방에게 신뢰감을 줄 수 있는 종합지원기관이 필요하다.

산업자원부가 인터넷과 정보통신망으로 무역거래사이트를 이용하여 전자무역을 영위하는 업체를 운영시스템과 인력, 기술 등으로 평가하여 일정 요건을 갖춘 업체를 전자무역중개기관으로 지정을 하면 대외적인 신뢰성은 한층 제고되게 될 것이다. 따라서 대외무역법에서 전자무역중개기관으로 지정될 수 있는 자격조건을 법제화하였고, 그에 따라 정부는 전자무역을 효율적으로 지원하고 이를 신속히 활성화시키기 위해서 전자무역중개기관을 지정하였다. 전자무역중개기관은 전자무역을 활성화시키기 위해 전자무역을 하려는 기업에게 전자무역거래의 알선 및 교육, 홍보, 전자무역문서의 표준화와 전송 등 전자무역을 하는데 필요한 모든 서비스를 제공하는 전자무역종합지원기관을 말한다.

4. 전자무역의 이행

1) 인터넷

인터넷(Internet)은 "Internet"와 "Network"의 합성어로서 지구촌에 있는 모든 컴퓨터가 통신망을 통하여 하나로 연결된 거대한 통신네트워크를 말한다. 지구촌에 있는 컴퓨터가 통신망으로 서로 연결되어 있어 컴퓨터가 가지고 있는 수많은 정보를 누구나 이용할 수 있다. "세계는 로마로 통한다"는 말이 있듯이 이제 세계는 인터넷으로 통한다고 말할 수 있다. 인터넷은 사람과 사람을 연결시켜 주는 중요한 수단이 되고 있다. 사람들은 인터넷을 이용하여 언제 어디서나 자기가 원하는 정보를 찾을 수 있고 상대방에게 전자우편(E-Mail)을 보낼 수 있으며, 전자문서 뿐만 아니라 그림, 이미지, 음성, 음향 등 각종 멀티미디어까지 전송할 수 있게 되었다.

오늘날 인터넷은 전자상거래, 전자서적, 사이버교육, 전자결제 등 기업의 경영활동에도 많은 변화를 가져왔으며, 물리적 공간에서 이루어지고 있는 기업의 경영활동을 가상세계로 옮기는 플랫폼이 되고 있다.

인터넷은 1960년대 미국과 소련의 냉전체제하에서 군사목적을 달성하기 위해서 각 기관에 있는 컴퓨터를 하나로 연결시키는 과정에서 탄생하였다. 미국 국방성은 1969년 소련의 핵 공격으로 국가통신망이 마비될 것을 대비하기 위하여 산하단체인 알파(Advanced Research Project Agency)를 통해서 연구소 대학 정부기관의 컴퓨터를 하나로 연결시키는 과제를 수행하였다.

이러한 과제를 수행하는 과정에서 서로 다른 컴퓨터를 하나의 네트워크 시스템으로 통합할 수 있는지에 대한 연구가 시작되었다. 연구진은 서로 다른 컴퓨터가 인터넷상으로 연결되기 위해서는 표준화된 통신규약이 필요하다는 것을 발견하였으며, 이러한 표준화된 통신규약을 바탕으로 하나의 거대한 컴퓨터 네트워크를 구축하였다.

1990년대에 들어서 인터넷의 편리성과 성공가능성을 알게된 정부와 기업들이 인터넷을 사용할 수 있는 인프라를 구축하기 시작하였으며, 1990년대 중반에 들어서 비로소 일반인도 인터넷을 사용하기 시작하였다. 저렴한 비용으로 언제, 누구와도 대화를 할 수 있다는 장점때문에 인터넷은 폭발적으로 성장하였다. 오늘날 인터넷은 기업경영활동을 전자결제, 전자상거래, 전사적자원관리, 공급망관리, 고객관리 등 새로운 e-비즈니스라는 형태로 변화시키고 있으며, 국가간 상거래에도 접목되어 전자무역(e-Trade)을 탄생시켰다.

2) 무역EDI

(1) 무역EDI의 정의

EDI(Electronic Data Interchange)는 정보통신망을 이용하여 컴퓨터로 정보를 전달하는 전자문서교환을 의미한다. EDI는 각종 종이서류를 컴퓨터가 수용할 수 있는 전자문서의 형태로 표준화시키고 이를 상호 합의된 통신망을 이용하여 컴퓨터로 주고 받음으로써 무역업무를 보다 효율적으로 추진할 수 있는 전자문서의 전달방식을 말한다.

전통적으로 상거래는 종이서류에 의해서 처리되었다. 사람이 종이서류를 작성하여 우편이나 팩스로 상대방에게 보냈으며, 사람이 손으로 같은 내용의 종이서류를 여러 장 작성하는 과정에서 오탈자가 발생하였다. 그에 따라 종이서류의 신빙성에 의구심이 생겼으며, 작성된 종이서류를 상대방에게 전달하는데 많은 시간이 소요되어 업무의 효율성이 크게 떨어졌다.

오늘날에는 여러 분야에서 EDI가 사용되고 있으며, 특히 서류가 많이 사용되고 있는 무역거래에서 가장 많이 사용되고 있다. 무역EDI는 국가간 상거래에 필요한 각종 종이서류를 표준화된 전자문서로 변환시켜 정보처리능력을 가진 장치(컴퓨터)와 정보통신망을 통하여 표준화된 형식에 따라 전자적으로 교환하는 것을 말한다.

무역거래당사자들은 무역EDI를 이용하여 무역업무를 처리함에 따라 무역업무처리시간을 크게 단축시킬 수 있고, 무역업무처리비용을 큰 폭으로 절감시킬 수 있게 되었다. 무역EDI는 1960년대 국제물류회사들이 각종 종이서류를 신속하게 전달할 목적으로 전자문서를 표준화시켜 사용한 것에서부터 시작되었다.

현재 우리나라의 경우 정부의 정책에 따라 관세청의 수출입통관 업무는 100% 무역EDI로만 처리할 수 있도록 하였다. 무역EDI의 효과를 구체적으로 살펴보면 다음과 같다.

첫째, 무역EDI의 직접효과는 무역업무를 신속하고 정확하게 처리할 수 있다는 점이다. 대부분 무역업무를 무역EDI로 처리할 수 있기 때문에 무역업무의 처리시간과 비용을 크게 단축시킬 수 있으며, 무역업무를 처리하는 과정에서 발생할 수 있는 오류를 줄일 수 있다.

둘째, 무역EDI는 종이서류를 전자문서로 변환시켜서 무역정보통신망을 이용하여 컴퓨터로 주고 받기 때문에 불필요한 인력을 절감시킬 수 있어 관리의 효율성을 증대시킬 수 있는 간접효과를 가져올 수 있다. 또한 무역EDI는 전사적자원관리(ERP), 공급망관리(SCM)와 연결되어 무역업무과 부대비용을 효과적으로 관리할 수 있는 부수적인 효과를 제공할 수 있다.

마지막으로 무역EDI는 무역거래당사자에게 양질의 서비스를 제공하여 타 기업과의 경쟁에서 유리한 위치에 설 수 있게 한다.

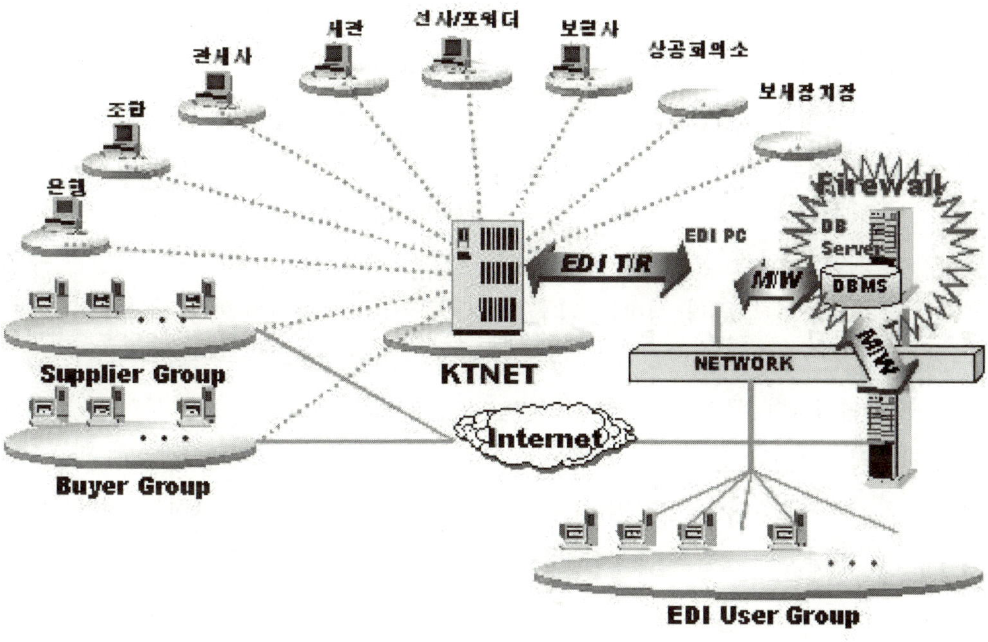

그림 11-6 ▸ 무역EDI 개요

(2) 전자무역문서와 전자서명

전자무역문서

① 전자무역문서의 정의

전자거래기본법 제2조 1항에서 전자문서는 정보처리시스템에 의하여 전자적 형태로 작성, 송신·수신 또는 저장된 정보를 의미한다고 규정하였고, 동 법2조 2항에서 정보처리시스템은 전자문서의 작성, 송신·수신 또는 저장을 위하여 이용되는 정보처리능력을 가진 전자적 장치 또는 체계를 말한다고 규정하여 전자메일, 무역사이트, 무역정보통신망, 인터넷쇼핑몰 등도 정보처리시스템으로 해석할 수 있는 근거를 제공하였다.

eUCP에서 전자문서(electronic record)는 전자수단에 의해서 생성되고, 만들어지고, 발송되고, 저장되고, 수취되거나 저장된 자료를 의미한다고 규정하였고 유엔국제거래법 위원회 UNCITRAL 제6조 1항은 전자메시지는 전자문서교환방식, 전자우편, 전보, 전신, 텔레카피를 등을 비롯하여 광학적 또는 이와 유사한 전신수단으로 생성되고 송 · 수신 및 저장된 정보를 의미한다고 정의하였다.

전자무역촉진에 관한법률 제2조 4항에서 전자무역문서는 무역업자 상호간, 무역업자와 무역유관기관 상호간, 무역유관기관 상호간에서 무역 또는 무역관련 업무에 사용되는 전자문서를 말한다고 규정하여 무역업무와 관련된 전자문서만 전자무역문서로 간주한다고 보았다. 무역업자는 대외무역법 제2조 제3호의[3] 규정에 의한 무역거래자로서 대외무역법령, 외국환거래법령, 관세법령 등 대통령령이 정하는 법령 및 당사자간 계약에 의해 신청·신고·보고 등을 하는 자를 말하고, 무역유관기관은 무역업자에게 무역관련 법령이 정하는 역무를 제공하거나 승인·면허·인증·신고의 수리 등을 하는 기관으로서 대통령령이 정하는 기관을 의미하고, 전자무역업무는 무역업자 상호간, 무역업자와 무역유관기관 상호간, 무역유관기관 상호간에서 무역과 관련하여 전자무역문서를 이용하여 처리하는 업무를 말하고, 전자무역기반업무는 무역유관기관과 체계적으로 연계하여 전자무역기반시설의 운영을 통해 수행하는 전자무역문서의 중계, 보관, 증명 등의 업무를 말한다고 규정하여 업무를 구분하였다.

② 전자무역문서의 효력

전자문서의 효력에 관하여 유엔국제거래법 위원회의 UNCITRAL 제6조 1항에서 차후의 참조를 위해 사용될 수 있도록 접근 가능하다면 전자문서의 문서성을 인정하는 입장을 취하여 전자문서의 효력에 관하여 별도의 규정을 두지 않고 문서성에 관한 규정을 두어 전자문서도 일반 문서와 같이 취급하였다. 전자거래기본법 제5조에서 전자문서는 다른 법률에 특별한 규정이 있는 경우를 제외하고는 전자적 형태로 되어 있다는 이유로 문서로서의 효력이 부인되지 아니한다고 규정하여 전자문서

3) "무역거래자"라 함은 수출 또는 수입을 하는 자, 외국의 수입자 또는 수출자의 위임을 받은 자 및 수출·수입을 위임하는 자 등 물품 등의 수출·수입행위의 전부 또는 일부를 위임하거나 행하는 자를 말한다.

의 효력을 인정하고 있다.

전자무역촉진에 관한법률 제15조에서 무역업자 또는 무역유관기관이 전자무역기반시설을 통하여 신청 등 또는 승인 등을 전자무역문서로 처리한 경우에는 무역관련 법령 등에서 정한 각종 절차에 의하여 처리된 것으로 본다고 규정하여 전자무역문서로 신청과 승인이 이루어질 경우 그 효력을 인정하였다. 동 법 제16조에서 무역업자 또는 무역유관기관이 전자무역기반시설을 통하여 신청 등 또는 승인 등을 한 전자무역문서는 무역관련 법령 등이 정한 문서로 본다고 규정하여 전자무역문서가 효력을 인정받기 위해서는 반드시 전자무역기반시설을 통해서 송수신되어야 한다.

전자무역기반시설은 무역유관기관과 체계적으로 연계하여 정보통신망을 통한 전자무역문서의 중계, 보관, 증명 등의 업무를 수행하는 정보시스템을 말한다. 전자무역기반사업자가 보관하고 있는 전자무역문서의 효력도 인정한다고 규정하여[4]무역업자가 전자무역문서를 별도로 보관하지 않아도 되도록 하였다.

③ 전자무역문서의 증거능력

전자문서의 증거능력에 관하여 유엔국제거래위원회의 UNCITRAL 제9조에서 데이터 메시지를 증거로 허용할 것인지의 판단은 그것이 오직 데이터 메시지라는 이유만으로 또한 원본의 형태가 아니라는 이유로 증거로서의 효용성을 부정하기 위한 어떠한 증거법적 원칙도 적용되어서는 아니된다고 하였고, 증거력과 관련하여 2항에서는 데이터 메시지가 생성되고, 저장되어 전달되는 방법이 믿을 만한가, 내용의 무결성을 보장하는 방법이 믿을 만한가, 발신자의 신원을 확인하는 방법이 믿을 만한가의 여부와 기타 관련사항을 참작하여 결정하도록 규정하였다. 전자거래법 제7조에서 전자문서는 재판 기타의 법적 절차에서 전자적 형태로 되어있다는 이유로 증거능력이 부인되지 않는다고 규정하여 전자문서의 증거력을 인정하였다. 전자무역촉진에 관한 법률 제18조 전자무역기반사업자가 전자무역문서의 내용, 전자무역문서가 작성되거나 송신 또는 수신된 시점 및 그 당사 등에 대하여 증명서를 발급하였을 경우 그 증명서의 내용은 사실대로 작성된 것으로 추정한다고 규정하여 전자무역문서의 증거력을 인정하였다.

---

4) 전자무역촉진에 관한 법률 제16조 (전자무역문서 보관의 효력) ① 무역업자 등이 기반사업자에게 의뢰하여 전자무역문서의 보관을 하게 한 경우에는 자신이 별도로 보관하지 않더라도 전자거래기본법 제5조에 의한 전자문서 보관의 효력이 있는 것으로 본다. ② 기반사업자는 전자무역문서의 보관을 위하여 전자서명을 사용하는 경우, 전자서명법 제2조 제3호의 규정에 의한 공인전자서명을 이용하여야한다.

전자서명

전자무역거래 당사자들은 제시된 전자문서에 기재된 내용을 믿을 수 있어야 한다. 제시된 전자문서가 원본인지 확인하기 위해서 여러 가지 기술적 수단이 사용될 수 있다.[5] 이러한 기술적 수단은 전자문서의 원본성을 확인하기 위한 방법과 이러한 방법을 수행하기 위해서 준수해야만 하는 제반절차를 포함해야 한다. 전자문서가 원본임을 입증할 수 있는 기술적 수단으로 전자서명을 제시할 수 있다.[6]

서명은 문서를 작성한 당사자가 문서를 자기가 정당하게 작성했음을 확인하기위한 표시를 의미하며 계약체결 기능, 동일성 기능, 진정성 기능, 경고적 기능을 가진다.

전자서명에 관하여 eUCP 제4조에서 전자서명(electronic signature)은 전자문서에 첨부되거나 이와 논리적으로 관련되고 어떤 사람을 확인하기 위해서 그리고 전자문서에 어떤 사람의 확인을 나타내기 위하여 어떤 사람에 의해서 실행되거나 채택된 자료처리를 의미한다고 규정하였다. 유엔국제거래법위원회의 UNCITRAL 제7조에서 서명자 자신의 동일성을 확인하고, 데이터 메시지의 내용에 관하여 동의한다는 표시가 있으며 그 표시가 메시지의 생성 및 송신목적에 맞고 믿을 수 있는 방법으로 이루어졌다면 서명성을 인정한다고 규정하였다.

전자거래기본법 제2조 5항에서 전자문서를 작성한 작성자의 신원과 당해 전자문서가 그 작성자에 의하여 작성되었음을 나타내는 전자적 형태의 서명을 말한다고 규정하였고 전자서명법 제2조 2항에서 전자서명은 전자문서가 처음에 전자적 형태로 작성된 전자문서임을 나타낸 것으로 전자문서를 작성한 자의 신원과 전자문서의 변경여부를 확인할 수 있도록 비대칭 암호화방식을 이용하여 전자서명키로 생성한 정보를 당해 전자문서에 고유한 것을 말한다고 규정하였다.

전자서명은 기술적으로 매우 정교한 기술적, 논리적 요소를 통하여 이루어지는 것이므로 전자서명이 서명자로 명시된 자의 서명이라는 것과 전자서명 된 전자문서는 서명자가 진정하게 발행했다는 사실과 전자서명 된 전자문서는 전자서명이 기재된 후에 수정되거나 변경되지 않았음을 추정할 수 있다는 것이다.[7] 전자거래기본법 제6조 제1항, 제2항에서 공인인증기관이 인증한 전자서명은 다른 법률에 그 효력을

---

5) J.G. Barnes & J.E.Byrne, "E-Commerce and Letter of Credit Law and Practice",*International Lawyer*,(Vol.35), 2001.3,

6) Dan Taylor and Jim Byrne, op. cit., p.11.

7) 유타주의 디지털 서명법 제 401조 ; 일리노이즈주의 전자상거래안전법 제120조; 유엔국제거래법위원회 UNCITRAL의 전자서명통일규칙 초안 제2조 1항.

부인하는 규정이 있는 경우를 제외하고는 관계 법률이 정하는 서명 또는 기명날인으로 보고 이와 같은 전자서명이 있는 전자문서는 작성자가 서명한 후 그 내용이 변경되지 아니한 것으로 추정한다고 규정하였다.

전자인증

모든 정보와 문서가 정보처리시스템을 통하여 주고받기 때문에 정보와 문서의 진위여부를 판단할 수 있는 방법이 필요하게 되었다. 전자인증은 기술적으로 어떤 사람의 전자서명검증키가 그 사람의 것임을 신뢰받는 제3자의 기관이 증명해주는 것을 의미한다. 믿을 수 있는 인증기관(Certificate Authority: CA)을 설립하여 그 기관이 사용자들의 전자서명키를 공식적으로 인증하는 전자인증서(certificate)를 발급하여 전자서명키의 사용가능여부를 공식적으로 증명해줌으로써 전자문서의 진정성을 확보할 수 있다.

공인인증기관은 전자서명에 명시된 기준과 정부에서 실시하는 엄격한 심사과정을 통하여 지정되고 있다. 국내인증기관은 한국정보인증, 한국증권전산, 금융결제원, 한국전자인증, 한국전산원, 한국무역정보통신 등이 있다.

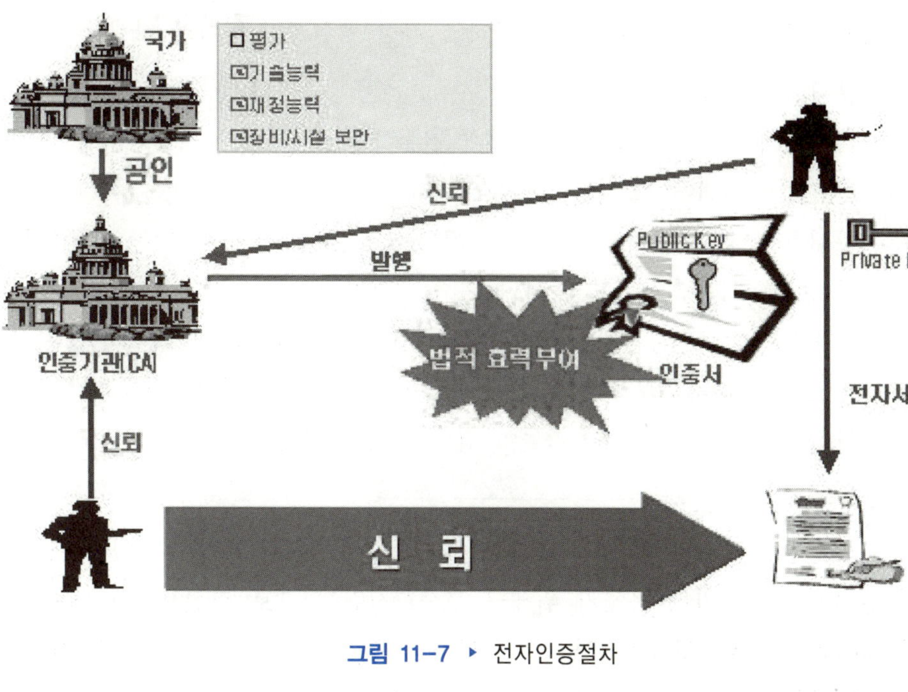

그림 11-7 ▸ 전자인증절차

(3) 무역EDI 표준

무역업자 상호간, 무역업자와 무역유관기관 상호간, 무역유관기관 상호간에 전자무역문서를 주고받는데 있어서 가장 중요한 것은 반드시 표준 전자무역문서를 사용해야한다. 전자무역문서는 정보처리시스템에 의해서 처리되기 때문에 전자무역문서를 주고받는 당사자들이 서로 약속된 표준을 따르지 않고 임의로 전자무역문서를 작성하게 되면 그 의미를 파악할 수 없게 된다.

무역EDI 표준(Standard)은 무역거래당사자간에 전자방식으로 교환되는 전자문서의 구조, 내용, 통신방법 등에 관한 표준양식 및 구문(Syntax)을 정한 규칙을 말한다. 문서, 언어 컴퓨터 시스템이 서로 다른 무역거래당사자들은 이 규칙에 따라 전자문서를 정해진 양식과 절차에 맞게 표준화시켜 자유롭게 주고받을 수 있다. 즉 무역거래당사자들은 무역EDI 표준에 따라 정해진 양식과 절차로 전자문서를 서로 주고받을 수 있다.

과거에 무역거래당사자들은 문서를 서로 다른 양식을 사용하여 작성하였지만 무역EDI 시스템에서는 모든 전자문서를 표준화된 양식에 따라 작성하여야한다. 무역EDI 표준은 무역거래당사자와 무역업무를 관리하는 내부관리 시스템이 다름에도 불구하고 전자문서가 서로 교환될 수 있게 하는 가장 핵심적인 역할을 하게한다.

① 전자문서의 표준과 통신표준

전자문서를 보내는 사람이 받은 사람에게 전송하면 전자문서는 받은 사람의 컴퓨터에 자동적으로 입력되어야한다. 그러기 위해서는 보내는 사람이 받은 사람에게 전송한 전자문서가 받은 사람의 컴퓨터에 의해서 읽히고 해석될 수 있는 표준양식에 맞게 작성되어야한다. 따라서 전자문서의 표준은 전자적으로 전송될 수 있는 전자문서의 구조, 자료, 정보, 형태 등이 규격화된 양식에 맞춰 작성되어야만 되는 지침을 말한다. 통신표준은 전자문서가 컴퓨터로 주고받은 규약으로 전자문서를 어떤 방법을 사용하여 전송할 것인가를 사용자들이 합의한 것을 말한다.

② 전용표준과 공통표준

무역EDI표준은 적용범위에 따라 전용표준과 공통표준으로 나눌 수 있다. 전용표준은 특정기업이 자기만 사용하기 위해서 표준화시킨 것으로 사설표준이라고 한다. 초기 무역EDI는 개별기업차원에서 전자문서를 표준화시켜 컴퓨터로 전송하였다. 개별기업에서 사용한 전자문서는 다른 기업, 정부기관, 은행 등에서 사용될 수 없기 때문에 모든 기관에서 자유롭게 사용할 수 있는 전자문서의 표준화를 추진하게 되었으며, 이러한 노력으로 공통표준이 개발되었다.

공통표준은 개발단계에 따라 기업표준, 산업표준, 구가표준 및 국제표준으로 세분화 될 수 있다. 전자무역이 활성화되기 위해서는 전자무역거래에 참여하게 되는 모든 당사자들이 자유롭게 사용할 수 있는 국제표준이 필요하게 되었다. UN산하 유럽경제위원회는 해정, 무역 및 운송에 관한 EDI국제표준(Electronic Data Interchange for Administration, Commerce and Transport: UN/EDIFACT)을 개발하였다. UN/EDIFACT)는 국제상업회의소, 각국의 EDI관련기관으로부터 전폭적인 지지를 받아 1987년 국제표준화기구에 의해서 국제표준으로 승인되었다. 현재 세계 각국은 UN/EDIFACT를 기준으로 전자문서를 표준화 시키고 있다.

③ 전자무역XML 전자문서 표준화 지침

전자무역추진위원회가 전자무역의 인프라를 구축하기 위하여 전자거래 표준화 주관기관인 한국전자거래진흥원에 의뢰하여 전자무역 전자문서 개발 및 표준화 지침을 마련하였다.

본 지침은 4개의 장과 부록으로 구성하여 전자무역이 가능하기 위해 필수 불가결한 요소인 전자문서 개발에 표준화된 방법을 제시하였다.

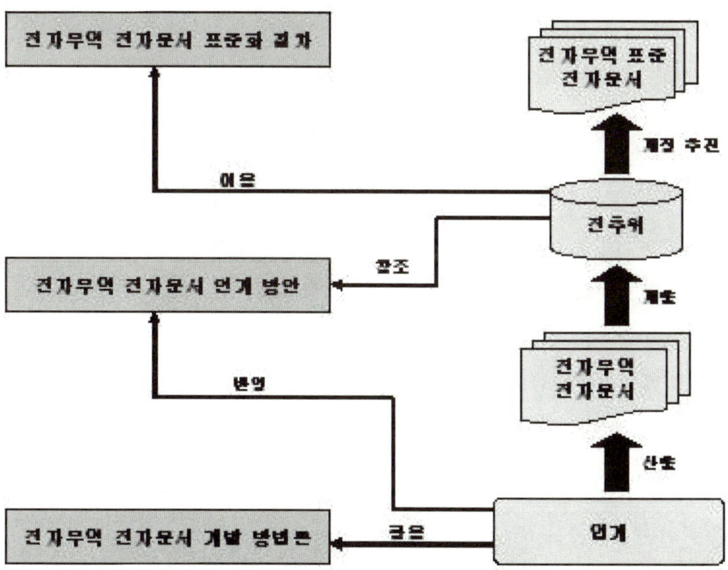

그림 11-8 ▸ 전자무역문서의 표준화 절차

④ 무역EDI사용자 시스템

전자문서가 무역정보통신망을 이용하여 전송되기 위해서는 컴퓨터하드웨어, 소프트웨어 및 통신장비가 설치되어 있어야 가능하다. 무역EDI사용자 시스템은 전자문서가 무역정보통신망을 통하여 전송되는데 필요한 컴퓨터하드웨어, 소프트웨어 및 통신장비를 말한다. 무역거래 당사자들이 무역EDI를 이용하기 위해서는 컴퓨터와 상이한 전자문서를 EDI표준으로 변화시킬 수 있는 변환소프트웨어와 모뎀 등과 같은 통신장비를 갖추어야한다. EDI변환소프트웨어는 무역EDI에서 매우 중요한 역할을 한다. 무역업체 내부에서 작성된 전자문서를 EDI표준으로 표준화시켜 상대방에게 전송시키거나 상대방으로부터 받은 EDI표준 전자문서를 기업내부 자료로 바꾸어 주는 역할을 한다.

(4) 무역EDI 네트워크

전자문서가 컴퓨터에서 다른 컴퓨터로 전송되기 위해서는 전자문서가 전송될 수 있는 전용회선이나 공중회선이 연결된 네트워크가 필요하다.

① 직접 네트워크

직접 네트워크는 보통 모뎀을 통하여 무역거래상대방의 컴퓨터와 직접 연결된다. 그러나 사용자가 증가할수록 처리속도가 떨어지고, 기밀과 보안을 유지하기가 어렵다는 문제가 발생하였다. 따라서 초기에는 직접 네트워크를 이용하였으나 현재에는 대부분 제3자 네트워크를 이용하고 있다.

② 제3자 네트워크

제3자 네트워크는 전자문서뿐만 아니라 전자문서의 보관, 정보의 축척, 가공, 변화처리 등과 같은 부가가치 서비스를 제공하는 부가가치통신망(Value Added Network: VAN)을 말한다. 전자문서가 법률적, 사실적, 상징적 기능을 수행할 수 있어야 되기 때문에 전자문서를 전달하는 시스템이 매우 중요하다.

부가가치통신망은 이러한 기능을 제공하며, 부가가치통신망을 이용한 사용자간에 분쟁이 발생하면 부가가치통신망에 기록된 전자문서로 분쟁을 해결할 수 있다. 부가가치통신망은 관세청, 은행, 정부기관, 항만, 해상운송회사, 해상보험회사 등의 시스템과 연결되어 있어 무역업체는 저렴한 비용으로 단 한번의 접속을 통해 여러 가지 전자문서를 전송할 수 있다.

현재 우리나라에서는 한국무역정보통신(KTNET), DACOM 등이 VAN사업자로 지정되었으며, 한국무역정보통신이 개발한 VAN DEI가 대부분 사용되고 있다.

③ 인터넷 네트워크

인터넷이 도입된 초기에는 인터넷으로 전달되는 전자문서의 안정성과 호환성, 보안성, 시스템의 안정성 등이 검증되지 않아서 안정성과 보안성을 갖춘 VAN EDI를 개발하였다. 오늘날 인터넷의 안정성과 보완성이 검증되어 인터넷을 이용한 시스템이 개발되고 있다. 인터넷EDI 시스템은 VAN EDI 시스템과 비교해서 별도의 전용시스템을 구축하지 않고도 인터넷을 이용하여 전자문서를 상대방에게 전송할 수 있기 때문에 인터넷EDI의 설치비용 없고 언제, 어디서나 자유롭게 사용할 수 있으며 사용료가 VAN EDI 보다 훨씬 저렴하다.

(5) 무역EDI 시스템 사용약정

무역EDI는 무역업체의 무역업무처리를 단순히 전자화 시키는 것이 아니라 전혀 다른 무역업무처리 전산시스템을 가진 거래상대방과 전자문서를 주고받은 것이므로 무역EDI로 무역업무를 처리하기 위해서는 관련 당사자간에 무역EDI 시스템 사용약정을 체결해야한다. 무역EDI시스템 사용약정은 네트워크약정(Network Agreement: N/A)과 거래약정(interchange agreement) 나누어진다.

① 네트워크 약정

네트워크약정은 사용자가 한국무역정보통신회사와 한국무역정보통신회사가 제공한 종합무역자동화 서비스의 이용조건과 절차에 관하여 약정한 것을 말한다. 무역자동하 시스템에서는 무역업체, 해상운송회사, 보험회사, 관세청, 정부기관, 은행 등이 한국무역정보통신회사와 종합무역자동화 서비스 이용약정을 체결한다.

KTNET 종합무역자동화 서비스 표준약정서는 총칙, 약정, 이용자설비의 설치, 권리와 의무, 요금, 손해배상, 기타로 구성되어있다.

② 거래약정

거래약정은 무역거래에 참여한 당사자들이 무역EDI 사용에 따른 제반 사항을 약정하는 것을 말하는데 우리나라에서는 한국EDIFACT위원히(KEC)가 제정한 표준약정서와 은행들이 공동으로 사용중인 거래약정이 있다. 거래약정서에는 전자문서와 표준에 대한 합의사항, 해당업무별 사용자의 준수사항, 수신 및 발신의 확정, 무역EDI 서비스 제공자 및 데이터 통신망 합의사항 등이 들어있다.

무역업체가 무역EDI로 관련 은행업무를 처리하고자 할 때는 무역자동화이용신청서를 작성하여 은행에게 제출해야한다. 무역자동회신청서 뒷면에 무역자동화처리약관이 인쇄되어 있다.

3) 인터넷 무역EDI

무역EDI가 도입되어 전자무역의 발전에 중요한 역할을 하였지만 무역업체가 전용선을 구축하고, 새로운 소프트웨어를 설치하여야만 무역 EDI를 이용할 수 있기 때문에 추가 비용이 발생하였고, 무역업체가 실시간으로 무역업무를 처리하는데 어려움을 발생시켰다. 또한 무역EDI는 전자문서를 전송하는 것 위주로 운영되기 때문에 멀티미디어로 작성된 자료를 전송하는데 한계가 있고, 국내에서만 이용되고 해외에서는 접속이 어렵다는 문제점을 노출시켰다.

인터넷 기술이 급격히 발전함에 따라 무역EDI가 가지고 있는 문제점을 해결할 수 있는 새로운 인터넷 무역EDI가 개발되었다. 인터넷 무역EDI는 인터넷으로 전자문서를 비롯한 멀티미디어로 제작된 자료를 저렴한 비용으로 언제 어디서 누구와도 실시간으로 교환할 수 있는 시스템이다.

인터넷 무역EDI의 장점은 첫째, 사용비용이 저렴하다. 인터넷 무역EDI는 인터넷으로 구현되기 때문에 별도의 전용회선과 소프트웨어 설치비용, 송신료 등이 발생하지 않는다. 둘째, 사용하기가 편리하다. 무역EDI는 부가가치통신망을 통하여 운영되기 때문에 부가가치통신망에 가입한 무역업체만이 이용할 수 있다. 그러나 인터넷 무역EDI는 개방형이기 때문에 사용자와 장소에 아무런 제한이 없다. 마지막으로 호환성이 높다. 무역EDI는 변환프로그램을 설치해야만 다른 업무프로그램과 호환이 될 수 있다. 인터넷 무역EDI는 사용자가 특정 전자문서의 구조를 만들어서 사용할 수 있도록 구성되어 있기 때문에 다른 업무프로그램과의 호환성이 매우 높다.

인터넷 무역EDI가 가지고 있는 이러한 장점 때문에 관세청은 인터넷 무역EDI 통관시스템을 개발하여 2005년 11월부터 사용하고 있다.

제 12 장

해외시장조사와 무역계약

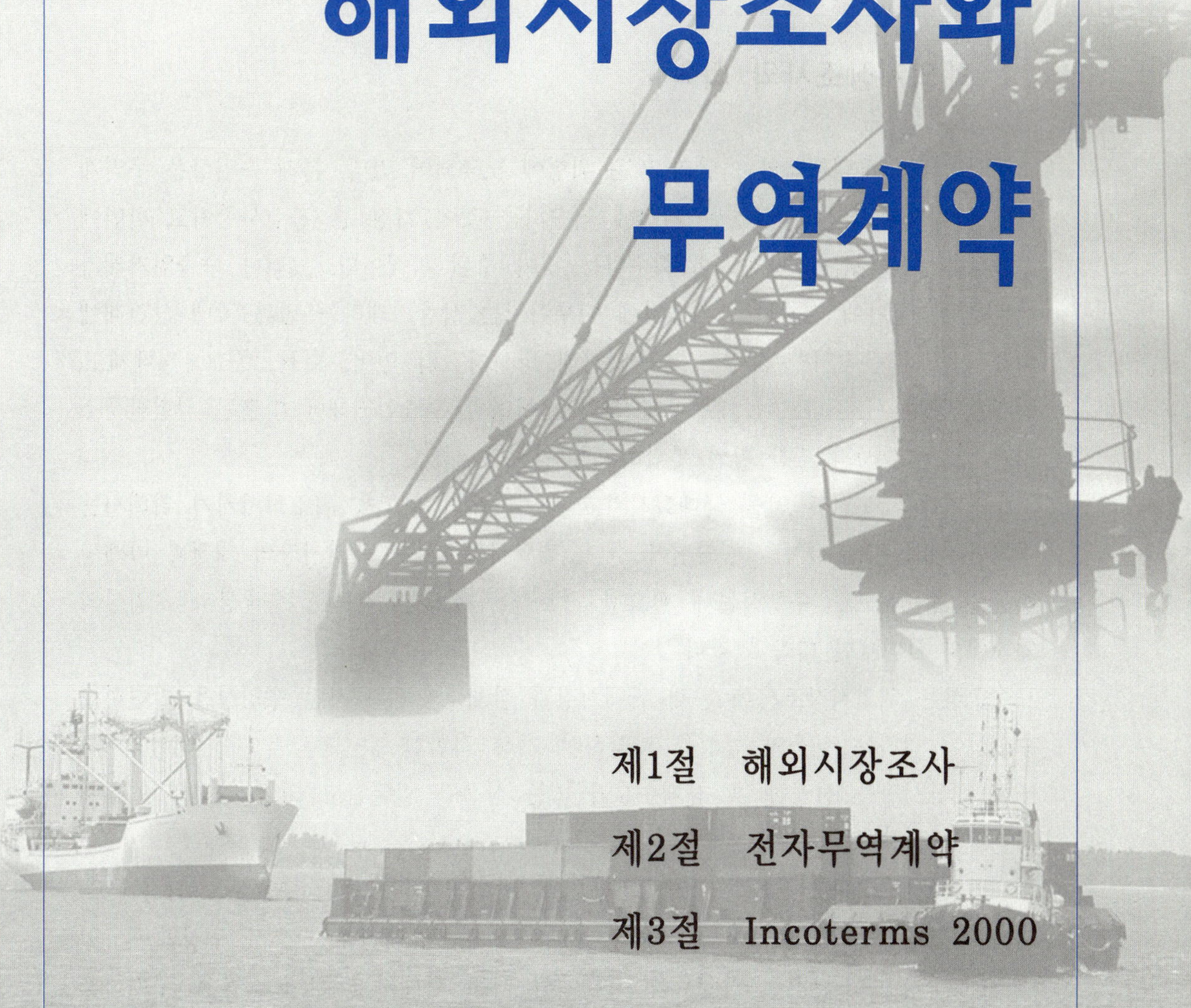

무역거래에서 가장 먼저 해야 할 일은 생산된 상품을 해외시장에서 어떻게 판매할 것인가에 대한 구체적인 판매전략을 수립하는 것이다. 전략수립의 첫 단계는 해외시장조사를 통해서 믿을 만한 거래선을 발굴하고 그 거래선이 원하는 상품이 무엇인지 파악하는 것이다. 거래 당사자간의 거래제의가 수차례 오고 간 후에 무역계약을 체결한다. 무역계약은 무역의 시작이자 마무리이다. 수 차례의 협상을 통해서 합의된 내용을 무역문서로 정리한다는 측면에서 마무리에 해당되지만 이것을 토대로 수출상품이 생산되고 국제운송을 통해서 수입상에게 상품이 전달되고 무역대금결제가 이루어진다는 점에서 무역계약은 무역의 시발점이다. 본 장에서는 해외시장조사, 전자무역계약, Incoterms 2000에 관하여 살펴본다.

제1절 ▸ 해외시장조사

1. 해외시장조사의 의의

무역거래는 국내거래와는 달리 많은 위험에 노출되어 있다. 본래 수입상은 무역계약에서 명시된 상품을 약정된 기간에 입수하는 것이 가장 큰 관심사항이고 반면에 수출상은 수출대금을 안전하게 회수하는 것이 주된 목적이다. 그러나 수출입거래가 서로 다른 국가에 거주하는 기업간에 이루어지는 상품거래라는 점과 국내 상거래에 비해 상품의 운송기간이 길고 수출입거래 당사자간의 언어, 법률, 종교, 경제제도, 상관습 등이 서로 다르며 재무상태 파악도 어려워 수출입거래에 따르는 위험발생소지가 많고 그 성격 또한 훨씬 복잡하고 다양하다.

무역거래를 통한 이익을 극대화시키고 무역거래의 위험을 최소화시키기 위해서는 정확한 해외시장조사가 선행되어야 한다. 해외시장조사는 해외시장의 개척과 마케팅 활동을 효율적으로 수행하는데 필요한 정보를 수집하는 것으로 수출상과 수입상의 입장에서 살펴보면 다음과 같다.

수출상은 해외시장조사를 통해 판매시장과 잠재구매력을 지닌 수입상을 발견하고 수입상이 원하는 상품의 특성을 파악하여 가장 적합한 수출전략을 수립해야 한다. 또한 대상시장을 선정한 후 잠재수요가 있는 상품을 발굴하고 외국 고객의 기호에 맞는 상품을 개발해야 한다.

수입상은 수입하고자 하는 상품을 제공할 수 있는 믿을 만한 수출상을 사전에 조사하여 언제, 어느 지역, 어느 수출상으로부터 가장 유리한 조건으로 수입할 수 있는가를 파악하는 한편 수입상품을 국내에서 다시 판매하기 위해 상품을 구매하는 국내 판매상에 대한 조사와 수입상품의 유통구조, 경쟁상품 및 판매가격에 대한 조사를 철저히 하여 수입전략을 세워야 한다.

해외시장조사는 해외시장의 개척과 해외마케팅활동을 효율적으로 수행하는데 필요한 정보획득 작업이다. 자기가 생산한 물품을 어떻게 하면 가장 많이 팔 수 있는지, 가장 비싸게 팔 수 있는지, 국제물류비용을 가장 적게 할 수 있으며, 어느 때 판매할 것이며, 어디에다가 판매할 것인가에 관한 정보를 과학적으로 수집하고 분석하여 그 결과를 해석하는데 주된 목적이 있다.

2. 해외시장조사의 내용

해외시장조사를 일반적인 항목, 거래선, 대상품목으로 구분하여 살펴보면 다음과 같다.

1) 일반적인 항목조사

지리적 조건과 사회적 조건으로 나누어 일반적인 항목을 조사해야하며 사회적 조건은 인구 및 인구증가율, 종교 및 인종, 언어 및 교육정도, 국민총생산 및 1인당 국민소득, 생산구조 및 유통질서, 통신 및 교통시설, 운송수단, 무역량, 관세 및 정부간여도, 금융기관 및 결제방법, 일반 상도덕 및 관습, 해당 상품 국내 산업의 발전정도 및 우리 제품과의 가격비교, 경쟁품목을 수출하는 나라 및 경쟁품목을 수출하는 한국업자의 판매정책 및 그 가격, 해당 국에서 정책적으로 보호를 받고 있는 상품 및 그 수입정책, 상품의 선전, 광고의 정도 및 그 시행과정, 해당 상품의 소비층의 소비구조와 잠재수요의 유무, 해당 국가 국민의 한국에 대한 인상 및 한국상품 일반에 대한 인식도, 해당 국 해당 소비층의 품질위주 선택문제, 해당 국 국민들의 일반적인 색상 선호문제, 적절한 라벨 및 상표 부착문제 등이 있다.[1)]

2) 거래선조사

(1) 수입상에 관한 조사

수출상품을 실제 소비하는 소비자에 대해서는 소비자의 소득별 분포, 구매능력, 취향, 상품에 대한 만족도, 생산자에 대한 이미지(image) 등을 조사 · 분석한다. 소비자에 대한 종합적인 분석에 따라 수출제품을 차별화, 다양화하여 새로운 모델을 계

---

1) character: 상도덕, capital: 거래능력, capacity: 대금지불능력, condition: 거래조건, collateral: 담보능력, currency: 거래통화, country: 거래국가

속 개발함으로써 해외시장을 유지·확대할 수 있다.

(2) 수출상에 관한 조사

수입상이 상품을 구매하기 위해서 해외시장을 조사할 경우에는 원하는 상품을 적기에 공급할 수 있는 공급선(수출상)에 대한 조사가 이루어져야 한다. 이와 관련하여 조사할 사항은 공급선의 성실성, 영업태도, 업계에서의 평판, 재무상태, 생산능력, 선적시기 등이다.

무역거래에서는 생면부지의 당사자들이 현품을 직접 확인하지 않은 상태에서 서신을 통해 거래를 시작하기 때문에 성실성, 영업태도 등 거래 상대방의 성격을 분석하는 것이 매우 중요한 일이다. 공급선의 재무상태는 장차 발생할지도 모르는 채무를 이행할 수 있는지를 분석하는 자료가 된다. 그리고 수입규모와 수입시기를 결정하기 위해서는 공급선의 생산능력과 선적가능 시기를 조사해야 한다.

(3) 대상품목에 관한 조사

수출상은 수출하고자 하는 상품의 품종, 품질, 디자인, 상표, 포장, 가격 등을 현지 생산품이나 기타 경쟁품·대체품의 가격 시장점유율을 비교 분석하여 해외시장에서의 경쟁력을 측정하고 수출상품의 판매가격 전략을 수립해야 한다. 이러한 경쟁력 측정과 가격전략을 통해서만이 시장에 적합한 상품을 수출할 수 있다. 그러나 특정시장에서 경쟁력이 있는 상품이라 하더라도 현지의 공업 소유권에 저촉된다든지, 할당(quota) 품목에 해당되면 수출자체가 불가능하므로 수입제도에 대한 조사도 병행하여야 한다.

수출상품의 적절한 생산계획을 세우기 위해서는 수요량 분석이 뒤따라야 한다. 특히 미래의 수요량, 계절적 수요량을 정확히 예측하여 생산량을 조절하고, 자체내의 생산이 불가능할 경우에 대비해서 대체품의 공급계획을 수립하여 수출시장을 상실하지 않도록 한다.

3. 인터넷을 이용한 해외시장조사방법

1) 무역유관기관의 전문사이트를 이용한 조사방법

우리나라의 무역유관기관인 한국무역협회(Korea International Trade Association: KITA)와 대한무역투자진흥공사(Korea Trade and Investment Promotion Corporation: KOTRA)은 무역전문사이트를 운영하여 무역에 관련된 정보를 제공하고 있기 때문에 이들 사이트를 방문하여 무역에 관한 정보를 수집하는 것이 효율적이다.

한국무역협회가 자회사로 운영하고 있는 EC21(www.ec21.com)과 ECPLaza (www.ecplaza.net)는 각 카테고리별로 검색이 가능하고 오퍼정보, 업체 디렉토리, 상품 카탈로그 등을 국내정보와 국외정보로 크게 분류하여 제공하고 있다.

대한무역투자진흥공사가 운영하고 있는 SILKroad21(www.silkroad21.com)과 KOBO (www.kobo.net)는 한국상품에 대한 정보와 구매 등에 따른 제반 사항을 해외의 수입상에게 제공하고 동시에 해외 수입상의 수입정보를 신속하게 국내의 수출상에게 제공하고 있다.

2) 각종 무역통계사이트를 이용한 조사방법

(1) 관세청 무역통계(www.customs.go.kr)

관세청에서 작성한 주요 통계자료를 인터넷을 통해서 검색할 수 있다. 관세청 초기화면에서 수출입통계를 클릭하면 수출입통계에 관련된 상세한 자료가 화면에 나타난다. 수출입통계안내, 주요 수출입통계, 연도별 무역수지, 국가별 무역수지, 주(대륙)별 무역수지, 경제권별 무역수지, 지역별(통관지별) 수출실적, 국가별, 품목별, 수출화물, 수입화물, 수출입동향, 품목별 수출입업체조회 등 다양한 수출입통계정보를 검색할 수 있다.

(2) 산업자원부 수출통계정보(www.mocie.go.kr)

산업자원부의 주요 통계 및 관련 자료를 분기별로 종합 정리한 것으로 수출입관련 통계는 물론 산업에 관한 다양한 정보를 제공하고 있다. 산업자원부 홈페이지에서 자료실을 클릭하면 통계자료가 화면에 나타난다.

기본통계는 주요 국민계정추이, 국제수지, 수출입실적 등 14개 항목에 대한 정보가 있다. 무역/투자/국제협력을 클릭하면 지역별 무역수지, 연도별 교역조건, 수출실적, 수입실적 등 12개 항목의 정보가 있다. 수출실적을 클릭하면 품목별 수출실적, 지역별 수출실적, 주요 품목별, 월별 수출실적, 주요 지역별, 품목별 수출실적에 관한 정보가 수록되어 있다.

산업별 동향을 클릭하면 산업별 수출입통계에 관한 자료가 있고 섬유산업을 클릭하면 수급동향, 국내 산업상 비중, 세계시장의 위치, 수입량, 화학섬유 생산능력, 섬유소재별 1인당 소비량 등에 관한 정보가 있다.

(3) 통계바다(www.stat.go.kr)

우리나라의 모든 통계정보를 한 눈에 검색할 수 있는 사이트로 107개 정부기관에서 내놓은 399종의 각종 통계정보를 해당 부처의 웹사이트에 일일이 접속할 필요없이 한곳에서 검색할 수 있도록 해놓았다.

(4) 세계통계정보(www.lib.umich.edu)

전 세계에 흩어져 있는 경제, 무역, 산업은 물론 정치, 교육, 환경 등 다양한 분야의 통계정보 사이트의 Know-Where 정보를 12가지 상위 디렉토리로 분류하여 일일이 접속할 필요없이 한곳에서 검색할 수 있도록 했다.

(5) 미국통계청 데이터베이스(www.census.gov)

미국으로 수입된 제품을 국가별, 연도별, 품목별로 분류된 정보를 제공하는 사이트로 미국으로 수출하고자 하는 품목이 미국에서 얼마나 수입되며 주된 수입국가가 어느 국가인지 검색할 수 있어 본 제품이 미국에서의 경쟁정도, 시장성, 가격산정, 고객의 기호 등을 파악할 수 있다.

3) 해외무역 거래알선 사이트

(1) kompass(www.kompass.com)

kompass는 전 세계 70개국 170만개 기업체의 제품, 중개 및 기타 관련정보를 무료 및 유료로 제공한다. 각각의 기업체는 kompass의 지사로부터 매년 점검을 받고 있다. 모든 기업체와 5만개에 이르는 상품 및 서비스는 kompass 자체의 상품 분류 시스템에서 company, trader, executives, product category 등으로 빠르고 다양한 검색이 가능하다. 유료 구독 이후에 자세한 정보를 받아볼 수 있다. 대부분의 적합한 기업체는 무료로 자사명 등록이 가능하며, 소매업의 경우는 제조자와 중개인, 유통업자의 직접적인 거래가 가능하므로 kompass 등록 자격에서 제외된다. 취급 품목은 농산품에서부터 자동차, 화학, 정보통신, 건강 관련산업, 뷰티, 운송, 호텔 및 기업경영 서비스까지 굉장히 폭넓다.

(2) EUROPAGES(www.europages.lu)

EUROPAGE에서는 유럽내의 상품, 기업체 및 무역거래를 주 내용으로 하지만 유럽 외 지역에 관한 정보도 찾아볼 수 있다. 상품과 회사로 분류되어 정보검색이 이루어지고, 농업, 원료, 운송, 화학, 건설 및 공공산업, 컴퓨터장비, 정보, 피혁, 의류, 출판, 다양한 서비스에 이르기까지 제한이 없다. 카테고리로 들어가면 하부 카테고리가 다시 열리고 기업에 대한 간략한 정보와 함께 기업 웹사이트에 바로 연결될 수 있도록 시스템화 되어있다.

(3) Thomas Register

북미지역, 즉 미국과 캐나다 제조업체가 카테고리로 분류되어 있고 각 제조업체의 웹사이트를 클릭하여 들어가면 기업 및 상품에 대한 정보를 얻을 수 있다. company/product category 별로 구분되어 있으며, 키워드를 입력하여 검색해야 한다.

(4) AsianNet(www.asiannet.com)

성장하는 경제국가들에 대한 상세한 정보를 제공하고 있다. 국가별로 분류하였고 수출입오퍼에 대한 정확한 분류와 자세한 정보가 이 사이트를 중심으로 현재 많은 거래가 이루어지고 있다고 볼 수 있다. 이 사이트의 특징으로는 새로 시작한 기업과 새로 출시하여 아직 검증 받지 않은 아이디어 상품들이 많다는 점이다.

(5) USITC(http://dataweb.usitc.gov)

"United States International Trade Commission"는 미국의 수출입과 관련된 통계 정보를 제공하는 사이트를 운영하고 있다. 각 품목별 관세율과 연도별 국가별 수출입현황을 조회할 수 있고 미국의 수출입관련 규정의 변동사항도 파악할 수 있다.

(6) Alibaba(www.alibaba.com)

중국 관련 거래알선 사이트로 주로 중국업체들과 거래를 희망하는 외국 수입상을 위해서 중국의 제조, 무역업체들에 대한 정보와 상품 및 오퍼정보를 담고 있는 중국 최대의 거래알선 사이트이다.

제 2 절 ▸ 전자무역계약

1. 전자무역계약의 의의

1) 전자무역계약의 개념

전자무역계약은 거래당사자가 거래조건을 전자방식으로 합의하여 매매계약을 체결하는 것으로 거래당사자가 컴퓨터와 컴퓨터로 연결된 정보통신망을 통해서 거래상대방에게 전자오퍼를 전송하고, 거래상대방은 발송된 전자오퍼 내용에 대해 승낙을 하여 전자승낙을 전자오퍼의 발송자에게 전송함으로써 계약이 체결되는 과정을 말한다.

이와 같이 전자무역계약은 체결되는 모든 과정이 전자방식으로 이루어지기 때문에 계약체결 과정에서 발생한 과실, 계약조항에 대한 해석상의 오류 등은 사람이 계약을 체결하는 과정에서 발생한 것과 근본적으로 다른 법적 성격을 갖고 있기 때문에 기존의 물품매매계약(contract of sale of goods)과 근본적으로 다르다.

2) 전자오퍼의 발행과 승낙

(1) 전자청약과 승낙

전자적 의사표시는 사람의 의사가 컴퓨터와 같은 정보처리장치와 특정프로그램에 의하여 전자방식으로 직접 표시되거나 정보통신망을 통해서 제3자에게 전달되는 의사표시를 말한다. 현대무역은 대부분 인터넷, 정보처리시스템, 무역정보통신망과 같은 전자수단에 의해서 이루어지고 있으며 무역상은 모든 무역거래절차를 전자 의사표시로 처리하고 있다.

전자무역계약은 거래당사자들의 합의에 의해서 성립된다. 합의는 일방당사자의 전자청약과 상대방의 전자승낙이라는 과정을 통해서 이루어진다. 전자청약(electronic offer)은 피청약자(offeree)와 일정한 거래조건으로 계약을 체결하고 싶다는 전자 의사표시이고, 전자승낙(electronic acceptance)은 상대방의 전자청약에 대한 수락의 전자 의사표시를 말한다. 전자승낙은 원칙적으로 전자청약에 명시된 모든 내용을 아무 조건 없이 수락하는 것이어야 하며, 새로운 사항을 추가하거나 전자청약의 내용을 제한하거나 변경하는 것은 승낙으로 간주되지 않는다.

(2) 전자청약과 승낙의 효력발생시기

① 승낙의 효력발생시기

승낙의 효력발생시기와 관련하여 크게 발신주의와 도달주의 입장이 있다. 발신주의는 피청약자가 승낙의 의사표시를 발신한 시점에서 계약이 체결되는 것이고, 도달주의는 피청약자의 승낙의사표시가 청약자에게 도달한 시점에서 계약이 성립된다는 것이다.

표 12-1 ▸ 승낙의 효력발생시기

<table>
<tr><th colspan="3">준거법
통신수단</th><th>한국법</th><th>일본법</th><th>영미법</th><th>독일법</th><th>유엔협약</th></tr>
<tr><td colspan="3">의사표시에 관한 일반원칙</td><td>도달주의</td><td>도달주의</td><td>도달주의</td><td>도달주의</td><td>도달주의</td></tr>
<tr><td rowspan="5">승낙의 의사표시</td><td rowspan="3">대화자간</td><td>대 화</td><td>도달주의</td><td>도달주의</td><td>도달주의</td><td>도달주의</td><td>도달주의</td></tr>
<tr><td>전 화</td><td>도달주의</td><td>도달주의</td><td>도달주의</td><td>도달주의</td><td>도달주의</td></tr>
<tr><td>텔렉스</td><td>도달주의</td><td>도달주의</td><td>도달주의</td><td>도달주의</td><td>도달주의</td></tr>
<tr><td rowspan="2">격지자간</td><td>우 편</td><td>발신주의</td><td>발신주의</td><td>발신주의</td><td>도달주의</td><td>도달주의</td></tr>
<tr><td>전 보</td><td>발신주의</td><td>발신주의</td><td>발신주의</td><td>도달주의</td><td>도달주의</td></tr>
</table>

② 전자청약의 효력발생시기

전자청약과 승낙의 발신과 도달시점을 어느 시점으로 볼 것인가에 관련하여 전자청약은 민법 제11조 제1항에 따라 도달주의를 채택하고 있다. 전자거래법 제 10조에서 작성자의 대리인 또는 작성자를 대신하여 자동으로 전자문서를 송·수신하도록 구성된 컴퓨터 프로그램 기타 전자적 수단에 의하여 송신된 전자문서는 작성자가 송신한 것으로 본다. 다만 수신자가 작성자의 의사에 반하여 그 전자문서가 송신되었음을 당해 전자문서의 수신과 동시 또는 상당 시간 내에 통지받은 경우와 수신자가 소정의 확인 절차에 따르거나 상당한 주의를 하였더라면 전자문서가 작성자의 의사에 반하여 송신되었음을 알 수 있었던 경우에는 작성자가 송신한 것으로 보지 않는다고 규정하였다.

작성자는 직접 또는 대리인을 통하여 전자문서를 작성하여 전송하는 자를 말하고, 수신자는 작성자가 전자문서를 전송하는 상대방을 말한다.

3) 전자무역계약의 성립시기

전자오퍼의 수신자는 자기의 승낙의사표시를 데이터 메시지를 이용하여 발신자에게 보내는데 데이터 메시지는 전자문서교환(EDI), 전자우편, 전보, 전신, 텔레카피 등을 포함하여 전자적, 광학적, 또는 이와 유사한 방식으로 생성, 송신, 수신 또는 저장된 정보를 의미한다.

전자오퍼를 전송한 발송자는 법적인 권리와 의무를 부담해야 되며 전자오퍼를 받은 수신자는 그에 대한 동의 여부를 전자메시지로 보낼 경우 전자메시지는 청약과 승낙의 법적인 구속력을 갖고 있기 때문에 정확하게 해야 한다. 전자문서가 발송되고 수신되는 전자방식에 따라 전자무역계약이 성립되는 시기가 다를 수 있기 때문에 전자방식과 전자무역계약의 체결시점에 대해서 구체적으로 살펴본다.

(1) 문서교환방식(EDI)에 의한 계약 성립시기

전자문서교환(EDI)방식으로 전자무역계약이 체결되는 경우 전자문서교환방식은 거래당사자들이 상호 의사전달방법에 대해서 기본 거래약정서를 체결하고 컴퓨터로 상호 의사표시를 전달하는 전자방식이다. 기본 거래약정서는 전자메시지를 전송하고, 받고, 저장하는 거래당사자들의 역할과 법적책임이 포함되어 있으며 거래당사자들 외에 전자메시지가 전달되는 과정에 있는 다른 당사자들과 기타 계약에는 하등의 영향을 미치지 않는다. 전자무역계약은 발송된 전자오퍼를 수신자가 수락한다는 승낙의 의사표시를 발송자가 전자교환방식으로 받았을 때 체결된다.

(2) 전자우편에 의한 계약의 성립시기

전자우편(electronic mail)은 전자메시지를 발송하고 수신하는데 필요한 특별한 양식이 없이 사용자가 전자메시지를 컴퓨터로 서로 주고 받을 수 있는 통신방식으로 이루어지고 있기 때문에 구조화되지 않은 전자상거래에 속한다. 즉 전자우편은 사용자가 전자메시지를 자유롭게 작성하여 컴퓨터로 연결된 정보통신망을 이용하여 수신자의 컴퓨터로 송신하고 송신내용은 전자문서의 양식에 의해서 전달되지 않고 작성자가 작성한 상태로 전달되는 특성을 갖고 있다. 수출상이 전자우편을 이용하여 수입상에게 전자오퍼를 전송하였고 수입상은 전송된 전자오퍼를 확인하고 그 내용을 승낙한다는 전자문서를 전자우편으로 수출상에게 송부했을 때 전자무역계약은 언제 성립하는 가이다.

Corinthian Pharmaceutical Systems V. Lederle Laboratories의 사례에서 법원은 자동응답기로 체결된 계약은 구매오퍼에 대한 승낙으로 볼 수 없기 때문에 계약이 성립되지 않는다고 판시하였다. 자동응답기는 상품을 판매하겠다는 계약에 대한 정확한 동의로 볼 수 없어 정확한 승낙으로 간주할 수 없다고 보았고 Mail Box사례에서 매수인이 서명한 구매준문서를 매도인에게 송부했고 매도인은 구매승인서에 자기가 서명하고 다시 전자우편으로 매수인에게 송부한 후 전화로 구매승인서에 대한 승낙을 철회한다고 통지하였다.

그러나 법원은 매도인과 매수인간의 구매계약은 매도인이 매수인의 청약에 대한 승낙의 의사표시를 전자방식으로 했을 때 성립되기 때문에 후에 전화로 승낙을 철회한 것은 법적으로 효력이 없다고 판시하여 전자우편(E-Mail)을 이용하여 전자무역계약이 체결되는 경우 전자우편은 컴퓨터 이용자들이 정보통신망을 통하여 컴퓨터로 상호 의사표시를 전달하는 것으로 상호간에 합의가 이루어지는 시점에서 전자무역계약이 체결된 것으로 본다. 즉 전자우편으로 전자오퍼를 받은 당사자가 전자오퍼 내용에 대해서 수락한다는 승낙표시를 전자우편으로 발송 할 때 전자무역계약이 성립된다고 보고 있다.

(3) 무역사이트를 이용한 계약의 성립시기

무역사이트는 무역거래에서 필요한 모든 정보를 등록시켜 이러한 정보를 원하는 당사자에게 인터넷과 정보통신망을 통하여 제공해주는 것을 의미한다. 전자무역거래 당사자들은 무역사이트를 이용하여 전자카탈로그를 작성하고 자사의 홈페이지를 링크시켜 수출상품을 홍보할 수 있고 더 나아가 수출상은 무역사이트에 상품명, 판매단가, 선적시기, 대금결제방법, 전자오퍼 발행자명이 기재된 전자오퍼를 등록할 수 있으며 수입상은 무역사이트에 들어와서 수출상이 발행한 전자오퍼의 거래조건을 세밀하게 분석한 다음에 이러한 거래조건으로 수입하겠다는 승낙의 의사표시를 무역사이트에 입력하여 수출상에게 전송할 수 있다.

이런 경우 전자무역계약은 수입상이 수출상이 등록한 전자오퍼의 거래조건을 수락하여 동 조건을 무조건 승낙한다는 승낙을 전문무역사이트에 입력시키는 순간 성립된 것으로 보고 있다.

지금까지 살펴본 바와 같이 전자무역계약의 체결 시기는 전자오퍼에 대한 전자승낙의 표시로 결정되며 전자방식의 종류에 따라 전자무역계약의 효력발생시기가 다르게 결정된다. 전자무역계약은 서류상의 거래와 다르게 거래당사자들의 의사전달시기에 대해서 분쟁의 소지가 많기 때문에 전자방식에 의한 의사표시는 정확하고 신속하게 하여 불필요한 분쟁을 예방해야 되겠다.

4. 전자무역계약의 기본조건

전자무역계약의 합의사항은 전자무역계약을 체결할 때 마다 계약당사자들이 합의해야할 개별사항과 모든 거래에 공통으로 적용되는 일반거래조건으로 구분된다. 개별합의사항은 품질, 수량, 가격, 선적, 해상보험, 대금결제, 포장, 분쟁해결방안 등으로 개개의 거래내용을 구체적으로 합의한 것이며 일반거래조건은 무역거래의 일반적 기준을 약정한 것이다.

1) 품질조건

전자무역거래에서 수입상이 제기하는 클레임은 대부분 품질불량, 품질상이 등 주로 상품의 품질과 관련될 정도로 품질은 중요한 약정사항이다. 품질조건에서는 품질을 결정하는 방법과 그 시기에 대해서 약정한다.

(1) 품질의 결정방법

견본매매(sales by sample)

전자무역거래의 당사자들은 전자카탈로그로 상품을 확인한 후에 견본을 받아 견본으로 상품의 품질을 결정하는 방법을 가장 많이 이용하고 있다. 견본매매에서는 대부분 수출상이 견본을 만들어 수입상에게 보내지만 수입상이 원하는 품질을 나타내기 위해 수입상이 만든 견본을 먼저 보내기도 한다. 그리고 상대방이 보낸 견본의 색상이나 부피, 디자인, 고객선호도 등을 분석하여 다시 만든 견본(counter sample)을 이용하기도 한다. 견본은 2종 또는 3종을 한 개의 조(set)로 하여 동일한 번호를 부여해서 사용하며, 수출상과 수입상이 각각 1개씩 보관하고 만약 수출상품을 제3자가 생산할 경우에는 생산자도 참조용으로 1개를 보관한다.

상품매매(sales by brand or trade mark)

가방의 베네통, 청량음료의 코카-콜라, 손목시계의 오메가(Omega), 만년필의 파커(Parker) 등은 오랫동안 고객으로부터 사랑을 받아왔기 때문에 이와 같은 유명상표는 상품의 품질을 대표한다고 볼 수 있다. 상품의 품질조건을 상표로 결정하는 것을 상표매매라 한다.

규격매매(sales by type or goods)

상품의 규격이 국제적으로 정해져 있거나 수출국에서 공식적으로 인정하는 것일 경우 규격이나 등급으로 품질을 경정하는 방법이다. 예를 들어 국제표준화기구(International Organization for Standardization), 일본의 JIS(Japan Industrial Standard), 우리나라의 KS(Korean Standard) 등과 같은 규칙을 이용한다.

명세서매매(sales by specification or dimensions)

상품의 원료·구조·성능, 작동 등을 자세히 설명한 명세서, 설명서, 청사진 등에 의해서 품질을 결정하는 방법이다. 주로 견본이 곤란한 특수자동차, 공장설비, 선박, 철도차량, 기계류, 의료기구 등 고가상품의 거래에서 많이 이용된다.

점검매매(sales by inspection)

수입상이 실제로 수입된 상품을 살펴보고 품질을 확인한 후 수출입매매계약을 체결하는 방법으로 수입상의 대리인이 수출국에 상주할 경우 가능하다. 보세창고도거래(Bonded warehouse Transaction)에서는 수입상이 보세창고에서 상품의 품질을 확인할 수 있다.

표준품매매(sales by standard)

농·수산품 등과 같은 1차산품의 품질은 자연조건에 의해서 영향을 많이 받기 때문에 품질은 해당 연도의 표준품에 의해서 결정되는데, 이에는 평균중등품질조건, 판매적격품질조건, 보통품질조건이 있다.

① 평균중등품질조건(fair average quality: FAQ) : 선적지에서 생산된 생산물 중에서 중간물품을 품질표준으로 결정하는 방법인데, 면화·곡물·차 등 농산물의 품질을 결정할 때 많이 사용된다.

② 판매적격품질조건(good merchantable quality: GNQ) : 상품의 외관으로 품질을 결정하기 어려운 목재나 냉동물품의 품질은 수입지에서 판매될 것을 전제로 결정된다. 수입된 목재를 절단하여 보니 내부가 부패되어 있어 판매가 부적격하면 수입상에게 변상요구를 할 수 있다.

③ 보통품질조건(usual standard quality: USQ) : 공인검사기관 또는 공인표준에 의해 정해진 보통품질을 표준품의 품질로 결정하는 방법인데 주로 원사거래에서 많

이 이용된다.

(2) 품질의 결정시기

일반적으로 무역상품의 운송은 장기간에 걸친 해상운송을 필요로 하는 경우가 많으므로 선적항에서의 선적시의 상품품질과 도착지에서의 양륙시점에서의 품질기간에 차이가 생길 가능성이 있다. 그러므로 선적상품의 품질을 선적시에 결정하느냐 또는 양륙시에 결정하느냐 하는 것은 대단히 중요하다.

① 선적품질조건(shipped quality terms)

선적품질조건은 선적완료 시점에서의 품질을 기준으로 하는 방법이며 일반공산품의 거래에 많이 이용된다. 수출상은 운송 도중의 변질에 대해서 책임지지 않는다. 곡물거래에서는 이 조건을 Tale Quale(T.Q)로 표시한다[2].

② 양륙품질조건(landed quality terms)

양륙품질조건은 양륙시점의 품질을 기준으로 하는 방법이며 운송과정에서 변질된 수출상이 책임을 져야 한다. 이 조건은 호밀(rye)거래에 많이 사용되었다고 하여 Rye Terms(RT)이라 한다.

(3) 품질에 관한 주의사항

① 클레임의 제기 기한사항

클레임 발생시에는 계약서상에 명시된 클레임 제기기간을 준수하여야 하며 제기기간의 명시가 없는 경우라도 무한정 연장하여 아무 때라도 클레임을 청구할 수 있는 것은 아니다. 즉, 청구권 자체의 법적 소멸시효 기간을 준수하여야 한다. 또한 구두합의는 후일 입증하기가 곤란한 경우가 많기 때문에 반드시 서면으로 증거를 남겨야 한다.

② 품질불량의 사증기관 및 증명사항

검정기관에 따라 검사 결과가 다르게 나올 가능성이 있는 물품거래 시에는 제조업체 및 수입상사와의 각 계약서상에 품질검사 또는 클레임조항의 내용을 동일하게 해야 하며 특히 검정기관을 동일하게 특정해야 한다.

---

2) Tale Quale은 불어로 "as it is" 또는 "just as they come"이란 의미이다. 그리고 곡물거래에서 운송도중 해수에 의한 손해만을 수출업자가 부담하는 일종의 조건부 선적품질조건이 있는데 이를 Sea Damaged(S.D) 조건이라 한다.

③ 불량품의 처리사항

제조업체가 아닌 무역상사도 별도의 특약이 없는 한 제조업체와 똑같이 품질에 대한 담보책임이 있으므로, 제조업체가 제시한 품질 및 클레임제기방법, 기간 등 제 조건을 그대로 수입상에게 전가하던지 수입상이 요구하는 조건을 그대로 제조업체에게 요구해야 한다.

2. 수량조건

계약서 작성시 단위나 계산 착오 또는 MISS - TYPING으로 인한 큰 손실을 초래할 수 있으므로 각별히 주의하여야 한다.

(1) 수량의 단위

수량단위는 상품의 성질과 관습에 따라 중량(WEIGHT), 용적 (MEASUREMENT), 개수(PIECE), 포장단위(PACKAGE), 길이(LENGTH), 면적 (SQUARE) 으로 분류한다.

① 중량(weight)

중량의 단위는 국가마다 다소 차이가 있는데 무역거래에서는 주로 lb (pound), kg, Ton 등이 광범위하게 사용되는데 Ton에는 다음의 3가지 종류가 있다. Long Ton (English Ton ; Gross Ton) = 2,240 lbs, Short Ton (American Ton ; Net Ton) = 2,000lbs, Metric Ton (French Ton ; Kilo Ton) = 2,204lbs. 중량의 측정방법에는 총중량, 순중량 및 법적 중량 등이 있다. ㉠ 총중량(gross weight) : 상품을 포장한 채로의 중량, 즉 상품의 무게와 포장의 무게(ware and tare)를 합한 총무게를 말한다. ㉡ 순중량(net weight) : 포장무게를 제외한 순상품의 무게를 말한다. ㉢ 법적중량(legal weight) : 상품의 무게와 법적으로 인정되는 포장무게를 합한 중량을 말한다.

② 길이(Lenght)

전선, 생사·직물, 동관 등의 수량은 meter, yard, foot, inch 등의 길이단위가 사용된다.

③ 용적(Measurement)

용적을 단위로 하는 경우는 Cubic Meter (m^3), Cubic Feet (cft), Barrel (31.5

American Galon), Bushel (8 English Galon ; 36.367cft)이 사용되고 있으며 목재에는 cubic meter(M^3 ; CBM) · cubic feet(cft) · super feet(SF), 석유 등 액체에는 barrel · gallon · liter, Barrel, 곡물에는 Bushel이 거래단위로 사용되고 있다.

④ 개수(Number)

개수는 잡화 및 기계류의 거래의 수량단위로 사용되며 단위는 다음과 같다.

- Piece = 1 개
- Dozen = 12개
- Gross = 144개
- Great Gross = 12개 × 12개 × 12개 = 1,782개
- Small Gross = 12개 × 10개 =120개

⑤ 포장단위

면화, 밀가루, 시멘트, 비료, 통조림, 유제품 등은 포장단위로 거래하며 포장단위로는 Keg, Bag, Case, Bale, Bundle, Drum, Can 등이 사용된다.

(2) 과부족 용인조건(More or Less Clause: MOL Clause)

화물의 성질상 계약 수량에 정확히 일치시키기가 곤란한 경우가 있다. 이 때에는 계약에 과부족을 용인하는 조항이 삽입되어 있지 아니하면 안되며 여기에는 다음의 두 가지 방식이 있다.

첫째, 물품의 수량에 About, Circa 또는 Approximately 등 이와 유사한 효력을 가지는 용어를 추가하여 과부족이 용인되도록 하는 방식으로 신용장 통일규칙 제43조 a항에서 이러한 용어가 선적품의 수량에 관련 되어 사용되었다면 10%의 과부족을 용인하는 것으로 간주한다고 하였다. 그러나 이러한 용어가 사용되지 않았다 하더라도 별도의 금지조항이 사용되지 아니하는 한 5%의 과부족이 용인되는 것이다. 단, bulk 화물로써 PCS나 포장단위로 셀 수 있는 화물에 대해서는 5%의 과부족이 용인되지 아니한다. 둘째, About와 같은 불분명한 용어를 피하고 확정적 수량의 과부족을 용인 할 필요가 있을 경우에 이러한 때에는 More or less clause에 5% More or less at seller option 등으로 문언을 삽입하여 이를 확실히 하여야 한다.

3) 가격조건

전자무역거래에서 상품의 가격을 결정할 때는 운송비, 보험료, 통관비 등 부대비용과 위험, 책임, 소유권의 분기점을 결정해야 한다. 이에 따라 전자무역계약서에는 매매당사자간의 비용, 책임, 소유권, 위험의 분기점을 나타내는 FOB, CIF 등과 같은 가격조건이 금액과 함께 표시된다. 오늘날에는 Incoterms, 2000에서 규정하고 있는 13가지 가격조건이 많이 이용되고 있다. 수출국 통화와 수입국 통화의 종류가 다를 때는 하나로 통일하는 것이 리스크헷지면에서 유리하다. 그러나 상호간에 자국통화를 고집할 경우 미국통화로 하는 것이 최선의 방법이며 이때 선물환거래를 통해서 환율변동에 따른 위험부담을 감안해야 한다. 가격 조건의 경우 수량 단위를 명시하는 것이 중요하며 수량단위 착오로 인한 문제가 발생하지 않도록 주의하여야 한다.

4) 선적조건

대부분의 화물은 해상운송으로 운송되지만 소량의 고가제품, 유행성 제품 등은 항공으로 운송된다. 그리고 컨테이너를 이용하여 수출상의 공장에서 수입상의 창고(door to door)까지 일괄적으로 운송하는 복합운송도 많이 이용되고 있다. 따라서 오늘날 선적(shipment)의 의미는 계약물품을 선적항의 지정 선박에 적재하는 것 뿐만 아니라 항공기에 적재하거나 운송인(carrier)에게 인도하는 것까지를 포함한다. 선적조건에서는 선박명, 선적기간, 분할선적 및 환적, 선적지연에 따른 면책조항 등에 관하여 약정한다.

(1) 선적시기

선적시기를 결정할 때는 선적일을 확정하지 않고 보통 최종선적일 또는 선적월을 정한다. 선적일을 정할 경우에는 수출상이 임의로 선적시기를 선택해서 정해진 달내에 선적을 하면 된다[3]. 그러나 선적시기를 표시할 때 신속히(prompt), 즉시(immediately), 가능한 한 빨리(as soon as possible) 등과 같은 막연한 표현을 사용해서는 안되며 이러한 표현이 사용되었을 경우 은행은 이를 무시한다.

3) 선적이 완료되면 선하증권 등과 같은 운송서류가 발급되기 때문에 운송서류의 발급일자를 선적일자의 기준으로 한다.

(2) 선적일의 표시방법

① 특정 기간월 또는 연속월 중 선적

선적시기를 Shipment during January 20XX 등으로 표시하였을 경우에는 그 지정월의 초일부터 말일까지 사이에 선적을 완료해야 한다.

② 특정 연속월 중의 인도 또는 선적

선적시기를 Shipment during From May To July 20XX와 같이 특정월이 계속적으로 표시되어 있을 경우 5월 초일부터 7월 말일의 3개월간에 선적을 완료해야 한다.

③ 선적일이 신용장에 표시되어 있지 않은 경우 선적일을 E/D (Expiry date)로 간주한다.

④ 선적일이 1st Half of July인 경우 선적일을 7월 1일부터 15일 사이로 간주한다.

⑤ 선적일이 2st Half of July인 경우 선적일을 7월16일부터 7월 30일까지로 간주한다.

⑥ 선적일이 Promptly, Immediately 등으로 표시된 경우 선적일을 L/C 발행일로부터 30일 이내로 간주한다.

(3) 분할선적 및 환적

분할선적(partial shipment)은 계약물품을 전량 선적하지 않고 2회이상 나누어서 선적하는 경우를 말한다. 신용장에 분할선적을 금지하는 Partial shipment are prohibited와 같은 문언이 삽입되어 있지 않을 때에는 분할선적이 허용되는 것으로 간주되므로 수출상은 선적기간에 걸쳐 분할선적을 할 수 있다. 따라서 1회에 전량을 선적토록 할 때에는 분할선적금지를 계약서와 신용장에 분명히 명시하도록 해야한다. 또한, 분할선적을 허용하거나 또는 특별히 분할선적을 규정하고 있는 경우에는 특정월별로 선적수량을 결정하여 일시에 또는 부적기에 선적되지 않도록 하는 것이 바람직하다.

환적(transshipment)은 신용장에 명시된 선적항으로부터 양륙항까지 해상운송 도중에 한 선박에서 다른 선박으로 화물을 풀어 다시 적재하는 것을 의미하며 수송수단이 바뀌는 경우 또한 환적에 포함된다. 환적을 하게 되면 그 만큼 운송시간이 많이 소요되고 파손, 분실 등의 위험이 발생할 수 있다. 따라서 목적항까지 직접 가는 선편이 없을 경우나 여러 운송수단을 동시에 사용하는 복합운송인 경우에만 환적을 허용한다. 따라서 환적을 금지할 경우에 이러한 사실을 계약서와 신용장에 정확히 기재해야 한다.

(4) 선적지연에 관한 면책조항

수출상의 고의, 과실 또는 태만 등으로 인한 선적지연에 대해서는 수출상이 책임을 져야 하나 천재지변, 전쟁, 파업 등과 같은 불가항력에 의한 선적지연은 면책될 수 있다는 조항을 계약서에 명시해야 한다.

5) 보험조건

국제운송보험은 해상보험, 육상보험 및 항공보험으로 구분되지만 전자무역거래에서 주로 이용되는 보험은 해상보험이다. 해상보험계약은 가격조건에 따라 수출상과 수입상이 체결하는데 CIF 및 CIP 조건을 제외하면 해상보험에 대한 약정은 별도로 필요 없다. CIF조건과 CIP조건에서는 수출상이 수입상을 위해서 해상보험계약을 체결해 주므로 해상보험계약조건, 보험가액, 보험금액 등에 관한 약정이 필요하지만 나머지 가격조건에서는 모두 자신들을 위해 해상보험계약을 체결하므로 보험에 대한 약정이 없다.

CIF 조건일 경우 수출상은 Incoterms의 의무규정에 따라 상품가액의 110%만큼을 최저 보험조건으로 해상보험계약을 체결하면 된다. 만약 수입상이 그 이상의 보험조건을 요구하면 이러한 사항을 계약서에 명시하고 추가로 예상되는 보험료를 수입상으로부터 받도록 한다. 그리고 CIP조건은 복합운송에서 사용되므로 매매당사자들이 구체적인 보험조건을 합의해 둔다.

6) 대금결제조건

(1) 대금결제방식의 종류

① 전자신용장에 의한 결제방식

전자신용장(electronic letter of credit)은 종이신용장에서 개설은행의 수출대금지급확약과 같은 신용장의특성을 동일하게 갖고 있으며 신용장에 전자방식으로 개설되고 신용장에서 요구한 모든 서류가 전자방식으로 발행되며 신용장의 모든 거래업무가 전자방식으로 이루어지는 것을 말한다. 개설은행은 수출상이 개설은행과 제3의 은행을 지급인으로 발행한 전자환어음과 선적서류를 전자방식으로 제시하면 제시된 서류를 검사하고 제시된 서류가 신용장의 요건을 충족시키면 무조건 수출대금을 지급해야한다. 전자화환신용장은 전자신용장에 전자환어음과 전자선적서류가 첨부된 신용장이라고 할 수 있다.

② TradeCard 결제방식

TradeCard는 인터넷과 TradeCard 시스템을 이용하여 수출상과 수입상의 무역대금을 결제해주는 것을 말한다. TradeCard 시스템은 수출상과 수입상이 인터넷으로 무역거래를 하고 무역대금결제를 할 수 있도록 지원하는 인프라이며 수출상과 수입상간의 복잡한 무역거래업무를 인터넷을 이용하여 자동화시키고 복잡한 서류를 간소화시킴으로써 국가간 전자상거래를 활성화시키기 위해서 만들어진 솔류션이다.

③ boleroSURF 결제방식

SURF는 볼레로시스템상에서 전자서류대금결제를 완벽하게 실행하기 위하여 세계 주요 은행들과 함께 개발된 것으로 볼레로시스템에서 전자무역서류의 결제과정을 완전하게 자동화시켰다. SURF는 볼레로시스템(Core Messaging Platform: CMP)에서 제공되는 서비스를 이용하여 수출상과 수입상이 합의한 내용과 제시된 서류내용을 점검하는 시스템이기 때문에 수출상이 제시한 모든 서류를 자동적으로 점검한다. 수출상이 선하증권을 비롯한 모든 선적서류를 SURF시스템으로 전송하면 SURF시스템은 전송된 모든 서류를 검사하고 이상이 없으면 보증은행 또는 수입상에게 결제를 요구한다.

(2) 대금결제시기

① 선불(cash in advance, cash with order: CWO)

주문과 동시에 대금 전부를 송금하는 방식으로 소량의 견본대금을 지급할 경우나 특별 주문시 이용된다. 그리고 수입상이 주문과 동시에 대금의 20~30%를 지급하고 나머지 잔금은 선적이 끝난 후 지급하는 일부 선불방식도 있다.

② 선적서류상환불(cash against documents: CAD)

수출상이 물품의 선적을 증명하는 운송서류를 수출지에 있는 수입상의 대리점이나 거래은행에 제시하여 운송서류와 상환으로 수출대금을 찾는 방법이다.

③ 현금결제(cash on delivery: COD)

수입지에서 상품과 대금을 서로 교환하는 현금 결제방식으로 수입지에 수출상의 대리인이 있는 경우 이용될 수 있다.

④ 연지금(deferred payment)

물품이 선적된 후 또는 목적지에 도착한 후 일정기간이 지나서 대금을 결제하는 후불방식이다. 기한부신용장, 인수도조건 등은 모두 후불방식이다.

⑤ 장부결제(open account)

물품을 선적할 때 마다 대금을 결제하지 않고 장부에 기입하여 일정 기간 후 서로 상쇄하고 남는 차액만을 결제하는 방법이다. 장부결제는 연지급방식에 속하며 상품 거래관계가 빈번할 경우 이용될 수 있다.

⑥ 분할지급(progressive payment, installment payment)

대금을 계약 시, 선적 시, 도착 시 등 일정 기간으로 나누어 분할지급하는 방식으로 기자재, 플랜트 등 중·장기 연불수출시에 많이 이용된다.

7) 무역정보처리 시스템의 사용조건

전자무역 거래당사자들은 무역업무를 전자방식으로 처리할 무역정보처리시스템을 결정해야 한다. 무역정보처리시스템은 전자무역 거래당사자들이 전자무역서류로 처리되는 모든 무역업무와 전자서명을 확인하는데 필요한 모든 사항을 이행할 수 있어야한다.

8) 포장조건

개품화물의 경우 물품을 안전하게 보관하고 상품으로서의 가치를 유지하기 위해 포장(packing)은 반드시 필요하다. 수출화물의 포장은 가볍고 튼튼해야 하며 포장비용도 저렴해야 한다. 그리고 계약물품임을 쉽게 확인할 수 있도록 외관상 식별이 명확해야 한다. 포장조건에서는 포장방법, 포장의 종류, 화인 등을 약정해야 한다.

표 5-2 ▸ 포장의 종류

구분	포장종류	재질	포장명	약호	포장대상물품
용기포장	상자	나무	wooden box; case; chest	W/B ;	식료품, 손상하기쉬운잡화, 홍차, 가벼운 일반잡화
		종이	carton	C/S; CST	
		금속지	tin-lined case	C/ ; CTN	통조림
		투시상자	crate; skelton case	CRT	자동차
	베일(bale)	마	burlap; hessian cloth	–	면사, 원모
		압축베일	pressed bale	BL	원면
		가마니	straw mat	–	쌀
	부대(bag)	마대	gunny bag	BG	미곡, 잡곡
		면대	sack	SK	소맥
		지대	paper made bag	BT	시멘트, 석회
		폴리에틸렌	polyethylene bag	BG	소금, 사료, 분말약품
	통	나무통(대)	barrel	BRL	술, 간장
		나무통(중)	cask	CSK	염료
		나무통(소)	keg	KG	못, 볼트
	특수용기	드럼관	drum	DR	화공약품, 유지
		양철관	tin; can	–	석유, 통조림
		용기, 유리	jar; pot; carboy	–	유산, 음료수
		대나무	basket; hamper	BKT	과일
		철제원통	cylinder; iron flask	–	탄소
무용기포장	두루마리		roll; coil	BL ; CL	철판, 신문지, 철사
	다발		bundle	BDL	철근
	궤		ingot	–	철강, 알미늄

운송관계자나 수입상이 쉽게 식별할 수 있도록 포장의 외장에 기호, 번호 등으로 계약물품을 표시하는데 이를 통틀어 화인(Shipping Marks)이라 한다. 대부분 수입상이 화인의 모양을 지시하며 수출상은 지시내용대로 화인을 표시해야 한다. 그러나 수입상의 별도 요청이 없을 경우에는 수출상의 임의대로 화인을 하면 된다.

9) 분쟁해결조건

이 조건에서는 매매계약 체결 후 발생할지 모르는 당사자간의 분쟁에 관한 사항을 약정한다. 클레임은 거래상품이 목적지에 도착하여 검사 후 일정기일(보통 14일) 이내 제기하도록 한다. 그리고 클레임은 타협, 조정 등과 같이 가능한 한 우호적으로 해결하고 이것이 실패할 경우에는 중재기관의 중재에 의해서 해결하도록 한다. 중재에 관해서는 중재지역, 중재기관, 중재법 등을 약정한 별도의 중재조항을 계약서에 명시해 두는 것이 바람직하다.

제 3 절 ▸ Incoterms 2000

1. 무역가격조건의 개념

무역거래는 수출상과 수입상이 상호 합의하여 수출입매매계약에 제반사항을 명시하고 상호 서명함으로써 시작되므로 수출입매매계약 당사자간의 의무사항은 여러 가지로 구성될 수 있다. 무역거래는 국내거래와 다르게 수출상품대금 외에 내륙운송비, 내륙운송보험료, 통관비, 항만사용료, 운송비, 적하보험, 은행비용, 수입통관비, 수입관세, 수입국내의 내륙운송비 등 많은 국제물류비용을 발생시킨다. 따라서 수출상과 수입상은 수출상품대금 외에 추가로 발생한 국제물류비용을 누가 부담해야 되는지 결정해야 한다. 즉 수출상이 제시한 수출상품가격에는 국제물류비용 중 어느 것은 포함되고 어느 것은 포함되지 않아 수입상이 부담해야 되는지에 대한 명확한 합의가 필요하며 이러한 합의 없이 단순히 수출상이 제시한 수출상품가격으로 수출을 하면 많은 혼란과 무역분쟁이 발생하여 국제무역거래를 저해하는 원인이 될 수 있다.

또한 무역거래는 수출입거래당사자가 서로 다른 국가에 거주하고 상관습과 법, 제도, 언어 등이 서로 따르기 때문에 수출상과 수입상간의 비용부담의 분기점, 책임부담의 분기점, 소유권 이전의 분기점, 위험이전의 분기점에 대해 미리 합의를 하여야 한다. 이와 같이 무역거래에서는 수출입매매계약의 당사들이 거래상품의 가격을 결정할 때 그 상품가격에 국제물류비용 중 어느 것을 포함시킬 것인지, 수출상과 수입상간의 비용부담, 책임부담, 소유권의 이전, 위험이전의 분기점에 대해 동시에 결정해야 한다.

무역거래에서 이러한 제반사항을 수출거래가 발생할 때 마다 껀껀히 합의하여 결정한다는 것은 비효율적이고 또한 불가능하기 때문에 국제상업회의소(International Chamber of Commerce)는 1920년대부터 정형거래조건의 해석에 관한 국제규칙(International Rules for the Interpretation of Trade Terms)을 제정하였다. 정형거래조건은 수출상과 수입상간의 비용부담, 책임부담, 소유권 이전, 위험이전의 분기점을 제시하고 있는데 이것을 무역가격조건이라고 한다.

2. Incoterms

1) Incoterms의 제정

오래 전부터 국제무역거래에 종사한 상인들 간에 FOB, CIF와 같은 무역가격조건이 사용되어 왔지만 국가간의 해석상의 차이와 상관습의 차이로 인해 국가간 상거래를 활성화시키지 못하고 오히려 무역분쟁을 초래하여 국가간 상거래를 저해하는 원인이 되었다.

이에 따라 무역분쟁을 예방하여 국가간 상거래를 활성화시키기 위해서 1936년 국제상업회의소(International Chamber of Commerce: ICC)는 무역가격조건의 해석에 관한 국제규칙(International Rules for the Interpretation of Trade Terms) 즉 Incoterms 1936을 제정하였다. 그 후 Incoterms는 무역 상관습의 변화에 따라 1953년, 1967년, 1976년, 1980년, 1990년 및 2000년에 각각 개정되었으며 현재 사용되고 있는 것은 2000년에 개정된 Incoterms 2000이다.

2) Incoterms 2000의 구성

Incoterms 2000는 1990년 개정 때와 같이 모두 13가지의 가격조건들이 규정되어 있다. 그리고 이 13가지 가격조건들은 <그림 4-1>에서처럼 그 성격별로 E그룹(출발지인도조건), F그룹(운송비 미지급조건), C그룹(운송비 지급조건) 및 D그룹(도착지인도조건)으로 분류되어 있다.

E그룹에는 출하지인도조건으로서 수출상은 물품을 자신의 영업장구내에서 수입상에게 직접인도 하는 것으로 EXW 조건이 규정되어 있다.

F그룹에는 주운송비미지급인도조건으로서 수출상은 적출지에서 수입상이 지정한 운송인에게 물품을 인도하지만 목적지까지의 해상운송비를 부담하지 않은 공통점이 있는 것으로 FCA, FAS 및 FOB 조건이 규정되어 있다.

C그룹에는 주운송비지급인도조건으로서 수출상은 기본적으로 목적지까지 수입상을 위해 운송계약이나 해상보험계약을 체결하고 운임이나 보험료를 지급해야 하는 것으로 CFR, CIF, CPT 및 CIP조건이 규정되어있다. 그러나 이 조건에서 수출상의 책임은 모두 선적지에서 끝나도록 되어 있다.

그리고 D그룹에는 도착지인도조건으로서 수출상은 자신을 위해 목적항까지 물품을 운반하는데 따른 해상운송과 해상보험계약을 체결하고 최종 목적지까지 물품을 운반하는데 발생되는 모든 비용과 위험을 부담해야 하는 DAF, DES, DEQ, DDU 및 DDP 등 5개의 도착지인도조건들이 규정되어 있다.

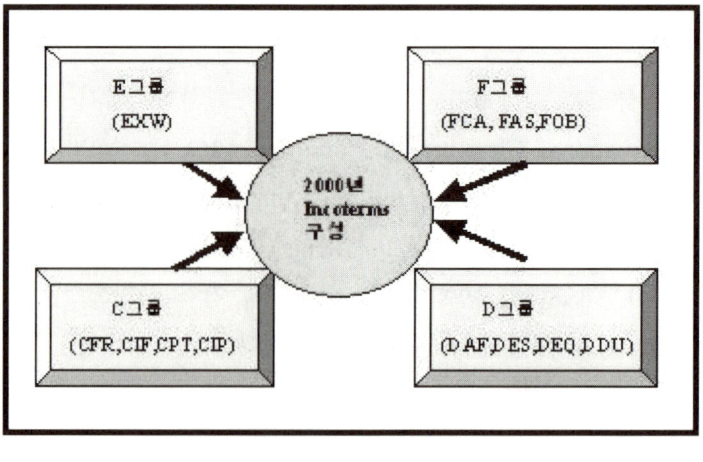

그림 12-1 ▸ 2000년 Incoterms 구성

3. Incoterms 2000해설

Incoterms 2000에는 13가지의 무역가격조건들을 4개의 그룹으로 나누어 규정하고 있는데 수출상과 수입상간의 비용부담의 분기점, 책임부담의 분기점, 소유권 이전의 분기점, 위험이전의 분기점을 명시하였다. 이 절에서는 각 조건의 개념과 수출상과 수입상간의 분기점, 매매당사자의 주요 의무를 살펴보기로 한다.

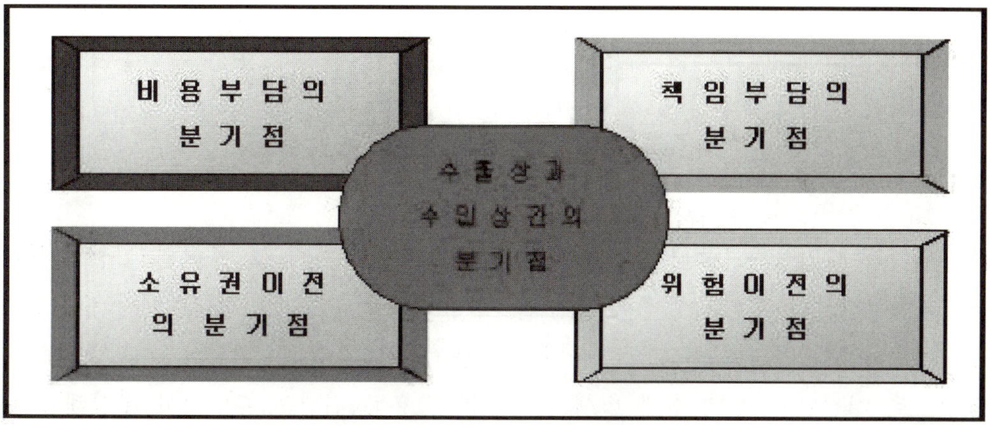

그림 12-2 ▸ 수출상과 수입상간의 분기점

1) 출하지 인도조건 (Group E)

출하지 인도조건은 수출상의 의무가 가장 적은 거래조건을 말한다. 수출상은 수입상과 합의한 장소 통상적으로 수출상 자신의 영업장구내에서 물품을 수입상의 임의처분하에 적치하는 것 이상으로 행할 의무는 없는 것으로 지정장소 공장인도조건 하나만 여기에 해당된다.

(1) 지정장소 공장인도조건(Ex Work, (named place): EXW)

지정장소 공장인도조건은 수출상이 계약물품을 수출상공장에서 수입상에게 인도하는 조건이다. 수출상이 수출상품을 수출통관을 하지 않고 어떠한 수거용 차량에 적재를 하지 않은 상태로 자신의 영업장구내 또는 기타 지정된 장소 (작업장, 공장,

창고)에서 수입상의 임의처분하에 적치한때에 인도한다는 것을 의미한다. 이 조건은 수출상에 대한 최소한의 의무를 나타내며 또 수입상은 수출상의 영업장구내로부터 물품을 수령하는 데 관련된 모든 비용과 위험을 부담해야해야 하고 수출상이 출발시 물품의 적재에 대한 책임을 부담하기로 한 경우에는 수출입매매계약서에 그러한 내용을 기재해야 한다. 수출상은 물품의 수출통관이나 수입상차량에 물품을 적재할 책임이 없으며 물품이 인도된 이후의 모든 절차는 수입상의 위험과 비용으로 처리해야 한다. 본 조건은 수출상 입장에서 볼 때 수출포장과 물품점검비용을 비롯한 부대비용을 부담하는 것을 제외하면 국내매매와 동일하다고 볼 수 있다. 따라서 외국무역에 경험이 없는 국내의 제조업자가 직접 수출할 경우에 또는 수입상이 수출국에 무역대리점이나 출장소를 설치하여 수출국에 대한 사정을 정확히 알 수 있는 경우에 본 조건을 유용하게 사용할 수 있고 수출국의 법이 외국인의 수출통관을 금지한 경우에는 이용할 수 없다.

수출상과 수입상간의 비용부담의 분기점, 책임부담의 분기점, 소유권 이전의 분기점, 위험이전의 분기점은 물품이 합의된 시기에 수출상의 영업장구내에서 수입상의 임의처분하에 적치된 때이다. 즉 이때에 비용, 책임, 소유권, 위험이 수출상에서 수입상으로 이전되어 그 이후에 발생되는 모든 비용과 위험은 수입상이 부담해야 한다. 수출상은 물품의 제조원가와 이윤, 수출포장비용, 품질. 수량점검비용 기타 자신의 영업장구내에서 물품을 인도할 때까지의 부대비용을 가산한 요소비용을 부담할 뿐이며 그 후에 물품을 화물차량에 적재하고 수입국의 최종목적지까지 운송하는데 발생하는 모든 비용과 위험은 수입상이 이를 부담해야한다.

2) 주운송비미지급 인도조건 (Group F)

(1) 지정장소 운송인인도조건 [Free Carrier … (named place): FCA]

운송인인도조건이라 함은 수출상이 물품을 수출통관하고 지정된 장소에서 수입상이 지정한 운송인에게 물품을 인도하는 거래조건을 말하며 인도장소의 선택은 그 장소에서의 물품의 적재와 양하에 대한 의무를 부담하는데 영향을 준다. 인도가 수출상의 영업장구내에서 이루어지는 경우에는 수출상은 수입상이 지정한 운송인의 화물차에 물품을 적재할 책임을 부담하고 인도가 기타의 모든 장소에서 이루어지는 경우에는 수출상은 수출상의 화물차에 적재되어 있는 물품을 하역하여 수입상이 지정한 운송인의 화물차에 적재할 의무를 부담하지 않는다. 수입상은 물품의 인도지점을 정확히 지정하여야 하며 수입상이 이를 지정하지 않으면 수출상은 지정된 장소 내에서 자신의 목적에 가장 적합한 지점을 선택할 권리가 있다.

운송인은 철도, 도로, 항공, 해상, 내수로 또는 복합운송에 있어서 화주와 운송계약을 체결하고 직접 그 운송계약의 이행을 약속하는 본인(principal) 또는 그 이행을 대행하는 운송대리인(shipping agent)을 의미하므로 수출상은 이러한 자격을 갖고 있는 운송인에게 물품을 인도하여야 수출상의 인도의무를 다하는 것이다.

(2) 지정선적항 선측인도조건 [Free Alongside Ship (named port of shipment): FAS]

선측인도조건은 수출상이 물품을 수출통관하여 선적항에 있는 본선의 선측 또는 부선으로 본선의 선측에 계약물품을 인도하는 거래조건을 말한다. 물품이 선적항의 본선선측에서 수입상에게 인도된 때부터 수입상은 물품에 대한 모든 비용과 멸실 또는 손상의 위험을 부담해야 한다. 본선의 선측(alongside the vessel)은 본선의 부두에 접안하고 있거나 외항에 정박하고 있든지를 불문하고 본선이 사용하는 양화기나 양화구, 기타의 선적용구가 도달할 수 있는 장소를 말하므로 이러한 의미의 선측은 물품인도의 이행장소가 되고 비용부담, 책임, 소유권, 위험이 수출상에서 수입상으로 이전되는 분기점이 된다.

(3) 지정선적항 본선인도조건 [Free on Board … (named port of shipment) : FOB]

본선인도는 물품이 지정된 선적항에서 본선의 난간(rail)을 통과할 때 수출상이 수입상에게 물품을 인도한 것으로 간주하는 조건을 말한다. FOB조건은 본질적으로 선적항의 본선상에서 인도를 이행하는 계약조건이므로 물품이 지정된 선적항에서 본선의 난간을 통과한 때부터 물품에 대한 모든 비용과 멸실 또는 손상의 위험은 수입상이 부담하여야 한다.

3) 운송비지급 인도조건(Group C)

(1) 지정목적항 운임포함 인도조건 [Cost and Freight ... (named port of shipment): CFR]

운임포함 인도조건은 수출상이 목적항까지 물품을 운반하는데 필요한 운임을 지급하지만 물품에 대한 모든 위험과 추가적인 비용은 물품이 선적항에서 본선의 난간을 통과한 때에 수출상에서 수입상으로 이전하는 거래조건을 말한다.

CFR조건에서 수출상은 지정된 목적항까지 계약물품의 운송에 적합한 선박으로 운송인과 통상적인 해상운송계약을 체결하고 운임을 지불해야 한다. 그리고 계약물품에 대한 수출허가와 수출통관을 수행하여 본선갑판상에서 인도하고 선박회사로부터 무사고운송서류를 교부 받아 이를 수입상에게 전달해야 한다.

(2) 지정목적항 운임 및 보험료 포함인도 [Cost, Insurance and Freight … (named port of destination): CIF]

운임 및 보험료 포함인도조건은 물품의 원가, 목적지까지의 보험료 및 운임의 세 가지 요소가 수출가격에 포함된 조건이다. 이 조건에서 수출상은 계약물품을 목적지까지 운송하기 위해서 운송인과 해상운송계약과 보험회사와 해상위험에 대비한 해상보험계약을 체결하고 운임 및 보험료를 지급해야하며 수출상이 체결한 보험계약은 수출상 자신을 위한 것이 아니라 수입상을 위한 것이다. 즉 수출상이 체결한 보험은 해상사고가 발생하였을 때 수입상이 보상을 받는다. 따라서 수출상과 수입상은 수출입매매계약에서 보험계약조건을 합의하여 결정하여야하고 합의하지 않은 경우 수출상은 ICC(C)조건으로 보험계약을 체결할 수 있다. 최소보험금액은 매매계약에서 약정된 금액에 10%를 더한 110% 금액이며 보험계약통화는 매매계약상의 통화로 한다. CIF가격조건은 CFR가격조건과 동일하게 선박회사와 운송계약체결의무가 수출상에게 있다.

(3) 지정목적지 운송비지급인도조건 [Carriage Paid to … (named place of destination: CPT]

운송비지급인도조건은 수출상이 지정된 목적지까지 운송비를 지급하되 물품에 대한 위험과 추가적인 비용은 물품이 선적지에서 수출상이 선택한 운송인에게 인도된 때에 수출상으로부터 수입상으로 이전되는 거래조건을 말한다. 운송인은 운송계약에 따라 철도.도로.해상.항공.내수로 또는 복합운송을 이행하거나 또는 운송을 이행할 것을 약정하는 모든 운송주선인을 의미한다. 따라서 목적지까지 운송인에 의하여 운송될 경우에는 위험은 물품이 최초 운송인에게 인도된 때에 이전한다. 책임과 위험부담의 분기점은 물품이 최초의 운송인에게 인도된 때가 되고 비용의 분기점은 장소적인 측면에서 보면 선적지에서 운송인에게 인도된 때가 되지만 비용한도의 측면에서 보면 모든 비용에 목적지까지 운송비를 합산한 금액을 지급한 때가 된다.

(4) 지정목적지 운송비·보험료 지급인도조건 [Carriage and Insurance Paid to … (named place of destination: CIP]

운송비 및 보험료 지급인도조건은 수출상이 지정된 목적지까지 물품의 운송비와 보험료를 지급하고 물품에 대한 모든 위험과 추가적인 비용은 물품이 선적지에서 운송인에게 인도될 때 수입상에게 이전하는 거래조건을 말한다. 수출상은 수입상과 보험계약조건에 대해서 별도의 합의를 하지 않으면 ICC(A), ICC(B), ICC(C)가격조건 중에서 ICC(C)가격조건으로 수입상을 위해 보험회사와 보험계약을 체결하며 보험료를 지불하기 때문에 보험계약조건에 대해서 수입상과 명확히 합의를 하여 무역분쟁을 사전에 예방하여야한다. 이 조건은 복합운송을 포함하여 모든 운송방식에 사용될 수 있다.

4) 도착지인도조건(Group D)

(1) 지정장소 국경인도조건 [Delivered at Frontier … (named place: DAF]

국경인도조건은 수출상이 물품을 수출통관하여 수출입매매계약에 명시된 국경의 인도장소에 도착하는 운송수단에 물품이 적재된 상태로 수입상의 임의처분하에 수입상에게 인도하는 거래조건을 말한다. 따라서 운송수단으로부터 물품을 하역과 수입통관의 책임은 수입상에게 있다. 국경(frontier)은 수출국가의 국경을 포함하여 모든 국가의 일반적인 국경을 의미하기 때문에 항상 국경의 구체적인 지점과 장소를 지정하여 해당되는 국경을 명확히 하는 것이 중요하다.

비용부담의 분기점과 책임의 분기점, 소유권이전의 분기점, 위험이전의 분기점은 수출상이 합의한 시기에 국경의 지정된 인도장소에 도착하는 운송수단상에 물품을 수입상의 임의처분하에 적치한 때가 된다.

(2) 지정목적항 착선인도조건 [Delivered Ex Ship … (named port of destination: DES]

착선인도조건은 수출상이 물품을 지정 목적항까지 운송하여 지정목적항 본선의 갑판상에서 수입통관을 하지 않고 수입상의 임의처분하에 인도하는 거래조건이다. 수출상은 지정된 목적항까지 물품을 운송하여 하역하기 전까지의 관련된 모든 비용과 위험을 부담해야 한다. 비용부담의 분기점, 책임부담의 분기점, 소유권이전의 분기점, 위험이전의 분기점은 물품이 지정목적항 본선의 갑판상에서 수입상의 임의처분하에 인도된 때가 된다.

(3) 지정목적항 부두인도조건 [Delivered Ex Quay(duty paid) … (named port of destination: DEQ]

부두인도조건은 수출상이 계약물품을 수입항의 본선에서 물품을 하역한 후 수입통관을 하지 않고 부두까지 물품을 운송하여 부두에서 수입상의 임의처분하에 인도하는 거래조건을 말한다. 수출상은 지정된 목적항에 도착한 물품을 하역하여 부두에서 수입상의 임의처분하에 적치할 때까지 물품에 대한 모든 위험과 운임 및 보험료를 포함한 모든 비용을 부담하고 그 이후에 발생되는 모든 위험과 비용은 수입상이 부담해야 한다. 따라서 지정된 목적항 부두가 비용부담, 책임부담, 소유권의 이전, 위험이전의 분기점이 된다.

(4) 지정목적지 관세미지급 인도조건 [Delivered Duty Unpaid … (named place of destination: DDU]

관세미지급 인도조건은 수출상이 물품을 목적항 본선에서 하역한 후 수입국내의 지정 장소까지 운송하여 운송수단에 적재된 상태로 수입상에게 인도하고, 수입통관 의무는 수입상이 부담하도록 하는 거래조건을 말한다. DDU가격 조건에서 수출상은 물품을 최종목적지까지 운반하여 수입상에게 인도하여야 하고 수입상은 수입허가를 취득하고 수입통관의 절차와 이에 다른 관세, 조세 및 기타 부과금을 부담해야 한다. DDU가격 조건에서 비용부담, 책임부담, 소유권 이전, 위험이전의 분기점은 물품이 지정된 수입국 목적지에서 운송수단으로부터 적재된 상태로 수입상의 임의처분하에 인도된 때가 된다.

제 13 장

국제운송과 해상보험

제1절 국제운송

제2절 해상보험

무역과 해운, 해상보험은 밀접한 관련을 가지고 있다. 무역의 성장은 해운과 해상보험의 성장을 뒷받침해준다. 국제운송과 해상보험은 수출상품의 국제경쟁력과 수출채산성에 밀접한 관계를 갖고 있다. 수출상품의 국제경쟁력과 수출채산성증가는 품질, 신상품개발등과 같은 요인에 의해서 가능하지만 수출상품의 국제운송과정에서 창출되는 서비스와 상품, 비용절감 등과 같은 요인들을 통해서 수입상의 욕구를 만족시킬 수 있을 때 생겨나게 되는 것이다. 이 장에서는 국제운송의 개념과 관리의 중요성, 해상보험의 개요와 협회적하약관의 주요내용을 살펴보기로 한다.

제1절 ▸ 국제운송

1. 국제운송관리의 의의

전자무역은 국가간의 상거래를 통해 상품이 국가간에 이동하는 것을 전제로 한다. 국내거래와 다르게 국가간의 상품의 이동은 많은 비용을 발생시키고 있으며 이러한 비용을 어떻게 관리하는가에 따라 상품의 교환가치가 창출된다. 현재 해상운송비용이 큰 폭으로 올라 수출입상사들의 수출입채산성이 크게 악화되어 전자무역거래에서 국제운송관리의 중요성이 점차 증가하고 있다.

수출입상이 수출입상품을 "확실하게", "빠르게", "저렴한 비용"으로 운송하는 것이 국제운송관리에 있어서 요구되는 3원칙이다. 따라서 국제운송관리는 상품의 유통과정에서 발생하는 비효율을 제거하여 유통가치를 창출하는 것이다. 국가간에 거래되는 상품이 수출지역에서 생산되어 수입지역의 최종고객에게 도착하기까지는 운송, 보관, 포장, 하역, 가공 등의 과정을 거치게 된다.

전자무역거래는 수출상과 수입상을 직접 연결시켜줄 수 있는 국제운송관리 시스템이 필요하다. 수입상은 전자무역거래를 통해 기존의 수입하는 상품보다 신속하고 그리고 적시에 상품이 목적지에 도착되기를 기대하고 있으며 무역네트워크를 통해 짧은 시간에 세계 각국에서 생산된 무수히 많은 상품들을 동시에 비교할 수 있기 때문에 전자무역은 상품에 대한 고객 선택의 폭이 다양하고 상품에 대한 요구조건도 까다롭다는 특성을 갖고 있다. 따라서 신속한 배송과 이에 다른 적합한 포장, 보관, 하역 등의 국제운송시스템이 뒷받침할 때 전자무역거래는 활성화 될 것이다.

2. 인터넷을 이용한 국제운송관리

정보통신기술의 발전은 사회, 경제, 문화 등 인간생활의 모든 부문을 새롭게 바꾸어 놓았다. 특히 기업경영에 있어서 큰 변화를 가져왔다. 고객과 기업, 기업간, 기업내의 조직간에 이루어지는 상호작용과 제품과 비용에 관련한 프로세스의 합리화는 기업경영에 있어서 엄청난 파급효과를 불러일으키고 있다.

많은 기업들은 기업의 가치체인 간에 흐르는 업무를 전자화시킴에 따라 업무흐름과정에서 발생하는 비용을 제거하고 업무가치를 창출하여 고객의 요구를 만족시키고자 많은 노력을 기울이고 있다.

국제운송은 육상운송인, 보세창고, 항만, 해상운송, 항공운송, 창고업자 등과 밀접한 관계를 갖고 있기 때문에 이들 간에 업무처리를 효율적으로 할 수 있는 시스템과 수출입상사의 시스템간의 연계, 이들 간의 정보공유 등이 매우 중요하다.

수출입상사들은 인터넷을 이용하여 첨단운송시스템과 가장 효율적인 국제운송항로를 갖고 있는 국제운송인과 국제운송전자계약을 체결하여 국제운송관리를 할 수 있다. 즉 수출상의 운송관리시스템과 국제운송인의 종합적인 운송실행시스템이 인터넷을 통해 유기적으로 밀접한 관계를 유지할 때 효율적인 국제운송관리가 가능하다.

3. 국제운송전략

전자무역거래에 있어서 수출입상사들은 가장 효율적이고 경제적인 국제운송전략을 수립해야 한다. 국제운송은 생산과 소비가 서로 다른 국가에서 이루어지기 때문에 생산과 소비의 공간적, 시간적 차이를 극복하기 위한 국제운송전략이 필요하다.

국제운송전략은 상품의 특성, 항만시설, 창고시설, 국제운송수단, 국제운송에 참여하는 당사자들의 운송시스템과 정보공유능력 등을 종합적으로 분석하여 최적의 국제운송전략을 수립해야 한다. 국제운송은 육로운송, 철도운송, 내수로 운송, 해상운송, 항공운송 등으로 이루어지고 있으며 이들 운송매체의 가치창출은 다르게 나타난다.

일반적으로 해상운송이 국제운송에서 중요한 부분을 차지하고 있지만 운송시간이 길고 운송위험이 발생할 가능성이 많기 때문에 상품의 특성과 총 운송비용을 종합적으로 분석해보면 해상운송보다는 오히려 항공운송이 가장 적합한 전략이 될 수 있다. 해상운송은 대량운송의 장점을 가지고 있지만 그로 인한 수입지역에서의 재고와 보관비용이 발생하고 이러한 비용이 항공운송비용보다 더 큰 경우에는 구매 시기에 따라 항공운송으로 운반하는 것이 최적의 운송전략이 될 수 있다.

4. 해상운송

(1) 해상운송의 의의

일반적으로 해상운송은 선박을 이용하여 타인의 화물이나 사람을 운송하고 그 대가로 운임을 받거나 또는 선박회사가 자기의 화물을 직접 운송하여 이익을 얻는 상업활동을 뜻한다. 해상운송은 대량운송, 경제성, 원거리 국제운송에 적합한 특성을 갖고 있다. 선박이 운송하는 해상화물은 국제물류의 경로에 따라 컨테이너화물, 재래.벌크 화물로 구분된다. 컨테이너화물이란 화물을 안전하게 보관하여 운송할 수 있는 규격화된 운송용기에 적입된 화물을 말한다. 컨테이너화물은 FCL(Full Container Load)화물과 LCL(Less Container Load)화물로 구분할 수 있는데 FCL화물은 컨테이너 한 개에 한 화주의 화물을 적입하여 운송하는 형태를 의미하고 LCL화물은 여러 화주의 개별 소량화물을 터미널에 집화하여 컨테이너 화물장치장(container freight station)에서 한 컨테이너에 적입된 것을 말한다. 재래.벌크화물은 국제물류과정에서 규격화가 불가능한 화물로서 대량으로 운송되기 때문에 포장이 불가능하거나 일반 포장의 형태로 규격화되어 운송될 수 없는 화물을 의미한다.

해상운송은 선박의 운항형태에 따라 정기선(Linear)운송과 부정기선(Tramper)운송으로 구분되며 정기선은 선박회사가 선박을 운항일정표(sailing schedule)에 따라 고정항로를 규칙적이고 반복적으로 운항하고 고시된 운임표(Tariff)에 따라 운임을 부과한다. 정기선 운송은 주로 완제품 및 중간재 등 가공화물운송에 이용되며 운임은 부정기선에 비해 높은 편이다. 부정기선은 운항일정이나 항로가 일정하지 않고 필요할 시기에 운송되며 주로 광석, 곡물, 목재 등 벌크 화물의 대량운송에 이용되고 운임은 용선계약을 체결할 당시에 화주와 선주간에 결정되며 정기선에 비해 싸다.

(2) 정기선과 부정기선 운송

정기선(liner)은 운송인이 화주와 체결된 운송계약에 따라 화주가 위탁한 화물을 공시된 운임과 공시된 항로를 공시된 운항시간표에 따라 정기적으로 운송하는 것을 말한다.

부정기선(tramper)은 화주가 필요할 때 운송인과 용선계약을 통하여 선박을 사용하는 것을 말한다. 부정기선은 정기선과 다르게 용선계약이 체결되면 운항하기 때문에 정기적으로 항로를 운항하지 않는다. 부정기선이 취급하는 화물은 양곡, 원면, 원당 등 주로 1차 상품이기 때문에 이들이 수확되는 계절에 집중적으로 운항되는 경우가 많다.

(3) 해상운송계약의 종류

해상운송계약은 화주와 선주간에 체결되는 계약으로서 운송화물의 특성과 운송계약체결방식에 따라 개품운송계약, 개품운송전자계약, 용선계약으로 구분된다.

① 개품운송계약

개품운송계약은 선박회사가 선박에 적재될 많은 화물의 화주와 개별적으로 운송계약을 체결하는 것을 말한다. 인코텀즈 2000의 무역가격조건에 따라 F조건에서는 수입상이 CFR 및 CIF조건에서는 수출상이 운송계약을 체결한다. 개품운송계약은 법률적으로 불요식계약이기 때문에 계약성립에 당사자간의 합의 외에는 특별한 방식이 필요 없다. 일반적으로 개품운송계약은 운송계약서를 작성하지 않고 화주가 선복신청서(shipping request)를 작성하여 선박회사에 제출하고 선박회사가 선복예약서(booking note)를 발행하면 운송계약이 성립된다.

② 개품운송 전자계약

개품운송계약은 화주의 운송계약 의사표시와 선주의 운송승낙 표시가 종이문서로 이루어지는 반면에 개품운송전자계약은 해상운송계약 체결 당사자들간의 의사표시가 전자방식으로 이루어지는 것을 말한다. 개품운송전자계약은 화주가 선박회사의 회원으로 등록하여 선박회사의 홈페이지에 접속하여 선박회사의 홈페이지에 있는 선적요청서를 작성하여 선박회사에 정보통신망을 이용하여 송부하여 선박회사의 컴퓨터에 입력되고 선박회사는 선주의 컴퓨터에 입력된 선적요청서를 보고 이를 승낙한다는 의사표시를 정보통신망을 이용하여 화주의 컴퓨터에 입력하면 화주와 선박회사간의 운송계약이 성립된 것으로 본다.

③ 용선운송계약

용선운송계약은 화주가 필요한 시기에 선박회사로부터 선복의 일부 또는 전부를 빌리고 용선료를 지불하는 운송계약을 말한다. 석탄, 원면, 공석 등과 같은 대량운송이 필요한 화물이 용선계약에 의해서 운송되며 주로 부정기선이 이용된다. 화주는 필요한 시기에 선박회사에 선복량과 임차조건, 임차비용 등을 확인하여 선박회사와 용선계약을 체결하고 용선계약서(Charter Party)를 작성하게 되며 용선방법에 따라 기간용선(Time Charter), 항해용선(Voyage Charter, Trip Charter), 나용선(Bareboat

Charter)으로 구분된다.

기간용선은 화주가 일정기간 선주로부터 선박을 빌리고 용선료를 지급하는 것을 말한다. 선주는 용선계약서에 합의한 조건에 따라 선박의 운항에 필요한 모든 설비와 선박용구 및 선원을 갖추어 합의한 항구에서 선박을 용선자에게 인도해야 한다. 용선계약기간 중 선주는 선박의 감가상각비, 보험료 등의 간접비와 선박운항에 직접 필요한 선원의 임금, 선박용구 및 설비비용 등을 부담하고 용선자는 연료비, 항만사용료, 하역비, 용선료를 부담한다.

항해용선은 화주가 선박을 항구(1개항 또는 2 이상의 항)에서 특정항구(1개항 또는 2 이상의 항)까지를 빌리고 용선료를 지불하는 운송계약을 말한다. 화주는 용선료를 화물의 톤당 금액으로 또는 일일항해기준으로 할 것인지 용선계약서에 명시해야하며 일일항해기준으로 용선료가 계산되는 경우 이를 선복운송계약(lumpsum charter)이라고 하고 운임은 선복운임(lumpsum freight)이라 한다.

나용선은 선주가 선박운항에 필요한 설비 및 운송용구, 선원을 갖추지 않고 선체(Bareboat)만 빌려주고 용선자가 선박운항에 필요한 모든 장비를 갖추는 운송계약을 말한다. 화주가 선박운항에 필요한 모든 장비를 유리한 조건으로 구입할 수 있으면 나용선으로 계약하여 운송비를 절감할 수 있다.

(4) 컨테이너 운송

컨테이너의 개념

컨테이너는 화물을 안전하게 목적지까지 운송하기 위하여 강철로 규격화하여 만들은 운송용기를 말하는 것으로 오늘날 대부분의 화물은 컨테이너로 운송되고 있다. 컨테이너는 해상운송에 혁명을 가져와 운송방법을 획기적으로 발전시키는데 큰 기여를 하였다. 컨테이너는 컨테이너 전용선을 해상운송에 등장시켰고 컨테이너 전용선의 출현으로 대량운송이 가능해졌을 뿐만 아니라 문전에서 문전(door to door)까지 운송되는 복합운송을 발전시켰다.

컨테이너의 종류

① 드라이 컨테이너(Dry Container)

일반잡화상품을 운송하기 위하여 온도조절이 필요 없는 표준 컨테이너를 말하며 현재 가장 널리 이용되고 있다.

② 냉동컨테이너(Reefer Container)

육류, 생선, 과일, 채소 등 냉동화물을 운송하기 위한 냉동기가 달린 냉동컨테이너로서 -28oC에서 +26oC까지 온도를 조절할 수 있다.

③ 탱크 컨테이너(Tank Container)

유류, 약품, 식료품과 같은 액체화물을 운송하기 위하여 만들은 컨테이너를 말하며 원유를 운송하는 유조선이 여기에 해당된다.

④ 오픈 톱 컨테이너(Open Top Container)

파이프, 철근 등의 장척화물과 중량품, 기계류 등을 운송하기 위하여 지붕이 없이 개방식으로 만들은 컨테이너를 말한다.

⑤ 플랫 랙 컨테이너(Flat Rack Container)

승용차, 기계류, 합판과 같은 화물을 운송하기 위하여 만들은 컨테이너로서 천정과 벽이 없지만 대신에 밑 부분을 견고하게 하여 화물을 고정시키는 장치가 설치되어 있다.

⑥ 펜 컨테이너(Pen Container, Livestock Container)

소, 말과 같은 살아있는 동물을 운송하기 위하여 만들은 컨테이너로 통풍을 위한 환기장치와 동물에게 먹이를 줄 수 있는 장치가 설치되어 있다.

⑦ 플랫폼 컨테이너(Platform Container)

중량이나 부피가 큰 화물을 운송하기 위하여 만들은 컨테이너이너로 길이 6.75m, 넓이 4.50m 중량 40통까지의 화물을 적재할 수 있다.

⑧ 의류용 컨테이너(Garment Container)

양복 등의 고급 의복류를 옷걸이에 걸린 상태로 운송하기 위하여 만들은 컨테이너를 말한다.

(5) 선하증권

선하증권의 기능

① 운송계약체결의 증거

화주가 선적요청서를 작성하여 운송인에게 송부하면 운송인은 송부된 선적요청서를 검토하여 이것을 토대로 선하증권을 작성하여 화주에게 인도하면 운송계약이 체결된 것으로 본다.

② 물품의 수취증

선하증권은 선적된 화물의 수취증이면서, 선적화물의 수량과 상태에 관한 명세서의 역할을 한다. 선하증권은 운송인이 선하증권에 명시된 화물을 화주로부터 받았음을 나타내는 것으로 운송인은 자기가 발행한 선하증권에 명시된 화물을 수입항에서 수입상에게 인도하여야할 책임이 있다.

③ 권리증권

선하증권은 화물에 대한 권리를 주장할 수 있는 권리증권이다. 선하증권을 소지한 당사자는 운송인에게 화물의 인도를 요구할 수 있고 운송인은 반드시 선하증권의 제시자에게 화물을 인도하여야할 책임이 있다.

선하증권의 종류

① 선적선하증권(Shipped or On Board B/L)과 수취식선하증권(Received for B/L)

선적선하증권은 운송화물이 선박의 본선에 적재된 후에 발급되는 선하증권이다. 선하증권상에 선적이 끝났음을 나타내는 Shipped 또는 Lading on board의 표기가 있다. 선적선하증권의 발행일자는 화물이 선박의 본선에 선적된 일자로 간주한다.

수취식선하증권은 지정된 선박이 항구에 입항하지 않아 수출상이 내륙운송을 통하여 운반한 화물을 운송인에게 인도하고 운송인이 동 상품을 인수한 다음에 발행하는 선하증권을 의미하며 수취식 선하증권의 on board nation의 부기일자가 화물의 선적일자가 된다..

② 무사고 선하증권(Clean B/L)과 사고부 선하증권(Dirty or Foul B/L)

화주가 운송을 위탁한 화물을 운송인이 인수한 다음 운송화물의 상태를 결정하여 화물의 상태가 정상적인 경우에는 선하증권에 아무런 표기 없이 선하증권이 발행되며 이를 무사고 선하증권이라고 한다. 통상 수출상은 매입은행에 무사고 선하증권을 제시해야만 매입은행이 동 서류를 인수하게 된다. 반면에 사고부선하증권은 운송인이 화물을 인수한 다음 화물에 하자사항을 발견하여 그러한 하자사항을 선하증권에 기재한 것을 의미한다. 사고부선하증권은 특별히 명시되어 있지 않는 한 매입에 활용할 수 없다.

③ 지시식 선하증권(Order B/L)

지시식 선하증권은 선하증권의 수화인란에 To order, To order of, To order of

shipper, To order of issuing Bank로 표기되어 있는 선하증권을 말한다. 신용장에 Full set of clean shipped on board marine ocean Bill of lading made out to order, to order of, to order of shipper, to order of issuing Bank로 표기되어 있다.

④ 해양선하증권(Ocean B/L)과 내국선하증권(Local Electronic B/L)

화물이 국제 해상운송으로 이동하는 경우와 국내 해수로로 이동하는 경우로 나누어 볼수 있는데 전자의 경우에 해양선하증권이 발행되고, 후자의 경우는 내국하증권이 발행된다.

⑤ 유통가능 선하증권(Negotiable B/L)과 유통불능 선하증권(Non-negotiable B/L)

선하증권은 1통이 발행되고 수입상이 사전에 수입통관을 준비하기 위해서 여러 장의 사본이 발행되고 있다. 선박회사에 제시하고 화물을 찾을 수 있는 선하증권은 원본 1통 뿐이다. 신용장에 Documents must be negotiable로 표기되고 사본은 A copy of B/L must be faxed to opener on their fax number 009714-631903 with in five days from the date of B/L로 표기되어 있다. 원본 1통이 유통가능선하증권이며 여러 장의 사본은 비유통선하증권이다.

⑥ 약식선하증권(Short Form B/L)

선하증권은 통상 앞면에 법정기재사항을 기입하고 뒷면에 운송약관이 인쇄되어 발행된다. 운송약관은 운송인의 면책조항이 상세하게 인쇄되어 있는데 이러한 조항은 운송형태의 발전에 따라 계속해서 제정되어 왔다. 따라서 선하증권을 발행할 때 선하증권 뒷면에 인쇄된 운송약관을 다 기재하려면 그 내용이 많기 때문에 서식이 길어지게 된다. 매번 선하증권을 이용하는 화주의 입장에서 보면 시간과 비용이 많이 들기 때문에 선하증권상에 법정기재사항만 기재하고 운송약관은 간단한 문구를 선하증권에 기재하여 정식선하증권과 동일한 법적 효력이 있는 선하증권을 말한다.

⑦ 환적선하증권(Transshipment B/L)

수출지역에서 수입상이 지정한 목적항까지 직접 운항하는 선박이 없는 경우 수출상은 중간항구에서 다른 선박에 화물을 옮겨 싣고 가야한다. 다른 선박에 화물을 옮겨 적재하면 운송인이 바뀌게 되어 전 운송구간에 대해 누가 책임을 부담해야 되는지, 선하증권은 다시 발급 받아야 하는지의 문제가 발생하다. 환적선하증권은 최초의 운송인이 전 운송구간에 대해 운송책임을 부담하고 화물이 환적되었더라도 다른 선하증권이 발행되는 것이 아니라 최초의 운송인이 발급한 선하증권이 그대로 사용될 수 있는 선하증권을 말한다.

⑧ 통과선하증권(Through B/L)

최종 목적지까지 화물이 해상운송과 육상운송으로 운송될 경우에 최초의 운송인이 전 운송구간에 대해 책임을 부담하는 선하증권을 말한다. 최초의 운송인은 화주와 전 구간 운송계약을 체결하고 자기의 책임하에 내륙지점까지 운송할 운송인을 수배하여 전 운송구간에 대해 책임을 부담하는 통과선하증권을 화주에게 발행한다.

⑨ Stale B/L

수출상은 화물을 선박에 적재하고 화환어음과 선적서류를 매입은행에 제시하여 매입을 의뢰한다. 통상 신용장에 신용장 유효기일이나 서류제시기일이 명시되어 있다. 선하증권은 발행된 날로부터 21일 이내에 매입은행에 제시되어야 하고 21일이 경과한 선하증권은 Stale B/L이라 한다. Stale B/L은 신용장에 특별히 명시되어 있지 않는 한 매입은행은 매입을 거절하게 된다. 이러한 규정을 신용장 통일규칙에 포함시킨 것은 수입상의 입장을 반영한 것이다. 수출상이 선하증권을 지체 없이 수입상에게 송부해야 수입상은 약정된 상품을 조금이라도 더 빨리 찾을 수 있다.

⑩ Third Party B/L

선하증권의 Shipper란에 실제의 수출상 대신에 제3자의 이름이 기재되어 있는 선하증권을 제3자 운송서류라고 한다. 중계무역의 경우에 수입상이 수출상의 이름을 알게 되면 차후거래에서는 수출입상이 중계상을 배제하고 직접거래를 하게 된다. 따라서 Third Party Electronic B/L은 중계상의 입장을 반영한 운송서류이다.

⑪ 집단선하증권(Groupage Electronic B/L, Master Electronic B/L)

집단선하증권은 컨테이너 하나에 여러 화주들의 화물이 적재되었음을 나타내는 선하증권을 말한다. 화물주선업자(Forwarder)는 소량의 여러 화주들로부터 화물을 집하여 컨테이너에 화물을 적재하고 컨테이너 단위로 선박회사와 운송계약을 체결한다. 선박회사는 화물준선업자에게 집단선하증권을 발행하고 화물주선업자는 개별 소량화주에게 House B/L이나 Forwarder B/L을 발행해준다.

(12) 부서부선하증권(Countersign B/L)

선하증권에는 제반물류비용을 수출상과 수입상 중 누가 부담해야 되는지 표기되어 있다. 선하증권에 수입상이 부담하는 비용이 명시되어 있고 최종적으로 수입상이 자기가 부담하는 비용을 선박회사에 지불하면 선박회사는 선하증권상에 서명을 하게되는데 이러한 선하증권을 부서부선하증권이라고 한다.

(13) 용선계약부 선하증권(Charter Party B/L)

운송은 정기선(Liner)과 부정기선으로 구분할 수 있는데 정기선은 특정항로를 주기적으로 운송하는 정기선 항로를 말하며, 부정기선은 화주가 선박회사로부터 선박의 일부 또는 전부를 빌리는 운송계약을 말한다. 운송계약형태는 화주가 선박회사로부터 특정기간을 빌리는 기간용선(Time charter)과 항국에서 항구까지 용선하는 항해용선(Voyage charter)로 구분된다.

(14) 전자선하증권(볼레로선하증권)

볼레로 선하증권은 서면선하증권을 직접 발행하는 대신에 그 권리의 성립, 이전, 담보설정 등의 권리관계를 전자방식으로 볼레로 시스템에 공시하고 볼레로 시스템에 저장된 전자기록에 권리관계 변동의 법적효력을 부여하거나 계약관계를 의제함으로써 서면선하증권이 갖고 있는 권리유통을 보장하는 것을 말한다.

5. 항공운송

1) 항공운송의 의의

고객은 자기가 원하는 장소에서 원하는 시간에 원하는 상품을 받기를 원하며 이렇게 고객이 원하는 사항을 충족시켜 주지 못하면 고객은 냉정하게 등을 돌린다. 항공운송은 육상운송이나 해상운송에 비해 고객이 원하는 장소와 시간에 신속하게 상품을 전달할 수 있는 장점을 갖고 있다. 그러나 운임이 상대적으로 비싸고 일시에 대량의 화물을 운송할 수 없으며 또한 국제공항이 있는 지역간의 운송에만 국한되는 단점도 있지만 항공운송은 운송기간의 단축, 재고비용의 절감, 안전한 운송 등의 장점을 갖고 있다.

2) 항공화물운송업자

해상운송에서는 화주가 직접 선박회사와 운송계약을 체결하지만 항공운송에는 화주가 항공사와 거래하지 않고 항공화물운송대리점이나 항공화물운송주선업자와 운송계약을 체결한다.

(1) 항공화물운송대리점(Air Cargo Agent)

항공화물운송대리점은 항공사 또는 총대리점과 대리점계약을 체결하여 그들의 대리인으로서 화주와 항공운송계약을 체결하는 사업을 영위하는 자를 말한다. 항공화물운송대리점은 항공사를 대리하기 때문에 항공사의 운송약관, 규칙, 운임율표 및 운행시간표를 그대로 이용하여 화물운송을 유치하고 항공화물운송장을 발행하며 이에 부수되는 모든 업무를 수행하며 그 대가로 대리점 계약에 의거한 소정의 수수료를 항공사로부터 받는다.

(2) 항공화물운송주선업자(Air Freight Forwarder)

일반적으로 항공화물은 소량화물이 많기 때문에 여러 화주로부터 소량화물을 모아서 대량화물로 만든 다음 이를 자기 명의로 운송하는 것을 업으로 하는 자를 항공화물운송주선업자 또는 혼재업자(consolidator)라 한다. 운송주선업자는 화주와 항공사의 중간에 서서 화주에게는 운송인의 역할을 하고, 항공사에 대해서는 화주의 입장이 된다. 따라서 운송주선업자는 자체 운송약관과 운임율표를 가지고 화주와 운송계약을 체결하고 운송주선업자용 화물운송장(house air waybill: HAWB)을 발행한다. 이 화물운송장은 화물을 인수했다는 수령증 역할을 한다.

3) 항공화물운송장의 기능

송화인과 운송인간에 항공운송계약이 체결되면 운송인은 항공화물운송장(Air Waybill)을 송화인에게 발급하는데 되는데 다음과 같은 특징이 있다.

첫째, 항공화물운송장은 송화인과 운송인간에 운송계약이 체결되었음을 증명하는 증거서류이다.

둘째, 항공화물운송장은 운송인이 송화인으로부터 정당하게 화물을 인수하였음을 나타내는 증거서류이다.

셋째, 항공화물운송장은 운송인이 운임을 송화인에게 청구할 수 있는 기능을 제공한다.

제 2 절 ▸ 해상보험

1. 해상보험의 정의

영국의 해상보험법1)에서는 해상보험의 정의를 "해상보험계약은 보험자가 보험계약자에게 계약에서 합의된 방법과 범위 내에서 해상손해, 다시 말해서 해상사업에 수반하여 발생하는 손해를 보상해 줄 것을 약속하는 계약이다"라고 규정하고 있는데 해상적하보험(Marine Cargo Insurance)은 해상사업과 관련하여 발생하는 손해를 보상하는 경제적 제도로서 보험자와 보험계약자가 해상보험계약(Contract of Marine Insurance)을 체결함으로써 이루어진다. 즉 보험자와 보험계약자가 해상보험계약을 체결하고 해상보험계약에서 합의한 보험료를 보험자에게 납부하고 보험자는 보험사고로 인하여 보험계약자가 손해를 입으면 그 손해를 보상해주어야 한다.

2. 해상보험계약의 당사자

1) 보험자(Insurer, Assurer, Underwriter)

보험자는 보험계약자와 해상적하보험계약을 체결하여 보험계약을 인수하고 이에 따라 보험계약자에게 손실보상을 약속하는 당사자이다.

1) 영국해상보험법(The Marine Insurance Acts ; 1906, MIA) 제1조.

2) 보험계약자(Policy Holder)

보험계약자는 자기 명의로 보험자와 해상적하보험계약을 체결하고 해상보험계약에서 합의한 보험료를 지불하고 계약상의 모든 의무를 이행해야 한다.

3) 피보험자(Insured, Assured)

피보험자는 보험사고로 손실이 발생하면 해상적하보험계약에 따라 보험자로부터 손해보상을 받을 수 있는 당사자이다. 피보험자는 해상적하보험계약의 직접 당사자는 아니지만 손해보상을 받을 수 있는 중요한 당사자이기 때문에 특정한 경우에는 보험료의 지불과 같은 보험계약자의 의무를 부담할 수도 있다.

무역가격조건에 따라서 보험계약자와 피보험자는 같은 사람이 될 수도 있고 서로 다른 사람이 될 수도 있다. 자신을 위해 보험계약을 체결하게 되면 보험계약자와 피보험자는 같은 사람이 되지만 다른 사람을 위해 보험계약을 체결하게 되면 보험계약자와 피보험자는 다른 사람이 된다.

CIF가격조건에서 수출상은 보험회사와 해상적하보험 계약을 체결해야 할 의무가 있다. 수출상은 자신을 위해서가 아니라 수입상을 위해서 해상적하보험계약을 체결하기 때문에 보험계약자는 수출상이 되어 보험회사에 보험료를 지불하고 피보험자는 수입상이 되어 보험사고가 발생하면 보험회사로부터 손실을 보상받는다. 실무적으로는 수출상이 보험회사와 자신을 피보험자로 계약을 체결한 후 보험증권을 발급받아 이것을 배서하여 수입상에게 양도하고 수입상은 보험증권의 소지인이 되어 보험사고가 발생하면 보험자에게 손해배상을 청구한다.

3. 보험목적물과 피보험이익

1) 보험목적물과 피보험이익의 개념

해상위험에 의해 물리적 손실이 발생할 가능성이 있는 선박이나 화물을 보험목적물이라고 한다. 해상보험은 선박이나 화물 등과 같은 보험목적물을 보호하는 것이 아니라 보험목적물의 물리적 손실로 인하여 경제적 손실이 발생할 당사자들을 보호하는 것이다. 보험계약자는 보험목적물의 손실로 발생할 경제적 손실에 대비하여 해상적하보험계약을 체결한다. 피보험이익(Insurance Interest)은 보험계약자가 해상적하보험계약에 따라 보험자로부터 보험사고로 인하여 발생한 경제적 손실을 보상받을 수 있는 이익을 말한다. 보험계약자가 보험사고로 손해가 발생할 때까지는 보험목적물에 대한 피보험이익을 갖고 있어야 해상적하보험계약이 성립된다. 상법 제668조에서 "보험계약은 금전으로 산정할 수 있는 이익에 한하여 보험계약의 목적으로 할 수 있다" 라고 규정하여 피보험이익이 존재하여야만 보험계약이 성립됨을 명시하였다.

2) 보험가액과 보험금액

(1) 보험가액

보험가액(insurable value)은 보험계약자가 보험자와 해상적하보험계약을 체결할 수 있는 금액을 말하는데 이는 선박이나 화물 등 보험목적물의 실제 가치를 뜻한다. 따라서 보험가액은 보험계약자가 보험자와 해상적하보험계약을 체결할 수 있는 최고의 한도액을 뜻한다.

3) 보험금액

보험금액(insured amount)은 보험계약자가 보험자와 해상적하보험계약을 실제로 체결한 금액을 말하며 이 금액은 보험사고가 발생하면 보험자가 보험계약자에게 보상해주는 최대의 보상금액이 된다. 보험금액은 보험자가 보험계약자에게 보상해주기로 약속한 최대의 보상금액이 되기 때문에 보험자는 이 금액의 범위에서 보험자에게 보상을 하며 보험료는 보험금액을 기준으로 산정 된다.

4) 보험가액과 보험금액의 관계

보험가액과 보험금액이 같으면 전부보험(full insurance)이라고 한다. 예를 들어 오천만원하는 오피러스 자동차를 오천만원을 배상받은 조건으로 해상적하보험에 들면 자동차 값오천만원과 배상금액 오천만원이 같으므로 전부보험에 해당된다. 보험가액 중 일부만 해상적하보험에 가입한 것을 일부보험(under insurance)이라고 하는데 자동차 값 오천만원 중에서 삼천만원을 보험에 가입한 경우가 이에 해당된다. 보험금액이 보험가액을 초과 한 것을 초과보험(over insurance)이라고 한다. 자동차 값이 오천만원인데 팔천만원을 보험에 가입한 경우가 이에 해당되며 해상적하보험에서 초과보험은 인정하지 않으며 CIF가격조건에서 보험가액은 물품대금에 희망이익 10%를 포함한 금액이 된다.

4. 보험기간

보험기간(Period Insured)은 보험자가 위험을 담보하는 기간을 말하며 해상보험은 화물이 본선에 적재되는 때부터 도착항에서 양륙될 때까지의 위험에 대하여만 보상한다. 그러므로 보험기간의 연장을 원할 때 warehouse to warehouse조건으로 약정하면 최장 양륙 후 60일까지의 손해도 보상 받을 수 있다. 해상적하보험은 일정한 항해를 기준으로 보험기간을 결정하고 있기 때문에 항해보험(Voyage Policy)을 의미한다. 해상보험증권(Policy Body)에서 보험기간은 화물이 선적항에서 선박에 선적될 때 시작되어 목적항에서 안전하게 하역된 때에 종료한다고 규정되어 있으나 국가간상거래에서 이 조건은 너무 제한적이기 때문에 협회적하약관 제1조 운송약관(Transit Clause)의 창고간약관(Warehouse to Warehouse Clause)에서는 보험기간을 보험증권에 명시된 화물의 출발지의 창고 또는 보관장소의 반출로부터 최종목적지의 창고 또는 보관장소로의 반입까지 전 운송구간으로 확장하였다.

1) 보험효력의 시작

해상적하보험은 원칙적으로 무역가격조건에 명시된 위험의 분기점에서 효력이 발생하지만 창고간약관으로 보험계약을 체결하면 보험의 효력은 해상적하보험증권에 명시된 장소의 창고나 보관장소에 있는 트럭이나 육상운송수단에 적재되어 그 장소를 트럭이 출발하면 보험의 효력은 시작되어 그 이후에 발생한 손실에 대해서 보험자는 보험계약자에게 보상을 해야되고 트럭이 출발하기 전에 발생한 손실에 대해서는 보험자는 책임을 부담하지 않는다.

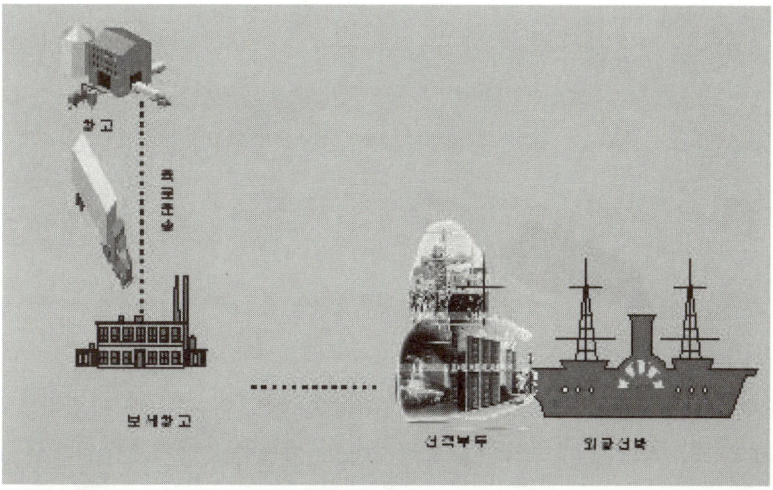

그림 13-1 ▸ 보험효력의 시작

2) 보험효력의 종료

보험의 효력은 화물이 목적항에 하역된 날로부터 60일간 지속되고 60일이 지나면 효력이 종료된다. 보험자는 화물이 목적항에 하역된 날로부터 60일 동안 발생한 손실에 대해서 보험계약자에게 보상을 해야되고 화물이 목적항에서 하역된 날로부터 60일이 경과하여 발생한 손실에 대해서 하등의 책임을 부담하지 않고 보험계약자가 책임을 져야한다. 그러나 화물이 최종목적지 창고에 입고되면 해상보험의 효력은 종료된다. 화물이 해상적하보험증권에 명시된 최종목적지 창고에 화물이 목적항에서 하역된 날로부터 20일에 입고되면 60일간의 보험담보기간에 상관없이 보험의 효력은 종료되어 최종목적지 창고에 보관된 화물의 위험은 해상적하보험에 의해서 담보되지 않는다.

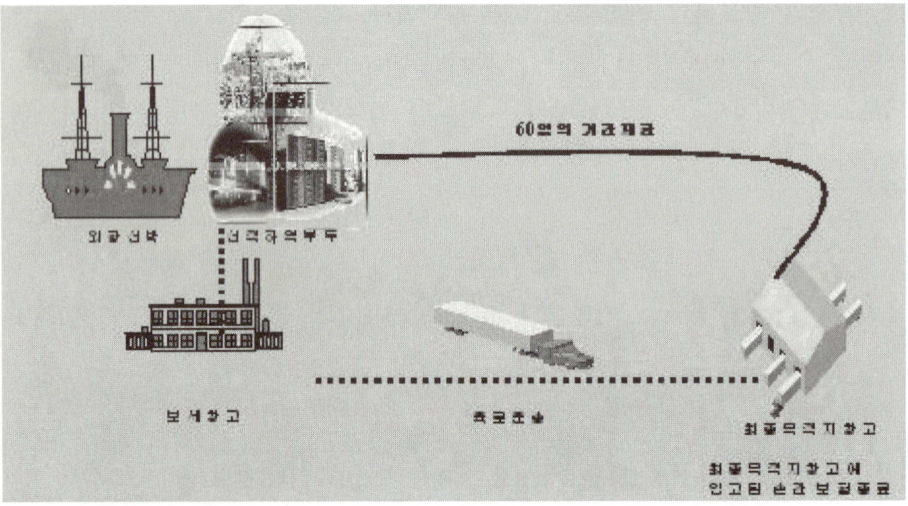

그림 13-2 ▸ 보험효력의 종료

화물의 최종목적지가 다른 경우에는 특정장소에서 화물이 목적지별로 분류하게 되는데 화물의 최종목적지가 달라서 목적지별로 화물을 분류하기 위해서 창고에 입고되면 60일간의 보험담보기간과 관계없이 보험의 효력은 종료되어 보험자는 화물이 창고에 입고된 이후에 발생하는 손실에 대해서 하등의 책임을 부담하지 않는다. 또한 해상적하보험에 명시된 최종목적지를 변경한 경우 화물이 변경된 목적지를 향해 출발하는 순간 보험의 효력은 종료된다. 수입화물에 대해서 우리나라는 30일 약관(30 Days Clause)을 적용하고 있다. 화물이 목적항에 하역된 날로부터 30일간 보험의 효력은 계속되고 그 이후에는 보험의 효력은 종료된다. 운송약관의 하역후 60일이 하역후 30일로 대체된 것이며 최종수하인 창고에 입고되거나 분배나 할당을 위해 중간창고에 입고되면 30일간의 보험담보기간에 관계없이 보험의 효력이 종료된다.

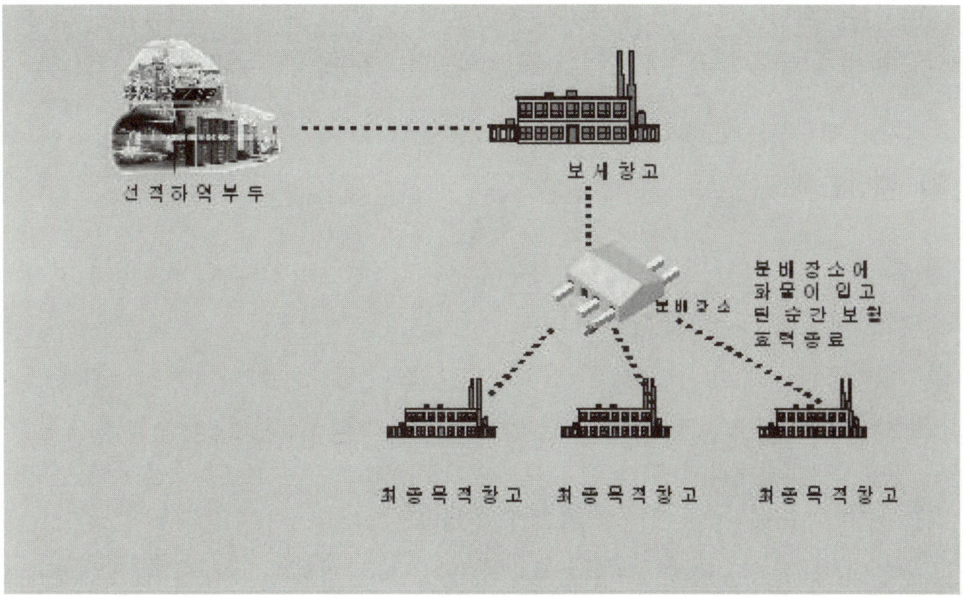

그림 13-3 ▸ 분배장소에서 보험의 종료

5. 해상적하보험의 담보위험

1) 해상고유의 위험

해상고유의 위험(Perils of the Seas)은 침몰, 좌초, 충돌, 난파 등과 같은 해상의 우연한 사고 또는 재난을 말하는데 해상고유의 위험은 보험자와 보험계약자의 합의에 따라 담보위험과 면책위험으로 구분된다. 담보위험(Perils insured against)은 해상운송에서 발생 가능한 많은 위험 가운데 보험자가 보상해 주는 위험을 말한다. 보험자는 보험계약자와 보험자가 책임질 위험을 합의하여 결정하고 이것을 해상적하보험계약에 명시하여 보험계약을 체결하면 보험자는 해상적하보험계약서에 명시된 위험으로 발생한 손실에 대해서 보험계약자에게 보상을 한다. 따라서 담보위험은 보험자와 보험계약자의 합의에 의해서 결정되며 담보위험이 많으면 보험계약자가 부담하는 보험료가 많아지고 반대로 담보위험이 적으면 보험계약자가 부담하는 보험료가 낮다.

면책위험(Excepted perils)은 보험사고로 인하여 손해가 발생하더라도 보험자에게 책임이 없는 위험을 말하며 담보위험에 포함되지 않은 위험은 면책위험이 되며 면책위험은 법으로 규정될 수도 있고 보험계약당사자가 합의로 결정할 수도 있다.

2) 해상손해

해상고유의 위험으로 해상손해(Maritime loss)는 크게 물적손해, 비용손해 및 충돌손해배상책임으로 나누어볼 수 있다.

물적손해(Physical loss)는 해상고유의 위험으로 보험목적물에 발생한 손해를 말하며 발생한 손해의 정도에 따라 전손과 분손으로 구분되는데 전손은 보험목적물이 전부 멸실 되어 경제적 가치가 없는 손해를 말하고 분손은 보험목적물이 일부 멸실되어 잔존한 화물에 대한 경제적 가치가 존재하는 손해를 말한다.

비용손해(Expense loss)는 보험목적물의 멸실을 방지하기 위해서 발생한 비용을 말하는데 손해방지비용, 구조비, 특별비용 등이 있다.

충돌손해배상책임(Collision liability loss)은 피보험자가 제3자에 대해서 법적으로 배상책임을 부담하게 될 경우를 말하는데 대표적으로 충돌로 인한 충돌손해배상책임이 있다.

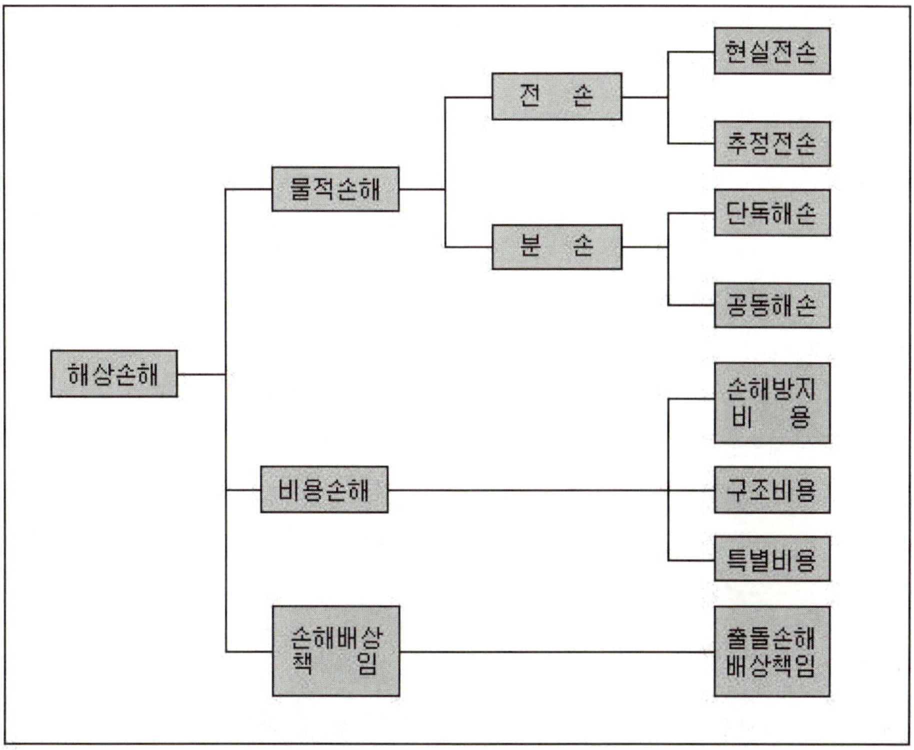

그림 13-4 ▸ 해상손해의 관계

(1) 전손과 분손

전손은 보험목적물이 전부 멸실되어 경제적 가치가 없는 경우와 전부 멸실되지는 않았으나 경제적가치가 없는 경우를 말하며 전손은 다시 현실전손(Actual Total Loss)과 추정전손(Constructive Total Loss)으로 나누어진다.

① 현실전손

현실전손은 보험목적물이 완전히 멸실 되어 경제적 가치가 없는 경우를 말하는데 보험목적물이 완전히 파손되어 상품가치가 전혀 없는 경우, 보험목적물이 존재하나 보험계약 상품의 품질이 상실된 경우, 피보험자가 보험목적물을 탈취 당해 뒤 찾을 수 없는 경우, 선박이 상당기간 행방불명된 경우 등이 현실전손에 속한다.

② 추정전손

추정전손은 현실전손을 피할 수 없거나 보험목적물이 일부 손상되어 손상된 부분을 수리할 경우 수리비용이 보험목적물의 가격을 초과하여 경제적 이익이 전혀 없는 경우 피보험자가 보험자에게 위부(Abandonment)를 통지하고 보험금 전액을 청구하는 손해이다. 위부는 보험목적물에 대하여 피보험자가 갖고 있는 모든 권리를 보험자에게 이전하고 보험자로부터 보험목적물의 보험가액을 보상받는 것을 말한다.

(2) 분손

분손(Partial loss)은 보험목적물이 일부 멸실되어 발생한 손해를 말하며 전손에 포함되지 않는 손해를 말한다. 분손은 단독해손(Particular average)과 공동해손(General average)으로 구분되는데 단독해손은 담보위험으로 인하여 보험목적물이 일부 멸실되어 발생한 손해로서 피보험자가 단독으로 책임지는 손해이다(영국해상보험법 제64조 1항). 공동해손은 선박이 해상운송도중 해상고유의 위험에 직면하여 공동의 안전을 위해 선장이 불가피하게 선박 및 화물의 일부를 투하함으로써 발생한 손해를 말하며 이 손해는 이로 인해 손해를 면하게된 이익관계자가 모두 공평하게 부담하게 된다.

(3) 비용손해

비용손해는 피보험자가 보험목적물이 멸실 되지 않게 하기 위해서 지출한 비용을 말한다. 비용손해에는 손해방지비용(Sue and Labour Charge: S/L Charge), 구조비(Salvage Charge), 특별비용(Particular Charge), 공동해손 등이 있다.

6. 신협회적하약관

구협회적하약관에서 명시된 담보위험의 범위가 명확하지 않다. 특히 전위험담보의 범위와 면책위험이 불분명하여 보험자와 보험계약자간에 분쟁이 끊임없이 발생하였고 분손부담보와 분손담보의 담보범위가 정확하게 구분할 수 없어 보험계약자에게 혼란을 발생시켜 1982년 런던해상보험업자협회와 로이드보험업자들이 Lloyd's S. G. Form 및 Institute Cargo Clause를 개정하여 간결하고 구분을 정확히 할 수 있는 새로운 신증권과 신협회약관을 제정하였다. 오늘날 대부분이 신협회약관(New Institute Cargo Clauses)을 이용하고 있다.

1) 협회적하약관 A(Institute Cargo Clause A)

위험약관은 보험자가 부담해야할 담보범위를 규정하고 있는 약관이다. 협회적하약관의 A약관은 포괄책임주의 원칙을 따르기 때문에 보험자의 면책위험을 위험약관에서 명시하였다. 보험자는 위험약관에서 면책위험으로 명시된 제4조 일반면책위험, 제5조 선박의 불내항 및 부적합위험, 제6조 전쟁위험 및 제7조 동맹파업위험을 제외한 다른 모든 위험 때문에 발생한 모든 손해를 보상하며 면책위험으로 발생한 손해에 대해서 보험자는 보상하지 않는다.

2) 협회적하약관 B(Institute Cargo Clause B)

기존의 분손담보조건에 명시된 담보위험중에서 불분명한 내용을 명확히 한 것으로 보험자가 부담해야할 담보위험을 제1조 위험약관에서 구체적으로 열거함으로써 피보험자가 담보위험을 정확히 선택할 수 있도록 하였다.

3) 협회적하약관 C(Institute Cargo Clause C)

협회적하약관 C약관은 B약관과 마찬가지로 보험자가 부담해야할 담보위험을 열거책임주의 원칙에 따라 구체적으로 명시하였다. 보험자가 부담하는 담보위험이 가장 적은 조건이다.

표 13-1 ▸ 담보위험의 비교

공동해손희생손해	O	O	O
투하	O	O	O
선적 양하작업중 포장당 전손	O	O	O
해상에서 점유탈취(전쟁위험 제외)	O	O	O
선박외부로부터의 해수침손 1) 전손	O	O	O
2) 분손	×	O	O
선박외부로부터 강, 호수물의 침입 1) 전손	O	O	O
2) 분손	×	O	O
갑판유실	×	O	O
지진, 분화, 낙뢰	×	×	O
도난, 발하, 불착	×	×	O
선원의 악행	×	×	O
해적행위	×	×	×
선주, 관리자, 운항자의 파산 또는 채무불이행	×	×	O
타화물, 기름과의 접촉	×	×	O
선박내의 오수와 접촉	×	×	O
Rough Handing	×	×	O
빗물접촉	×	×	O
Sweat	×	O	O
1) 악천후로 인한 Sweat	×	×	×
2) 적도항해에 따른 온도차이로 인한 Sweat	×	×	×
3) 화물자체의 성질에 기인한 Sweat	×	×	×
피보험자의 고의적 불법행위	×	×	×
통상의 누손, 통상의 중량과 용량의 부족, 자연소모	×	×	×
보험목적물의 고유의 하자 또는 성질	×	×	×
지연을 근인으로 발생한 멸실, 손상, 비용	×	×	×
보험목적물에 대한 선원의 불법행위로 생긴 손해	×	×	×
원자핵분열 또는 원자핵융합 등으로 생긴 손해	×	×	×
불내항성 및 부적합	×	×	×

제 14 장
무역결제와 클레임 및 상사중재

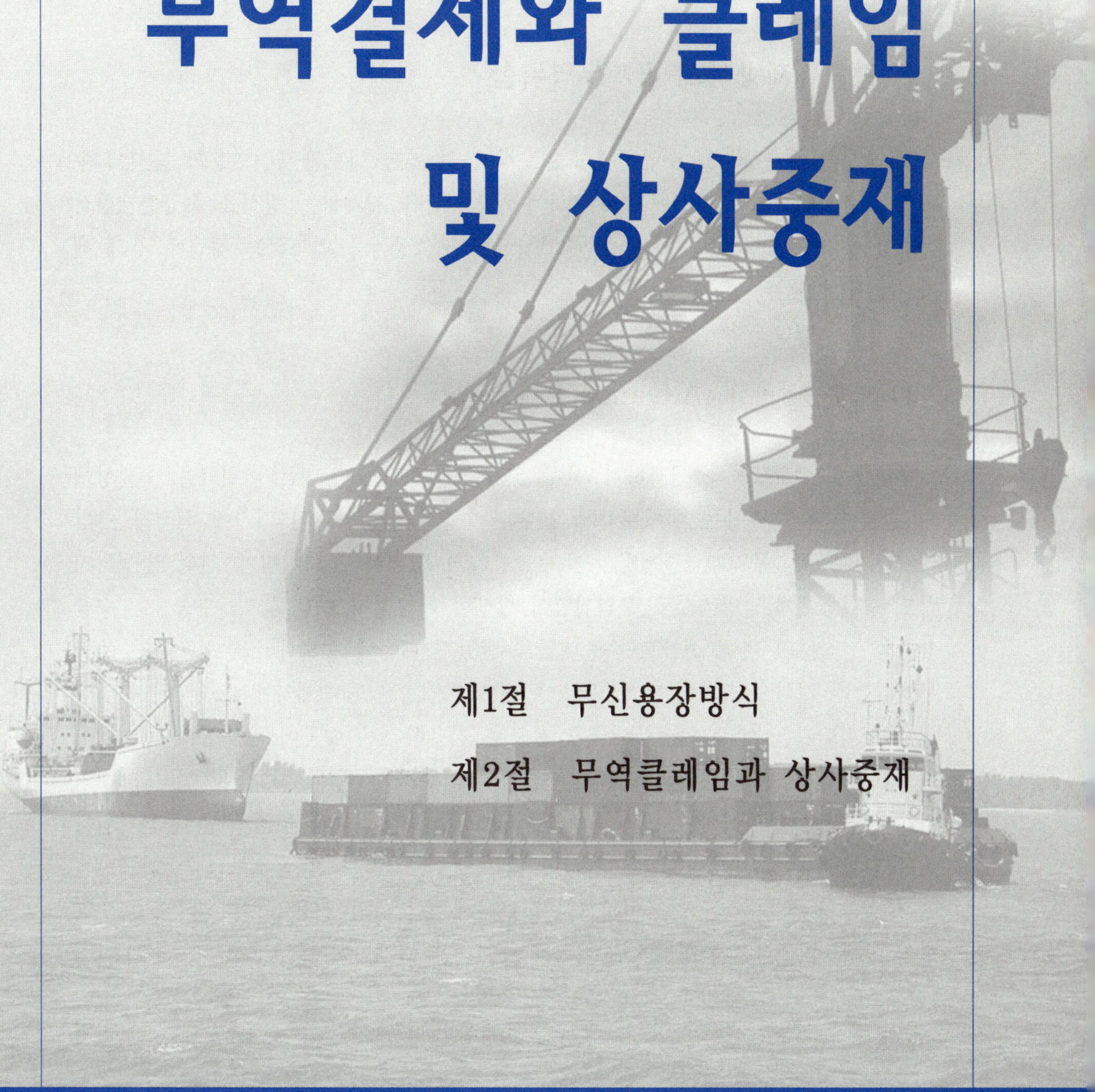

무역거래의 당사자들이 혼신을 다하여 노력을 하는 것은 돈을 벌기 위해서이다. 무역대금결제방식은 수출입상사의 이해관계에 밀접한 영향을 주기 때문에 신중을 기해서 결정하여야 한다. 수출상과 수입상 간의 무역거래가 성공적으로 마무리 될 때까지 많은 노력과 비용이 수반된다. 수출상은 수입상과의 첫 무역거래를 계기로 계속해서 무역거래를 하기 위해서는 수입상에 대한 클레임관리를 해야 한다. 따라서 본장에서는 무역결제방식과 클레임 및 상사중재에 관하여 살펴보기로 한다.

제1절 ▸ 무신용장방식

1. 송금결제방식과 국제무역위험

수출상이 수출상품을 수입상에게 인도하기 전 또는 인도한 후, 인도와 동시에 수입상이 수입대금을 수출상에게 송금하여 무역대금을 결제하는 방식을 송금결제방식이라고 한다. 이 방식은 수출상이 수입상에게 수출상품을 인도하는 시점에 따라 세 가지로 구분된다.

1) 단순송금방식 (Advance Payment)

수출상이 수출상품을 선적하기 전에 수입상이 먼저 수입대금의 전액을 수출상에게 결제한 후 수출상은 매매계약에 명시된 수출상품을 약정된 기간에 선적하는 방식이다. 이 국제무역대금결제방식은 수출상에게 있어서 무역위험이 전혀 발생하지 않고 수입상에게 일방적으로 무역위험이 발생할 가능성이 매우 높다. 수출상은 수출상품을 선적하기 전에 선불로 수출대금을 받았기 때문에 수출대금을 회수하지 못할 무역위험에 전혀 노출되어 있지 않다. 반면에 수입상은 매매계약에서 명시된 수입상품이 선적되기 전에 수입상품대금을 선불로 지급하였기 때문에 수출상이 매매계약에 명시된 상품을 선적할 것인가?, 수출상이 파산하여 제대로 상품을 선적할 것인가?, 수출상이 선불 받은 수출상품대금을 갖고 도주할 가능성 등과 같은 무역위험들이 수입상에게 있어서 발생할 가능성이 매우 높다. 따라서 본 국제무역대금결제방식은 수출상의 신용을 근거로 이루어지기 때문에 수출상의 신용이 불량할 경우 수입상이 국제무역대금결제 방식으로 선택하기 어려운 결제방식이다.

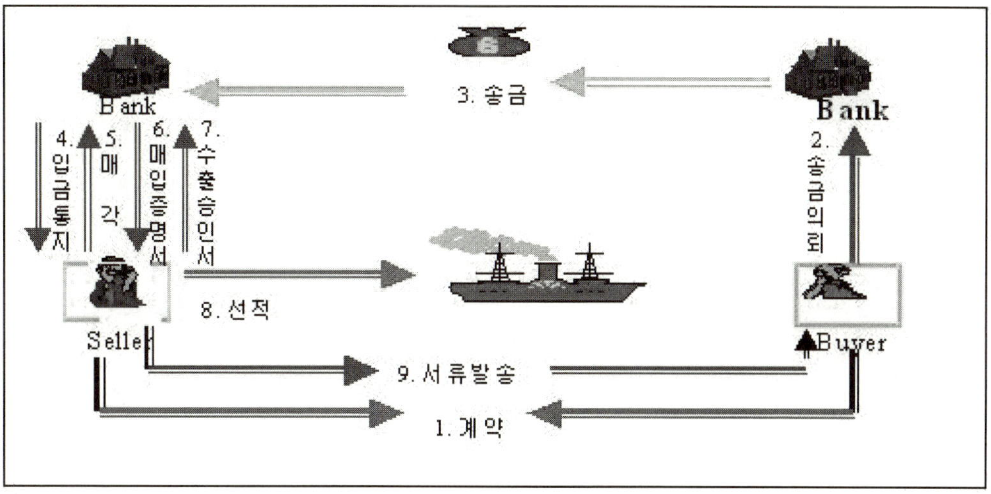

그림 14-1 ▸ 단순송금방식의 거래절차

2) 서류상환불 결제방식 (Cash against Documents: CAD)

서류상환불결제방식은 수출상이 수출상품을 선적한 후 선적서류를 수출지역에 있는 수입상의 대리인에게 인도하면서 수출대금을 결제받는 방식이다. 수입상의 대리인은 수입상과의 대리인계약을 통해 수출지역에서 수입상을 위해 수입상이 원하는 상품을 수출상으로부터 구매해주며, 이러한 구매행위는 전적으로 수입상의 이익을 위해서 이행된다. 수출상의 입장에서 보면 이 결제방식은 수출상이 수출상품을 생산하여 지정된 선박에 선적한 후 선적서류를 수입상의 대리인에게 제시한 후 수출대금을 결제받도록 되었기 때문에 수입상의 대리인이 수입상의 지시를 받아 선적서류의 인수를 거부하면 수출대금을 회수하지 못하는 무역위험에 노출되어 있다. 수출상은 기 선적된 상품을 수입지역에서 회수하여 판매해야 하며 상품가격이 매매계약에 명시된 가격보다 하락한 경우 그 차액과 제반 비용을 부담해야 하는 무역위험에 직면해 있다. 반면에 수출지역에 있는 수입상의 대리인과 수출상이 공모하여 상품이 선적되지도 않았는데 수입대금이 결제될 수 있는 무역위험이 수입상에게 있어서 발생할 수도 있다.

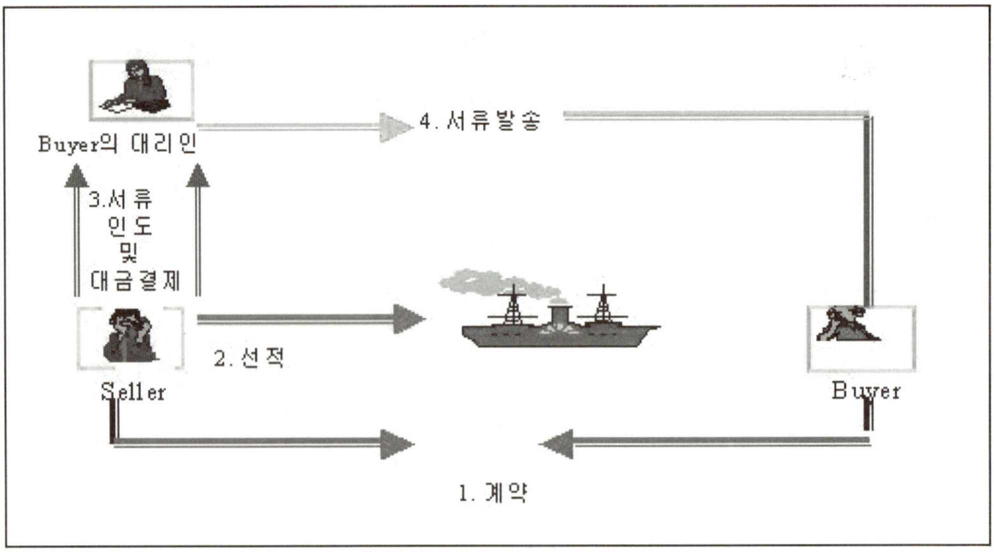

그림 14-2 ▸ 서류상환불결제방식의 거래절차

3) 상품인도불 결제방식 (Cash on Delivery: COD)

상품인도불 결제방식은 수출상이 수출상품을 선적한 후 선적서류를 수입지역에 있는 수출상의 대리인에게 송부하여 수출상품이 수입상이 지정한 장소에 도착하면 수입상이 상품을 검사한 후 매매계약에서 약정한 상품과 동일하여 동 상품을 인수하면 수출대금이 결제되는 방식이다. 수입상의 입장에서 보면 국내거래와 동일하다. 수입상은 수입된 물품을 확인하여 매매계약에서 약정된 물품과 동일한 경우에 물품을 인수하고 수입대금을 결제할 수 있기 때문에 무역위험에 전혀 노출되어 있지 않다.

수출상은 수출상품을 생산하고 수출지역에서 수출항까지 수출상품의 운송과 수출통관을 스스로 해야 하고 수출항에서 수입항까지 해상운송이나 항공운송을 이용하여 수출상품을 운송해야 한다. 또한 수출상은 수입통관 뿐만 아니라 수입항에서부터 수입상이 지정한 장소까지 수출상품을 운송해야 한다. 따라서 수출상의 무역위험이 발생할 가능성이 매우 높은 결제방식이다.

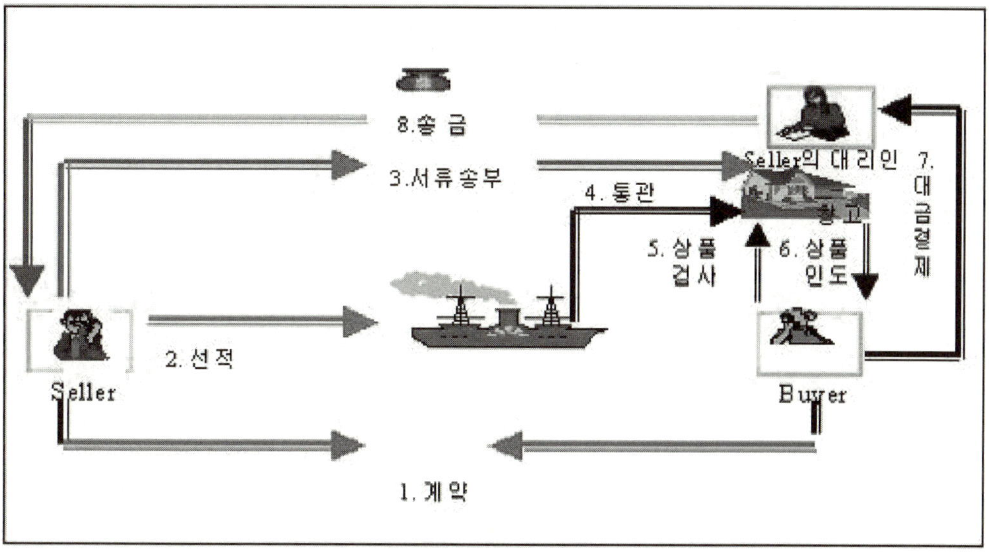

그림 14-3 ▸ 상품인도결제방식의 거래절차

4) 청산계정 결제방식 (Open Ac count)

청산계정결제방식은 수출입거래가 많은 수출입상이 매번 거래마다 수출입대금을 결제하면 그에 따르는 비용과 시간이 반복되어 발생하기 때문에 일정기간을 약정하여 그 약정기일이 도래하면 그 동안 발생된 수출입대금을 결제하는 방식이다. 수출상은 수입상이 수입대금을 결제하기 전에 미리 수출상품을 수입상에게 송부한 후에 수출대금을 수입상에게 요구한다. 본 결제방식에서 운송서류는 은행을 통해서 수입상에게 전달되지 않고 수출상이 직접 수입상에게 송부하기 때문에 무역위험이 그만큼 발생할 가능성이 높다. 또한 본 결제방식은 수출입거래 당사자의 신용에 근거해서 이루어지는 외상거래에 해당되기 때문에 수출입상이 서로 믿지 못하는 경우에는 이용되기가 어렵다. 결제수단으로는 개인수표(personal check), 은행어음(bankers draft), 우편환(mail transfer), 전신환(telegraphic transfer)등이 사용된다.

2. 추심결제방식과 국제무역위험

추심결제방식은 수출상이 수출상품을 선적한 후 수입상을 지급인으로 하는 화환추심어음을 발행하여 수입지역의 추심은행(collecting bank)에 추심을 의뢰함으로써 수출대금을 회수하는 것으로 운송서류의 인도조건에 따라 인수도조건과 지급도조건으로 구분된다.

1) 인수도조건 (Documents against Acceptance: D/A)

인수도조건은 수출상이 수출상품을 생산하여 계약에 명시된 선적일자에 선적을 완료한 후 수입상을 지급인으로 하는 기한부환어음을 발행하여 추심은행을 통해서 수입상에게 제시하면 수입상은 환어음에 대한 인수(acceptance)만으로 운송서류를 찾아간다. 즉, 수입상은 어음에 대한 지급의 약속으로 "accepted" 라고 쓰고 서명, 날인 함으로써 운송서류를 인도 받을 수 있으며 어음만기일에 수입대금을 추심은행에게 지급하게 된다. 따라서 인수도조건은 외상거래에 해당되며 수입상은 인도 받은 운송서류로 상품을 운송회사로부터 찾아 판매한 후 그 대금으로 어음만기일에 결제하면 된다. 수출상은 만기일 후 수출대금을 추심은행을 통해서 지급 받는다. 인수도조건의 추심과정을 살펴보면 <그림 14-4>와 같다.

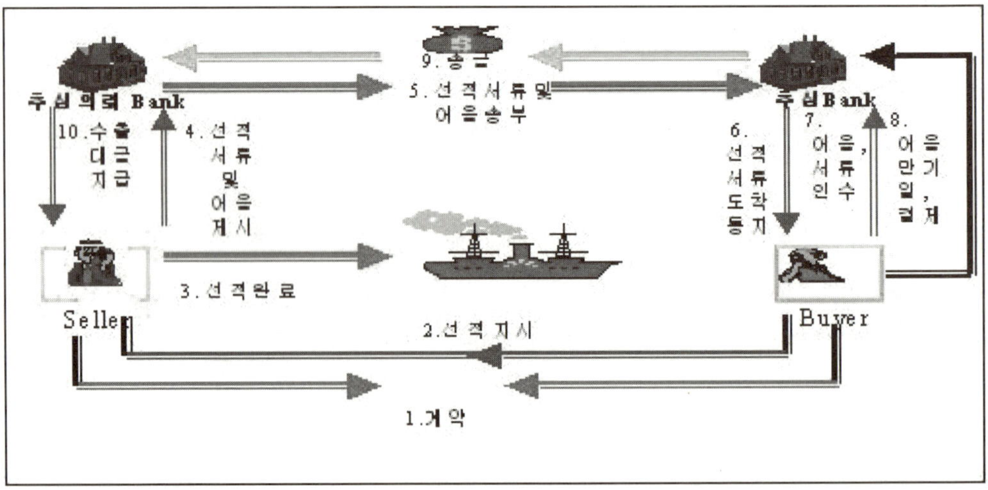

그림 14-4 ▸ 인수도조건에 의한 결제과정

① 수출상은 수입상과 상품매매계약을 체결하고 수출대금은 인수도조건으로 결제하기로 한다. ② 수입상은 수입에 필요한 모든 허가와 승인을 득한 후 수출상에게 선적지시를 통지한다. ③ 수출상은 약정된 선적 기일 내에 명시된 선박에 선적을 완료하고 선하증권을 교부받고 기타 필요한 제반서류를 구비한다. ④ 수출상은 수입상을 지급인으로 하는 환어음을 발행하여 선적서류와 함께 거래은행에 제시하여 수입상 앞으로 추심을 의뢰한다. ⑤ 추심의뢰은행은 수출상이 제시한 제반서류와 환어음을 수입상 지역에 있는 추심은행 앞으로 송부하여 추심을 의뢰한다. ⑥ 수입자의 추심은행은 수입상에게 관계선적서류와 환어음이 도착했음을 통지한다. ⑦ 수입상은 서류도착통지에 따라 환어음을 인수하고 선적서류를 인도 받는다. ⑧ 수출대금은 추심은행, 추심의뢰은행을 통하여 수출자 앞으로 송금된다.

(2) 지급도조건 (Documents against Payment: D/P)

지급도조건은 수출상이 수출상품을 계약에 명시된 선적일자에 선적한 후 수입상을 지급인으로 하는 일람불 환어음을 발행하여 운송서류와 함께 수입상의 거래은행으로 하여금 수출대금의 추심을 의뢰하면 추심은행은 수입상에게 어음을 제시하여 어음금액의 일람지급을 받고 운송서류를 인도하는 방식을 말한다. 지급도방식에서 수입상이 추심은행에 수입대금을 반드시 지급해야만 추심은행은 수입상에게 운송서류를 인도한다. 만약 수입상이 환어음에 대한 지급을 거절하면 관계서류는 수출상에게 반송된다. 지급도조건의 추심과정을 살펴보면 <그림 14-5>와 같다.

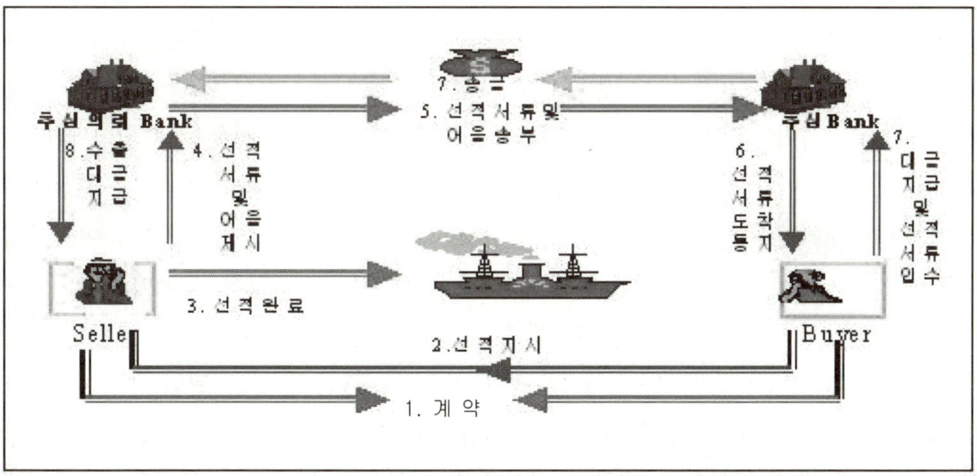

그림 14-5 ▸ 지급도조건에 의한 결제과정

① 매매계약의 체결 : 수출상은 수입상과 매매계약을 체결하고 수출대금은 지급도 조건으로 하기로 한다. ② 수출상품의 선적과 운송서류의 입수 : 수입상은 수출상에게 선적지시를 하고 수출상은 그 지시에 따라 수출상품을 선적한 후 선박회사로부터 선하증권을 발급 받는다. ③ 선적서류 및 환어음 추심의뢰 : 수출상은 수입상을 지급인으로 하는 화환어음을 발행하고 운송서류와 함께 거래은행(추심의뢰은행)을 통하여 수입상으로부터 수출대금을 추심해 줄 것을 요청한다. ④ 추심의뢰은행의 서류송부 : 추심의뢰은행은 아무런 책임을 부담하지 않고 수입상 지역에 있는 추심은행 앞으로 운송서류와 환어음을 송부하면서 추심을 의뢰한다. ⑤ 추심통지 : 추심은행은 수입상에게 운송서류와 환어음이 도착한 사실을 통지한다. ⑥ 추심완료 및 수출대금상환 : 지급인인 수입상은 수입대금을 추심은행에 지급하고 나서 추심은행으로부터 운송서류를 입수한다. 추심은행은 결제 받은 수출대금을 추심의뢰은행을 통하여 수출상에게 상환한다.

무신용장방식에 의한 수출거래는 매매당사자간의 신용을 근거로 수출입거래가 성사되기 때문에 신용장방식에 비해서 다음과 같은 특성에 의해서 무역위험이 발생할 가능성이 높다. 첫째, 신용장거래에서는 개설은행이 수입상의 수출대금 지급의무를 대신해서 지급확약을 하고 있지만 무신용장방식은 추심은행이나 추심의뢰 은행이 수출대금지급에 대해서 어떠한 확약을 하지 않고 단순히 추심만 한다. 따라서 무신용장거래는 수출상이 오로지 수입상의 신용상태만 믿고 수출거래를 수행한다는 것을 의미한다. 둘째, 신용장거래에서 수입상은 신용장의 독립추상성 때문에 개설은행이 제시한 운송서류가 신용장의 조건과 일치하면 이 운송서류의 인수를 거절할 수 없다. 그러나 무신용장거래에서 수입상은 추심은행이 제시한 환어음과 운송서류의 인수를 얼마든지 거절할 수 있다. 이런 점에서 무신용장방식은 수출상에게 매우 불리한 결제방식이다. 수입상이 수출대금결제를 거절하면 운송서류는 수출상에게 반송되고 경우에 따라서는 수입항에 도착한 수출상품을 반송처리하든지 수입국에서 수출상이 판매처분해야 하는 경우도 발생한다. 인수도조건에서는 수입상이 어음상의 인수만으로 운송서류와 수입상품을 운송회사로부터 찾을 수 있어 수출대금 미 회수 위험이 발생할 가능성이 매우 높다. 셋째, 신용장거래에서는 수출상이 발행한 화환어음의 지급인은 개설은행 또는 개설은행이 지정한 제3의 은행이 된다. 그러나 무신용장거래에서 수출상이 발행한 환어음은 지급인이 수입상으로 되어 있다. 즉 신용장거래에서는 발행된 환어음에 대한 지급보증을 개설은행이 하지만 무신용장방식에서는 수입상이 하기 때문에 지급상의 모든 책임은 수입상에게 있다. 추심결제방식은 거래의 이런 특성으로 인해 수출상의 입장에서 보면 수출대금 결제위험이 매우 높지만 수입상의 측면에서는 신용장 개설에 따른 담보금을 제시할 필요가 없기 때문에 신용장 방식보다 이 방식이 유리할 수 있다.

2. 신용장결제 방식

1) 신용장의 개념

신용장(letter of credit)에 의한 수출거래조건은 국제상 거래에서 일찍이 정형화된 수출거래 방식이다. 신용장의 중요한 목적은 수출상이 수입상에게 제공한 상품이나 서비스에 대한 지불수단을 제공하는 데에 있고 또한, 수출상에게 수출계약상품과 서비스에 대한 대금지급을 확신시켜 주고 수입상에게는 수출계약에 명시된 상품을 인도할 것을 명확히 함으로써 서로 다른 국가에 거주하는 계약 당사자들 간의 거래를 활성화시키는 데 있다.1)

신용장은 수입상의 수출대금지불능력을 특정은행이 대신하여 보증함으로써 수입상의 상업신용이 은행신용으로 바뀌게 된다. 따라서 이는 수출상에 대해서 수출대금회수를 보장하고 수입상에 대해서는 상품수입을 원활하게 함으로써 국제거래를 활성화시키는 금융수단이다. 신용장의 정의에 대해서 많은 학자들이 다양하게 정의를 내리고 있는데 이들을 종합해 보면 다음과 같이 정의할 수 있다.

신용장이란 무역거래의 대금지불과 상품수입의 원활을 기하기 위하여 수입상의 요청과 지시에 따라 수입상의 거래은행이 수출상 또는 그의 지시인으로 하여금 일정기간 및 일정조건 아래 선적서류를 담보로 하여 개설은행 또는 개설은행이 지정하는 제3의 은행을 지급인으로 하는 화환어음을 발행하도록 하여 이 어음이 제시될 때에는 지급, 인수 또는 매입할 것을 어음발행인(수출상) 또는 어음수취인(어음 매입은행)에 대해서 약정하는 증서이다. 따라서 신용장 방식으로 수출대금을 결제할 경우 개설은행은 제시된 운송서류와 제반서류가 신용장에 명시된 조건과 일치하면 무

1) Gutteridge and Megrah, The Law of Banker's Commercial Credits, London, Europe Publications Ltd., 1984, p. 1.

조건적으로 수출대금을 지급해야 한다.

2) 신용장의 거래절차

신용장의 거래절차를 살펴보면 다음과 같다. <그림 14-6참조>

① 매매계약의 체결 : 수출상과 수입상이 매매계약을 체결하면서 수출대금의 결제는 신용장거래조건으로 한다는 것을 매매계약에 명시한다. ② 수입상의 신용장 개설요청과 지시 : 수입상은 계약에 명시된 기간 내에 신용장을 개설하기 위해 수입약정서를 체결하고 수입담보금을 예치한 다음 신용장개설 신청서를 작성하여 은행에 제시한다. ③ 신용장의 개설 : 수입상으로부터 신용장 개설요청과 지시를 받은 은행은 수입상이 제시한 신용장 개설신청서를 근거로 신용장을 개설한다.

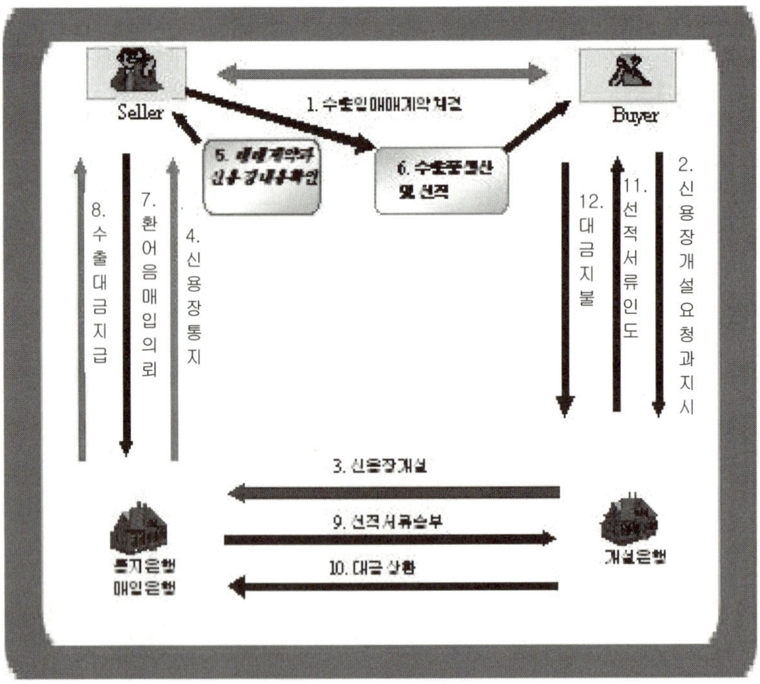

그림 14-6 ▸ 신용장거래방식에 의한 거래절차

④ 신용장의 통지 : 신용장은 개설은행으로부터 직접 수출상에게 통지되는 방법과 제3의 은행을 통해서 통지되는 방법이 있다. 일반적으로 제3의 은행을 통해서 신용

장이 수출상에게 전달된다. ⑤ 매매계약과 신용장 내용확인 : 수출상은 신용장을 인수하고 신용장내용이 수출계약과 일치하는지 반드시 검토하고 일치하지 않을 경우 신용장 조건변경을 수입상에게 요구하여 수출계약과 일치한 신용장을 받아야 한다. ⑥ 수출품 생산 및 선적 : 신용장을 접수한 수출상은 신용장 내용이 매매계약의 내용과 일치하는지 검토한 다음 수출품 생산활동에 들어가게 된다. 생산된 상품을 신용장에 명시된 기간 내에 명시된 선박에 선적하여 선적을 완료하게 된다. ⑦ 화환어음 매입의뢰 : 수출상은 운송회사로부터 선하증권을 발급받고 신용장에 명시된 제반 서류를 작성하고 개설은행 또는 제3의 은행을 지급인으로 하는 화환어음을 발행하여 매입은행에 제시함으로써 매입을 의뢰하게 된다. ⑧ 수출대금지급 : 매입은행은 제시된 서류가 신용장의 여러 조건과 일치하는지 검토한 후 수출대금을 수출상에게 지급한다. ⑨ 선적서류 송부 : 매입은행은 제반 선적서류를 개설은행에 송부하여 대금지급을 요청한다. ⑩ 대금상환 : 개설은행은 매입은행으로부터 송부된 제반서류를 면밀히 검토하여 그것이 신용장의 조건을 충족시키면 매입은행에 대금을 상환하게 된다. ⑪⑫ 선적서류 인도 및 대금지급 : 개설은행은 송부되어 온 운송서류를 수입상에게 제시하고 수입상은 이에 따른 수입대금을 지급한다.

3) 신용장거래방식과 국제무역위험

신용장은 독립성과 추상성이라는 특성을 갖고 있다. 신용장은 비록 그것이 매매계약이나 다른 계약에 근거를 두고 있다고 하더라도 본질적으로 이러한 계약과는 별개의 거래이며 또한 이러한 계약에 대한 참조사항이 신용장에 포함되어 있다고 하더라도 그러한 계약과는 하등의 관계도 없으며 또한 기속 당하지도 않는다. 따라서 신용장하에서 은행이 행하는 지급, 환어음의 인수 및 지급 또는 매입 및 다른 모든 의무를 수행하는 행위는 개설의뢰인의 개설은행 또는 수익자와의 관계에서 초래되는 개설의뢰인에 의한 클레임이나 항변의 대상이 되지 않는다.

또한 수출상은 어떠한 경우에도 은행상호간에 또는 개설의뢰인과 개설은행간에 존재하는 계약관계를 원용할 수 없다. 신용장거래에 있어서 모든 관계 당사자는 서류를 취급하는 것이지 그 서류와 관련될 수 있는 물품, 용역 및 또는 기타 의무이행을 취급하는 것이 아니다. 취소불능(irrevocable)신용장은 일단 개설되면 신용장 거래의 당사자 전원의 동의 없이 한 당사자에 의해 일방적으로 취소 또는 변경이 될 수 없다. 이러한 모든 측면을 고려해 볼 때 신용장방식으로 수출대금이 결제되면 수출위험은 제한적으로 발생한다고 볼 수 있다. 취소불능신용장이 개설되기 전에 수입상은 수입승인을 받아야 한다. 신용장이 일단 발급되면 외환통제가 강화되어도 기개설된 신용장에 대해서는 정부가 대외신용을 추락시키면서까지 지급거절을 하지 않을 것이다.

신용장거래에서 수출대금지급보증은 개설은행이 한다. 따라서 수출상은 수출대금회수를 보장 받을 수 있다. 그러나 신용장방식으로 수출대금을 결제한다고 해서 수출대금 결제위험이 완벽하게 방지될 수 있는 것은 아니다. 수출상의 수출대금 지급확약을 하는 개설은행의 신용상태가 현저히 떨어지는 경우 수출상은 수출대금을 회수하지 못할 수도 있다.

또한 신용장거래에서의 수출대금지급의 전제조건은 신용장에서 명시된 대로 수출상이 명시된 서류를 완벽하게 작성해야만 된다. 수출상이 신용장에 명시된 대로 제반서류를 작성하지 못하면 수출대금을 완벽하게 회수할 수 없다. 국제가격과 수입국의 판매가격이 폭락하면 수입상이 서류상의 조그만 하자를 트집잡아 수출대금지급을 거부할 수도 있다. 따라서 신용장방식으로 수출대금을 결제하게 되면 수출대금결제위험이 크게 줄어들긴 하지만 완벽하게 방지할 수 있는 것은 아니다.

따라서 신용장결제방식하에서 수출대금 결제위험을 완벽하게 방지하려면 개설은행의 신용조사와 신용장 내용의 완벽한 분석을 통해서 수출상에게 불리한 내용을 수정하고 신용장에서 명시된 대로 완벽하게 서류를 작성하는 시스템이 수출상에 도입될 때 가능하게 될 것이다. 또한 수입상측면에서 보면 신용장거래는 서류상의 거래이기 때문에 매매계약에서 명시된 상품을 입수한다고 보장할 수 없다. 지금까지 살펴본 바와 같이 수출상과 수입상의 이해관계를 완벽하게 충족시켜줄 수 있는 제도는 아직까지는 없는 것 같다.

4) 신용장의 기능과 특성

(1) 신용장의 기능

① 대금결제수단

신용장방식은 수출입매매계약당사자 이외에 제3자인 개설은행이 개입하여 수출상에게 신용장 조건과 일치하는 선적서류와 상환으로 수출대금의 지급을 보증함으로써 신용장조건과 일치하는 선적서류를 제시하는 조건으로 상품거래를 서류거래로 구현시킨 매매계약의 당사자인 수출상에게는 수출대금을 받기 전에 수출상품에 대한 대금결제위험을 제거하여 준다. 반면에 수입상에게는 신용장에 의하여 수출상이 의무를 이행하도록 하며 수입상품을 인수하기 전에 대금지급을 확약하는 대금결제수단으로서 기능을 갖는다. 신용장 제도가 오늘날 국제무역거래의 대금결제방식으로서 주류를 이루게 된 것도 바로 이러한 신용장의 대금결제 수단으로서의 기능 때문이다.

② 금융수단

신용장은 매매계약의 당사자인 수출상과 수입상의 금융상의 부담을 완화시켜 주는 역할을 한다. 수출상에게는 수출상품을 선적하자 마자 수출대금의 회수를 가능케 하며, 수입상에게는 상품의 도착과 더불어 대금의 지불을 가능케 하는 금융수단으로서 기능을 하는 한편 나아가 개설은행의 공신력을 바탕으로 수출입거래의 자동결제기능(Function of self-liquidating)이 부여되어 각종 신용편의(Credit Facility)가 창출된다. 신용장에 의한 각종 금융편의는 수출거래에 있어 무역금융편의, 매입편의(Negotiation-Facility), 우편기일편의(Mail Credit Facility), 할인기본기능인보증편의(Guarantee Facility) 이외에 화물대도편의(Trust Receipt (T/R) Facility), 인수편의(Acceptance Facility), 금융편의(Refinance Facility) 등이 있다.

(2) 신용장의 특성

① 독립성

신용장 자체는 어떤 특정한 매매계약에 의해 생성되었다 할지라도 일단 신용장이 존재하게 되면 그 전의 모든 계약에 의해서 하등의 구애를 받지 않고 독자적인 법률성을 갖게 되며, 신용장의 당사자인 은행과 매도인 및 매수인은 신용장거래에서 야기된 어떤 문제를 매매계약의 내용을 들어 영향을 미치게 할 수 없는 것이다. 수출대금 지급에 관한 결정은 매매계약을 근거로 하는 것이 아니라 전적으로 신용장에 명시된 내용을 근거로 판단하게 된다.

② 추상성

신용장거래는 상품이 아닌 서류상의 거래라는 추상성을 강조하고 있다. 신용장에 의한 거래의 목적은 상품에 있는 것이 아니라 서류에 있다. 그러므로 신용장거래에서는 상품이 서류보다 목적지에 먼저 도착해도 그 상품을 검사하고 대금을 결제하는 것은 용납되지 않고 반드시 서류상의 인수와 결제가 끝난 후에 상품을 인수할 수 있다. 즉 모든 당사자는 서류만 갖고 수출대금을 결제할 것인지를 결정하여야 한다.

③ 한계성

신용장은 독립추상성을 바탕으로 국제거래를 촉진시켜 주는 편리한 결제 수단이다. 그러나 원만한 계약이행을 위해서는 매매당사자의 성실성이 중요한 것이지 신용장이 개설되었다고 모든 것이 다 원만하게 해결되는 것은 아니다. 다시 말해서 신용장에도 몇 가지 한계점이 있다. 신용장은 하나의 독립된 지급수단이 될 수 없다. 신용장은 반드시 개설의뢰인의 지시와 요청이 있어야만 개설은행이 개설한다.

신용장에서 개설은행은 매매계약의 당사자가 아니며, 단지 일정한 조건을 충족시키는 경우에 한해서만 개설은행이 지급, 인수 또는 매입을 하겠다는 독자적인 약속을 하는 것으로서 매수인이 상품대금을 지급하지 않으면 은행이 대신 갚아 준다고 생각해서는 안 된다.

개설은행의 대금지급확약은 제시된 서류가 신용장의 제조건과 일치해야 된다는 조건부 보증이다. 신용장은 반드시 계약상품이 인수된다고 보장하지는 않는다. 신용장거래는 상품의 거래가 아니라 서류상의 거래이기 때문에 매매계약에서 명시된 상품을 수입상이 인수 받는다는 것을 보증하지 못한다. 선하증권이 위조되었을 경우 수입상은 매매계약에서 명시된 상품을 인수하기 보다는 사기에 휘말려 수입대금을 한 푼도 찾지 못하는 위험에 직면할 수도 있다.

5) 신용장거래의 당사자

(1) 개설의뢰인(Applicant)

매매당사자간의 약정에 따라 수입지에서 자신의 거래은행에 신용장의 개설을 의뢰하는 자를 말한다. 개설의뢰인은 하는 역할에 따라 다르게 불리어진다. 상품을 수입하는 당사자라 하여 Importer 또는 Buyer로, 환어음의 지급인으로서 Drawee, 수입대금을 지급해야 하는 채무자로서 Accountee, 화물을 인수한다는 의미에서 Consignee, 신용장을 개설한다는 의미에서 Opener, 등으로 표시되기도 한다. 서류에 표기된 이러한 표현들은 모두 수입상을 의미하는 것으로 보아도 된다.

(2) 수익자(Beneficiary)

수출입 매매계약의 매도인으로서 개설된 신용장의 조건에 따라 수출을 이행하여 이익을 얻는 당사자를 의미한다. 수익자는 상품을 매도하는 자라 하여 Seller, 상품을 수출하는 수출상으로서 Exporter, 환어음의 발행자로서 Drawer, 신용장의 수취인이라 하여 Addressee, 신용장을 이용하는 자라하여 User, 화물선적을 위탁한다는 의미에서 Consigner 등으로 표시되기도 한다. 수익자는 신용장에 명시된 조건에 따라 개설은행 및 제3의 은행을 지급인으로 하는 환어음을 발행하며 기타 요구서류와 함께 은행에 제시하고 지급 인수 또는 매입을 의뢰한다.

(3) 개설은행(Opening Bank, Issuing Bank)

수입자의 지시와 요청과 따라 수출상을 수익자로 된 취소불능신용장을 개설하여 수출상에게 수출대금을 확약하는 당사자이다. 신용장을 개설한다고 하여 Opening Bank 또는 Issuing Bank로 불리운다. 개설은행은 수출상이 제시한 서류가 신용장의 제 조건을 충족시키면 수출상품의 매매계약과 관계없이 수출상에게 수출대금을 지급해야 한다.

(4) 통지은행(Advising Bank, Notifying Bank, Transmitting Bank)

수출상에게 개설은행이 개설한 신용장을 통지해주는 은행을 말한다. 통지은행은 통상 개설은행의 본.지점이나 개설은행과의 환거래 취결 관계에 있는 은행이며, 개설은행의 지시와 요청에 따라 통지은행이 직접 신용장을 개설하여 수출상에게 통지하기도 한다. 신용장은 전달하는 은행이라 하여 Notifying 또는 Transmitting Bank라고 한다. 통지은행은 신용장을 통지할 때 신용장의 진위확인을 할 의무가 있으며 통지신용장에 대해서 하등의 책임을 부담하거나 약정 없이 신용장은 수출상에게 통지할 수도 있다.

(5) 확인은행(Confirming Bank)

수출상은 개설은행의 수출대금지급 확약을 믿고 상품을 수입상에게 수출한다. 그런데 대금지급을 확약한 개설은행의 신용을 믿지 못하는 경우 수출상은 수입상에게 제3의 은행이 당해 신용장의 대금지급을 확인해 주도록 요청하게 된다. 확인은행은 개설은행과 같이 수출상에게 수출대금의 지급을 확약하여 개설은행이 수출상에게 수출대금을 지급하지 못하면 확인은행은 수출상에게 개설은행을 대신해서 수출대금을 지급할 의무가 있다.

(6) 매입은행(Negotiating Bank)

수출상은 신용장에 명시된 대로 환어음이나 선적서류를 첨부하여 은행에 매입을 의뢰한다. 매입의뢰를 받은 은행은 제시된 서류가 문면상 신용장의 제 조건을 충족시키는지 면밀히 검토하여 하자 사항이 없으면 개설은행에 의한 최종 지급일까지의 이자(환가료) 및 수수료를 공제하고 수출대금을 미리 수출상에게 지급하는 은행을 말한다. 매입의뢰은행의 매입은 개설은행의 대금지급확약을 믿고 개설은행으로부터 수출대금의 상환을 받은 것을 전제로 하여 자기은행의 자금으로 수익자에게 수출대금을 지급하여 준다.

(7) 지급은행(Paying Bank)

개설은행과 예치환 거래계약을 체결하여 자행에 개설은행의 명의의 예금 계정을 설치하여 두고 신용장의 조건과 일치되는 서류가 제출될 때 또는 그러한 서류가 첨부된 환어음이 자행을 지급인으로 하여 제시될 때, 개설은행의 예금계정에서 차감하면서 지급을 이행하는 은행을 말한다.

(8) 인수은행(Accepting Bank)

수출상은 환어음과 제반서류와 상환으로 수출대금을 지급 받든지 아니면 환어음과 제반서류를 수입상에게 넘겨주고 일정기간이 지난 후에 수출대금을 지급 받는 방법이 있다. 일정기간 동안의 여신을 수출상에게 제공하는 은행을 인수은행이라고 하며 인수은행은 기한부어음을 인수하고 수출상에게 서류와 상환으로 수출대금을 지급하고 어음만기일에 개설은행으로부터 수출대금을 지급 받는다. 통상 여신이자는 개설은행으로부터 선불로 받고, 어음 만기일에 가서 지급은행이 된다.

(9) 상환은행(Reimbursing Bank)

개설은행은 자행의 본.지점, 또는 타 은행에 예금계좌를 설치해 두고 매입은행으로부터 자행이 개설한 신용장에 의거 발행된 환어음의 매입대전에 대한 상환요청이 오면 자행의 예금계정을 차기(Debit)하여 상환을 이행하도록 신용장 개설 시점에서 타 은행에 수권 또는 위임을 하게 되는데, 이러한 수권 또는 위임을 받아 상환 업무를 대행해 주는 은행을 말한다.

(10) 양도은행(Transferring Bank)

양도가능신용장하에서 수익자의 요청에 의하여 제2의 수익자에게 양도하는 은행을 양도은행(Transferring Bank)이라고 한다.

6) 신용장의 종류

(1) 취소가능 여부에 따른 분류

① 취소가능신용장(Revocable Credit)

개설은행이 신용장을 개설 한 후 수익자에게 사전 통지 없이 언제나 신용장 내용을 변경하거나 취소할 수 있는 신용장을 말한다. 그러나 일단 수익자에게 신용장이 통지되고 그 신용장의 취소나 변경사항이 통지은행에 접수되기 전에 원 신용장의 조건대로 지급, 인수 또는 매입한 은행에 대해서는 개설은행이 상환할 의무를 진다.

② 취소불능신용장(Irrevocable Credit)

개설은행이 수입상의 지시와 요청에 따라 수출상을 수익자로 취소불능신용장을 개설하면 신용장거래의 당사자인 수출상, 수입상, 개설은행, 확인신용장의 경우 확인은행이 모두 합의하지 않는 한 신용장 내용이 변경 또는 취소될 수 없는 신용장을 말한다.

(2) 신용장의 사용방법에 따른 분류

신용장통일규칙 제10조에서 모든 신용장을 일람출급신용장(Sight Payment Credit), 연지급신용장(Deferred Payment Credit), 인수신용장(Acceptance Credit), 매입신용장(Negotiation Credit)으로 구분하여 신용장의 사용방법을 명확히 표시하도록 규정하고 있다. 또한 신용장의 매입이 개설은행에서 직접하거나 또는 어느 은행에서 가능하도록 되어 있는 자유매입신용장(Open Credit)를 제외하고는 반드시 지급, 인수 및 매입할 수 있는 은행을 지정해야 한다.

① 매입신용장(Negotiation Credit)

화환어음과 선적서류의 매입이 어느 은행에서나 가능한 신용장을 말하며 매입 시 선적서류와 화환어음이 함께 제시되어야 한다. 일람출급 또는 기한부 신용장으로 사용되며 기한부 신용장으로는 수출상이 여신을 제공하는 Shipper's Usance의 경우에 사용하는 것이 일반적이며 신용장의 뒷면에 매입사실의 배서를 요구하는 배서신용장 이다.

② 지급신용장(Payment Credit)

환어음이 없이 선적서류를 지급은행에 제시하면 지급은행은 서류를 검토한 후 서류가 신용장에 명시된 내용과 일치하면 수출대금을 지급하는 일람출금 신용장을 말하며 신용장 뒷면에 매입사실의 배서가 필요 없다. 지급은행은 통상 수출지의 통지은행이 되며 통지은행이 개설은행의 예치한 거래은행이나 해외지점일 경우 사용될 수 있다.

③ 인수신용장(Acceptance Credit)

기한부화환어음과 선적서류를 인수은행에 제시하면 인수은행은 여신을 제공하여 수출상에게 수출대금을 지급하고 어음만기일에 개설은행으로부터 대금지급을 받은 신용장을 말한다 기한부화환어음이 개설은행이나 제3의 은행을 지급인으로 발행되고 신용장 뒷면에 매입사실의 배서를 요구하지 않는 비배서 신용장이다.

④ 연지급신용장(Deferred Payment Credit)

기한부화환어음이 없이 선적서류가 연지급은행에 제시되어 일정기간이 도래하면 수출대금이 지급되는 기한부신용장을 의미하며 신용장 뒷면에 매입사실의 배서를 요구하지 않는 비배서 신용장이다. 통상 연지급은행은 수출자의 통지은행이 되며 예치환 거래은행 또는 해외지점 일 때 사용된다.

(3) 대금지급방법에 따른 분류

① 일람출급신용장 (Sight Credit)

수출상이 화환어음과 선적서류를 매입은행에 제시하고 서류상의 하자가 없으면 곧 바로 수출대금을 지급하는 신용장으로 전술한 일람출급지급신용장과 일람출급 매입신용장이 이에 해당된다.

② 기한부신용장(Usance Credit)

수출상이 화환어음과 선적서류를 제시하고 일정기간이 경과한 후에 수출대금을 지급하는 신용장으로 일정기간에 대한 기간의 이익을 수입상이 향유하며 전술한 인수신용장, 연지급신용장, 기한부매입신용장이 이에 해당된다. 이는 다시 일정기간에 대한 신용공여를 누가 하느냐에 따라 Banker's Usance와 Shipper's Usance로 분류

된다.

(4) 매입은행 지정여부에 따른 분류

① 자유매입신용장(Freely Negotiable Credit)

신용장 중 매입신용장은 원칙적으로 어느 은행에서나 화환어음과 선적서류의 매입이 가능하도록 발행하는데 이를 자유매입신용장(Freely Negotiable Credit) 이라 하고, 매입은행이 특정되지 않는다 하여 보통신용장(General Credit)이라고도 하며, 매입이 모든 은행에 개방되어 있다 하여 개방신용장(Open Credit)이라고도 한다. 반대로 특정은행에 화환어음과 선적서류의 매입이 제한되어 있는 신용장은 매입제한신용장(Restricted Credit)이라고 한다. 매입제한신용장은 신용장 원본에 매입을 제한하는 명시적인 문구가 기재되어 있는 매입제한신용장(Negotiation Restricted Credit)과 상환문구를 통지은행용 사본에만 표시하고 있어 결과적으로 매입이 제한되는 상환제한신용장(Reimbursement Restricted Credit)으로 구분된다.

매입제한 문언은 매입제한 신용장의 경우 Negotiation under this credit is restricted to x x Bank (Yourselves, Advising Bank), Drafts drawn under this credit are negotiable through x x Bank:, The drafts drawn under this credit are payable by x x Bank, Negotiation are restricted to x x Bank, This credit is available only through x x Bank, Drafts drawn under this credits musts be presented for negotiation on or before at the advising Bank 등으로 표시된다.

② 지정신용장(Straight Credit)

신용장 중에서 지급신용장, 연지급신용장 및 인수신용장이 이에 속하며,이들 신용장의 지급확약문언에서 보는 바와 같이 신용장에 의한 환어음의 매입여부 및 어음의 배서인이나 선의의 소지인에 대한 아무런 조건 없이 신용장조건과 일치하는 선적서류나 환어음을 제시하면 지급하겠다고 약정하고 있는 신용장을 말한다.

신용장통일규칙 제10조에서 지급신용장과 인수신용장인 경우 개설은행은 반드시 지급은행이나 인수은행을 지정하여 신용장조건과 일치된 서류가 제시될 때 지급 또는 인수토록 수권하고 동 수권된 은행에 대하여 상환할 의무를 부담한다고 규정하고 있다. 실무적으로 이러한 지정신용장에 대한 선적서류 매입은 매입제한신용장(Restricted Credit)에 준하여 처리하고 있다. 지정신용장은 매입은행이 특정되어 있다고 하여 Special Credit 또는 Nominated Credit이라고도 한다.

We engage with beneficiary that all drafts drawn under and in compliance with the terms of credit will be duly honored on delivery of documents as specified, if presented at your office on or before. We agree with you that drafts drawn in compliance with the condition of this credits will be duly honored.

(5) 양도가능 여부에 따른 분류

① 양도가능신용장(Transferable Credit)

수익자가 신용장금액의 전부 또는 일부를 제3자 (제2의 수익자)에게 양도할 수 있는 권한이 부여된 신용장을 말한다. 즉 신용장상에 Transferable이라는 문구가 표시되어 있는 신용장을 말한다.

② 양도불능신용장(Non-transferable Credit)

수익자가 신용장을 제3자에게 양도할 수 없는 신용장을 말한다. 즉 신용장상에 Transferable이라는 문구가 표시되어 있지 않은 신용장을 말한다.

(6) 확인여부에 따른 분류

신용장을 제3의 은행이 확인했느냐 하지 않았느냐에 따라 확인신용장(Confirmed Credit)과 미확인신용장(Unconfirmed Credit)으로 구분된다. 즉 확인신용장이란 수익자가 발행한 어음의 인수, 지급, 또는 매입에 대해 제3은행의 추가적 확약이 있는 신용장을 말한다. 만일의 경우 개설은행이 지급불능 상태에 빠지면 확인은행이 개설은행을 대신하여 지급하여야 하므로 수익자는 이중의 지급확약을 받게 되어 그 만큼 신용도가 높아지게 된다.

일반적으로 개설은행이 통지은행에게 신용장 통지시 확인을 추가하도록 요청하게 되며 수익자 소재지 또는 제3국의 유력한 은행에게 확인을 요청하는 경우도 있다.

(7) 어음유무에 따른 분류

신용장에서 어음의 제시를 요구하는 경우를 어음부신용장(With Draft Credit), 어음을 필요로 하지 않는 신용장을 무어음신용장(Without Draft Credit)이라 한다. 지급신용장 및 연지급신용장은 무어음신용장이고 인수 및 매입신용장은 어음부신용장이다. 독일, 프랑스 등의 유럽국가에서는 환어음에 첨부하는 인지세가 비싸므로 무어음신용장을 많이 이용하고 있다.

(8) 상환방법에 따른 분류

① 송금신용장(Remittance Credit)

서류매입은행이 서류를 매입하고 자기가 대금을 받기 원하는 은행을 지정하면 개설은행이 지정된 은행에 대금을 송금하므로써 지급이 이루어지는 신용장을 말한다.

〈예시〉 Upon receipt of complying documents, we will reimburse you as per your instructions.

② 상환신용장(Reimbursement Credit)

신용장개설시 대금청구를 특정은행(Reimbursing Bank)으로 하도록 지정되어 있는 신용장을 상환신용장이라 한다. 이러한 경우 매입은행은 개설은행이 지정한 제3의 은행 앞으로 상환청구를 별도로 하여야 한다. 상환제한신용장은 매입을 제한하는 문언은 없으나 신용장 원본에 상환권리가 어느 특정 은행에 제한된다는 문언이 있거나, 통지은행이 다음과 같은 문언을 신용장 원본에 표시한 신용장이다.

We are holding special instructions regarding reimbursement, We are holding special instruction for reimbursement, Reimbursement are arranged, Reimbursement for all drafts negotiated under this credit shall be obtained by the advising bank from x x Bank, Reimbursement will be effected to you by x x Bank upon their receiving your advice of negotiation , In reimbursement, negotiating bank are authorized to reimburse themselves on x x Bank.(reimbursing bank)등으로 표시된다.

(9) 회전신용장(Revolving Credit)

신용장금액이 일정 조건하에 결제됨과 동시에 자동적으로 동액의 금액이 되살아나는 신용장을 회전신용장(Revolving Credit. Self-Continuing Credit)이라고 한다. 회전신용장 중 회전될 때 전회의 미사용잔액이 있는 경우 그 잔액이 이월되는 경우를 누적식 회전식신용장(Cumulative Revolving Credit), 그 잔액이 이월되지 않는 경우를 비누적식 회전신용장(Non-Cumulative Revolving Credit)이라고 한다.

(10) 상환청구 가능여부에 따른 분류

상환청구가능신용장과 상환청구불능신용장(With Recourse Credit, Without Recourse Credit)은 수출상이 발행한 화환어음과 선적서류를 매입은행이 인수하고 수출대금을 지급한 후 매입은행은 개설은행 앞으로 화환어음과 선적서류를 송부하여 수출대금을 청구하게 된다. 이때 개설은행은 송부된 선적서류를 면밀히 검토하여 신용장의 제 조건과 일치하게 되면 매입은행에게 수출대금을 송금하게 된다. 그러나 제시된 선적서류가 신용장의 제 조건과 일치하지 않으면 수출대금의 송금을 거부하게 된다. 이때 어음의 선의의 소지자(매입은행)가 화환어음발행인(수출상)에게 이미 지급한 수출대금의 반환을 청구할 수 있으면 상환청구가능신용장이고 청구할 수 없으면 상환청구불능신용장이라고 한다.

우리나라에서는 상환청구불능신용장이 인정되지 않는다. 그러나 영. 미법에서는 Without Recourse 신용장에서 Without Recourse라는 문구가 어음상에 기재되면 법적으로 효력이 있다.

(11) 연계무역거래에 사용되는 신용장

① 동시발행 신용장(Back to Back Credit)

원래의 뜻은 원 신용장(Bank to Back Clause Credit)을 견질로 하여 발행되는 제2의 신용장(Back to Back Credit)으로 수출과 수입을 연계, 수출입의 균형을 기하기 위한 연계무역하에서 사용되어 진다. 일국에서 일정액의 수입신용장을 개설할 경우 그 신용장은 수출국에서 동액 또는 그와 상응하는 일정액의 수입신용장을 개설하여 오는 경우에만 유효하다는 조건이 있는 신용장을 Bank to Back Clause Credit이라고 하며 이러한 원 신용장을 근거로 하여 개설된 제2의 신용장을 Back to Back Credit이라고 한다.

② 기탁 신용장(Escrow Credit)

구상무역하에서 수출입의 균형을 기하기 위하여 수입자가 수입신용장개설시에 신용장의 한 조건으로 당해 신용장에 발행되는 어음의 매입대금은 수익자에게 지급되지 않고 수익자 명의의 Escrow Account(기탁계정)에 기탁하여 두었다가 그 수익자가 원신용장 개설국으로부터 수입하는 상품의 결제대전에만 사용하도록 명시된 신용장을 말한다.

③ Tomas Credit

Back to back Clause Credit과 유사하나 수출입 당사자가 서로 동액 또는 그와 상응하는 일정액의 신용장을 개설하는데 있어, 먼저 신용장을 개설하는 일방이 신용장의 발효요건으로 동액 또는 그와 상응하는 일정액의 Bank to Bank Credit개설을 전제로 하는 것이 아니라 상대방이 일정기간 후 동액의 신용장을 개설하겠다는 보증서의 제출을 조건으로 하는 신용장을 말한다.

(12) 선대신용장(Advance Payment Credit)

수출상이 선적전에 해당 상품의 대금을 선지급 받을 수 있도록 되어 있는 신용장으로 그 선대받은 대전이 수출상품이 포장(Packing)이나 집하에 사용된다는 관행에서 집하신용장(Packing Credit), 선대문언을 붉은 타자로 표시하는 관행에서 적기신용장(Red Clause Credit)이라고도 하며 통상 Red Clause L/C라고 한다. 이러한 선대신용장은 일국의 통화정책 및 국제수지와 밀접한 관련이 있어 현행 우리나라 외국환관리규정에서도 수출선수금의 영수한도 및 대응수출 이행기간 등에 대해 엄격히 규제하고 있다.

We authorize the negotiating Bank to pay the sums not exceeding 20% of the above mentinoned amount to the beneficiary against presentation of the following documents:

Beneficiary's clean draft at sight on the accountee Beneficiary's receipt stating that the beneficiary have duly received sums representing 20% advance payment for the delivery of commodity from Pusan to New York.

(13) 보증신용장(Stand-by Credit)

보증신용장은 수출입거래에 수반되는 상품대금의 결제를 목적으로 하는 화환신용장(Documentary L/C)과는 달리 금융 또는 채무보증 등을 목적으로 발행되는 특수한 무화환신용장(Clean L/C)을 말한다. 화환신용장은 수출자가 매입은행에 선적서류를 의뢰할 때 운송서류(Transport Documents)의 제시를 요구하는 신용장이며, 무화환신용장은 매입 시 운송서류의 제시를 요구하지 않는 신용장이다. 일반적으로 보증신용장은 국제입찰참가에 수반되는 입찰보증금(Bid Bond), 계약이행보증금(Performance Bond), 선수금환급보증금(Advance Payment Bond)등의 적립에 대신하여 사용되거나 자국상사의 해외지사가 수출입거래에 필요한 운영자금을 현지은행에서 공급받는 경우 동 채무를 보증할 목적으로 국내 외국환은행이 해외은행 앞으로 발행하는 신용장이다. 따라서 보증신용장을 받은 은행은 현지에서 보증신용장에 의하여 대출을 받은 상사 또는 피보증상사가 채무를 불이행하였을 경우, 신용장에 의거 발행은행 앞으로 지급을 청구하여 채권을 회수할 수 있게 된다.

제 2 절 ▸ 무역클레임과 상사중재

1. 무역클레임의 개요

1) 무역클레임의 정의

국제무역거래는 언어, 관습, 법률 등을 달리하는 당사자간에 이루어지는 거래라는 점에서 국내의 상거래와 다르다. 따라서 국내거래에서는 볼 수 없는 복잡한 요소가 포함되어 있다. 즉 대금결제는 대부분 국제통화인 달러(dollar), 유로(uro), 파운드(pound) 등 제3국의 통화나 거래상대국의 통화로 이루어질 뿐만 아니라 상담이나 수출입매매계약서의 작성에 있어서도 외국어를 사용하는 것이 보통이므로 상호 의사소통이 충분하지 못하다. 더욱 계약의 상대방이 서로 다른 국가간에 거주하기 때문에 국내거래에 비해 무역클레임이 발생할 가능성이 많은 것은 당연하다.

최근 국내무역업계는 대외적으로 통상마찰의 심화, 쌍무주의적 교역 패턴으로의 전환, 수출부대비용의 상승으로 인한 수출채산성 악화, 수출경쟁력 저하 등으로 치열한 경쟁에 놓여 있으며 대내적으로 극심한 노사분규, 임금상승, 생산비용 증가 등으로 경쟁압박 요인이 가중되고 있어 큰 시련기를 맞고 있다. 이와 같은 국제무역환경의 변화는 무역클레임의 발생빈도를 증가시킬 뿐 아니라 그 형태 또한 다양하게 변화시키고 있다.

무역클레임은 무역거래당사자가 무역계약에서 합의한 내용을 이행하지 않음으로써 발생한 손해를 피해자가 가해자에게 손해배상을 청구하는 것을 말한다. 수입상이 수출상에게 제기하는 무역클레임은 수출상품의 품질, 선적지연, 선적불이행, 포장불량, 수량부족 등이 대부분이고 수출상이 수입상에게 제기하는 무역클레임은 수출대금지급 불이행 이외에는 별로 없다.

2) 무역클레임의 청구내용

(1) 손해배상 청구

무역계약은 무역거래당사자가 합의한 내용을 법으로 묶는 절차이고 무역거래당사자는 무역계약에서 합의한 내용을 이행하여야할 의무를 가지고 있다. 무역거래당사자가 무역계약을 이행하지 않음으로써 발생한 손해에 대해서 피해자가 가해자에게 금전으로 보상해줄 것을 요구하는 것을 말한다.

(2) 대체품의 청구

수입상품의 품질과 수량이 무역계약에서 명시된 것과 다를 경우 수출상은 부족한 수량이나 품질을 동일한 다른 물품으로 대체해주는 것을 말한다. 100박의 라면상자를 수출하였는데 그중 5박스가 품질이 불량한 경우 수입상의 요청으로 수출상은 5박스를 동일한 다른 라면으로 대체해줄 수 있다.

(3) 매매계약의 취소·해약

무역거래당자가 무역계약에서 약정한 사항을 이행하지 않으면 무역거래당사자는 무역계약을 이행하지 않는 시점에서 무역계약을 해지하고 그때까지 발생한 손해를 무역계약을 이행하지 않는 당사자에게 청구할 수 있다.

(4) 대금지급의 거절

수입상이 목적항에 도착한 수입상품의 품질을 검사해 보니 무역계약에서 명시한 내용과 상이한 경우 수입상은 무역계약의 위반을 들어 수출상에게 수입대금의 지급을 거절할 수 있다. 이것은 신용장결제방식에서는 할 수 없고 추심거래방식에서는 가능하다.

3) 클레임의 원인

(1) 상품에 대한 클레임

수입상은 대부분 수입상품의 품질하자에 관하여 클레임을 제기한다. 수입상품의 품질과 관련하여 품질불량, 품질상이, 규격상이, 등급저하, 손상, 변질, 변색 등이 클레임의 주요 원인이다. 상품수량에 관련되어 수량부족(shortage)이 클레임으로 가장 많이 제기되고 있으며 상품포장과 관련되어 포장불량, 부적합포장, 포장결함 등과 같은 클레임이 있다.

(2) 선적에 관한 클레임

수출상이 무역계약에서 약정한 선적기일을 지키지 못함으로써 선적에 관계된 클레임이 제기 되는데 선적지연(delay)과 선적불이행(non-delivery)이 대표적인 선적클레임이다. 계절상품이나 특정판매시기에 판매될 상품에 있어서 선적시기는 매우 중요하다.

(3) Market Claim

상품의 시세는 늘 변동한다. 상품가격의 변동에 따라 수출상과 수입상간의 이해관계가 발생한다. 수입지역에서 수입상품의 판매가격이 하락하면 수입상은 상품수입으로 손실이 예상되기 때문에 가급적 상품의 수입을 자제하려할 것이다. 따라서 사소한 하자를 트집잡아 수입을 거절하게 되는 데 이것을 마켓 클레임이라고 한다.

(4) 결제에 관한 클레임

수출상은 상품을 수입상에게 돈을 받고 판매한다. 수입상은 상품을 인수하고 반드시 수출상에게 대금을 지급하여야 하지만 수입업자의 파산, 재정상태의 악화로 인해 대금지급이 지연되거나 회수 불가능한 경우가 발생한다. 신용장거래에서는 이와 같은 결제클레임을 어느 정도 예방을 할 수 있지만 무신용장 거래에서는 수출보험으로 예방할 수 있지만 수출보험에서 담보하지 않는 거래의 경우는 뾰족한 다른 예방책이 없다.

2. 클레임의 제기

1) 클레임 상대방의 확정

무역거래에는 수출상, 수입상, 운송인, 보험회사, 은행 등이 개입하게 된다. 무역클레임이 누구의 잘못으로 발생되었는지 분석하여 무역클레임을 제기하려면 먼저 누구에게 제기해야 하는가를 확정해야 한다. 무역클레임을 발생시키지 않는 당사자에게 무역클레임을 제기하면 아무런 효력이 없기 때문에 무역클레임의 주요 원인을 분석하여 그에 따른 책임소재가 누구에게 있는가를 파악해야 한다.

2) 클레임 제기기간

무역거래당사자들은 무역계약서에 무역클레임의 제기기간을 정해놓고 있다. 따라서 무역클레임을 제기하려는 당사자는 무역계약서에 약정한 기간 내에 무역클레임을 제기하여야 되며 그 제기시기를 놓치면 시효에 걸릴 뿐 아니라 증거를 상실하게 되어 해결에 많은 어려움이 따르므로 반드시 약정된 기간 내에 제기되어야 한다.

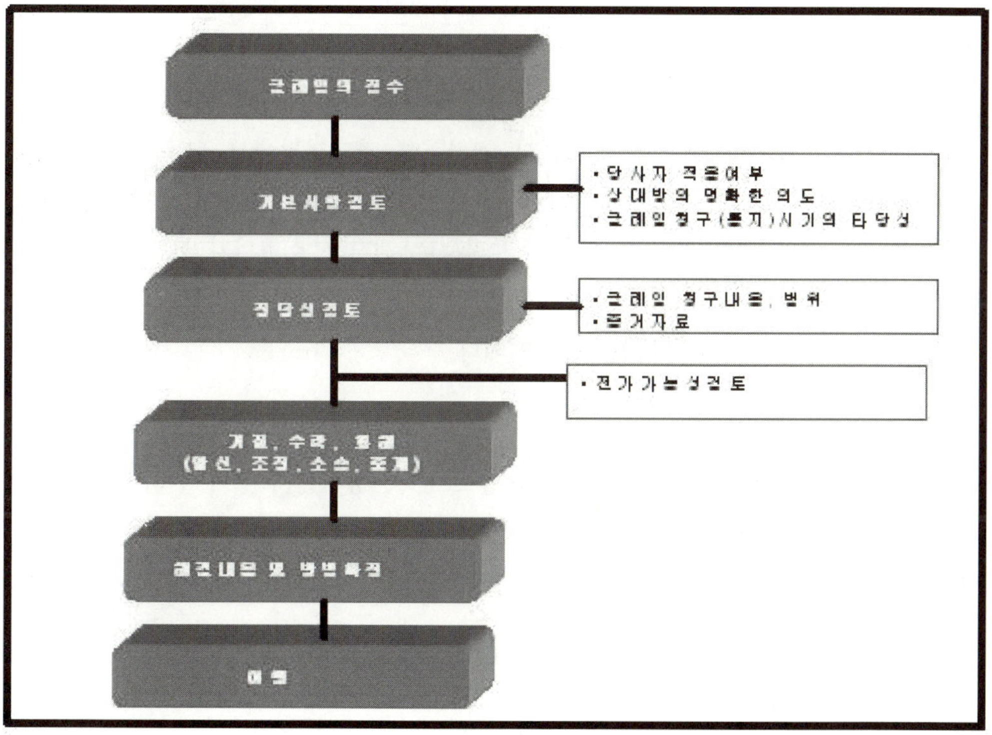

그림 14-7 ▸ 무역클레임의 접수와 처리절차

3. ADR과 상사중재

1) ADR

(1) ADR의 개념

무역거래에 분쟁이나 다툼이 없으면 좋으련만 사람이기 때문에 늘 분쟁과 다툼이 발생하고 이를 해결하기 위해서 사법제도가 만들어졌다. 무역거래의 분쟁과 다툼이 생겨날 때마다 법원으로 달려가서 해결해 달라고 호소하면 그 비용이 만만치 않다. 법원의 특성상 무역분쟁해결에 시간과 비용이 많이 발생하기 때문에 신속히 결정이 내려져야하는 무역거래서는 다른 제도가 필요하다.

ADR(Alternative Dispute Resolution)은 재판외의 분쟁해결제도를 말한다. 무역거래를 비롯한 사적 경제거래에서 발생하는 분쟁과 다툼을 법원의 힘을 빌려 해결하는 것이 아니라 다른 제도로 해결하는 제도로서 조정, 중재 등이 있다.

무역거래의 분쟁이나 다툼을 법원에서 해결하면 판결과정에서 모든 사실이 노출되기 때문에 기업의 기밀을 보호하지 못하는 문제도 있다. 따라서 무역거래분쟁의 당사자들이 법정 밖에서 대화를 통해 우호적으로 해결하면 기업기밀도 보호하고 시간과 비용을 상당히 절감시킬 수 있다. 분쟁이 발생한 분야의 전문가가 판단하기 때문에 전문가의 판단결과를 더 신뢰할 수 있다.

(2) 온라인 ADR

온라인 ADR은 분쟁의 신청, 진행절차 등 모든 분쟁해결 과정이 인터넷, 무역EDI 등과 같은 무역정보통신망을 이용하여 이루어지는 온라인 분쟁해결제도를 말한다. ADR는 분쟁해결에 관련된 모든 업무가 온라인으로 진행되기 때문에 분쟁해결절차가 신속하고 비용을 절약시킬 수 있다.

(3) 알선(Intermediation)

무역거래당자가 아닌 대한상사중재원과 같은 공정한 제3자가 무역클레임에 개입하여 무역당사자가 대화를 통하여 타협이 이루어지도록 조언함으로써 분쟁을 해결하는 것을 말한다. 제3자는 무역거래당사자의 일방 또는 쌍방의 의뢰에 의해 무역클레임에 개입하지만 특별한 형식과 절차를 거치지 않는다. 알선이 성공할 경우 당사자간에 비밀이 보장되며 거래관계를 계속 유지할 수도 있다.

(4) 조정 (Conciliation)

조정은 무역거래당사자 일방 또는 쌍방이 합의하여 공정한 제3자를 조정인(mediator)으로 선정한 다음 조정인이 제시한 조정안을 무역거래당사자가 합의함으로써 무역클레임을 해결하는 방법이다.

무역거래당사자는 반드시 조정인을 선정하여야 하며 조정인은 해당분야의 전문가로 전문적 지식과 경험이 풍부한 권위자들이 된다. 무역거래당사자가 반드시 조정인이 제시한 조정안을 합의하여야만이 효력이 있으며 어떠한 구속력도 가지고 있지 않다.

우리나라는 대한상사중재규칙에 따라 중재를 신청한 후에 무역거래당사자가 요청할 경우 상호 협의하에 조정인을 선정하여 조정을 할 수 있도록 하고 있다. 무역거래당사자가 합의한 조정안은 중재판정과 동일한 효력을 갖는다. 그러나 조정이 실패하면 30일 내에 조정절차는 자동적으로 폐기되며 중재인을 선정하여 중재절차를 진행하여야 하지만 당사자의 약정에 따라 조정기간을 30일까지 더 연장할 수 있다

4. 상사중재

1) 상사중재의 개념

중재란 당사자들이 처분할 수 있는 사법상의 분쟁을 합의에 의하여 법관이 아닌 제3자인 중재인에게 그 해결을 위탁하고 그 판정에 복종함으로써 분쟁을 최종적으로 해결하는 법적절차이다. 중재에서 핵심적 본질은 무역거래당사자에 의한 법관이 아닌 민간인인 중재인이 판정을 내린다는 것이다. 소송에서 법관은 법률에 근거하여 양심적 판단을 하지만, 중재인은 통상적인 사회기준에 어긋나지 않는 한 자유중심에 의한 판단으로 족하다.

중재는 신속한 판결하므로 시간과 비용이 절감되고, 각 분야의 전문가를 활용할

수 있고, 판정결과는 외국에서도 인정되는 장점을 가지고 있다.

3. 중재절차

중재절차는 중재계약으로 정할 수 있으나 당사자간의 합의가 없거나 당사자의 의사가 분명하지 아니한 경우에는 상사중재규칙에 의한다.

우리 나라에서의 중재는 <그림 14-8>과 같은 절차를 거친다.

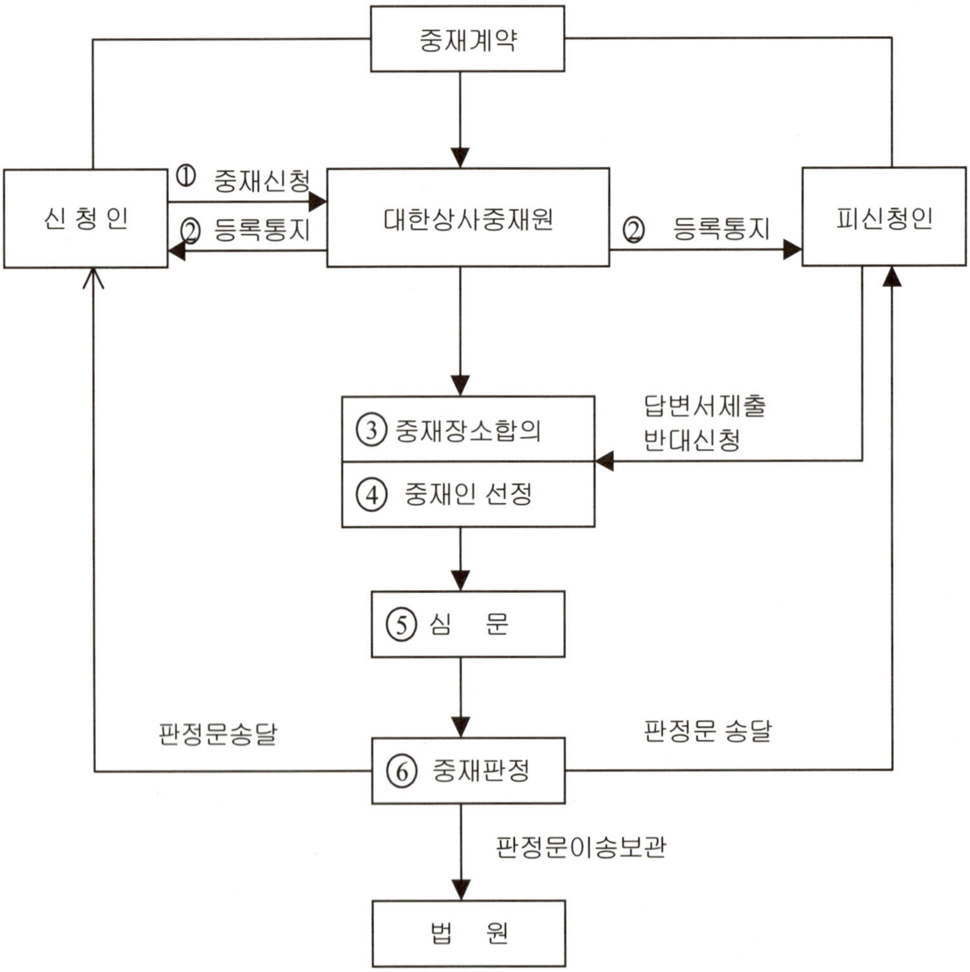

그림 14-8 ▸ 중재절차

① 중재계약 : 중재는 분쟁당사자들이 분쟁해결을 법정소송에 의하지 않고 중재제도로 하기로 합의한 계약을 말한다.

② 중재신청 : 클레임을 제기하는 당사자(신청인)는 중재계약에서 약정한 내용에 따라 대한상사중재원(사무국)에 중재를 신청한다. 중재신청 구비서류는 중재신청서에 중재합의서 또는 중재조항이 포함되어 있는 계약서, 청구의 근거를 입증하는 서류, 중재비용 예납영수증, 중재신청서, 각종 증서 등이다.

③ 등록통지 : 대한상사중재원은 신청인이 작성한 중재신청서가 중재조항에 적합한지의 여부를 심사하고 동 내용이 중재조항에 적합하게 작성되었으면 양 당사자에게 중재신청서류를 수리하였음을 통지한다.[2)]

④ 중재장소합의 : 중재신청서류가 수리되면 중재를 신청한 당사자들은 14일 이내 중재장소를 합의하여야하고 합의를 하지 못하면 대한상자중재원이 직권으로 결정한다.

⑤ 중재판정부 구성 : 중재를 신청한 당사자가 합의하여 중재인을 선정하여야 한다. 이를 위해서 대한상사중재원은 중재인단 명부에서 중재인 후보자 10명을 선정하여 등록통지시 송부하면 중재신청의 양 당사자는 의장 중재인과 기타 중재인에 대하여 선호순위를 표시하여 중재기관에 제출한다. 만약 중재신청의 양 당사자가 중재인 선정에 합의하지 못하면 대한상사중재원은 중재법칙에 따라 3인의 중재인을 선정한다. 제출기한은 국내중재인 경우에는 송부일로부터 15일 이내, 국제중재일 경우는 30일 이내이며, 양 당사자의 희망순위에 따라 중재판정부가 구성된다.[3)]

⑥ 심문 : 대한상사중재원은 심문개시 5일전에 심문순서, 일자, 장소 등을 중재신청의 양 당사자에게 통지한다. 중재판정부는 중재신청의 양 당사자가 합의한 경우 서면신문을 할 수 있고 구두신문도 할 수 있다. 심문을 개시하며 사건의 내용에 따라 수차에 걸쳐 심문한 후 종결을 선언한다.

⑦ 판정 : 중재판정부는 심문종결일로부터 30일 이내 중재판정을 내리고 중재판정문을 서면으로 작성하여 정본을 양 당사자에게 발송하고 원본은 송부사실을 증명하는 서류와 함께 관할법원으로 발송한다. 중재판정은 법원의 확정판결과 동일한 효력을 갖는다.

---

2) 당사자들이 신청하는 경우 중재에 앞서 조정을 시도한다. 30일 이내 조정이 안되면 다시 중재절차를 속행한다.

3) 중재인은 클레임 신청금액이 미화 30,000달러 이하인 경우에는 1인, 기준금액 이상인 경우에는 3인이다.

참고문헌

국내문헌

구종순, 무역실무, 박영사, 2000.
구종순, 해상보험, 박영사, 2000.
대한상공회의소, 인코텀즈 2000, 1999.
대한상공회의소, ICC한국위원회, ICC국제무역정보, 1998-2000.
박대위, 무역실무, 법문사, 2000.
박대위, 신용장, 제3개정판, 법문사, 1994.
박대위, 무역사례I, 법문사, 1990.
박대위, 무역사례II, 법문사, 1991.
박대위, 구종순, 무역개론, 박영사, 2000
반병길, 다국적기업관리, 박영사, 1997.
박창식, 국제경영론, 박영사, 1984.
이장호, 국제경영전략, 박영사, 1997.
이제현, 전자무역실무, 도서출판두남, 2004
조동성, 21세기를 위한 경영학, 도서출판서울경제경영, 2005.
최정호, 이제현, 신용장실무론, 박영사, 2002.
홍종덕, 신용장실무매뉴얼, 두남, 1998.
강문성, DDA협상의 본격적인 재개 가능성에 대한 평가, 대외경제정책연구원, 2004년 7월호.
서진교, DDA 농업협상의 최근 동향과 전망, 한국농촌경제연구원, 2004.
이길남, TradeCard시스템의 실태와 이용료에 관한 고찰, 한국무역학회 2001년도 추계국제국제학술발표대회 논문집
이양우, 국내기업의 물류정보시스템 활용도에 관한 실증적 연구, 물류학회지, 제10호, 제1권,한국물류학회, 2000.
이제홍, 한국 수출기업의 글로벌 e-CRM 결정요인에 따른 구현방안, 무역학회지,

제28권, 제2권, 한국무역학회, 2002,4.

이제현, 양도가능신용장거래의 물품하자담보책임에 관한연구, 무역학회지, 제27권 제1호, 한국무역학회, 2002, 2.

이제현(2001), 전자문서교환방식(EDI)의 무역업무 개선효과에 관한 실증연구,한국전자상거래학회, 2001.

이제현(2002), 신용장거래의 무역사기 유형분석과 예방에 관한 연구, 무역학회지.

이제현, e-물류가 국제물류의 협력관계에 미치는 영향에 관한 실증연구, 국제상학 제18권,제2호, 한국국제상학회, 2003.6.30.

이제현, 노동환, 전자신용장거래에서 은행의 전자서류검토 의무와 책임에 관한 연구, 전자상거래학회지 제4권, 1호,2003.6.

오원석, 전자식 선하증권의 유통성에 관한 연구, 한국해운학회지, 제32호, 한국해운학회, 2001.6.

채진익, TradeCard솔루션상의 금융공급체인 플렛폼에 관한 연구, 무역학회지, 제28권, 제3호, 한국무역학회, 2003.6.

최두수, 무역거래상 TradeCard방식의 활용전망에 관한 고찰, 무역학회지, 제28권, 제3호, 한국무역학회, 2003,6.

최락두 외 공저, DDA 중간점검-2003, 대외경제정책연구원, 2003.

최락두, WTO 칸쿤자료회의의 결렬 배경과 향후 전망, 대외경제정책연구원, 2003.

최석범, eUCP의 주요내용과 UCP와 eUCP상의 서류심사기준에 관한 연구, 인터넷전자상거래연구, 제2권, 제1호, 한국인터넷전자상거래학회, 2002.2.

최석범, 전자제시를 위한 UCP500의 부칙(eUCP)의 주요내용에 관한연구, 무역학회지, 제27권, 제3호, 한국무역학회, 2002.9.

최석범, 전자식선하증권의 유통성의 법적효력에 관한 연구, 한국해운학회지, 제33호, 한국해운학회, 2001.12.

최정호, S사의 신용장거래에 의한 무역사기사건, 경영논총, 제5권, 서강대학교, 1994.

최정호, 이제현, 신용장거래의 무역사기유형분석과 예방에 관한 연구, 경영논총, 제12권, 서강대학교, 2001.

최정호, 이제현 전자무역서류 활성화를 위한 eUCP에 관한 연구, 무역학회지, 제28권, 제1호, 한국무역학회지, 2003,2.

외국문헌

Bakos, J.(1991), A strategic analysis of electronic marketplaces, MIS Quarterly, Vol. 15 No.3.

Bancroft T.(1991), "Strategic Role of The Distribution Center : How to Turn Your Warehouse into a DC", International Journal of Physical Distribution and Logistics Management, Vol. 21, No.4.

Beamish, Paul W. and Lambros , Karavis and Anthony , Goerzen and Christopher, Lane(1999), The Relationship Between Organization Structure and Export Performance, Journal of International Business, Vol. : 37-52.

Bearden, William and Jesse, E. Teel(1983), Selected Determinants of Consumer Satisfaction and Complaint Reports, Journal of Marketing Research, Vol. 20 : 21.

Benjamin, R.I., De Long, D.E. and Scott Morton, M.S.(1990), EDI: how much competitive advantage?, Long Range Planning, Vol. 23 No.1.

Bernard, Andrew B. and Bradford, Jensen J(1999), Exceptional Exporter Performance : Cause, Effect, or Both?, Journal of International Economics : 1 25.

Bonaccorsi, Andrea(1992), On the Relationship between Firm Size and Export Intensity, Journal of International Business Studies, Vol. 23, No. 4, Fourth Quarter : 605 635.

Byre, P.M. and William, J.M.(1991), Improving Quality and Productivity in the Logistics Process, Council of Logistics Management, Oak Brook, IL.

Calof, Jonathan L(1994), The Relationship between Firm Size Export Behavior Revisited, Journal of International Business Studies, Vol.25 No 2 : 367-387.

Christensen, Carl H., Angela ,da Rocha and Rosane, Kerber Gertner(1987), On Empirical Value of the Factors Influencing Exporting Suceess of Brazilian Firms, Journal of International Business Studies, Fall : 61-75.

Clemons, E.K., Reddi, S.P. and Row, M.(1993), The impact of information technology on the organization of economic activity: the 'move to the middle' hypothesis, Journal of Management Information Systems, Vol.

101 No.2.

I.C.C., Publication No. 511, UCP 500 & 400 Compared, 1993.

I.C.C., Publication No. 494, Opinions of the ICC Banking Commission 1989-1991, 1992.

I.C.C., Publication No. 489, More Case Studies on Documentary Credits, 1991.

I.C.C., Publication No. 469, Opinions of the ICC Banking Commission 1987-1988, 1989.

I.C.C., Publication No. 459, Case Studies on Documentary Credits, 1989.

찾아보기

(ㄹ)

(ㅁ)

(ㅂ)

(ㅇ)

저자약력

이 제 현(李濟鉉)

- 한남대학교 경상대학 무역학과 졸업(경영학 석사)
- 서강대학교 대학원 무역학과 졸업(상학 석사)
- 서강대학교 대학원 무역학과 졸업(경영학 박사)
- 한국능률협회 상임교수(1993.1-2000.6)
- 한국능률협회 컨설팅 비상임전문위원(2000.6-현재)
- 한국사이버대학교 겸임교수(2002.9-2003.2)
- 서강대, 홍익대, 대진대, 세명대, 국민대학교 경영대학원 강사
- 현 : 한남대학교 경상대학 무역학과 교수

<저서 및 주요논문>

- 전자무역실무(도서출판 두남), 무역결제론(박영사), 전자무역(도서출판 두남)
- 신용장실무론(박영사)
- 한국기업의 수출위험관리와 수출보험활용에 관한 실증연구
- 신용장거래의 무역사기유형분석과 예방에 관한 연구
- 양도가능신용장거래의 물품하자담보책임에 관한 연구
- 신용장통일규칙 제48조의 해석과 적용에 관한 연구
- 전자문서교환방식의 무역업무개선효과에 관한 실증연구
- 물류전자교환방식이 국제물류업무개선효과에 미치는 영향에 관한 실증연구
- eUCP에 관한 연구
- 전자무역서류 활성화를 위한 eUCP에 관한 연구
- e-물류가 국제물류의 협력관계에 미치는 영향에 관한 실증연구
- 전자신용장거래에서 은행의 전자서류검토 의무와 책임에 관한 연구
- 한국수출기업의 무역클레임관리에 관한 실증연구
- 전자신용장 거래당사자간의 법률관계에 관한 연구
- 연지급신용장 거래당사자간의 법률관계에 관한 연구
- 선하증권의 부지문언이 송하인, 운송인, 수하인에 미치는 영향에 관한 연구

무역학원론

2006년 2월 25일 초판 인쇄
2006년 3월 2일 초판 발행

저 자 / 이제현
발행자 / 오판근
발행처 / 교우사

주 소 / 서울 동대문구 제기2동 148-19
전 화 / 925-2861, 929-4865
팩 스 / 925-2860
E-mail / kw2861 @ chollian. net
http: // www. kyowoo. co. kr

등록 / 1994. 3. 24 제6-0256호

ISBN 89-8172-583-7 (93320)

값 **25,000**원